# 山陰地方における縄文文化の研究

柳浦 俊一 著

雄山閣

# 序

　柳浦俊一さんは島根県教育庁等に 38 年間勤められ、長く文化財行政に携わってこられました。職務として、遺跡の発掘調査や文化財の普及啓蒙活動、文化・文化財行政指導等に係わってこられただけでなく、山陰地方の縄文文化を日本列島の中に位置づける貴重な研究も進めてこられました。西日本ではきわめて少数派である縄文時代のスペシャリストです。

　古くから島根県、特に旧出雲国は文化財の宝庫として、出雲大社遺跡や、四隅突出墳、玉造遺跡、青銅器埋納遺跡等が注目を集めていますが、中四国地方では最多の縄文遺跡が登録されている県でもあります。以前から山陰地方の縄文遺跡が多く知られていたわけではありません。京都帝国大学の小林行雄氏と地元の佐々木謙氏が 1937 年に発表したサルガ鼻洞窟の発掘調査報告書は、当時としては最先端の調査で有り、縄文土器の編年研究でしたが、瀬戸内貝塚地域での発掘成果の追認、縁辺部としての山陰地方に留まっていました。

　山陰地方の縄文土器、縄文文化に体系的に独自性を認める動きは、山陰地方での調査成果というより、1960 年代から始まった中国山地の広島県帝釈峡遺跡群の調査からでした。しかし、その状況も早期・前期の縄文文化についての研究が中心という限界がありました。

　1980 年代に入り、今日の山陰縄文文化研究の基礎となっている重要な遺跡の発掘調査が行われ、また報告書が刊行されました。前期初頭にあっては島根県西川津遺跡、後期前葉にあっては鳥取県布勢遺跡があたります。1991 年になると、本論文の執筆者である柳浦俊一さんが係わった島根県五明田遺跡で布勢式に先行する此の地域独自の土器群が明らかになりました。この時期の縄文遺跡の相次ぐ発見により、其れまで縄文文化が貧弱な地域と思われてきた島根県が、遺跡数では約 600 遺跡と鳥取県と並んで中四国地方で最多になりました。

　このように縄文遺跡数の増加する中、1990〜2000 年代にほぼ山陰地方の縄文土器編年が整備され、山陰地方独特の土器型式の存在とその変遷、山陰地方内部での地域色、他地域から搬入された土器や、模倣された土器の地域差等が明らかになってきましたが、この研究の深化に柳浦さんが大きく関与していたことは本論文の示すところです。山陰全域を視野に入れた編年研究は、山陰地方の独自色の生成過程を考慮に入れた柳浦さんの得意とするところです。特に後期初頭から前葉の土器編年は、小地域を考慮し、さらに文様論だけでなく機種に応じた文様の変遷にも検討を加えていて、緻密な研究となっています。柳浦さんにとって、土器研究はあくまでも、その後に準備している生業や集落研究の基礎と為すもので、山陰縄文文化論の始まりのようです。詳細な土器型式研究が、領域研究、小集団間研究により積極的に活用できると、さらに土器研究の意義が深まると私は思うのですが、如何でしょうか。

　柳浦さんの山陰地方での縄文集落研究にとって最も重要だったのは、島根県が 1990 年〜2007 年におこなった志津見ダム地区と尾原（ダム）地区の悉皆的発掘調査の成果であったと推測されます。1990 年に柳浦さんに案内いただき志津見地区の五明田遺跡の発掘現場を訪れたのが、私と柳浦さんとの交流の始まりだったと記憶しています。

一連の調査では、島根県山間部に散在する縄文遺跡の実態が明らかになりました。石見地方に接する出雲地方山間部に位置する志津見地区には25遺跡が確認されており、そのうち10遺跡の全面的な発掘調査がおこなわれました。一方鳥取県に近い尾原地区では18遺跡を確認にし、そのうち12遺跡の発掘調査がおこなわれました。この両地域での発掘調査の成果は、柳浦さんの縄文生業や集落観に強い影響を与えたのだと思います。小規模の遺跡が地域的なまとまりをもって縄文ムラを形成するという山陰地方の縄文集落観や集落構成要素の抽出は、この具体的な分析から得たものと高く評価できます。

　また、この一連の調査で、三瓶山の噴火と火砕流、軽石・火山灰の降下災害などの自然災害跡も明らかとなり、河岸段丘上に点在する縄文遺跡から、気候や地形等の自然環境と山陰地方の縄文人の生業を考える沢山の手掛かりを得たと考えられます。本論文でも、この部分に大きく頁が割かれているのはその成果と思います。

　柳浦さんは、志津見地区、尾原地区の成果をベースに、島根県内の縄文遺跡の網羅的な調査と其れまで埋もれていた過去の縄文に関する未公刊資料の再整理・公表をおこないました。とくに、学史的にも、近年の調査資料の隙間を埋める資料としても重要な佐々木謙氏所蔵の資料調査は貴重な成果をあげました。

　柳浦さんは、2010年から3年計画で島根県古代文化センター縄文客員研究員検討会を担当しました。年2回の検討会の開催に合わせて、島根県下の膨大な縄文資料を準備して、西日本を中心とした縄文研究者と議論を繰り返し、島根県下の縄文文化の多元的集成を試みました。成果は2013年10月4日から12月1日に島根県立古代出雲歴史博物館で開催された企画展「山陰の黎明―縄文のムラと暮らし―」展に結実しました。期間内での入館者数は25,000人で、地元尼子氏に関する展覧会や青銅器の展覧会の入館者数と比較しても、島根県を主とした山陰地方の方々が、如何に縄文文化に興味を持っているかが解りました。縄文文化というと東日本を中心に考えがちですが、西日本においても縄文文化への潜在的な興味は深く根付いており、地道な研究が評価される地盤のあることが証明されました。

　西日本における考古学は、国家形成期、中央集権的国家体制期のテーマと結びつく研究が多く、その象徴的遺物・遺構の型式学的研究や技術や文様等の「中心⇔周辺」方法論が多く見られます。その中にあって、ある意味で中心を持たない狩猟採集文化＝縄文文化を、縄文文化も現在も、周辺と思われがちな（山陰）地方における在地的視点で研究を進めた本論文は、研究すら中央集権的になりがちな今日にあって、地域研究の大きな成果として高く評価されるものと信じています。

　　2017年4月20日

　　　　　　　　　　　　　　京都大学大学院総合生存学館特定教授

　　　　　　　　　　　　　　　　　　泉　　拓　良

# 山陰地方における縄文文化の研究

## 目　　次

目 次

序 ………………………………………………………………………… 泉 拓良 i


## 序章　本書の目的と山陰地方における縄文研究の意義
第1節　本書の目的と山陰地方における縄文研究の課題 ……………… 1
第2節　本論の概要 ……………………………………………………… 4


## 第1章　山陰地方の縄文研究史概略
第1節　縄文土器の編年研究 …………………………………………… 7
第2節　集落論 ………………………………………………………… 16
　　1　研究史の概略 …………………………………………………… 16
　　2　中国地方と山陰地方の集落研究史 …………………………… 19
第3節　生業論 ………………………………………………………… 21
　　1　研究史の概略 …………………………………………………… 21
　　2　山陰地方の生業研究 …………………………………………… 26
第4節　「第二の道具」論 ……………………………………………… 29
　　1　研究史の概略 …………………………………………………… 29
　　2　西日本の動向 …………………………………………………… 34
第5節　山陰地方の縄文時代研究史余説 …………………………… 35
第6節　展　望 ………………………………………………………… 37


## 第2章　山陰地方の縄文土器
第1節　山陰地方における縄文前期土器の地域編年 ……………… 39
　　1　前期の開始型式 ………………………………………………… 39
　　2　山陰地方の前期型式 …………………………………………… 39
　　　　⑴　各型式の分布　　⑵　各型式の並行関係
　　3　各型式の詳細 …………………………………………………… 46
　　　　⑴　鳥取県・島根県東部を中心とした型式　　⑵　島根県西端部を中心とした型式

iv

第2節　山陰地方縄文前期・西川津式の展開 ………………………………… 62

  1　編年上の問題点 ……………………………………………………………… 62

  2　西川津Ａ式の分析 …………………………………………………………… 64

  3　西川津Ｂ式の発生過程 ……………………………………………………… 73

  4　西川津式の編年 ……………………………………………………………… 76

  5　近隣他型式との関係 ………………………………………………………… 77

  6　西川津式の後続型式 ………………………………………………………… 78

第3節　山陰地方の里木Ⅱ・Ⅲ式と中期末の土器 …………………………… 80

  1　山陰地方の中期土器の概要 ………………………………………………… 80

  2　山陰地方の里木Ⅱ・Ⅲ式と撚糸文 ……………………………………… 83

  3　山陰地方中部域における北白川Ｃ式の流入と中期末の土器 ………… 86

第4節　山陰地方における縄文後期土器の概要 ……………………………… 90

  1　東部域 ………………………………………………………………………… 90

  2　中部域 ………………………………………………………………………… 96

  3　西部域 ………………………………………………………………………… 107

  4　後期末葉 ……………………………………………………………………… 114

第5節　山陰中部域における後期・中津式土器の地域性 …………………… 116

  1　山陰中部域の中津式 ………………………………………………………… 116

  2　山陰地方における中期後葉～末の状況 ………………………………… 119

  3　山陰中部域の中津式の祖型 ………………………………………………… 124

第6節　山陰地方における福田Ｋ2式並行の土器群 ………………………… 127

  1　山陰地方の2本沈線磨消縄文土器群 …………………………………… 127

  2　福田貝塚資料との比較と位置付け ……………………………………… 131

  3　「福田Ｋ2式」土器の再編―五明田式・暮地式の設定― ……………… 133


# 第3章　山陰地方の縄文集落と生業

第1節　中四国地方の生業概観 …………………………………………………… 137

  1　中四国地方の縄文集落・生業遺構概論 ………………………………… 137

    （1）問題の所在　　（2）中四国地方の生業研究の現状

| | | |
|---|---|---|
| 2 | 中四国地方の集落と生業遺構 …………… | 138 |
| 3 | 草創期・早期の集落と生業遺構 …………… | 143 |
| 4 | 前期～中期の集落と生業遺構 …………… | 145 |
| 5 | 後期～晩期の集落と生業遺構 …………… | 146 |
| 6 | 中四国地方における縄文時代の生業 …………… | 148 |

　　　(1) 概　観　　(2) 採集・狩猟・漁労の対象

## 第2節　山陰地方における縄文時代後・晩期の集落景観 ……………… 150

| | | |
|---|---|---|
| 1 | 遺跡の消長と集落の形態 …………… | 151 |
| 2 | 集落のあり方 …………… | 155 |
| 3 | 個別集落を構成する遺構 …………… | 157 |
| 4 | 個別集落内の遺構配置と居住域 …………… | 165 |
| 5 | まとめ …………… | 168 |

## 第3節　中国地方の自然環境と縄文時代の生業 …………… 171

| | | |
|---|---|---|
| 1 | 気候・地形・植物相・動物相 …………… | 171 |
| 2 | 花粉分析 …………… | 172 |
| 3 | 植物資源と採集 …………… | 173 |
| 4 | 漁労と狩猟 …………… | 174 |
| 5 | まとめ …………… | 178 |

## 第4節　山陰地方を中心とした縄文時代の食糧資源と獲得方法 ……… 178

| | | |
|---|---|---|
| 1 | 漁労関係の遺物と漁労の方法 …………… | 179 |
| 2 | 狩猟関係の遺物・遺構と狩猟の方法 …………… | 183 |
| 3 | 植物採集関係の遺物・遺構 …………… | 186 |
| 4 | 山陰地方における各食糧資源の依存度 …………… | 187 |
| 5 | まとめ …………… | 189 |

## 第5節　西日本縄文時代貯蔵穴の基礎的研究 …………… 190

| | | |
|---|---|---|
| 1 | 貯蔵穴に関する基礎的な検討 …………… | 191 |
| 2 | 貯蔵穴出現の契機 …………… | 204 |
| 3 | 集落との関係 …………… | 205 |
| 4 | 植生との関係 …………… | 206 |
| 5 | 貯蔵期間 …………… | 208 |

# 第4章　山陰地方の信仰・習俗

## 第1節　西日本の「第二の道具」 ……………………………………… 215

 1　西日本に受容された器種 …………………………………… 215

 2　西日本に伝わらなかった器種 ……………………………… 225

 3　西日本の「第二の道具」の特徴と「改変・再生」観念 ………… 226

## 第2節　呪術具の素材からみた縄文時代の価値観 …………………… 227

 1　材質の可変性による分類 …………………………………… 228

 2　分類の実例と考察 …………………………………………… 228

  （1）素材の形状を維持するもの　　（2）素材形状を大きく改変するもの

 3　まとめ ………………………………………………………… 234

## 第3節　山陰地方の岩版類 ……………………………………………… 236

 1　古屋敷遺跡の岩版類 ………………………………………… 236

 2　山陰地方の岩版類 …………………………………………… 238

## 第4節　山陰地方における祭儀の痕跡 ……………………………… 240

 1　地床炉 ………………………………………………………… 240

 2　立石・配石・集石 …………………………………………… 242


# 終章　山陰地方の領域形成と縄文文化

## 第1節　土器型式圏の変遷と領域の形成 …………………………… 243

 1　土器型式圏の変遷 …………………………………………… 243

 2　遺跡の推移と集団領域の形成 ……………………………… 248

 3　領域の境界 …………………………………………………… 251

## 第2節　生業に関する地域的差異 …………………………………… 252

## 第3節　山陰地方と瀬戸内地方の「第二の道具」 ………………… 254

## 第4節　総　括 ……………………………………………………… 256


# 附編Ⅰ　島根県・小浜洞穴遺跡出土の抜歯人骨と炭素・窒素同位体比分析

 1　炭素・窒素同位体比分析 …………………………………… 259

目　次

　　　2　小　結 ……………………………………………………………… 260


## 附編Ⅱ　山陰地方出土の骨角製装飾

　　　1　西川津遺跡海崎地区出土資料 ……………………………………… 263

　　　2　サルガ鼻洞窟遺跡出土資料 ………………………………………… 264

　　　3　山陰地方出土の骨角製装飾品 ……………………………………… 265



　　　［参考文献］ …………………………………………………………… 269

　　　［挿図出典］ …………………………………………………………… 294

　　　あとがき ………………………………………………………………… 303

［挿図目次］

第 1 図　研究対象地域の位置 ……………… 1

第 2 図　山内 1937 の編年表と鎌木・
　　　　木村 1956 の編年表 …………… 9

第 3 図　山本清 1961、間壁・潮見 1965、
　　　　鎌木 1965 の編年表 ……………… 10

第 4 図　宍道 1974、柳浦 2002・2001 の編年表　13

第 5 図　山陰地方前期各型式の分布状況 …… 41

第 6 図　長山式 ……………………………… 47

第 7 図　西川津 A 式（1）…………………… 48

第 8 図　西川津 A 式（2）…………………… 49

第 9 図　西川津 B 式 ………………………… 50

第 10 図　羽島下層 II 式・北白川下層 I a 式 … 51

第 11 図　北白川下層 I b・II a 式 ………… 53

第 12 図　北白川下層 II a 式・II b 式・II c 式 … 55

第 13 図　北白川下層 III 式・大蔵山式 ……… 56

第 14 図　轟 B 式・曽畑式 ………………… 58

第 15 図　月崎下層式（1）…………………… 60

第 16 図　月崎下層式（2）…………………… 61

第 17 図　西川津 A 式と西川津 B 式 ……… 62

第 18 図　矢野「寸胴器形」・「単純なモチーフ」・
　　　　「複雑なモチーフ」………………… 63

第 19 図　西川津 A 式の成立過程 ………… 64

第 20 図　西川津 A 式の直口器形と屈曲器形 · 65

第 21 図　西川津 A 式の器形と口縁部の段 … 66

第 22 図　西川津 A 式の文様意匠 ………… 67

第 23 図　粗雑な押引き・刺突文 …………… 68

第 24 図　沈線文土器・条痕文土器 ………… 70

第 25 図　二枚貝刺突文 ……………………… 71

第 26 図　西川津 B 式の成立過程 ………… 72

第 27 図　西川津式の編年 ……………… 74・75

第 28 図　羽島下層 I 式と屈曲形轟 B 式 … 77

第 29 図　勝山式・羽島下層 II 式・未命名型式 · 79

第 30 図　山陰地方の鷹島式・船元 I・II 式
　　　　（島根・サルガ鼻洞窟遺跡）………… 81

第 31 図　高住平田遺跡・北浦松ノ木遺跡の
　　　　船元 III・IV 式 …………………… 82

第 32 図　里木 II・III 式中・新段階 ………… 82

第 33 図　北浦松ノ木遺跡の撚糸文土器と
　　　　里木 II・III 式新段階 ……………… 83

第 34 図　山陰地方中部域の里木 II・III 式 …… 85

第 35 図　山陰地方中部域の北白川 C 式 …… 87

第 36 図　山陰地方中部域の中期末古段階の
　　　　土器 ………………………………… 88

第 37 図　山陰地方中部域の中期末新段階の
　　　　土器 ………………………………… 89

第 38 図　東部域の中津式・福田 K2 式並行期　91

第 39 図　東部域の成立期縁帯文・北白川
　　　　上層式 1 期・同 2 期 …………… 94

第 40 図　東部域の元住吉山 I 式・同 II 式・
　　　　宮滝式 ……………………………… 95

第 41 図　中部域の中津式・福田 K2 式（九日田
　　　　式・五明田式）…………………… 98

第 42 図　中部域の福田 K2 式（新）・
　　　　成立期縁帯文 ……………………… 99

第 43 図　中部域の北白川上層式 1 期・2 期
　　　　（崎ヶ鼻 1 式・2 式）…………… 102

第 44 図　中部域の北白川上層式 3 期・
　　　　一乗寺 K 式併行の土器 ………… 104

第 45 図　中部域の元住吉山 I・II 式、
　　　　宮滝式併行 ………………………… 106

第 46 図　西部域の中津式・福田 K2 式併行 … 108

第 47 図　西部域の屋敷タイプ・成立期縁帯文　110

第 48 図　西部域の縁帯文土器 …………… 112

第 49 図　西部域の石町式・太郎迫式・
　　　　一乗寺 K 式または元住吉山 I 式・
　　　　凹線文土器 ……………………… 113

第 50 図　後期末葉の土器 ………………… 115

第 51 図　山陰地方中部域の中津式 ……… 117

第 52 図　近畿地方・瀬戸内地方の中津式 … 119

第 53 図　山陰地方の里木 II・III 式 ……… 120

第 54 図　山陰地方の北白川 C 式 ………… 121

第 55 図　山陰地方の中期末の土器 ……… 123

第 56 図　里木 II・III 式新段階・矢部奥田式
　　　　H 類の器形 ……………………… 124

目　次

第57図　J字文と菱形意匠の成立過程 ……… 125
第58図　五明田遺跡出土土器 ……………… 128
第59図　平田遺跡出土土器 ………………… 129
第60図　三田谷I遺跡・島遺跡出土土器 … 130
第61図　暮地遺跡出土土器 ………………… 131
第62図　五明田式・暮地式と福田貝塚資料
　　　　との対比 …………………………… 132
第63図　暮地式と島遺跡・小路頃オノ木
　　　　遺跡・福田貝塚資料との対比 ……… 135
第64図　中四国地方の竪穴住居 …………… 139
第65図　中四国地方の平地住居・洞窟住居 ‥ 140
第66図　中四国地方の生業遺構 …………… 142
第67図　志津見・尾原地区の位置 ………… 151
第68図　志津見地区遺跡分布図 …………… 152
第69図　尾原地区遺跡分布図 ……………… 155
第70図　竪穴住居跡 ………………………… 158
第71図　遺物の出土状態 …………………… 161
第72図　土坑墓・配石墓・土器埋設遺構・
　　　　土器埋納土坑・集石墓 …………… 162
第73図　集石墓 ……………………………… 164
第74図　遺構の配置 ………………………… 166
第75図　日本列島の植生分布 ……………… 171
第76図　中国地方の貝塚分布 ……………… 174
第77図　全国の落し穴検出数 ……………… 177
第78図　山陰地方の漁労具 ………………… 180
第79図　近代絵図に見る網漁 ……………… 182
第80図　山形県小国川の「かま」 ………… 182
第81図　動物遺存体出土組成 ……………… 182
第82図　落し穴遺構の配置（茶畑遺跡） …… 184
第83図　ワラダ猟 …………………………… 185
第84図　アイヌのうさぎ罠 ………………… 185
第85図　明治43年のサケ・マス漁獲量 …… 188
第86図　貯蔵穴の断面形（目久美遺跡） …… 192
第87図　底面にピットのある貯蔵穴 ……… 193
第88図　京都府北白川追分町遺跡SX01の
　　　　堅果類出土状態 …………………… 193
第89図　照葉樹林の分布とブナ科の分類 … 196
第90図　貯蔵穴堅果類出土状況 …………… 197
第91図　閉塞の状況 ………………………… 200
第92図　貯蔵穴の貯蔵方法復元案 ………… 201

第93図　土器貯蔵と籠貯蔵 ………………… 202
第94図　貯蔵穴の群集度 …………………… 203
第95図　貯蔵穴と住居跡の同時検出例 …… 206
第96図　西日本の土偶 ……………………… 219
第97図　石棒・石刀 ………………………… 220
第98図　独鈷石 ……………………………… 221
第99図　石冠・土器片加工品・有孔土製円盤 222
第100図　土版・岩版・岩偶 ……………… 223
第101図　加工礫・軽石製品・異形石器・
　　　　円盤状石製品・十字形石器 ……… 224
第102図　御物石器・仮面・動物形土製品 … 226
第103図　素材形状を整えたもの ………… 229
第104図　素材の特徴を残したもの ……… 229
第105図　粘土で製作されたもの ………… 231
第106図　土器片の転用・岩偶・岩版 …… 233
第107図　骨角器・貝製装飾品 …………… 235
第108図　古屋敷遺跡出土の岩版類 ……… 237
第109図　山陰地方の岩版類 ……………… 239
第110図　岩版類出土遺跡 ………………… 239
第111図　地床炉・配石・集石・立石 …… 241
第112図　土器型式圏の推移（1） ………… 244
第113図　土器型式圏の推移（2） ………… 245
第114図　土器の地域的な差異 …………… 246
第115図　滋賀県・岡山県・鳥取県・
　　　　島根県の遺跡数の推移 …………… 249
第116図　中国地方の遺跡集中か所 ……… 250
第117図　全国の落し穴検出数 …………… 253
第118図　石錘多数出土の遺跡 …………… 253
第119図　落し穴・石錘・貝塚集中地域 … 254
第120図　原田遺跡出土の線刻礫（岩版） … 256
第121図　小浜洞穴遺跡出土の人骨 ……… 261
第122図　小浜洞穴遺跡出土抜歯人骨（S-58）
　　　　コラーゲンと食料資源（濃縮補正）の
　　　　炭素・窒素同位体比比較 ………… 262
第123図　西川津遺跡土器付着炭化物
　　　　（S-51〜57）の炭素・窒素同位体比 … 262
第124図　西川津遺跡、サルガ鼻洞窟遺跡
　　　　出土骨角製装飾 …………………… 265
第125図　山陰地方の骨角製装飾 ………… 266

［表目次］

第 1 表　長沢宏昌・山本直人 1999 による
　　　　生業研究史区分 ……………………… 22
第 2 表　山陰地方の縄文前期型式 ………… 40
第 3 表　轟 B 式と北白川下層式の伴出遺物 · 45
第 4 表　曽畑式と北白川下層式の伴出遺跡 · 45
第 5 表　中ノ坪遺跡の曽畑式と月崎下層式の
　　　　供伴遺構 ………………………… 45
第 6 表　月崎下層式と北白川下層式の
　　　　伴出遺跡 ………………………… 46
第 7 表　志津見・尾原地区各遺跡の消長 · 154
第 8 表　中国地方・竪穴住居跡の規模 …… 159
第 9 表　貯蔵穴出土種子一覧 …………… 194
第 10 表　出土木材一覧表 ……………… 207

第 11 表　近畿地方貯蔵穴一覧 …………… 211
第 12 表　中国地方貯蔵穴一覧 …………… 213
第 13 表　四国地方貯蔵穴一覧 …………… 213
第 14 表　九州地方貯蔵穴一覧 …………… 214
第 15 表　近畿地方の「第二の道具」集計表 · 216
第 16 表　中国地方の「第二の道具」集計表 · 216
第 17 表　四国地方の「第二の道具」集計表 · 216
第 18 表　九州地方の「第二の道具」集計表 · 216
第 19 表　土偶・石棒が多数出土した遺跡 · 218
第 20 表　炭素・窒素同位体比分析資料の
　　　　リスト ………………………… 260
第 21 表　小浜洞穴遺跡出土抜歯人骨計測表 · 261
第 22 表　山陰地方出土骨角製装飾品一覧 · 268

# 序章　本書の目的と山陰地方における縄文研究の意義

## 第1節　本書の目的と山陰地方における縄文研究の課題

　本書の目的は、山陰地方の縄文文化を明らかにすることである。縄文文化は約15,000年前〜2,400年前にかけて汎日本列島に展開した文化として知られているが、全域が同質でないことは先学の指摘のとおりである。縄文文化が内包する異質性は西日本・東日本という脈絡で語られることが多い。それでは、西日本という括りでは果たして同質であろうか。少なくとも土器型式のレベルでは近畿地方・九州地方とは違いがあり、第2章で取りあげたように中国地方内部でも差異がある。

　西日本の縄文研究は、近畿地方、瀬戸内（山陽）地方、九州地方を中心に行われてきた。そのためか山陰地方は、研究が先行する近畿地方や瀬戸内（山陽）地方と一律に扱われてきた感がある。資料が少ない状況ではこのように見做されてもやむを得ないと思われるが、資料が増加した現在、これらの地域と同一とみることはできないであろう。山陰地方の縄文文化を明確化することは列島内の縄文文化の多様性を明らかにすることにほかならない。

第1図　研究対象地域の位置

序章　本書の目的と山陰地方における縄文研究の意義

　中国地方の風土は、中国山地によって大きく二分される。両地域の違いは、気候では冬季の多雨・多雪気候（山陰）と乾燥気候（山陽）、地形では急峻地形（山陰）となだらかな地形（山陽）である。生活様式が均質化した現在においても、該地に住む筆者にとって、山陰地方と山陽地方が文化的に同一かと問われれば、「違う」と答えざるをえない。住民の実感としては、両者はそれほど違うのである。

　山陰・山陽の違いに加えて、300㎞以上に及ぶ山陰地方の海岸線の長さが、さらに文化の多様性を予感させる。東京を起点とすると、おおむね西は名古屋市、北は仙台市までの距離に匹敵する。おそらく、鳥取県の東端に住む人と島根県西端に住む人の多くは、日常的な交流はほとんどないだろう。島根県西端部の人々は、県庁所在地の松江市よりも、山口県や北九州市に行く機会が多いという。このような現代社会の現状を引き合いに出すまでもなく、縄文時代においても、山陰地方東西の違いがあったはずである。

　このような距離間において、土器型式は同一なのだろうか。後期の広域土器型式である北白川上層式は、近畿・中国地方のかなりの部分を覆っているが、近畿地方と瀬戸内地方では微妙な違いがある。これと同様に山陰地方と瀬戸内地方でも違いがあり、山陰地方の東西でも土器型式に違いが認められるのではないか。近畿地方の土器を代表させた広域土器型式圏内部は必ずしも均質とはいえず、広域土器型式圏内にさらに地域的な違いが見いだせれば、小地域土器型式圏が設定できるはずである。小地域土器型式圏内ではより頻繁に情報の交換が行われていたと思われ、この圏域は生活実態により近いように思われる。

　本書では、ひとまず小地域土器型式圏≒生活領域と仮定する。ここでいう「生活領域」とは縄文人が日常的に交流し、直接相対する可能性がある範囲を指す。第2章では、広域性を踏まえたうえで、山陰地方の土器編年を構築し、土器の地域性について考察する。これには、従来一律にみられがちであった中国地方が、実際には多様な文化によって形成された集合体であることを、明らかにしたい狙いがある。山陰地方での地域性成立の過程を探るため、前期から後期の土器を扱い、この間を通時的にみることにした。山陰地方において地域性がいつから出現するのか、地域型式が質的にどのように変容するのかを考えてみたい。

　全国的には縄文文化を東西に二分し、東日本と西日本の違いが指摘されることが多い。確かに、集落規模が小さい・巨大モニュメントが作られない・造形美に乏しいなどは、西日本各地の縄文遺跡に共通した特徴である。これらの共通項を東日本の研究者から眺めると、「西日本」として一括りにしたくなるのもわからないではない。

　しかしながら、冒頭に述べたように、それでも西日本は広く風土は多様なので、この中で展開する縄文文化がすべて一様である、とは決めつけられないであろう。これまでは研究が先行した地域を代表して西日本が語られることが多かったが、各地で資料が蓄積された現在、地域間を比較したうえで同質な部分と異質な部分を考察する必要がある。

　集落については、小林達雄が「縄文モデル村」（小林達雄1996）とした環状集落が、一般的に語られる縄文時代の集落景観である。しかしながら、関西縄文文化研究会2001・中四国縄文研究会2010・九州縄文研究会2000・2008などで集成された資料を通観しても、九州を含めた西日本では環状集落は形成されていない。環状集落は東日本の一部のモデルであって、西日本のモデルにはなりえないのである。

それでは、西日本の縄文集落はどのような姿だったのか、が問われる。山陰地方に限らず、近畿・中国・四国地方では縄文時代の住居跡検出数は少なく、住居跡のみで集落論を展開することは困難である。筆者は、住居跡が検出されなくても一定量の遺物が出土すれば居住痕跡と認めて集落跡として扱ってよいと考えている。本書では遺跡動態から集落を考察するわけだが、この手法は高橋護1965と同じである。ただ、対象とする地域を島根県志津見地区と同尾原地区に絞った。両地域ともにダム建設を原因として、対象地域内が悉皆的に調査された。その結果、少なくとも後期以降の地域内の遺跡は全貌がほぼ明らかにされていると考えられる。この2つの地域は地域内の遺跡動向を知るには条件が整った地域であり、各遺跡を比較することによって集落の実態が明らかにできるのではないかと考えた。第3章では遺跡の推移を検討したうえで、遺跡動態を分析して集落景観の復元を試みたい。

　生業については、縄文時代においてすでに農耕が行われていたという議論があるが、それが主体的な食料獲得手段ではなく縄文時代の人々は自然の資源に大きく依存していた、との考えが現状では大勢で、筆者も同様な考えである。自然が当時の人々の暮らしに大きく影響を与えたとすれば、環境に応じた生活を地域の資料に即して考察すべきであろう。

　ドングリなどの堅果類が縄文時代の重要な食糧資源であったことは、岡山県南方前池遺跡でドングリの貯蔵穴が初めて発見されて以来、よく知られている。西日本で出土するドングリはほとんどが「カシ類」で、中国地方を含めた西日本全域が常緑広葉樹林帯（照葉樹林帯）に属すことと一致している。しかし利用された堅果類は地域によって違いがあり、中国地方ではアク抜きが必要な堅果類利用が一般的である。

　また、日本海沿岸と瀬戸内海沿岸では干満の差に大きな違いがあり、瀬戸内海では大きな干潟が形成されるという特徴がある。干潟の出現は貝塚の形成に影響し、岡山県東部の旧児島湾一帯では貝塚密集地となっている。瀬戸内地方とは対照的に、山陰地方では島根県・鳥取県ともに貝塚は1例しか発見されていない。

　山陰地方の生業遺構でもっとも特異なのは、鳥取県西部・大山山麓の落し穴の多さである。必ずしも全国的な集計ができているわけではないが、鳥取県の落し穴検出数は関東各都県に次ぐ多さで、縄文遺跡の宝庫、青森県や岩手県よりも多いのには驚く。

　このように、山陰地方における縄文時代の生業は、①アク抜きが必要なドングリの利用②大山山麓の落し穴　③貝塚の寡少さ　に特徴がある。これは、周辺諸地域との比較を行えば、いっそう際立つであろう。第3章第4節では縄文時代の自然環境を踏まえて、当地での年間の食糧資源や獲得の方法などを考えてみたい。

　坪井清足が縄文時代を「呪術の支配した社会」（坪井清足1962）と呼んだように、東日本では祭儀に関わる遺物、遺構が発達する。西日本では東日本の「第二の道具」にみられるような造形美は認められず、列島東西の大きな違いとなっているが、西日本にも「第二の道具」が存在するのは間違いない。それでは、造形の優劣を別にして列島の東西で何がどれだけ違うのだろうか。土偶や石棒など個別器種の研究は行われているが、「第二の道具」総体を東西で比較した研究は見当たらない。そこで、本書では西日本で取り入れられた「第二の道具」を俯瞰することから始めたい。まずは、西日本の「第二の道具」の組成を検討し、西日本に受容されたものと受容されなかったものを第4章で整理する。そのなかで、当時の人々が何に神性を見出

したのか、筆者なりの見解を示したい。

　縄文研究は、以前からいわれているとおり東高西低である。そのため、東日本の視点から西日本の縄文文化が語られることもあった。繰り返すが西日本の縄文文化は一律ではなく、まして列島全域の縄文文化が均質ではないことは明らかである。縄文時代において、どの部分が均質で、どこが違うのか、それぞれの地域で明らかにする必要があり、その研究の統合が列島全域の縄文研究に反映されるべきであろう。山陰地方ではこれまで論じられることが少なかったが、該地の縄文文化がどのような特色を持つのかを検討することによって、列島の縄文時代の多様性を一層明らかにできると考えている。


## 第2節　本論の概要

　実際の研究に先立って、第1章で研究史をまとめた。当然ながら、山陰地方だけでなく、全国的な研究課題・問題意識が地方に波及するまでに時間差がある。山陰地方でいえば、山内清男が縄文土器の編年大綱（山内1937）を示してから在地の研究者が土器編年に注意するようになる（山本清1961）まで約25年を要している。

　時系列に俯瞰すると、該地のエポックは1980年代以降の行政による発掘調査の増加にあることがわかる。それまでの研究は主に有志による採集資料に基づいていたため資料的制約が大きかったが、1980年代以降の広範囲に及ぶ発掘調査により、現在では格段に大きな情報を得ることができた。また資料の増加は、土器論のみならず集落論、生業論など、多様なテーマについて議論が可能になったといえる。ただし、集落論や生業論などは土器編年がある程度整備され、資料が蓄積される必要がある。山陰地方でこのような議論が可能になるのは2000年前後のことで、先進地より30年近く遅れて議論されるようになった。この面でも研究の時間差が認められるが、関東地方で資料が蓄積された1960年代が該地の1990年代、蓄積された資料が解釈され始めた1970年代が該地の2000年代、と対比することができよう。研究の進展は、やはり資料の蓄積によるところが大きい。

　前節で述べたように、本書の目的の一つは「地域性の抽出」である。地域性がもっとも表現されやすい土器について、第2章で述べた。ここでは、主に山陰地方でもっとも特徴的な前期前葉と、後期初頭を取り上げた。大別時期の概要（前期−第1節、中期−第3節、後期−第4節）を述べたのち、特徴的な型式を検討する構成とした。

　第2章で取り上げた前期・西川津式（第2節）、後期・九日田式（第5節）、同・五明田式・暮式（第6節）は、島根県東部と鳥取県西部にもっとも特徴的な土器である。いずれも山陰地方中部域で発生し分布する土器型式だが、西川津式は新しい段階で中国地方各地に分布を拡張するのに対して、九日田式・五明田式・暮地式は周辺地域に拡張する様子はうかがえない。該地の後期初頭土器は自己完結的といえ、このころには地域性が確立していたと考えられる。西川津式の動向は、前期段階の流動的な土器型式のあり方（矢野2016）を示し、後期初頭の地域性とは質的に違うものと思われる。なお、山陰地方の地域性は、中期後葉から発露している。第3節では、この間の様相を示した。

第3章では集落を取り上げた。前節で述べたとおり、中国地方では住居跡の検出例が少なく、住居数が集落の全貌を表わしているとは考えられない。そのため、高橋護1965を応用し、遺跡動態から集落を考察する方法を採った。本論では、中四国地方を概観（第1節）した後に、遺跡数の推移から集団領域を考察し、空間分析から集落像の復元を試みた（第2節）。ここから見えてきたのは、小規模分散型の集落形態である。個々の集落は小規模であるが、一定の地域に散在しつつ一つの集落として機能していた、と想定した。小規模分散型の集落形態は近畿・中国・四国地方に特徴的で、「縄文モデルムラ」とされた環状集落と対局にある。第2節では一般的に説明されてきた集落像とは違う、該地の縄文集落の実態を示す。

　また、第4章第3・4節では、生業に関してまとめた。中国地方全域の様相について、自然環境を踏まえて概観した。そのうえで、民俗学の成果を参考にしつつ山陰地方で利用可能な資源と獲得方法を考察した。さらに、直接的に食糧資源を表わす堅果類の貯蔵穴（第5節）を取り上げて、山陰地方で得られる食糧資源を明らかにした。

　生業関係では、鳥取県西部・大山山麓の落し穴が特徴的である（第3節）。これまでの検出数は4000を超え、縄文文化が栄えた東北各県（大泰司2007）を凌いでいる。検出数を複数時期の累積結果と考えたとしても、この数は異様である。しかも、鳥取県西部の集落数は東北各県に比べて同等とは考えられず、この地域の落し穴数の多さだけが目立つのである。この現象を、どのように理解したらいいのだろうか。本書ではこれについて有効な解釈ができなかったが、山陰地方における地域性の一端を示せたと思う。

　貯蔵穴については、西日本を俯瞰して述べた（第5節）。ここで主張したかったのは、利用堅果類が各地で違うことである。縄文時代の堅果類利用はトチの実が注目されることが多いが、西日本ではトチの実よりカシ類ドングリの貯蔵が多く認められ、近畿・中国地方ではアカガシ類が、九州地方ではイチイガシが主に利用された。これは各地の植生の違いを表わしており、一律に同じ資源を利用しているのではないことを示している。

　信仰・儀礼関係については、まず各地の「第二の道具」を整理した（第4章第1節）。「第二の道具」は、近畿地方や九州地方に比べ、中四国地方での寡少さが際立っている。中四国地方の中では山陰地方の出土数が比較的多いが、それでも近畿・九州各県よりはかなり少ない。近畿地方各県と山陰地方では、遺跡数にさほど変わりがないにもかかわらず、山陰地方の「第二の道具」が少ないのは何らかの理由があるはずであるが、本書では解明できなかった。本書では事実関係の提示にとどめておく。

　山陰地方だけでなく、西日本各地で器種認定できない「第二の道具」が多くみられる。造形的にはけっして優れているわけではないが、縄文人たちの精神世界を表わすものとして軽視できないように思う。第2節では呪術具の素材と可変性に注目し、縄文人が何に神性あるいは霊性を求めたのか、考察を試みた。

　終章では、第2章から第4章を踏まえて、山陰地方における領域形成と縄文文化の特徴についてまとめた。中国地方の土器型式圏を時系列に検討し、遺跡の分布状況を加味して領域形成について考察した。さらに、生業・第二の道具の特徴を踏まえて、地域の特徴についてまとめた。

　なお、附編として山陰地方出土の抜歯人骨（附編1）と骨角製装飾（附編2）を掲載した。前

者は現在山陰地方で確認できる唯一の抜歯人骨である。後者は未報告の腕飾り・腰飾りである。
ともに、山陰地方では類例が少ない資料で、資料化・紹介する必要を感じていたため、ここに
掲載することにした。

# 第1章　山陰地方の縄文研究史概略

## 第1節　縄文土器の編年研究

　周知のとおり、縄文土器の編年研究は山内清男によって大綱が作られた（山内 1937）。山内以後、関東地方を中心に多くの研究者が編年研究を行い、精緻な編年網を作り上げた。西日本では資料の寡少さもあり縄文研究は低調であったが、その中にあって、縄文土器と弥生土器の層位的事例が鹿児島県橋牟礼川遺跡で初めて確認されたり（京都帝国大学 1921）、長崎県福井洞窟（鎌木ほか 1965）・泉福寺洞窟（麻生 1984）で草創期の土器が明らかにされたりといった、研究史上重要な発見が西日本であったことは特筆される。とくに橋牟礼川遺跡の発掘は、弥生土器と縄文土器が人種・民族の違いに起因するとした見解を見直し、両者が時期差であることを指摘したことは重要であった。これは、現在一般的に使われる「縄文時代」と「弥生時代」を区別する先駆けとなったといえる。

　少ないとはいえ、西日本でも土器の編年研究は多い。これを総括することは困難なため、本節では中国地方の動向を踏まえたうえで山陰地方の研究史をまとめることにする。

　中国地方の縄文時代研究は、岡山県を中心に行われてきた。津雲貝塚を初めとした旧児島湾縁辺の貝塚がまず注目され（京都帝国大学 1920）、そこから出土した土器に基づいた編年研究が行われた（山内 1937）。戦後も岡山県を中心に土器編年が構築され（鎌木・木村 1956 など）、現在の礎となっている。その後、広島大学を中心として帝釈峡遺跡群の発掘が行われ、山間部の様相が明らかになってきた（帝釈峡遺跡群発掘調査団 1976）。

　山陽地方に比べて、山陰地方の研究は立ち遅れたといわざるをえない。これは、縄文遺跡が発掘されることが少なく、主に表採資料を使用して研究していたためと思われる。山陰地方で研究環境が整うのは、1980 年代以降の行政による発掘調査により、良好な資料が増加するのを待たねばならなかった。現在、ようやく中国地方全体を同等に見渡せる段階にいたったと考える。

　以下では、山陰地方の縄文土器編年研究を、揺籃期・土器編年の模索期・土器編年の整備期、に分けて記述する。

　**揺籃期**　明治期以来論争が繰り返された日本民族論は、大正期末には影を潜めていった。形質人類学が実資料を検討することを重視するようになった結果という（今村 2013）。この間に、岡山県津雲貝塚の発掘が行われた。発掘は清野謙次が主体的に実施し、1920 年に京都帝国大学文学部考古学研究室によって発掘調査報告書が刊行された（京都帝国大学 1920）。津雲貝塚の発掘は、当初形質人類学の問題意識によって行われたが、報告書は考古学的な視点で記載され、ようやく遺跡・遺物が歴史学の素材として取り上げられるようになったといえよう。この時期は、山内清男が縄文土器編年の構築をめざした時期に当たる。実際、津雲貝塚出土の土器

は山内の編年表に「津雲上層」「津雲下層」として登場する（第2図1　山内1937）。昭和10年代から20年代にかけて、吉備考古学会ほかによる発掘調査がさかんに行われたという（鎌木・木村1956）が、この時点では貝塚に対する問題意識が形質人類学から考古学・歴史学に移行していたと考えられる。なお、山内1937で示された型式名は、いずれも岡山県旧児島湾周辺の貝塚資料に拠っている。

　1920年前後には、鳥取県青島遺跡、島根県佐太講武貝塚などが発見され、山陰地方でも縄文遺跡の存在が確認された。『島根懸史第一巻』（野津1921）や『鳥取懸史蹟勝地調査報告第一冊』（梅原1922）などで先史時代遺物が取り上げられているが、これらに紹介された遺物は石器が中心で、土器についてはわずかな記述しかない。『鳥取懸史蹟勝地調査報告第一冊』では「弥生式土器」の記述がみられるので、「縄文式土器」について認識があったと思われるが、この段階では「有史以前」の遺跡が確認できればそれでよかったのかもしれない。なお、野津左馬之助は『島根懸史第一巻』で明治以来の人種論について概説し、収束の方向を述べている。

　山陰地方での縄文土器についての情報は、昭和初期の倉光清六の報告が最初であろうか（倉光1932a・b）。倉光の報告は、『考古学雑誌』という専門誌に掲載されており、全国に山陰の情報が発信されたことに意義がある。倉光の一連の論文は、当時山内清男が精力的に取り組んでいた「縄文土器の編年」という研究動向と無関係とは思えない。倉光は、土器情報が重要であることを認識していたと思われる。

　**土器編年の模索期**　土器と出土層位の重要性を認識し、「土器編年」を意識して行われた最初の発掘調査が島根県・サルガ鼻洞窟遺跡の発掘調査であった。この遺跡を発見した佐々木謙は、小林行雄とともに1937年に山陰地方で初めて層位を重視した発掘調査を行った。小林行雄は、すでに1935年、北白川小倉町遺跡において層位と土器の変遷の相関を明らかにしており（麻生1985）、サルガ鼻洞窟遺跡でもそれが実践された。1937年に発表されたサルガ鼻洞窟遺跡の発掘調査報告は、後期包含層についての唯一の層位情報で、この時に設定された型式が「崎ヶ鼻式」と「権現山式」である（小林・佐々木1937）。小林の業績は、山陰地方で最初に縄文土器型式を設定したとして特筆される。

　サルガ鼻洞窟遺跡が報告された1937年には、山内清男によって縄文土器編年の大綱が示された年である。山内の編年表に取り上げられた地域は、西日本では「畿内」「吉備」「九州」で、山陰地方は記載されていない（第2図1）。この時点では、山陰地方で土器編年に有効な資料が知られていなかったのだろう。このような状況で、サルガ鼻洞窟遺跡の成果は非常に重要であった。

　サルガ鼻洞窟遺跡は、山陰地方の縄文研究に欠くことができない遺跡である。ところが、小林・佐々木の発掘以後、次第に存在感を失っていく。その原因として、敗戦直前に日本海軍によって包含層が削平されたことがあげられる。これによりサルガ鼻洞窟遺跡の縄文時代包含層が壊滅したという認識が一般的となった（山陰中央新報社1983など）。

　敗戦後復員した佐々木謙は、1952年から1965年ころまでサルガ鼻洞窟遺跡の発掘調査を行った。この調査で、削平された後期包含層の下位に、中期の包含層が良好な状態で残存していることを確認するとともに、多くの船元式土器を得ている。佐々木は、この重要な情報を公表していない。出土資料は一部の研究者にしか知らされなかったため、中期層の存在は周知され

| | 渡 島 | 陸 奥 | 陸 前 | 関 東 | 信 濃 | 東 海 | 畿 内 | 吉 備 | 九 州 |
|---|---|---|---|---|---|---|---|---|---|
| 早 期 | 住吉 | (+) | 掘木 1 〃 2 | 三戸・田戸下 子母口・田戸上 茅山 | 曾根?× (+) | ひじ山 粕畑 | | 黒 島× | 戦場ケ谷× |
| 前 期 | 石川野× (+) | 円筒土器 下層式 (4型式以上) | 室浜 大木 1 〃 2a,b 〃 3—5 〃 6 | 蓮田式 {花積下/関 山/黒 浜} 諸 磯 a,b 十三坊台 | (+) (+) (+) 踊 場 | 鉾ノ木× | 国府北白川 1 大歳山 | 磯ノ森 里木 1 | 轟? |
| 中 期 | (+) (+) | 円筒上 a 〃 b (+) (+) | 大木 7a 〃 7b 〃 8a,b 〃 9,10 | 五領台 阿玉台・勝坂 加曾利E 〃 (新) | (+) (+) (+) (+) | | | 里 木 2 | 曾畑/阿高/出水 }? |
| 後 期 | 青柳町× (+) (+) | (+) (+) (+) | (+) (+) (+) | 堀之内 加曾利B 〃 安行 1,2 | (+) (+) (+) (+) | 西尾× | 北白川 2× | 津雲上層 | 御手洗 西 平 |
| 晩 期 | (+) | 亀ケ岡式 {(+)(+)(+)(+)} | 大洞B 〃 B—C 〃 C1,2 〃 A,A' | 安行 2—3 〃 3 | (+) (+) (+) 佐野× | 吉胡× 〃 × 保美× | 宮滝× 日下×竹ノ内× 宮滝× | 津雲下層 | 御 領 |

註記 1. この表は仮製のものであって，後日訂正増補する筈です。
　　2. (+)印は相当する式があるが型式の名が付いて居ないもの。
　　3. (×)印は型式名でなく，他地方の特定の型式と関聯する土器を出した遺跡名。

1　山内 1937 の編年表（「縄文土器型式の大別と細別」）

| | 基本的なもの | 不確実 | 吉備以外の付近遺跡 |
|---|---|---|---|
| 早 期 | | 畑の浦A | 橿石島　（香川） |
| | 黄　　島 | | 小蔦島　（香川） |
| | | 畑の浦B | |
| | | 羽島下　I | 伊喜末下層（香川） |
| 前 期 | | 羽島下　II | |
| | 羽　島　下　III | 磯の森下 | 伊喜末下層（香川）佐陀講武（島根） |
| | 磯　の　森 | | 含霊塔下遺跡（島根） |
| | 彦崎　　Z I | | |
| | 彦崎　　Z II | | |
| | 田　　井 | | |
| 中 期 | 船　　元 | | |
| | 里　　木 II | | |
| | | 福田　C | |
| 後 期 | 中津（福田 K I） | | |
| | 福田　　K II | | 島（鳥取） |
| | 彦崎　　K I | 津雲　A | 崎ケ鼻（島根）島（鳥取）岩田（山口）比治山（広島） |
| | 彦崎K II（竹原） | | 椿根山（島根）岩田（山口）比治山（広島） |
| | | 馬　取 | 島（鳥取） |
| | 福田　　K III | | |
| 晩 期 | | 船津原 | |
| | 黒土　　B I | 福田　B | 岩田（山口） |
| | 黒土　　B II | | 岩田（山口） |

2　鎌木・木村 1965 の編年表（中国地方縄文土器編年の概要）

## 第 2 図　山内 1937 の編年表と鎌木・木村 1956 の編年表

**1　山本清 1961 の編年表**

| 早期 | 条痕文土器　佐太講武式　（佐太講武1）　内外縄文地土器（菱根） |
| --- | --- |
| 前期 | 条痕地爪形文土器　宮尾式　（宮尾2a）<br>無地爪形文土器（宮尾2bc）<br>（爪形文帯縄文地土器）？（佐太講武3a）<br>縄文地微隆線文土器（佐太3d） |
| 中期 | 縄文地爪形文土器（郡山1b）<br>縄文地反転口縁土器　波子式　（波子A1a）　縄文地刻目隆帯文土器（鴨倉4）<br>単純口縁縄文地土器（波子A1b）<br>縄文地反転口縁刺突文土器（波子A1c）　撚糸文地土器（温泉1a, b） |
| 後期 | 沈線文土器（龍ノ駒6、波子B1）<br>磨消縄文土器（崎ガ鼻、波子B2、温泉2、龍ノ駒7、宇根、王貫、杉ノ原）<br>緑帯文土器（崎ガ鼻、波子B3、温3）<br>（彦崎KⅡ式土器）（権現山、小浜、崎ケ鼻）<br>磨研沈線文土器（波子B4） |
| 晩期 | 磨研無文土器（大社1、波子B6、安富1、日原、小浜）<br>粗面刻目突帯文土器（小浜、春日、中村湊） |

（矢印は形式的に一応推移の系譜をたどり得ると思われるもの）

**2　間壁・潮見 1965 の編年表**
（山陰・中国山地の土器編年）

| | 山陰・中国山地 | 周辺地域の型式 |
| --- | --- | --- |
| 早期 | 馬渡4層 | 上黒岩Ⅰ（愛媛） |
| | 折渡・馬渡3層下部 | 黄島（岡山） |
| | 馬渡3層上部 | 石山最下層（滋賀） |
| | （前期？）　寄倉12層 | |
| | 菱根　（前期？）　寄倉11層 | 宮ノ下（京都） |
| 前期 | ―佐太講武Ⅰ―　馬渡2層下部・寄倉10層 | 羽島下層Ⅰ（岡山） |
| | 寄倉9層下部・観音堂8層 | 羽島下層（岡山） |
| | 宮尾・佐太講武Ⅱ・馬路・　観音堂7層 | 羽島下層Ⅲ（岡山） |
| | 佐太講武Ⅲ・目久美・　観音堂6層 | 磯ノ森（岡山） |
| | 郡山・佐太講武Ⅳ・　馬渡1層 | 里木Ⅰ（岡山） |
| 中期 | 郡山・波子A・　観音堂5層 | 船元（岡山） |
| | 温泉中学・寄倉8層上部　観音堂5層 | 里木Ⅱ（岡山） |
| | 寄倉8層上部 | 福田C（岡山） |
| | 寄倉6層 | 北白川（京都） |
| 後期 | 龍ノ駒・寄倉5層 | 中津（岡山） |
| | 崎ガ鼻・島Ⅰ・　寄倉4層 | 彦崎KⅠ（岡山） |
| | 権現山・　寄倉3層 | 元住吉山（兵庫） |
| | 島Ⅱ・　王貫・寄倉3層 | 宮滝（奈良） |
| 晩期 | 出雲大社神域・安富 | 黒土BⅠ（岡山） |
| | 寄倉2層下部 | |
| | 小浜・法吉　寄倉2層上部 | 黒土BⅡ（岡山） |

**3　鎌木 1965 の編年表（部分）**

| | $C^{14}$による年代(B.C.) | 九州西北部 | 九州東南部 | 瀬戸内 | 近畿 | 山陰中国山地近畿北部 | 北陸 |
| --- | --- | --- | --- | --- | --- | --- | --- |
| 早期 | 7290±500（夏島）<br><br>6443±350（黄島）<br>5750±200（虎杖浜） | 福井Ⅲ下層<br>福井Ⅲ上層<br>福井Ⅱ層<br>福井Ⅰ下層<br>戦場ヶ谷Ⅰ<br>戦場ヶ谷Ⅱ | 早水台<br>田村下層 | 卜黒岩Ⅰ<br>上黒岩Ⅱ<br>畑ノ浦A<br>黄島<br>畑ノ浦B | 神宮寺<br>大川<br>高山寺<br>穂谷<br>石山Ⅱ<br>石山Ⅲ<br>石山Ⅳ<br>石山Ⅴ<br>石山Ⅵ<br>石山Ⅶ | 馬渡4層<br>馬渡3層下部<br>馬渡3層上部 | 桜峠<br>佐波 |
| 前期 | 3150±400（加茂） | 轟下層A<br>轟下層B<br>曽畑 | 石坂　ヤトコロ<br>吉田<br>前平　手向山<br>塞ノ神 | 羽島下層Ⅰ<br>月崎下層　羽島下層Ⅲ<br>磯ノ森<br>彦崎ZⅠ<br>彦崎ZⅡ<br>井島 | 安土N上層<br>北白川下層Ⅰ<br>北白川下層Ⅱ<br>北白川下層Ⅱabc<br>北白川下層Ⅲ<br>大歳山 | 寄倉12層<br>寄倉10・11層　菱根<br>観音堂8層<br>観音堂7層　佐太講武Ⅱ<br>観音堂6層　佐太講武Ⅲ<br>馬渡1層<br>兎和野原 | 極楽寺<br>小浜Ⅰ　朝日C<br>小浜Ⅲ<br>小浜Ⅲ・Ⅳ　福浦下層<br>蜆ヶ森<br>朝日下層 |
| 中期 | 2563±300（姥山） | 阿高<br>南福寺 | 並木<br>岩崎下層 | 船元Ⅰ<br>船元Ⅱ<br>里木Ⅱ<br>福田C | 醍醐Ⅱ<br>醍醐Ⅲ | 観音堂5層<br>寄倉8層上部 | 新保<br>新崎　上山田<br>古府<br>串 |
| 後期 | 1122±180（樅見川） | 永大丸<br>指宿市<br>西平田<br>三万田<br>御領 | 出水<br>小池原<br>来 | 中津<br>月崎上層　福田KⅡ<br>平城　崎KⅠ<br>彦崎KⅡ<br>馬牧<br>福田KⅢ | 天理K<br>北白川上層<br>一乗寺KⅠ<br>元住吉山Ⅰ<br>元住吉山Ⅱ<br>宮滝 | 浜詰KⅠ<br>浜詰KⅡ<br>寄倉4層　崎ヶ鼻<br>寄倉3層　権現山 | 気屋<br>酒見<br>井口 |
| 晩期 | 950±140（八幡崎）<br><br>640±150（西志賀） | 黒川<br>山ノ寺<br>夜臼　高橋 | | 黒土BⅠ<br>黒土BⅡ | 滋賀里<br>丹治<br>橿原<br>船橋 | 安富<br>寄倉2層 | 御経塚<br>中屋<br>下野 |

**第3図　山本清 1961、間壁・潮見 1965、鎌木 1965 の編年表**

ず、サルガ鼻洞窟遺跡は「後期の遺跡ではあるが、遺跡はすでに壊滅した」、という評価が定着してしまったのは残念である。

佐々木の調査の全貌は、島根県古代文化センターによる整理報告を待たねばならない（島根県古代文化センターほか2005・2009）。佐々木の調査記録（島根県古代文化センターほか2005）などを見る限りは、佐々木は層位の記録を残しているものの、回収した土器と出土層位の関連性を追求した様子はうかがえない。小林行雄による層位を重視した発掘に立ち会い、学史的重要論文に名を連ねながら、佐々木は小林の層位論を継承・実践できなかった。佐々木が小林の層位論を正しく理解していたなら、山陰地方の縄文土器研究は違った進展をみせたはずである。

層位論の理解はともかくとしても、佐々木はその成果を学界に知らせるべきであった。中期・船元式の全貌は岡山県里木貝塚の調査報告で初めて明らかにされた（倉敷考古館1971）。佐々木の発掘成果が迅速に公表されていれば、サルガ鼻洞窟遺跡は船元式の代表的遺跡として、学界の金字塔となっていたであろう。

1954年、酒詰仲男・石部正志らによる菱根遺跡の発掘調査が行われ、出土土器に菱根式の型式名が与えられた（酒詰・石部1959）。これらは滋賀県・石山貝塚出土土器などとの比較により、早期末葉に位置づけられた。この時の発掘を、報告では「労多くして功少なかった」と記述しているが、土器の編年的位置づけは当を得ていた。また、人工遺物だけでなく、植物遺存体・動物遺存体についても詳細な記述があり、現在でも有用な報告となっている。

土器編年に対する認識は1930年代後半には中国地方にも波及し（三森1938）、戦後にいたって『日本考古学講座3　縄文文化』に結実する（鎌木・木村1956）。瀬戸内地域の土器編年は、編年の大綱が図入りで示され、その後の研究の基礎となった。この時、「吉備以外の付近遺跡」の欄に、「含霊塔下（島根）」「佐太講武（島根）」「島（鳥取）」「崎ヶ鼻（島根）」「権現山（島根）」が紹介されている（第2図2）。山陰地方の縄文遺跡が、全国的な概説書の編年表に登場した最初である。

山陰地方での縄文土器研究は、山本清が1961年に発表した「西山陰の縄文式文化」を嚆矢とする（山本清1961）。これは島根県に限っているが、主要12遺跡の土器を分析し、早期から晩期までを13段階に分別した、山陰地方で初めての本格的な土器編年である。山本は、遺跡ごとに出土土器を分類したうえで特徴的な土器群を年代順に並べ（第3図1）、さらに周辺地域に類似した土器には型式名を提示して地域間の対比を試みている。その一方で、島根県の型式として「佐太講武式」、「宮尾式」、「波子式」を新たに設定した。これらの型式名は、現在使用されることはほとんどないが、地域的な特徴に注意した点は注目される。山本は、附図として10遺跡の縄文土器を写真・図で紹介した。山陰地方の縄文土器がこれほどまとまって紹介されたことはそれまでになく、各時期にわたって山陰地方の縄文土器を示した意義は大きい。

これ以後、山陰地方の縄文土器が全国的な概説に登場するようになり、『日本の考古学II』（鎌木・高橋1965）、『新版考古学講座3』（松崎・間壁1969）などで山本が紹介した型式が編年表に取り込まれていく。

1962年からは、広島大学を中心として広島県帝釈峡遺跡群の調査が開始された（帝釈峡遺跡群発掘調査団1976）。発掘調査は、馬渡岩陰をはじめ観音堂洞窟、寄倉洞窟など、多くの洞窟・岩陰遺跡が発掘され、大きな成果を上げている。とくに早期・前期の資料が豊富で、層位的に

出土したことは重要である。

　潮見浩・間壁忠彦は、帝釈峡遺跡群の土器を層位に基づいて編年序列を組み、そのうえで山陰地方の型式を貼り付けた（間壁・潮見1965）。これには瀬戸内地方を中心とした周辺地域の型式が対比されて示されている。ここでは山本が紹介した島根県の土器のほか、島遺跡や目久美遺跡など鳥取県の資料が追加されており、山陰地方全体の様相を示そうとしている（第3図2）。

　『日本の考古学Ⅱ』では、「山陰・中国山地」担当した潮見浩・間壁忠彦作成の編年表と、編者・鎌木義昌が作成した巻末の編年表とに齟齬がみられる。前者（第3図2）は「寄倉12層」から「寄倉10層」までを早期としているのに対し、後者（同図3）ではそれらをすべて前期とし、同時に寄倉10層・11層に関係する菱根式も前期に下げている。早期末から前期にいたる土器について、当時の多様な見解がうかがえ興味深い。この問題について解決するのは、1980年代の長山式・西川津式の設定を待たねばならない。

　山本清の研究を受けて、宍道正年が土器編年を試みた（宍道1974・1980）。宍道1974は、遺跡ごとに多くの図を掲載し、早期・押型文土器の存在を確認した。この時の編年表は、山本の編年表を基軸として「周辺地域の形式名・遺跡」として瀬戸内地方などの諸型式と対比させている（第4図1）。このとき瀬戸内地方の型式名を島根県の土器に適用しなかったのは、師事した山本が「山陰地方には瀬戸内地方と違った型式が存在する」と考えていた感があり、これを継承したのかもしれない。なお、この書は当時知られていた島根県内の縄文土器の大勢が把握でき、現在でも重要な資料集である。

　宍道1980では、さらに積極的に瀬戸内地方の型式名を使用した。これは、山陰地方にも瀬戸内地方と同じ型式が存在することを自覚したものであった。山陰地方では、「羽島下層式」や「船元式」など瀬戸内地方の型式圏に包括される時期と、「佐太講武式」「波子式」など独自型式が展開する時期とがあると述べた。「波子式」などの時期については誤認もあるが、広域性と地域性、という見方は賛同できる。ともあれ、これにより瀬戸内地方と山陰地方の親縁性が明言されたといえる。

　宍道1980では、さらに「轟式」「西平式」など九州地方の型式名もみられる。宍道は、前稿から後谷遺跡などの土器を「轟式系統土器」と呼び、九州地方の轟B式との関連に注目していた。加えて、大蔵遺跡で「西平式」が出土した（柳浦1996）ことから、九州地方の諸型式にも注意を払うようになったと思われる。なお、宍道1980では「佐太講武式」「波子式」が続けて使用されている。「佐太講武式」は以後の発掘調査によって否定され（島根・鹿島町教委1994）、「波子式」は小都隆によって船元Ⅱ式の一形式とされ（小都1996）て、現在では使用されていない。

　以上のように、山陰地方の縄文土器編年は山本清・宍道正年によって基礎が築かれた。しかしながら、山本・宍道の研究は大部分が地域の愛好家が収集した資料に基づいており、発掘調査による資料はサルガ鼻洞窟遺跡・菱根遺跡・小浜洞穴など少数にとどまる。ここでは、戦後、盛んに行われた考古学資料の収集が、1970年代までの地域の考古学の基礎資料となっていたことに注目したい。

　島根大学・関西大学との合同で行われた隠岐島の調査（関西大学・島根大学1963）も、基本的には地元の藤田一枝・田邑二枝などの業績に基づいている。この調査は、隠岐諸島も日本の

**1　宍道1974の編年表**（一部改変）

| | 島根県（西山陰） | 周辺地域 |
|---|---|---|
| 早期 | 押型文土器（横道）<br>縄文地繊維土器「菱根式」（菱根ヤノンバ）<br>条痕文土器「佐太講武式」（佐太講武・宮尾・寺ノ脇・クネガソネ） | 帝釈峡馬渡〔広島〕<br>宮の下〔京都〕 |
| 前期 | 爪形文土器<br>　条痕地連続爪形文土器「宮尾式」<br>　条痕地爪形文土器<br>　無地爪形文土器<br>（佐太講武・宮尾・寺ノ脇・含霊塔下／鳥居原）<br>轟式系統土器（後谷、クネガソネ）<br>爪形文帯縄文地土器（含霊塔下・佐太講武）<br>刺突文土器（？）（佐太講武）<br>縄文地微隆線（突帯）文土器（佐太講武・鳥居原・含霊塔下・郡山・くだりま・下西） | 羽島下層Ⅱ〔岡山〕<br>羽島下層Ⅲ〔岡山〕<br>磯ノ森（岡山）・北白川下層Ⅱ（近畿）<br>彦崎ZⅠ（山陰）<br>大歳山（近畿）・田井・里木Ⅰ（山陽） |
| 中期 | 縄文地爪形文土器（郡山・サルガ鼻・善行寺橋・的場）<br>縄文地貼付口縁系土器「波子式」（郡山・波子大平山A・下鴨倉・佐太講武／寺ノ脇・的場・善行寺橋・サルガ鼻・宮尾・古海・西灘（境港市））<br>縄文地貼付口縁刺突文土器（郡山・大平山A・竜ノ駒）<br>縄文地刻目隆帯文土器（下鴨倉）<br>撚糸文土器（平田・寺ノ脇・郡山／坂灘・猪目） | 船元Ⅰ（山陽）<br>船元Ⅱ（山陽）<br>里木Ⅱ（山陽） |
| 後期 | 沈線文土器（竜ノ駒・大平山B）<br>磨消縄文土器（竜ノ駒・小浜）<br>「福田KⅡ式」的磨消縄文土器（大平山B）<br>縁帯文土器（サルガ鼻・平田・大平山B）<br>縄文縁帯土器（権現山・サルガ鼻・小浜）<br>凹線文土器（？）（サルガ鼻・小浜）<br>磨研沈線文土器（小浜・王子台・大平山B・大社神域）<br><br>磨消縄文（サルガ鼻・小浜・夫手・原山・平田・王貫・宇根／竜ノ駒・日向側・来島・野城夏焼・大平山B・中村湊・くだりま・善行寺橋・坂灘）<br><br>粗面無文土器（鳥居原／王子台／サルガ／小浜・平田／大社神域／坂灘・三角垣／日向側／大平山B） | 中津（山陽）<br>中津（山陽）<br>福田KⅡ（山陽）<br>津雲A・彦崎KⅠ（山陽）<br>福田KⅡ（山陽）・元住吉山（近畿）<br>福田KⅢ（山陽）・宮滝（近畿）<br>福田KⅣ（山陽）・御領（九州）<br>黒土BⅠ（山陽） |
| 晩期 | 粗面刻目突帯文土器（法吉・小浜・中村湊・大社神域） | 黒土BⅡ（山陽） |

**2　柳浦2001の編年表**

| 鳥取県 | | 島根県 | |
|---|---|---|---|
| 東部 | 西部 | 東部 | 西部 |
| | 長　山　馬　籠　式 | | ？ |
| | 西　川　津　式 | | ？ |
| | 羽島下層Ⅱ式・北白川下層Ⅰa式 | | 轟4式 |
| | 北白川下層Ⅰb式・Ⅱa式 | | （轟5式） |
| | 北　白　川　下　層　Ⅱ　b　式 | | （野口・阿多） |
| （北白川下層Ⅱc式?） | 月　崎　下　層　式 | | （曽畑） |
| | 北　白　川　下　層　Ⅲ　式 | | ？ |
| | 大　歳　山　式 | | ？ |

**3　柳浦2000の編年表**

| 近畿地方 | 山陽地方 | 山陰東・中部域 | 山陰西部域 | 九州地方 |
|---|---|---|---|---|
| 中津Ⅰ式 | 中津Ⅰ式 | 中津式古相・新相 | 中津式・阿高式 | 阿高式 |
| 中津Ⅱ式 | 中津Ⅱ式 | | | |
| 福田K2式古段階 | 福田K2式古段階 | 中津Ⅲ式 | 中津Ⅲ式？ | |
| 福田K2式 | 福田K2式 | 島1式 | 宿毛式？ | |
| | | 島2式 | | |
| 広瀬土壙40段階 | 松ノ木式 | 布勢式古段階 | 布勢式？ | 小池原下層式 |
| 芥川式 | なつめの木式 | 布勢式新段階 | | |
| 北白川上層式1期 | 津雲A式 | 崎ヶ鼻1式 | 月崎上層1c？ | |
| 北白川上層式2期 | 彦崎K1式 | 崎ヶ鼻2式 | 鐘崎式 | 鐘崎式 |
| 北白川上層式3期 | 四元式 | 沖丈式 | | 北久根山式 |
| 一乗寺K式 | 彦崎K2式古段階 | 権現山式古段階 | 西平式 | 西平式 |
| 元住吉山Ⅰ式 | 彦崎K2式新段階 | 権現山式新段階 | | 太郎迫式 |
| 元住吉山Ⅱ式 | 馬取式 | 凹線文古段階 | 凹線文 | 三万田式 |
| 宮滝式前期 | 福田K3式 | 凹線文中段階？ | | 鳥井原式 |
| 宮滝式後期 | 岩田第3類 | 凹線文新段階？ | | |
| 滋賀里Ⅰ式 | 岩田第4類 | 後期終末期 | 後期終末期 | 御領式 |

**第4図　宍道1974、柳浦2000・2001の編年表**

「縄文文化」の範囲で捉えられることを明らかにしたことで注目されるが、その基礎的データはやはり在地の愛好家収集資料であった。このような収集資料は、貴重な資料ではあるが、発掘資料に比べると質的に劣るのは否めない。資料操作には、自ずと限界があったといわざるをえない。

このような状況のなかで、小浜洞穴遺跡は正式に発掘調査された数少ない例である（山本清1967）。発掘調査は採土に伴う緊急調査だったが、土器・石器とともに動物・魚類・貝類などの遺存体が層位的に出土した。小林行雄が設定した「権現山式」（小林・佐々木1937）の実態を知ることが可能であったが、この調査報告が概要の提示にとどまったのが惜しまれる。その後、宍道正年によって代表的な土器が図示された（宍道1974）が、山本による小浜洞穴遺跡発掘調査は2012年にようやく全体像が示された（柳浦2012）。

山陰中央新報社から刊行された『さんいん古代史の周辺（上）』（山本清編1978）は、それまでに鳥取・島根両県で得られた考古学の知見をまとめたものである。地元新聞『山陰中央新報』に連載された記事をまとめたものだが、当時の山陰地方の考古学情況が俯瞰できる。ここでも、使われた縄文資料は地元愛好家の採集品が中心である。発掘調査による資料が増えつつあったとはいえ、1970年代は未だに資料が不十分な時代だった。『さんいん古代史の周辺（上）』は1940〜70年代に各地のアマチュア研究家によって収集された資料に基づく研究の総集編ともいうべき成果であろう。

**発掘調査の増加と土器編年の整備**　1970年代以降、山陰地方でも行政による発掘が行われるようになり、縄文遺跡の発掘例が増加した。縄文遺跡の発掘は鳥取県が先行し、桂見遺跡（鳥取市教委1978）、島遺跡（鳥取・北条町教委1983）、大法3号墳（鳥取・東伯町教委1980）などで良好な資料が得られたが、とくに1990年から2010年にかけて縄文遺跡の発掘は急増した。

発掘資料が増加するにしたがって、山陰地方独自の土器群が明らかになってきた。久保譲二朗は後期・布勢式（久保1987）を設定し、福田K2式と津雲A式を繋ぐ土器群を明らかにした。その後、布勢式に類似した土器群が西日本各地で検出されるようになり、現在では「成立期縁帯文」として広く認識されている。千葉豊は、縁帯文土器について型式学的な説明を行い、変遷過程を明らかにした（千葉1989）。千葉1989は、近畿地方および中国地方の後期縄文土器を研究するうえで、基本的な論文となっている。柳浦2000bは福田K2式期について、柳浦2003は中津式について山陰地方の特徴を指摘し、西日本の該期の斉一性に疑問を呈した。

井上智博は前期・西川津式（井上智博1991）を設定した。井上は、1980年代に発掘された長山馬籠遺跡（鳥取・溝口町教委1989）、目久美遺跡（同・米子市教委1986）、陰田遺跡群（同・米子市教委1984）、西川津遺跡（島根県教委1987）の資料を駆使し、山陰地方の早期末から前期前葉の変遷を明らかにした。井上は、西川津式を設定する過程で長山馬籠式を前期初頭に位置付け、山本清が設定した「佐太講武式」を北白川下層式の無文土器と主張した。「佐太講武式」が早期末までさかのぼらないことは、その後発掘調査された佐太講武貝塚の層位で確認された（島根・鹿島町教委1994）。ここに至って、『日本の考古学II』（鎌木編1965）で齟齬をきたしていた早期／前期の境界問題は解決されたといえよう。これにより、現在では「佐太講武式」の型式名は使用されていない。

「西川津式」の型式名こそ付けられなかったが、この種の土器は島根県後谷遺跡の発見以

来、九州地方の轟B式との関連が注目されてきた（宍道 1974）。とくに屈曲形轟B式と西川津式は、器形や微隆帯文・押引き刺突文が似ることなどから関係は深いと考えられた（宮本 1987a・b）。両者の関係を、高橋信武は喜界カルデラ噴火後の山陰地方から九州地方への人の移動を考えている（高橋信武 1989）が、廣瀬雄一は両者が互いに影響を与えつつ両地域で展開した別個の型式と捉えており（廣瀬 2014）、筆者は広瀬の考えに近い（柳浦 2016a）。その当否はともかく、西川津式は山陰地方と九州地方の関係性を議論する契機となったといえる。

　1990年代から 2000年代前半は、発掘調査の増加を背景に土器の地域編年の整備が進んだ時期である。1990年以降、とくに島根県での遺跡発掘例が増加する。五明田遺跡、暮地遺跡、沖丈遺跡など、豊富な資料が次々と得られ、空白だった時期の型式が次々と埋められてきた（柳浦 2000b、千葉 2001 など）。これは、泉拓良と泉に師事した千葉豊、冨井眞、水ノ江和同、矢野健一、家根祥多らによる既存型式の見直しに影響を受けている（泉 1982・千葉 1989・冨井 2000・矢野 1994・家根 1994 など）。

　1990年に開催された第1回中四国縄文研究会の時点で、それまでの中部瀬戸内地方を基軸にして考えられてきた土器編年では理解できない土器群が現れつつあった。既存型式の理解と、それらの併行関係を見据えた在地土器の研究が不可避となっていたのである。この研究の方向は、各地の遺跡調査・報告の担当者が抱えた「遺跡・遺物の時期はいつか」という問題に直結している。発掘調査では、これらの情報は適正に報告される必要があるが、1990年代には、地域の土器編年が未整備のまま資料が増え続ける状況にあった。これを解決するため土器研究が先行することはある面必然で、すでに東日本で行われていた集落論、生業論などが後手に回ったことは否めない。

　柳浦 2000a・2001・2007 は、1990年代の混沌とした状況を整理しようとしたものである。柳浦 2000a は後期（第4図3）を、同 2001 は前期（同図2）を、同 2007 は早期を通観した。この時期には、もはや宍道正年が行ったような全時期にわたる編年を一つの論文で行うことは不可能となり、大別時期ごとに編年の概要を述べるのが精一杯であった。山陰地方においては、宍道 1980 以降縄文土器の編年が示されていない。縄文時代を専門としない発掘調査担当者にとっては、地元の指標がまったくない状態にあったといってよい。上記の論文について、「在地の土器製作伝統を無視している」（網谷 2003）、「新鮮味がない」（稲田陽介 2011）、等の批判はあるが、当時の研究状況を踏まえた編年を地元研究紙で提示したのは、それなりの意味があったと考えている。

　筆者は、中期と晩期について通時的な編年を未だに行っていない。中期については、鷹島式から船元Ⅱ式までは周辺地域と同調するものの（島根県古代文化センターほか 2009）、船元Ⅲ・Ⅳ式に相当する土器群が不明である。とくに縄巻縄文（深浅縄文）が特徴とされた船元Ⅳ式は山陰地方ではほとんどみられず、地文の違いで型式設定する（倉敷考古館 1971 など）ことに疑問を抱いている。一方、矢野 1994 で中国地方の中期末土器が明らかにされて以来、中期末の状況は明らかになりつつある（幡中 2012・柳浦 2016）。中期の編年は、船元Ⅲ・Ⅳ式に併行する土器の認識にかかっているといえよう。

　晩期については、後期末と晩期初頭の識別ができない状況である。後期末とされる滋賀里Ⅰ式の認識とそれに併行する在地土器の抽出がもっとも大きな問題である。この問題が解決しな

い限り、通時的な編年は難しいと思われる。なお、突帯文土器については、濱田竜彦の精力的な研究がある（濱田 2000・2008・2014 など）。上述の後期／晩期の境界問題と、突帯文土器以前の編年が整理されれば、晩期は通時的な編年が可能となろう。

　これとは別に、個々の型式について検討する必要がある。空白期（例えば早期後葉）や型式の交替期の様相（例えば前期・西川津式／羽島下層Ⅱ式）などは、不明瞭なままである。

　資料の増加により、編年以外に土器型式の分布圏＝地域性に言及できる可能性が生まれた。広域土器型式圏については鎌木義昌がすでに紹介し（鎌木 1965）、繰り返し論じられている。島根県西端部では、石ヶ坪遺跡（島根・匹見町教委 1990）をはじめとして並木式・阿高式など九州地方の型式が分布することが判明し、山陰地方全域が同じ型式で括れないことが明らかになった。また、広域型式とされた後期・中津式でも地域差が存在することが指摘された（柳浦 2003）。鎌木の型式圏設定はおおむね妥当と思われるが、型式圏境界の見直しや小地域圏の設定は検討される価値がある（千葉 2014）。そのうえで、土器型式圏の意味について考える必要があろう。

## 第 2 節　集落論

　縄文時代の集落・領域論も、住居跡の検出が豊富な東日本、とくに関東地方が主導してきた。これまでの研究史および研究動向は、後藤和民 1982・谷口 1999 などに詳しく解説されている。これらの中で西日本が取り上げられることがほとんどないのは、住居跡の発掘例が散漫・寡少で、集落像を見いだせないためであろう。筆者は山陰地方の集落像について論じたことがあるが（柳浦 2009）、東日本での研究成果を取り入れることをしなかった。取り扱う資料の質が、根本的に違うからである。

　とはいえ、縄文時代の集落・領域という問題を扱うには、東日本の研究成果を睨みつつ、地域ごとに存在するであろう異同を考える必要がある。以下では、後藤和民 1982・谷口 1999 などを参考にして、全国の研究動向を振り返る。その後に、西日本、とくに近畿・中国・四国地方における集落研究の課題を考えてみたい。

### 1　研究史の概略

　1923 年に柴田常恵によって初めて竪穴住居跡が発掘され、1926 年には八幡一郎など東京人類学教室によって姥山貝塚において貝塚の下から竪穴住居群が確認された。谷口康浩によると、縄文時代の集落研究は姥山貝塚の発掘から始まるという（谷口 1999）。これらの成果は、「従来の遺物中心主義から遺構認識への発展をもたらした」（後藤和民 1982）との評価が与えられよう。

　柴田以後、戦前の住居跡調査事例は関東地方を中心に 80 遺跡に上った（後藤守一 1940）。しかし後藤守一は「いままでの発掘・調査が不充分であり、集落全地域の発掘、しかもその当時のジャスト・モメントにあった家のあとが明らかにされていない限り、縄文時代のムラを明らかにすることはできない。」とし、「かの長野県の尖石で発掘・調査された竪穴あとの分布をみ

て、当時のムラの姿であるとすれば大きな間違いである。」と手厳しい（後藤守一 1956）。15 年にもわたる、宮坂英弌が単身で地道に積み重ねてきた成果を、何故にここまで酷評するのか筆者には理解できないが、後藤としては、縄文時代の「ジャスト・モメント」の集落景観を見たい、という焦燥あるいは期待があったのかもしれない。なお、「ジャスト・モメントの集落景観」は、約 40 年を経て「横切りの集落論」で再登場する。

後藤守一の評は置くとして、尖石遺跡の発掘は全国で初めて縄文時代の集落遺跡の全貌を明らかにしたとして、高く評価される。現代の行政発掘ならともかく、このような発掘が戦前に、しかも一個人によって行われたことには今更ながら驚嘆するばかりである。宮坂は、南北の住居跡群とそれに挟まれた「社会的地区」（中央広場）の存在を明らかにした（宮坂 1946）。

和島誠一は、水子貝塚、姥山貝塚、草刈場貝塚、尖石遺跡などを事例として、中央広場を持つ環状集落に注目した（和島 1948）。和島は、早期に比べて前期の集落規模が大きくなったこと、集落が全体としてある種の規制のもとに営まれていたことを指摘し、中央広場を「集団生活の結集点」と意義付けた。また、海浜部でも山間部でも同じ集落配置が踏襲されていることから、早期以来の定住性が中期に強まっている状態、とみた。

和島 1948 は、唯物史観の理論に基づいたもので、発展史的な文脈は仕方がないことと思われるが、現在説明される環状集落の特徴のほとんどはここで挙げられている。また、考古資料を社会論に止揚しようとする試みは、以後の研究者に大きな影響を与えた。なお、和島は 1955 年に自身の説を検証するため、神奈川県南堀貝塚の発掘調査を行い、典型的な環状集落の構成を確認している（和島・岡本 1958）。

水野正好は 1969 年、「縄文時代集落復元への基礎的操作」を発表する（水野 1969）。この論文は、①竪穴住居跡内の間取り、②住居跡の改築、③住居群の変遷過程、④生活空間の復元、⑤集落の移動・領域など、集落に関係する論点を多岐にわたって指摘し、集落研究の方向について述べたものである。これは必ずしも実証的とはいいがたく、激しい批判にさらされたにもかかわらず、1970 ～ 80 年代の集落研究の一つの軸となったという（谷口 1999）。水野の「群別」の概念は、その後大林太良によって民族学的な検討が加えられ（大林 1971）、「双分組織」の議論に発展する。

厳しく言えば、水野の論は空論が多い。しかしながら、それでもなお研究者を惹きつけたのは、「自在で新鮮な発想と大胆な解釈」にあったという（谷口 1999）。さらにいえば、水野は「考古学の可能性」を提示し、当時の多くの研究者がそれに共鳴したのではなかったろうか。当時の情勢を憂い、それが「水野集落論の原動力になった」（谷口 1999）との見解に、筆者も同感である。それは、水野 1969 のあとがきに十分うかがえる。

後藤和民は、1980 年までの集落論を評論している（後藤和民 1982）。後藤は集落論を、①人文景観としての集落研究、②社会組織としての集落研究、③文化基盤としての集落研究、に分類し、①→②→③へと研究が移行するという。①はまさに縄文集落の景観復元であり、その代表は宮坂 1957 である。後藤は、これを、人文地理学の概念を借用したものと評した。②は、集落遺跡から社会組織を読み取る研究で、和島 1948 などを代表させている。これを、社会学の概念を借用したものとする。③のフレーズは難解であるが、「集落群の集団領域としての把握」（後藤和民 1982）、つまり近接した集落群を歴史学的にどのように読み解くか、という問題

提起に読める。さらに深読みすれば、考古資料を民族学の成果に安易に結びつけることを批判しているように思える。筆者にとっても耳が痛いことではあるが、集落論だけでなく、民族学を参照する潮流は今後も続くだろう。筆者は、民族学的成果を参照することによって、縄文時代の文化・生活・社会は、より具体化されると考えている。

　1960年代以降、大規模開発による発掘調査が続き、1980年代には膨大なデータが蓄積されていた。日本考古学協会昭和59年度大会ではシンポジウム『縄文集落の変遷』（日本考古学協会山梨大会実行委員会1984）が開催され、関東・甲信越地方および静岡県の住居跡資料が集成された。これを契機に従来の集落像が見直されるようになり、「横切りの集落論」が登場する（土井1985）。「横切りの集落論」は、遺構の同時性を究極まで追求し、一時点の集落景観を復元しようとする研究である。土井義夫・黒尾和久は、この研究を通して「拠点集落」とされた環状集落も一時点では1～2棟、多くても4棟に過ぎず、本来は小規模で移動を繰り返した結果の最終的景観とし、「小規模集落」とされたものと変わりがない、と主張し（黒尾2009）、「定型的で安定した大規模な拠点集落」という環状集落の通説に真っ向から挑む。

　「横切りの集落論」は、住居数だけを重視し、背景となる生業・生産を考慮していない（林謙作1994　勅使河原1989）、環状集落の成立過程や性格を無視している（佐々木藤雄1993　谷口1998）、などの批判も多い。しかし、「一時点の集落景観」がどのようなものだったのか、筆者は見てみたい気もする。住居の移動・回帰、最終的に環状に配置される住居跡群について、合理的な説明が加えられれば、「横切りの集落論」は説得力を増すのではなかろうか。

　環状集落については、和島誠一以来、縄文時代の代表的な集落とされてきた。中央広場・墓を中心に住居を環状に配置した規則的な構成が注目され、小林達雄は「縄文モデルムラ」と呼んだ。和島は規模の大きさと規則的な構成から強い規制力と氏族共同体的な集団像を描き（和島1948）、水野正好は内部に分節構造を見出し社会組織が反映されている（水野1969）と考えた。小林達雄は、住居と各種施設が揃い、共同行事・儀礼に集合する公共的広場を備えていることを重視し、環状集落を「拠点的」な集落とした（小林達雄1980）。1980年代は、環状集落を拠点的集落と理解する研究動向だったという（谷口1999）。

　「横切りの集落論」は、このような研究状況に疑問を投げかけたのであるが、これは1990年代以降の潮流となった実証性・客観性を追求する研究動向の一つという。谷口は、これを「実証主義の集落論改革運動」と呼んでいる（谷口1999）。それまでに蓄積されたデータを調査段階まで遡って検証し、客観的な観察をやり直す必要があるという認識が高まった。住居のライフサイクル（小林謙一1993）や、覆土形成過程に関する研究が進んだ。

　この潮流は、コンピューターの普及によるところも大きいが、目的意識をもって資料へ回帰する、という基本的な姿勢が求められたのではなかろうか。この姿勢は、議論が出尽くしたかに思えた時現われてきた実践姿勢で、将来的にも繰り返され、新しい視点で研究が進むと考えられる。これは、同時に、発掘調査に当たって「どんな情報も見逃さない」という姿勢を改めて発掘担当者に求めているように思われる。

　谷口康浩は、2009年に縄文集落論を展望し、集落論を「景観の考古学」に成熟させる必要を説く（谷口2009）。谷口は、集落景観を形成する要因として、「生態」、「社会」、「イデオロギー」の3つを挙げ、「縄文的景観」を（1）「機能としての景観」、（2）「社会構造としての景観」、

(3)「観念としての景観」に分類する。この 3 つが集落研究の方向であるとした。

(1) については、①集落の定住度・②居住の地理的変異・③領域景観の比較を取り上げ、①遺跡から「居住行動や場の機能に関わる証拠」を発見する努力、②領域の環境特性から人口密度や集団の生態の違いを見出す手段、③集落・領域規模や環境特性を把握したうえでの領域間の相違の抽出、を課題としている。(2) について、それぞれの文化には固有の家屋制度があったはずで、この観点から資料が点検されて家族・世帯が解明されることを期待する。また、家屋更新が行われた住居跡と行われなかった住居跡に注目し、家系や家族の継承という新たな課題に踏み込める可能性を指摘した。

(3) については、「縄文時代の家屋や集落の構成空間にも、縄文人の観念に根ざすシンボリズムやコスモポリタンがさまざまな形で表現されていると考えてよい。」(大林 1971) という大林太良の言を引用し、縄文時代の「観念」の重要性を指摘している。竪穴住居跡では、平面形、屋内空間の二分する住居の主軸、炉跡などに「観念」がうかがえるとする。さらに、環状集落について民族学の事例を紹介しながらその分節構造を解説する。環状集落にみえる双分制は、大林 1971 以来論じられてきたが、そこに縄文時代のシンボリズムを見出し、縄文時代の観念体系を見据えた。「論理的に正しい、秩序ある景観を、縄文人たちが主体的に創出していた様子を、そこに読み取りたい」(谷口 2009) という言に、谷口の強い意欲がみられる。

以上は主に東日本で議論された縄文時代の集落論についての概略である。集落研究は、集落の全貌解明と評価 (和島 1948 など)、集落の内部構造を把握する努力 (水野 1969 など)、縄文集落を総合的に評価する動き (小林達雄 1980 など) は、その後資料の全体的な見直し (「実証主義の集落論改革運動」) を経て研究が重ねられ、集落構造・社会組織・親族構造などが議論されてきた。今後は谷口がいうように、縄文時代のイデオロギーまで踏み込んだ議論が期待されよう。

## 2 中国地方と山陰地方の集落研究史

以上の集落に関する議論は関東・中部地方をはじめとした、豊富な住居跡資料を有する東日本だからこそ可能な議論である。西日本では、東日本と同じ土俵で分析可能な資料＝住居跡が絶対的に不足している。2001 年段階の集計 (縄文時代文化研究会 2001) では、近畿地方約 550 棟、中国地方約 150 棟、四国地方約 30 棟、九州地方約 1600 棟と、日本考古学協会 1984 で集計された関東・甲信地方の住居跡約 9600 棟には遠くおよばない。中国・四国地方では、上述の分析方法をとることは困難と言わざるをえない。

西日本での竪穴住居跡の発見は 1950 年代の滋賀県番ノ面遺跡が最初である (小江 1956)。熊本県では 1968 年に三万田遺跡で発掘されたのが初例という (戸沢編 1994)。貝塚が集中する岡山県でも、竪穴住居跡は 1970 年代の佐藤遺跡 (岡山県教委 1978) が初例のようで、西日本の竪穴住居跡はほとんどが 1970 年代以降の発見である。

岡山県・津島岡大遺跡では竪穴住居跡、貯蔵穴、河川跡などが検出され、縄文時代後期の集落景観が復元できる数少ない遺跡として注目される (山本悦代 2004)。また、矢野遺跡で 31 棟 (徳島県教委ほか 2003)、智頭枕田遺跡で 18 棟 (鳥取・智頭町教委 2006) の住居跡群が検出され注目されたが、東日本のような環状集落は未だに発見されていない。

一方で、柱穴と考えられたピットの配列から住居跡を復元する試みは、竹田遺跡（岡山県史編纂委員会 1986）や広島県帝釈峡遺跡群名越岩陰（中越 1997）など、比較的早くから行われてきた。

1980 年代以降の大規模な発掘調査は遺構研究を可能にしたとはいえ、住居跡の検出数は東日本で行われたような分析が行える数ではない。この状況のなかで取りうる有効な方法は、遺跡間の動態比較である。

遺跡分布を分析して集落動態を推測する研究は、高橋護が最初に行った（高橋護 1965）。高橋は、岡山県旧児島湾の貝塚出土土器を整理して貝塚の消長を示した。そのうえで、長期間継続する貝塚でも断続する時期が繰り返しあること、断続する時期には近隣の貝塚が補完していること、を指摘し、旧児島湾の貝塚群全体が「大集落」として長期間継続した、と述べた。泉拓良は、京都盆地の遺跡の消長を分析し、領域と生存戦略を考察した（泉 1985a）。

高橋の手法はその後も継承され、岡山県では平井勝（平井 1987）が同様な手法を使い集落論を展開した。高橋は旧児島湾の貝塚に限定し論を展開したが、平井は対象を岡山県下全域に広げて分析した。矢野健一は兵庫県北部・但馬地方の早期遺跡の動態を検討し（高松・矢野 1997）、集落の「定着性」という概念を提唱した。「定着性」は、住居跡が不明瞭な中四国ではとくに有効な概念といえる。

山田康弘は中国地方の住居跡を集成し、全時期を通して集落規模が小さいことを確認した（山田康弘 2001a・2002）。また、住居跡の床面積の分析を行い、当地域の集落の小規模性を示している。さらに墓域との関連を探り、晩期に集落から墓域が離れて設営されることを指摘した。

山口雄治と幡中光輔は、遺跡分布から集落を読み取ろうとした。山口は中後期の中国地方全体の様相を、幡中は全時期にわたって島根県・鳥取県の様相を時系列に解説する。山口は居住形態の時期的な推移を考察し（山口 2008）、幡中は領域を考察した（幡中 2014a）。ともに GIS を駆使した研究であるが、方法としては高橋 1965 に根源がある。このような分析は、遺構が多数検出されることがない中国地方では、重要な手法である。全体の時期区分や解釈に疑問を感じる部分があるが、わずかな痕跡から集落などの実態をつかもうとする努力は必要である。コンピューターが普及したとはいえ、中国地方の遺跡数は 2000 を超える。このような地道な研究が、縄文集落の解明に大きく寄与すると信じている。

柳浦俊一は、高橋 1965 の手法で島根県志津見ダム、同尾原ダムの遺跡群を分析し、当地の集落像の景観復元を試み、後期の集落が小規模分散型集落であることを述べた（柳浦 2009）。近畿・中四国地方の縄文集落が小規模であることはすでに大野薫が指摘している（大野薫 2001）が、近接する遺跡群のなかで同時期の遺跡が全体として一つの集落を形成していると考えた。

このほか、中四国縄文研究会では 2008 年と 2010 年に集落を主要なテーマとして取り上げられた。2008 年では主に地域社会がどのように展開したのかが議論され（中四国縄文研究会 2008）、2010 年では遺跡内の遺構が集成され集落構造が議論された（同 2010）。

中国地方・山陰地方の集落研究は、おおむね以上のように推移した。竪穴住居などの居住遺構検出数が少ないこともあり、高橋護 1965 以来遺跡動態から集落動向を探る研究が行わ

れてきた（平井勝 1987　山口 2008　柳浦 2009　幡中 2014a）。その反面、住居跡そのものの研究は、山田康弘 2002 以外は行われていない。少ないとはいえ、中国地方で約 150 棟の住居跡が検出されており、もっとも居住実態を表わす住居跡の研究は集落論の基礎となるはずである。また、竪穴住居以外の住居形式も視野に入れ、遺跡での住居痕跡を見つけようとする視点が必要である。遺跡内での住居数が推定できれば、当地の集落論は新たな展開が期待できる。

## 第 3 節　生業論

### 1　研究史の概略

　縄文時代の人々が、生きる糧として何を利用し、どのように収穫していたのか、という命題は、考古学研究者にとどまらず一般の歴史愛好家にとっても興味ある問題である。モースが大森貝塚を発掘して以来、当時の食糧とその獲得方法についてさまざまに論じられてきた。長沢宏昌・山本直人の整理によれば、狩猟研究が 4 期、漁労・製塩研究が 4 期、植物採集活動研究が 3 期に分類されるという（長沢・山本 1999）。その内容を第 1 表にまとめた。

　これを一瞥すると、狩猟研究が先行し、続いて漁労・製塩研究が行われ、植物採集活動研究が遅れて登場したことがわかる。ただ、エドワード・S・モースの大森貝塚の報告（エドワード・S・モース 1879）以後は動物遺存体が等閑視されたらしく、現在行われているような遺存体同定は岸上謙吉（魚類　岸上 1911）、松本彦七郎（シカ・イノシシ　松本 1917）、長谷部言人（サル　長谷部 1924）の研究・報告を待たねばならないようである。これらの論文の出現と明治期に繰り広げられた人種・民族論争が終息した時期と重なるのは偶然かもしれないが、新しい潮流が生まれつつあったことがうかがえる。その後、大給伊は陸産の動物質食糧についてまとめ（大給 1934）、直良信夫は先史時代の食糧について概説している（直良 1938）。ここに至って、動物遺存体同定の基本的な方向が示されたといってよいだろう。ただし、戦前には動物遺存体に目を向ける研究者はまだ少なかったという（長沢・山本 1999）。

　酒詰仲男は、大山史前学研究所時代から資料の集成を行い続け、その成果は 1961 年『日本縄文石器時代食糧総説』に結実する。これは出土資料の集成だけでなく、食糧確保に視点を与えたと高く評価されている（長沢・山本 1999）。

　動物遺存体の全量調査は、金子浩昌を嚆矢とする（金子・西村 1956）。金子の全量分析は、それまでの「どの種があるか」という問題意識を越えて、「どの種」が「どれだけあるか」という問題を提起した。これにより、「何が主要な食糧資源なのか」が明らかにされる可能性を開き、さらに遺跡間の捕獲対象の比較を可能にした。

　1969 年に赤沢威は漁法・漁具・漁場・漁期の考察を行っている（赤沢 1969）。渡辺誠も縄文時代の漁業に関する研究をまとめた（渡辺 1973）。このころ、縄文時代の漁業について、総合的に考察しようという気運があったのかもしれない。

　渡辺誠は、『縄文時代の漁業』（渡辺 1973）において、網漁業・釣り漁業・回転式離頭銛について詳細な研究を行った。とくに、それまであまり取り上げられることのなかった石錘・土器片錘などの漁網錘に注目し、内湾漁労の重要性を説いたのは卓見だった。この時の集成では漁

## 第1章　山陰地方の縄文研究史概略

## 第1表　長沢宏昌・山本直人 1999 による生業研究史区分

狩猟研究

| 区　分 | 時　期 | 内容・代表的な文献 |
|---|---|---|
| 第1期 | 1877～1958 年 | 貝塚の発掘が行われ、報告された時期。大給伊 1934 や直良信夫 1938 で集成が行われた。一般的には自然遺物があまり注目されなかった時代。 |
| 第2期 | 1959 年～1970 年頃 | 坂詰仲男 1961「日本縄文石器時代食糧総説」の刊行。出土食料全般が一目でわかる画期的なもので、食糧研究全般の出発点。金子浩昌ほか 1956 で出土量の報告。落し穴の研究（今村 1973） |
| 第3期 | 1970 年頃～1990 年頃 | 低湿地遺跡の発掘増加に伴い水洗選別法の普及（魚骨のサンプリングエラーの回避、微小種子の検出）。種類だけでなく季節性の問題へと発展。金生遺跡なのでイノシシ飼育の可能性（金生遺跡など）。 |
| 第4期 | 1990 年頃以降 | 動物考古学の確立。理化学的な方法による分析（残存脂質・デンプン・炭素／窒素安定同位体） |

漁労・製塩研究

| 区　分 | 時　期 | 内容・代表的な文献 |
|---|---|---|
| 第1期 | 1911 年～1942 年 | 大山史前学研究所を中心に骨角製漁労具の個別研究、自然遺物から食糧復元研究が開始された。岸上謙吉 1911・大山柏 1929 ほか・直良信夫 1938。 |
| 第2期 | 1956 年～1973 年頃 | サケマス論が提唱され、それを巡る研究姿勢に批判が加えられた時期。金子浩昌の数量的分析（金子ほか 1956）。渡辺誠 1973「縄文時代の漁業」で、網漁による内湾漁労と釣り・銛漁による外洋性漁労の指摘。赤沢威 1969 で体長組成の分析、漁法・漁具・漁場・漁期の考察。製塩遺跡の調査・研究の開始。 |
| 第3期 | 1973 年頃～1988 年頃 | 一部の貝塚で詳細な発掘が行われ、水洗選別の徹底化と自然科学的手法の導入。サケ類骨の検出（松井章 1985）。貝の成長線分析による採取の季節性指摘（小池裕子 1979）。西北九州の外洋漁労の指摘（渡辺誠 1985） |
| 第4期 | 1989 年以降 | 成長線分析の普及と基礎資料の蓄積。 |

植物採集活動研究

| 区　分 | 時　期 | 内容・代表的な文献 |
|---|---|---|
| 第1期 | 1947 年～1968 年 | 研究の胎動。山内 1964 でカルフォルニア先住民の民族誌例からの類推。渡辺誠 1968 の提言。 |
| 第2期前半 | 1969 年～1975 年 | 生態学的な観点を導入する必要性が説かれた時期（岡崎敬 1971）。「照葉樹林文化」シンポジウム録刊行（上山 1969）。渡辺誠 1975「縄文時代の植物食」の実証的・総合的研究。堅果類のアク抜き民俗調査。 |
| 第2期後半 | 1976 年～1989 年 | 土器の起源やトチのコザワシが解明された時期（渡辺誠 1978・1979・1980・1981・1983・1989）。根茎類利用の指摘（神村 1977 など） |
| 第3期 | 1990 年以降 | 根茎類食糧化の研究が進んだ時期。水場遺構・低湿地遺跡の調査が進んだ。山本直人 1995 ほかでクズ・ワラビ・ヒガンバナ・ウバユリ等の利用が指摘される。 |

網錘の分布は限られているが、釣り針や銛など骨角器類の出土が少ない地域でも漁労を考える手がかりを与えてくれた。実際、後に実施された各地の発掘で漁網錘が認識され、内湾漁労・河川漁労が無視できない状況にある。また、関東・東北地方以外の釣り針にも注目して「西北九州型結合釣り針」を設定した。これ以後、西北九州の独自の漁労文化が明らかになる（安楽1985 山崎純男1988）。渡辺の業績は、それまでの漁労具研究から漁労・漁法研究に大きく進展・深化させたことにある。

山内清男は、1947年ころからいわゆる「サケ・マス論」を述べていたという（長沢・山本1999）が、これが公にされるのは『日本原始美術　第1巻』中の「日本原始時代概説」（山内1964）である。渡辺誠は「サケ・マス論」について実証性を欠く仮説にすぎないとしたが（渡辺1973）、1970年代以降の水洗選別の徹底化によりサケ類骨が認識されるようになった。松井章は内陸部でサケを捕獲・加工、沿岸部で消費、と考えている（松井1985）。

狩猟方法に関して、1970年の神奈川県霧ケ峰遺跡群での落し穴遺構の発見までは、弓矢の使用以外にあまり語られることがなかった。霧ケ峰遺跡群での落し穴遺構の発見以来、各地で同様な遺構が発見され、落し穴の分析や狩猟方法についての論考が増加する。落し穴の分析は遺構形態と配列を中心に行われ、複数個が同時に設置されていた様子が復元された（今村1983 稲田孝司1983）。また各地で集成が行われ（関西縄文研究会2001 九州縄文研究会ほか2004 中四国縄文研究会2013）、同様な分析が行われている。狩猟方法については、佐藤宏之が民族誌を利用しつつ展開している（佐藤宏之1998など）。佐藤は、縄文時代の落し穴はシカ・イノシシを主たる対象とした待ち受け罠としている。また、シカ・イノシシ猟については、長谷川豊が現在の狩猟方法から類推してイヌを利用した集団猟を想定している（長谷川1998）。柳浦は、落し穴遺構が待ち受け罠としての機能と労働時間に対する成果に疑問を持ち、長谷川の説を援用しつつ落し穴群への追い込み猟を想定した（柳浦2014a）。

具体的な狩猟方法については、考古学的に痕跡が残らない。そのため、民族誌の援用か対象動物の行動生態学から推測する方法が採られている。金子1983や佐藤宏之1998は民族誌を紹介し、また、大泰司統はエゾシカの行動生態学を紹介しつつ落し穴猟を考察している。（大泰司2007）。近年、佐藤宏之は、明治期に観察されたエゾシカの大規模・長距離移動から考察された狩猟戦略論をシカの行動生態学研究をもとに批判している（佐藤宏之2007）。このように、動物の行動生態学は、狩猟方法の解明に欠くことができない参照知識となっている。

食料としての植物資源は、酒詰仲男の先駆的な業績（酒詰1961）があるが、研究を大きく進めたのは渡辺誠である（渡辺1975）。渡辺は植物資源が動物・魚介類とともに縄文時代の重要な食糧資源であることを説いた。渡辺は食糧残滓である植物遺存体の集成をはじめとして（渡辺1969・1972）、自身の民俗学的調査による堅果類に関するアク抜き技術の解明（渡辺1975）へ、さらには堅果類のなかでもアク抜きが困難とされるトチの実のアク抜き技術解明（1978など）へと続く。渡辺の研究は、ヒガンバナやワラビなど、現在では食されることがない植物について利用可能性を考察する方向を促した。神村1977、橋口1983、辻1983の民俗事例の収集は渡辺の手法を応用し、長沢宏昌による炭化根茎類の抽出（長沢1994）や山本直人による根茎類食糧化の民俗学的調査（山本直人1995など）は渡辺の研究の延長上にあると思われる。

縄文時代の植物質食糧については、1955年岡山県南方前池遺跡でドングリを蓄えたままの

状態で貯蔵穴が発見されるという、重要な発見があった（南方前池遺跡発掘調査団 1969）。同様な貯蔵穴はこれ以降、寺ノ脇遺跡（島根県文化財愛護協会 1969）、岩田遺跡（山口・平生町教委 1974）坂ノ下遺跡（佐賀県教委 1969）など西日本各地で発見されていく。これらの発見で、少なくとも西日本では、ドングリが縄文時代の重要な食糧だったことが明らかにされた意義は大きい。潮見浩は、1970 年代までの植物質食糧と西日本の低湿地性貯蔵穴について論考している（潮見 1977）。

貯蔵穴について、今村啓爾（今村 1988）、塚本師也（塚本 1993）、桐生直彦（桐生 1985）、水ノ江和同（水ノ江 1999）、柳浦俊一（柳浦 2004）がまとめている。前 3 者は主に東日本の貯蔵穴を、後 2 者は主に西日本の低湿地性貯蔵穴を取り上げている。貯蔵期間について、短期貯蔵説を説く渡辺誠に対し（渡辺 1987）、今村は数年ごとに繰り返される堅果類の不着実現象に備えた長期貯蔵（備荒）説を展開する（今村 1988）。柳浦は貯蔵穴内の堅果類出土状況から今村の備荒説に否定的（柳浦 2004）だが、水ノ江は両者折衷案を提示している（水ノ江 2007）。北米のカルフォルニア先住民は、不作の時をも想定して貯蔵しているという（関 2007）ので、水ノ江案が妥当なところかもしれない。

縄文農耕論については、長崎元廣により詳細な研究史がまとめられている（長崎 1999）。戦前は大山柏（大山 1927）が、戦後は藤森栄一（藤森 1950 など）などが主張した。藤森の縄文中期農耕論は、とくに有名である。縄文農耕論は、山内清男（1937b）や芹沢長介（芹沢 1956）によって強力に否定されたにもかかわらず、1970 年ころにもっとも高潮したという（長崎 1999）。藤森の論拠は打製石斧などを農具と考え、土偶・石棒を農耕神と関連付けるなど状況証拠であったが、長崎は「遺跡遺物を通して農耕社会的な文化機構を追及する」（藤森 1963）という一貫した研究姿勢を高く評価している。

縄文中期縄文論が東日本で展開されたころ、西日本でも後晩期の農耕が議論されていた。国分直一は 1955 年にすでにこの問題を取り上げ（国分 1955）、賀川光夫は石器機能論から積極的に縄文晩期農耕論を展開した（賀川 1966 ほか）。ここでも打製石斧、石包丁（横長刃器）など農耕具的石器がおもな論拠となっている。打製石斧等の石器が縄文農耕の根拠とされたことは中部高地を舞台に展開した中期縄文農耕論に似ていて興味深い。春成秀爾はこのほかに、後晩期に遺跡が沖積平野へ進出することを挙げている（春成 1969）。現在でも、後期以降の沖積平野への進出が農耕と関連して論じられることが多い（山口 2008 など）が、筆者はこれを岡山県ほか一部の地域事情と考えており、遺跡立地を農耕に関連させることに疑問を抱いている。

縄文農耕論に大きな影響を与えたのが、中尾佐助や佐々木高明などが展開した「照葉樹林文化論」である。中尾は、東アジアの農耕方式が①野生植物採集段階　②半栽培段階　③根茎作物栽培段階　④ミレット（雑穀）栽培　⑤水稲栽培段階　の 5 段階で発展するという（中尾 1967）。1969 年と 1976 年に開催された 2 回のシンポジウムを経て（上山編 1969・1976）、佐々木は「ナラ林文化論」を提唱し、農耕の発展段階を①プレ農耕段階（照葉樹林採集・半栽培文化）　②雑穀を主とした焼畑段階（照葉樹林焼畑農耕文化）　③稲作ドミナントの段階（水田稲作文化）　の 3 段階に改編した（佐々木高明 1982）。

照葉樹林文化論は、林謙作（林謙作 1972）などの批判を受けるが、縄文文化を日本の基層文化に持ち上げたことが評価される。また、稲作以前の農耕形態を提示したという点は重要であ

る。これにより栽培植物の検出の起爆剤となり、水洗選別、発植物学など自然科学との連携が進むことになる（長沢・山本 1999）。

　1970 年代後半以降、長野県荒神山遺跡、福井県鳥浜貝塚など各地で栽培植物が確認されるようになり、縄文農耕論は新しい局面を迎えたという（長崎 1999）。粉川昭平はエゴマ、リョクトウなど 11 種以上の縄文時代の栽培植物をまとめ（粉川 1979）、吉崎昌一はフローテーション法によって得られた資料を集め、ヒエの雑穀栽培の可能性を指摘した（吉崎 1992）。以後全国で栽培植物の発見は続き、草創期から晩期にかけて栽培植物が確認されている。宮本一夫の集計によればマメ類・コメ・ムギ・ヒエなど 16 種類に上るという（宮本 2000）。

　イネについては、1970 年代からイネ圧痕のある晩期・突帯文土器が注目されてきた。さらに 1979 年、菜畑遺跡で突帯文期の水田跡が検出され（佐賀・唐津市教委 1982）、水田農耕の完成形が縄文晩期までさかのぼるとして大きなニュースとなった。その後、九州ではこの時期を「弥生早期」と呼称することが多くなる（水ノ江 2012）が、九州地方の「弥生早期」と本州・四国地方の「縄文晩期後半」とが近い同じ時期にあることに注意する必要がある。「弥生早期」と呼ぶか「縄文晩期後半」と呼ぶかはともかく、西北九州の突帯文期に稲作農耕が存在したのは確実となった。

　縄文時代の稲作の証拠とされたのが、イネのプラントオパールである。とくに 1990 年代に縄文遺物包含層だけでなく、縄文土器胎土からも検出されたことから、イネの存在を縄文前期までさかのぼらせる気運にあった（高橋護 2001）。しかし、プラントオパールが上位層から混入する可能性や土器胎土に浸透する可能性が指摘され（山本直人 2007）、少数の特定微化石を拾うように検出された資料には、上位層からの混入の疑いがある。

　イネの圧痕は、中沢道彦らがレプリカ法によって検証している（中沢・丑野 1998）。島根県板屋Ⅲ遺跡のイネ圧痕（突帯文期初期・前池式併行）はレプリカ法によってイネと同定され、現在目に見える形では日本最古のイネである。岡山県南溝手遺跡は、圧痕原体はイネであるが、当初速報された「縄文後期」ではなく晩期後半をさかのぼらないという（岡山県教委 1996）。以後の検出例をみても、イネの存在は晩期突帯文初期（前池式）をさかのぼることはない（濱田 2013）。なお、レプリカ法により各地でマメ圧痕が確認され、縄文時代のマメについて改めて注目が集まるようになった（長沢・山本 1999）。

　以上のように、マメ類をはじめとして縄文時代に栽培植物が存在したことは疑えない。問題はその評価である。「植物栽培をおこなっていたとしても、それは補完的なものであって多様な生業活動のひとつ」（千葉 2013）との考えが大勢と思われ、筆者もそのように考える。長崎元廣はこのような見解に「そこには〝縄文時代は採集経済である〟という固定的な時代観念を頑なに護ろうとする意識がはたらいている」（長崎 1999）と批判するが、大陸由来の弥生時代の水稲農耕とは区別されるべきである。弥生農耕前の「漸移的な状態」（長崎 1999）とするなら、それを言葉として表現する必要がある。社会学・民族学に適した用語があれば、その適用がもっとも適当かもしれない。

　1966 年、シカゴ大学で行われた狩猟採集民に関するシンポジウムが行われ、その内容が『Man the Hunter』として刊行された（リー、ド・ヴォエ 1968）。ここで「狩猟採集民は貧しい」という印象が先入観にすぎなかったことを明らかにしたという（井川 1985）。また、狩猟採集

民の主要な食糧は、狩猟によって得られた動物質食糧ではなく、木の実などの植物質食糧であることが指摘されたことは重要であった。このシンポジウムは、植物質食糧の研究を促進させるとともに、これ以後の縄文研究に民族誌がさかんに参照されるようになった。

　小林達雄は民族学の成果を引用しつつ、縄文時代の生業について総括的に考察している（小林達雄 1983）。筆者は、これを 1980 年代初頭までの成果が凝縮されているものとして評価したい。この中でも植物質食糧の重要性が強調されているが、小林は縄文時代の食糧について「利用度が高いメジャーフッド」のほか、季節に応じた多様な食糧資源を利用したとした。そのうえで「日ごとの労働スケジュールの計画性と縄文カレンダーに則った年間を通じた計画性は縄文経済の重要な特徴」と結論した。小林のこのような見解は、現在の多くの研究者がもつ縄文時代生業のイメージであろう。小林が提示した「縄文カレンダー」（小林達雄 1977）は非常にわかりやすく、各地博物館の展示パネルや一般向けの解説書などによく使われている。

　現在の縄文時代の生業に関する心象は、小林 1983 に言い尽くされているように筆者は思う。この後、動物考古学の確立、貝殻の成長線分析の普及、根茎類食糧の研究など、様々な研究が行われる（長沢・山本 1999）が、これらはいずれも小林 1983 で展開された個別事例の検証と考えられる。自然科学の分析に生業研究の活路を見出す見解（泉 2014）なども、突き詰めれば小林 1983 説を補強・修正する可能性を示したものであろう。

　今後、この分野で考古学的手法を用いてどのような分析ができるのか、と考えると、方法論としてはすでに 1980 年代に出尽くしているように思われる。考古学としては、①生業遺構の詳細な記録　②動植物遺存体の同定　がせいぜいである。①については従来から行われてきたことである。②については、それなりの教育・経験を積めば、考古学研究者のかなりが参入可能である。しかし、成分分析などの自然科学的分析は、専門的分析機器を簡単に持つことができないことを考えると、考古学研究者のだれでもが参入できる分野ではない。酸素・窒素安定同位体分析や残留デンプンの分析などは期待できる分野ではあろうが、よほどの覚悟がなければ考古学研究者が自らできる分析ではないだろう。自然科学分析の分野には専門研究者による分析結果を待つしかない状況にある。とはいえ、分析結果に対する考古学的な解釈は必要である。研究目的に応じて分析データを読み解き、考古学的な叙述を行う作業は、これからますます重要となろう。

　近年、土器に付着したスス・コゲの状態の観察から、調理方法を復元しようとする研究が目立つ（小林正史 1992）。煮沸実験も行われ、煮沸物の原料によってどのようなコゲが付着するのかを復元しようとする試みもある（西田 2012）。コゲの成因に関する研究が進めば、なにを食材としていたのかという目安となるので、注目したい。これまで、なにを食糧資源（食材）としていたのかという研究は行われてきたが、どのように調理され、食されてきたのか、という議論は少なかったように思う。コゲの安定同位体分析や動物考古学の成果からは、焼く調理は少なく、シチュー状の料理だったという（西本 2010）。自然科学的分析とコゲの観察を併用することによって、より具体的な縄文時代の食糧が復元できることを期待したい。

## 2　山陰地方の生業研究

　戦前、動植物遺存体に興味をもたない研究者が多い中で、小林行雄は動物遺存体の重要性を

第 3 節　生業論

知っていた。島根県サルガ鼻洞窟遺跡の発掘（小林行雄・佐々木謙 1937）で出土した資料の同定を直良信夫に依頼している。直良は小林・佐々木 1937 論文に合わせてその結果を報告した（直良 1937）。このとき同定されたのは、貝類 13 種、魚類 3 種、哺乳類 1 種、鳥類 1 種である。その後、吉田格が採集したサルガ鼻洞窟遺跡の資料を同定し、貝類 4 種、魚類 2 種、哺乳類・鳥類各 1 種を追加した（直良 1939）。直良の同定はどのような種類があるかなしか、という段階にとどまっているが、これが山陰地方で最初の動物遺存体の分析である。

酒詰仲男は島根県菱根遺跡の報告において動物遺存体・植物遺存体を図・写真入りで紹介した（酒詰 1959）。植物遺存体の報告は、山陰地方ではこれが初めてである。図や写真から資料の検証がしづらいのが難点だが、種類だけでなく部位や数量まで記載されており、当時としては最先端の報告といってよい。酒詰は、この報告中でフグが多いこと、焼けた骨が存在することなど、重要な事実を指摘している。酒詰ほか 1959 は質の高い報告となっている。

金子浩昌は、サルガ鼻洞窟遺跡の動物遺存体を検討し、内湾漁労であることを明らかにした（金子 1963）。このほかに金子の指摘で注目されるのは、①クロダイが多いこと（直良 1939 ではマダイとクロダイが分別されていない）、②フグが多いこと、である。②は直良 1937 や酒詰ほか 1959 でも指摘されており、その後の資料でも認められている（柳浦 2012）。山陰地方の特徴的な利用魚種といえるかもしれない。サルガ鼻洞窟遺跡は中海に面した遺跡で、金子の結論を言い換えれば、遺跡周辺でだいたいの食糧を調達していたことになる。これは筆者が考える山陰地方における縄文時代の漁労に関するイメージと同じである（柳浦 2014）。

動植物遺存体は、1970 年以降山陰地方でも資料が蓄積されてきた。以上のほかに、目久美遺跡（鳥取・米子市教委 1986）、栗谷遺跡（鳥取・福部村教委 1989）、西川津遺跡（島根県教委 1987）、小浜洞穴遺跡（柳浦 2012）などで出土している。井上貴央は目久美遺跡の報告で、目久美遺跡が同じ中ノ海沿岸の他遺跡と違ってマダイが多いことを指摘し、沖合での漁労の可能性を説いた。また、通常出土数が多いはずの前上顎骨や歯骨が少ないことから、捕獲地での解体と有用部位のみを持ち帰ったと主張した（井上貴央 1986）。確かに他の中ノ海沿岸の他の遺跡と比べると、クロダイとフグの組成率が低く、マダイが卓越している。また、残りやすいはずの主上顎骨・前上顎骨・歯骨が少なく、あまり見かけない前頭骨の出土数が多い。この現象が目久美遺跡だけにみられるのはなぜか、原資料に立ち返り検証する必要がある。

漁労具は石錘の多さが際立っている。これを根拠に柳浦は沿岸・内陸問わず、漁網の利用が一般的だったと考えた。（柳浦 2014）。また、柳浦は冬季の漁労に「石ガマ漁」を想定したが（柳浦 2014）、これを証明する遺構は未だに検出されていない。

狩猟に関する遺構として、落し穴遺構が大山山麓に集中することが特筆される。鳥取県の落し穴遺構は稲田孝司が論じて以来（稲田孝司 1983）注目されているが、中四国縄文研究会 2013 年大会で集計された鳥取県の落し穴検出数は東北地方各県を上回る数で（中四国縄文研 2013）、現在も検出数が増加している。これは多摩ニュータウンや港北ニュータウンの調査で検出された数に匹敵しているが、彼の地の遺跡数と比較すると異常な数である。落し穴遺構は、形状による分類と配列の分析が主流であるが、全国的にみるとそれほど遺跡数が多いとはいえない大山山麓になぜこれほどの落し穴が設営されたのか、議論されたことはない。

遺跡数に比して落し穴数が多いという現象を、柳浦は周辺地域からの遠征と捉えた（柳浦

2014）が、集落数とのつりあいの取れない状況について十分に説明できているわけではない。落し穴の使用方法については、今村啓爾、佐藤宏之は待ち受けの罠と考えている（今村1983 佐藤宏之1998）が、柳浦は追い込み猟を想定した（柳浦2014）。

　生業研究の象徴のように取り上げられる貝塚は、山陰地方では島根県佐太講武貝塚と鳥取県島遺跡の2か所で確認されているにすぎない。佐太講武貝塚は1915年ころの発見とされ、1931年には国史跡に指定された。山本清（山本清1961）、宍道正年（宍道1974）などでたびたび紹介され、山陰地方を代表する前期の縄文遺跡として有名だが、全貌が明らかになるのは1994年の範囲確認調査を待たねばならない（島根・鹿島町教委1994）。島遺跡は道路建設のため発掘調査され、後期の小規模な貝塚が発見された（鳥取・北条町教委1983）。ともにヤマトシジミを主体とし、ラグーン縁辺に立地する貝塚である。島遺跡では魚類骨は出土していないが、佐太講武貝塚ではコイ・フナ・ナマズなどの淡水魚が多く、当時の環境をよく表している。哺乳鋼ではともにイヌが出土しており、山陰地方でもイヌの飼育が一般的であったことがわかる。

　植物遺存体は、山陰地方では鳥取21遺跡、島根14遺跡の計35遺跡で検出されている（中沢2005）。このなかで、桂見遺跡でリョクトウ類（鳥取市教委1978）、目久美遺跡でアブラナ類（鳥取・米子市教委1986）などの栽培植物が検出されているのが注目される。このほかはトチやドングリが主で、三内丸山遺跡などで注目されたクリは井後草里遺跡（鳥取・溝口町教委1982）、栗谷遺跡（鳥取・福部村教委1989b）、五明田遺跡（島根・飯南町教委2010）、原田遺跡（島根県教委2006a）で少数出土しているに過ぎない。

　栽培植物については、近年、濱田竜彦がレプリカ法を使い、主に突帯文土器の種子圧痕を収集している。濱田はイネのほかアワやキビの圧痕を確認しており、突帯文期にイネ・アワ・キビの組み合わせで栽培が行われたと考えている（濱田2013）。

　堅果類の貯蔵穴は、鳥取県で7遺跡、島根県で6遺跡、計13遺跡で発見されている。柳浦は西日本の貯蔵穴を集成した。堅果類の貯蔵状態を検討し、ほとんどが取り残しの状態であることを指摘した（柳浦2004）。

　栽培植物の出土状況は、栽培植物がリョクトウ類似マメ類（桂見遺跡　後期）、アブラナ類（目久美遺跡　前・中期）と後期以前には種類が限られ、晩期にいたってイネ・ヒエ・ムギ・シソなどが確認できる。濱田は、土器の圧痕からイネ・アワ・ヒエなどの穀類は晩期突帯文期（沢田式併行期）以降に増加すると指摘しており、植物遺存体の出土状況と一致している。山陰地方の本格的な農耕は、晩期突帯文期（沢田式併行期）に開始された可能性が高い。これが正しいとすれば、岡山県津島江道遺跡の沢田式期の水田跡（岡山県教委1985）にみる状況と同調しているように思われる。

　石器組成から生業を復元する試みは、山田康弘によって行われている（山田康弘2004）。山田は、早期から前期は相対的に動物資源に対応するもの（石鏃・刃器）の割合が高く、後期以降は植物資源・水産資源に対応するもの（石錘・磨石・打製石斧）が増加することから、時期が下るにしたがって植物資源や水産資源の獲得が生業活動中の比重を高めていった、と考えた。石器組成の変化をフォーレジャー型からコレクター型への生業形態の変化と考えるかどうかはともかく、動物資源から植物資源・水産資源へと資源利用が変化するという指摘は重要で

あった。その時期が前期あるいは中期なのか、またはそれ以前なのか、再度検討すべき問題である。

山田康弘はまた、後晩期の石鏃の小型化と打製石斧（「石鍬」）の大型化傾向から、西谷大2002や設楽博己2003を引用して焼畑農耕の可能性を説いた。焼畑農耕については、そもそも縄文人が自らの首を絞めるような環境破壊をしたのか、という疑問が筆者にある。焼畑農耕が本格的農耕前の普遍的生業戦略（中尾1966）だとしたら、その痕跡は発掘調査で明示されるべきであろう。何をもって焼畑農耕の痕跡とするのか、について議論が必要である。

稲田陽介は、打製石斧の分析から山陰地方では晩期に生業の画期があると捉えた（稲田陽介2005b）。それとともに、山陰地方を一律にすることができないとして、晩期は「地域ごとに生業形態が多様性を持つ時期」であった可能性を述べている。打製石斧の急増は、生業行動の何らかの変化を示すと考えることには、素直に首肯できる。ただし、これを栽培・農耕と結び付けるにはさらに何段階かの考察が必要である。機能や出土状況の検討など、詳細な基礎的分析を踏まえた議論を期待する。

以上のように、山陰地方において縄文時代の生業研究は2000年以降に散見されるものの、盛んとはいいがたい。動植物遺存体の同定や自然科学的分析が発掘報告書に掲載されるものの、考古学的解釈が行われているものはほとんどないが、その分、研究の余地は大きいといえる。地域の縄文社会を復元するには生業研究は避けて通れない問題であり、実態をより具体的にする必要がある。

# 第4節　「第二の道具」論

## 1　研究史の概略

縄文時代において、用途不明の奇妙な遺物が存在することは、考古学黎明期からよく知られていた。とくに土偶は古くから人々の目を引き、最古の記録は1623年の津軽藩『永禄日記』に登場するという（小野1999）。明治期には、土偶のほか、石棒・石冠・御物石器・岩版・土版・独鈷石など、現在「第二の道具」とされるほとんどの器種が認識され、土偶を中心に議論が高まった（磯前・斎藤1999）。初期には一部を実用利器とする説もあったが（田中正太郎1899など）、大正期には広義の祭祀用具とする意見に落ち着いている。

縄文時代を「呪術の支配した社会」と呼んだのは、坪井清足である（坪井1962）。多くの考古学・民族学研究者も同様に縄文時時代の信仰を生活の重要な一面と捉えており、信仰の問題が縄文社会を読み解く重要な鍵の一つである、という認識は現在共有されていると思う。しかし、「信仰」の内容や場面がさまざまに想定されることから、これらの遺物を「呪術具」と一括すると誤解が生じる恐れがある。その点、小林達雄が提唱した「第二の道具」という用語は多少わかりにくい語ではあるが、言い得て妙、であった（小林達雄1977）。「第二の道具」とは、「衣・食・住に関わらない精神的な糧を得るためのもの」という植木弘・植木智子の説明が適切である（植木ほか1988）。

**土　偶**　「第二の道具」の代表である土偶は、考古学の黎明期以来、多くの研究者によって

多彩な議論がされてきた。明治期には、当時盛んだった人種論と結びつき、衣装など風俗史的な論が目立つという（小野1999）。その後、大正期には甲野勇・八幡一朗などの編年学派が台頭し、土偶から直接的に当時の風俗や観念を読み取る方法は大きく後退した（磯前ほか2014）。甲野・八幡および山内清男は、土器型式に基づく型式分類を求めた。（甲野1928・山内1930・八幡1939）。この方向は、戦後に至り江坂輝弥の『土偶』（江坂1960）に結実する。江坂1960は、それまで知られた土偶の大半を取り上げて分析した。この大著は、土偶研究の飛躍的な進歩、と評価が高い（小野1999　磯前ほか2014）。

　1977年、永峰光一は『日本原始美術体系3　土偶・埴輪』を編著する。永峰は、土器型式との正確な対比と土偶と土器に共有する文様から土偶型式と土器型式の同時性を導き出そうとした。これにより江坂1960以後停滞していた土偶研究が再び活性化したという（小野1999　植木1999）。これに触発され、各地で盛んに土偶研究が行われた。主な論点は系統と系列の抽出・整理であった。

　鈴木正博は、再々度、土器型式との対比に基づく土偶編年を主張する（鈴木正博1989　同1995）。鈴木は「土偶の編年的な位置は土器から、土偶間の動特性は土偶から」（鈴木正博1995）の方法論を強く提起する。

　1987年から『土偶とその情報』研究会が開催された。この研究会では全国の土偶を破片資料も含めて可能なかぎり集成するという成果を得た（土偶とその情報研究会1997〜2002）が、この研究会でも次第に型式学的研究の重要性が意識されるようになったという（植木1999）。以後、土偶の型式論、系統・系列論はいっそう緻密になっていく。

　土偶の研究は、以上のように形式・型式分類、系統・系列の解明を中心に行われてきた。一方で、土偶は研究の黎明期から宗教的な遺物と考えられてきた。白井光太郎は神像を候補の一つとして挙げ（白井1886）、坪井正五郎は「宗教上のものであろう」（坪井正五朗1896）と述べている。大野延太郎は土偶の性別を検討し、「女神即妊婦の崇拝する安産の守神」とした（大野1910）。鳥居龍造はシャーマン巫女の存在や縄文時代の女神信仰を想定し（鳥居1922）、谷川（大場）磐雄はシャーマニズム・アニミズムを示唆している（谷川1923・1926）。

　土偶に妊婦を象った女性像が目立つことから、土偶を「豊穣の女神」で多産・安産を祈る・願うための呪術的品物、と考えるのは形状からしてある面自然のなりゆきといえる。妊婦の形象は、さらに後述する故意毀損説が合体して再生産への期待が付加される（小山1984）。藤森栄一の「地母神信仰」説は、土偶を縄文中期農耕論の重要なアイテムとしているが（藤森1950）、基本的には「豊穣への祈り」が念頭にあるように思われる。論の細部はともかく、大勢は「豊穣」「多産」「再生」をキーワードにしている。

　このように、土偶が女性像であることを前提にして縄文時代の信仰を語ることに、植木弘は警鐘を鳴らす（植木1999）。植木によれば、明らかに男性を表現した例があり、妊娠ともとれる表現をした土偶はむしろ少数で性差を超越しているという小林達雄の言（小林達雄1988）を引用し、土偶を女性像と断定することは困難だという。土偶はすでに国民的な共有知となっており、植木がいうような疑問があるとしたら、土偶の性差の認定は早急に解決されるべき問題である。

　土偶に関しもう一つよく知られた事象として、「土偶は故意に破壊される」という故意毀損

説がある。概説等でしばしば紹介されるため「縄文土偶は破壊されるもの」と擦りこまれた感がある。古くは坪井正五郎がそれを示唆し（坪井正五朗 1896）、甲野勇（甲野 1928）、八幡一郎（八幡 1935）、藤森栄一（藤森 1966）、水野正好（水野 1974）、小林達雄（小林達雄 1988）など、戦前から戦後にいたるまで土偶の故意毀損説が繰り返された。現在の研究者の大勢はこれに同調しているらしい（植木 1999）が、一部に根強い反対論がある。中谷治宇二郎は土器の破損率との比較から（中谷 1929）、藤沼邦彦はアスファルトで接合した例があることを挙げ（藤沼 1979）、浜野（小野）美代子は群馬県赤城遺跡の接合状況から（1990）、土偶の破損は人為的な破壊の結果ではないと主張する。

　破壊される（完形が少ない）ことに意味を見出し、「降りかかる災厄の転嫁」（甲野 1929）や「生成―死―再生の輪廻観」（藤森 1966）という説明は、研究者のみならず一般の人々にも受け入れやすい面白さ・わかりやすさがあるが、小野美代子などのように少数ながら反対論があることも考慮しておく必要がある。植木弘がいうように、この問題は土偶の機能・用途を考える上で、もっとも重要な問題の一つである（植木 1999）。

　土偶の性格について、晩期に墓に副葬される例がみられることから、鈴木正博は祭式を中心にした土偶から葬式に参加する土偶への変質を述べた（鈴木正博 1993）。設楽博己らも後期後葉に北海道で副葬の対象となり、その風習が終末期になって東北・東海に伝わり、中部日本の弥生時代の再葬墓に影響を与えた、とする（荒巻・設楽 1985　設楽 1996）。設楽はまた、土偶が「多産の象徴」から「祖先の像」への変容すること、土偶と弥生時代の人面付土器との関係性を説いた。荒巻・設楽 1985、設楽 1996 は、土偶の終焉の様相を明らかにしたものとして注目される。

　**石　棒**　石棒は、土偶とともに縄文時代の精神性を示す代表的な資料である。神田孝平によって紹介され（神田 1886）、佐藤伝蔵（佐藤伝蔵 1896）、大野延太郎（大野延太郎 1908）、鳥居龍蔵（鳥居 1926）、八幡一郎（八幡 1933）などによって分類が繰り返されてきた。当初からバラエテーが認識されており、「石剣」や「石刀」の名称も散見される。山本暉久は中期に盛行した大型石棒が後期後半から晩期に小型石棒・石剣・石刀に分化するとし、これらは同一の系譜にあることを示した（山本暉久 1979）。以後、山本説が定説化した感がある（後藤信祐 2007）が、一方では石刀を青銅器や骨刀に系譜を求める説も提出されている（喜田 1926　野村 1978　新津 1985）。

　小型石棒・石剣・石刀については、とくに山本暉久 1979 以後、出自と系統について議論された。後藤信祐は全国の小型石棒・石剣・石刀を「刀剣形石製品」と呼び、これらが明らかに後期後半以前に確実に存在していたとして、大型石棒と系譜を異にするものとした（後藤信祐 2007）。西脇対名夫は、青竜刀石器の祖形を骨刀（西脇 1991）に、成興野型石棒の祖形をシベリア南部に起源をもつ青銅剣（西脇 1998）に求めた。後藤信祐 2007 のように、現在では大型石棒と刀剣形石製品の出自・系譜が異なるとみる研究者が多いようである。

　一方、大型石棒の研究は藤森 1965・宮坂光昭 1965 以降、出土状態から祭祀の形を読み解く方向に傾斜する。藤森栄一や宮坂光昭は長野県与助尾根遺跡の分析で屋内祭式の一つとして石棒祭祀を見出し、縄文中期農耕論を展開した。水野正好も与助尾根遺跡を分析した集落論のなかで、住居跡内にみられる石柱・土偶・石壇に注目し、当時の祭祀のあり方を考察した（水野

1969）。水野の論をさらに進めたのが山本暉久である。山本は、住居跡内出土の石棒の出土状態を分析し、本来は住居内に樹立させたものと考えている。さらに、石棒祭祀が中期後半に住居内に取り込まれ、中期末・後期初頭に屋外祭祀に転じるという（山本暉久 1979）。この現象に、「個別竪穴（住居）成員祭祀→集落共同体成員祭祀」の変化を読み取っている。このほか、石囲炉に転用されることを重視し石棒と炉跡との関係が深いこと、炉・住居入口・石壇を結ぶ線上に立てられることを指摘する（山本暉久 1983）が、これについては詳細を語っていない。

　山本の論は、『縄文文化の研究 9』という、研究者がもっとも手に取りやすい講座本で再論され（山本暉久 1983）、これが石棒に関する当時の大方の認識かと思われた。ところが、20 年を経て編まれた『縄文時代の考古学 11』で、鈴木素行は山本とは違う解釈をする。①屋外樹立の例は極めて少なく、廃棄状態である　②住居内で樹立したものは破損したものばかりで石柱として転用された　③石囲炉内で出土したものは破損石棒が素材として転用されたにすぎない　と述べ、山本暉久 1983 ほかで説かれた屋内祭祀、炉に関係する祭祀を否定し、「大型石棒が一回の祭儀に帰属する装置」とした。そのうえで、「婚礼すなわち婚儀に準備された装置」と考えた（鈴木康行 2007）。

　鈴木 2007 は『縄文時代の考古学 11』に掲載されたことから、研究者に与える影響は大きいと考えられる。鈴木の石棒出土状態についての観察は深読みの感があるが、石棒を素直に見るとこのような解釈もできるかもしれない。そもそも、従来の説に「石棒＝信仰に関する遺物」なので「出土状態は祭儀を表わすはず」という先入観があったのではないか、という疑いもある。石棒の埋没過程を明らかにし、祭儀と関係があるのか否か、再度議論する価値はあると思われる。

　以上は主に東日本の議論であるが、西日本の石棒研究はこれとは別の展開をみせる。泉拓良は、近畿地方において晩期後半（突帯文期後半）に結晶片岩製の大型石棒が流行することを指摘した（泉 1985b）。西日本の晩期後半の大型石棒は、兵庫県大開遺跡、徳島県三谷遺跡などその後も類例は増加し、晩期後半の西日本に大型石棒の祭祀が存在することは周知となっている（後藤信祐 1999）。また、一部は弥生時代前期まで残ることが明らかになってきた。

　中村豊は西日本の結晶片岩製大型石棒を集成し、東部瀬戸内地方から紀伊水道に集中しつつ、滋賀県から島根県・愛媛県・高知県にかけて分布することを指摘した（中村豊 2001）。中村は、各居住単位で保有された石棒が共同墓地で行われた祭祀に集められたと考えている。さらに、縄文―弥生移行期の祭祀具と弥生時代の祭祀具とを検討し、大型石棒と有柄式磨製石剣が対峙する分布状況を指摘した。これは後の青銅器祭祀の地域差とほぼ一致することから、石棒祭祀と青銅器祭祀の連続性を示唆した（中村豊 2007）。

　縄文―弥生移行期の「第二の道具」については、小林青樹も精力的に取り組んでいる（小林青樹編 2000・2001）。西日本の縄文時代終末期は、突帯文土器と弥生前期・遠賀川式土器が併存することが知られているが、文化も徐々に変化していったと考えられる。縄文的なものが弥生時代まで残存することは知られつつあり、中村らの研究は過渡的様相をよく示すものである。

　**石　冠**　石冠の名称もすでに明治初期にはみられ、冠説（江藤 1898）、武器説（田中正太郎 1899）が登場した。愛知県保美貝塚で埋葬人骨の頭部におかれた状態で出土したことから小金井良精も冠説を採った（小金井 1923）。一方、大野延太郎は打撃・磨擦・調理のための実用的

用具と考えた（大野延太郎1925）。吉田富夫は石冠の集成を行い、斧から仮器的用具へと変遷することを論じ（吉田1940）、ここにいたって石冠が呪術的性格を持つという認識が定着したらしい（中島1983）。なお、呪術具説は谷川（大場）磐雄（谷川1923）も論じているという（岡本1999）。

　橋本正は、御物石器を考察する中で石冠も取り上げ、祖形を磨擦具とみなして石冠から御物石器が派生するとした（橋本1976）。以後、石冠の型式分類が繰り返し行われている（中島1983など）。西脇対名夫は、石冠を烏帽子形系列（「第一系統」）と石棒折断系列（「第二系統」）の大きく2系統に分類する（西脇2007）。前者は中期中葉に出現し、後期前葉、後期後葉〜晩期と断絶しながらも反復的に出土するという。ただし、中期中葉と後期前葉の分布は津軽海峡を挟んだ地域が中心であるのに対し、後期後葉〜晩期は中部地方西部に主に分布し、第二系統との関係を示唆する。第二系統は、石棒または刀剣形石製品の頭部を折断したものに祖形を求め、後期末には石剣から分化したとする。第二系統の石冠は、中島1983で扱われた石冠と思われ、分布の中心は西脇も中島同様に中部地方西部と考えている。

　西脇の大別論と第二系統の祖形論は卓見である。初学の者にとっては、石冠とされた資料のすべてが同列に分類されること（中島1983など）に戸惑うが、西脇の分類は非常にわかりやすい。これに従うなら、西日本の石冠の多くは第二系統であり、石棒折断系列が広く使われていたことになる。

**岩版・土版**　佐藤伝蔵による「岩版」（佐藤伝蔵1896）、大野延太郎による「土版」（大野延太郎1898）の命名により、明治期には岩版・土版の名称は普及していたという（磯前・斎藤1999）。このころすでに坪井正五郎が両者の類似性を指摘している（坪井正五郎1899）が、明治期の関心は土偶と岩版・土版の類似性に向いていた。大野延太郎は「土版と岩盤は形状全く土偶の退化したものに外ならず」と土偶省略説を述べた（大野延太郎1901）が、一方では別の形式とする意見もある（杉山1928　中谷1929）。その後、池上啓介は岩版と土版について、材質が違うだけで共通性を持つ同一形式（異質同形式）であることを明らかにした（池上1933）。

　編年学派が主流となる中で、江坂輝弥は土器編年をもとに宗教的遺物の型式編年を行った（江坂1964）。天羽利夫はこれを受け、岩版と土版を異質同形式として統合して編年した。そして、岩版から土版が派生することを明らかにし、さらにこれらの発生形には頭部表現がないことから、土偶とは別の形式と結論した（天羽1965）。天羽の研究は、明治以来の問題を解決し、現在の研究の起点となっている（磯前・斎藤1999）。稲野彰子は、関東・東北地方の岩版・土版の編年・分布を再確定させた（稲野1983）。この中で、岩版が青森県八戸市を河口とする馬渕川周辺で発生し、その後太平洋側に土版が、日本海側に岩版が展開することを指摘した。

　以上は晩期の岩版・土版研究史だが、『縄文時代の研究11』に「後期岩版類」の項が設けられており（長田2007）、近年後期の岩版類が注目されていることがわかる。これまでも、江坂輝弥が中期後半の三角形土偶との関連に注目し（江坂1964）、鈴木克彦によって両者が異材同類のもの（鈴木克彦1980）とされてきた。さらに円形のものが存在することが指摘され（児玉2001）、あわせて後期岩版類と呼ばれている。長田友也によれば、青森湾周辺で出現した岩版類が津軽平野を経て秋田県山間地を経由し、山形県・新潟県まで南下する。その過程で沈線の単線化や意匠の欠落が生じるという（長田2007）。

第1章　山陰地方の縄文研究史概略

　大野淳也は、富山県桜町遺跡の岩版を整理する過程で、後期後半から晩期の岩版類を全国的に集成して分析した（大野淳也2007）。これによると、同様の資料は青森県から鹿児島県まで各地で認められる。大野の集成では近畿・中国地方での出土が少ないが、線刻の施されない無文の類似品が見落とされている可能性があり、今後注意すべき資料であろう。

## 2　西日本の動向

　土偶研究は、宮内1980・片岡1983・岡崎晋明1992・井上蘭子1993などの先駆的な研究があるが、「土偶とその情報研究会」による『土偶研究の地平4』（土偶とその情報研究会2000）が果たした役割が大きい。西日本の土偶がほとんど集成され、中国地方の土偶も集成された（深田2002）。これらの集成により、土偶の研究は大きく前進する。大野薫は、これを総括している（大野薫2005）。大野は、西日本の土偶を分銅形と人形（今朝平タイプ）に大きく分け、それぞれ地域ごとに変遷を追った。分銅形土偶は後期初頭～前葉に近畿地方・山陰地方に受容され、後期中葉には東九州（大分県地方）、後期後葉には中九州（熊本県地方）に達するという。伊藤正人は、これを東日本の省略土偶が伝播したか、立像土偶の情報を西日本的に表現した（変容した）ものではないか、と述べている（伊藤2010）。人形土偶については、関東の山形土偶の影響を受けて東海地方で成立した今朝平タイプが後期中葉以降、西日本に広く分布するほか、山形土偶の影響を直接的に受けたと思われる土偶が出土するという（大野薫2005）。伊藤はこの状況を整理し、中期および後期の東日本の立体土偶が西日本では受容されなかった理由を、東西の祭儀の違いではないか、としている（伊藤2010）。大野はその後、北陸地方からの波及に言及し、重層的な状況を説明している（大野薫2013）。

　石棒について、中村豊の論説はすでに述べたが、大下明も精力的に研究を行っている。大下は、兵庫県見蔵岡遺跡の石棒の製作と原産地を解明し（大下1997）、原産地特定の重要性を説く（大下2010）。このほか、幡中光輔は石棒と遺構・遺跡の有り様を検討し、中期末～後期前葉の居住生業遺構と葬祭遺構の組み合わせが、後期中葉に小型石棒類と単独葬祭遺構の組み合わせに変化すると述べた（幡中2010）。

　柳浦は、素材形状そのものが完成形となるものと、素材の形状を変形して作られるものとに分けて、縄文時代の人々が完成形に何を求めたのかを考察した（柳浦2014b）。西日本では自然礫を若干加工した程度の、分類・命名に困る資料がよく見られる。これらには、いわゆる「石の目」を強調したものや、球形・円形・方形など自然界には存在しがたい幾何学的な形状がよく使用されている。「超自然的」な形状や文様が、縄文人に神性を感じさせたのではないか、と考えた。

　前述のように、西日本における「第二の道具」研究のほとんどは土偶と石棒に限られる。しかし、これ以外にも信仰を示す資料は各種あり、信仰の問題を議論するためにはそれらを総合的に検討すべきかもしれない。ただし、「祭祀がどのように行われていたのか」を問う以前に、自然礫をわずかに加工したものや大野淳也が岩版2A・B類とした一見磨石にみえるもの（大野淳也2007）などが見落とされてはいないか、と筆者は危惧する。これらは明らかに西日本の「第二の道具」であり、名称はともかく、縄文時代の信仰を解明するために重要な資料と考えている。

なお、2010年には関西縄文文化研究会、2012年にはと九州縄文研究会、2011年には中四国縄文研究会において、縄文時代の精神文化をテーマに研究会が開催された。これらの資料集には関係資料が集成され、西日本の「第二の道具」が集約されている。

# 第5節　山陰地方の縄文時代研究史余説

　本節では、山陰地方における縄文時代研究について、第1～4節でふれることができなかったことを主に取り上げる。

　山陰地方において、呼称はともかく「縄文」が意識されたのは、1919年ごろに地元の医師・本田繁蔵による佐太講武貝塚を発見したのが最初であろうか。貝塚が稀有な地域（現在でも佐太講武貝塚は県内唯一の縄文貝塚）で、考古学の専門家ではない本田が気がついたことには驚く。この情報は本山彦一に伝わり、本山考古研究室が試掘調査したことから佐太講武貝塚が全国に知られるようになったらしい（山本清編1978）。本田はこの発見を自分だけのものとしなかった。佐太講武貝塚は1933年に国指定史跡となるが、本田がこれを世に知らしめた功績は大きいといえる。鳥取県では佐太講武貝塚の発見にやや遅れて、1923年に青島遺跡で初めて縄文土器が発見された（山本清編1978）。

　明治・大正期には、すでに在地の有志が採集資料の収集を行っていたらしい。『日本石器時代人民遺物発見地名表（第5版）』（東京帝国大学人類学教室1928）には、報告者として足立正、曽田虎一郎、竹内栄四郎、野津左馬之助、松浦静磨、長谷川千代衛、堀江国蔵、石倉暉栄などの名前が挙がっている（山本清編1978）。

　1937年、小林行雄は島根県サルガ鼻洞窟遺跡において記念碑的な発掘調査を行った。層位を重視した発掘調査や崎ヶ鼻式の型式設定については第1節で、動物遺存体をおろそかにしなかった姿勢は第3節で述べたとおりである。小林がこの遺跡に関わった経緯は、遺跡の第一発見者である佐々木謙（1934年発見）が採集品を地元研究者・足立正に見せ、足立から小林に情報が伝わったと考えられる（山本清編1978）。小林は1937年3月に2日間という短期間の発掘調査を行った。当時の写真を見る限りでは、調査は極めて小規模だったと思われる。小規模とはいえ、この時期に層位的発掘の見本のような調査を行ったことは注目され、現在でも学術的に有用な調査と高く評価できる（小林・佐々木1937）。この遺跡は1943年に、当時としては珍しい洞窟遺跡として、国指定史跡に指定された。

　サルガ鼻洞窟遺跡は敗戦直前、アメリカ軍の本土上陸に備えて軍事物資を隠匿する、という理由で日本海軍「暁部隊」によって包含層が削平された（島根県古代文化センターほか2005）。これにより遺跡が壊滅したかと思われた（山本清1967b）が、佐々木謙は1954年ころに後期包含層の下に中期包含層が存在することをつきとめた。以後、約15年にわたって佐々木は発掘を続けたが、第1節で述べたように佐々木はこれを公表していない。そのため、「サルガ鼻洞窟遺跡は壊滅状態」という認識が後年まで広まった（山陰中央新報社1983）ことは残念である。

　前述のごとく、佐々木による発掘調査の全貌が明らかになったのは、佐々木謙の没後に島根県が当該資料の寄贈を受けた後である（島根県古代文化センターほか2005・2009）。この整理に

携わった筆者は、中期包含層については現在でも良好な状態で残存していると確信している。問題は後期包含層である。佐々木が記録した当時と同じく、現在でも洞窟入口の両側に小山状に２つの高まりがある。これが日本海軍による掘削残土の再堆積なのか、あるいは本来の包含層の削り残し＝原状をとどめているのか、気になるところである。

　1940年代には、各地で遺物の採集が行われた（山本清1995）。これを担ったのは地元の有志で、敗戦後、これらの資料を調査して回ったのが山本清である（山本清1961）。また、1954年から1957年の４年間、島根大学と関西大学により隠岐島文化の総合調査が行われ、1956年の日本考古学協会第16回総会で山本清・末永正雄が「隠岐島縄文遺跡の調査について」と題して報告している。この時点で、離島・隠岐島も本土と同じ縄文文化であったことが学界に周知された。この時の成果は『隠岐』として1968年に刊行されている（関西大学・島根大学共同隠岐研究会1968）。

　第１節で述べたように、1970年代までの研究は主に地元愛好家による採集品をもとに行われてきたが、1970年代後半から山陰地方でも組織的な発掘調査が増加したことにより、資料の質が向上し土器編年が整備されつつある。

　発掘の増加とそれに伴う良好な資料の増加は、土器編年以外の研究を促した。竹広文明は隠岐産黒曜石が主に早期・前期に利用され、後期には香川県産サヌカイトが流通するとした（竹広2003・2014）。稲田陽介は剥片石器の製作構造を明らかにした（稲田陽介2005a・2006・2007）。隠岐産黒曜石については、近年原産地の調査が進められている（及川ほか2014・2015）。

　集落論は、第２節で述べたとおりである。住居跡があまり検出されない状況での集落論は困難を極めるが、黒色土中に硬化面を見出して住居跡床面を確認したり（島根県教委2006a）、土器溜りが住居跡を示す可能性を指摘（島根県教委2007c）する報告がみられるなど、発掘現場での努力が見受けられる。

　生業論は第３節で、「第二の道具」論は第４節で述べた。ともに議論は低調であるが、民族誌の参照や認知考古学の適用によって、内容がより具体化される可能性がある。

　第４節では触れなかったが、墓制について山田康弘が論じている（山田2001b）。後期段階で集落に隣接して設営された墓地が、晩期段階に集落から分離して墓域を形成するようになるという。島根県では、土器埋設遺構、配石墓の発見が続いた。山田は、山陰地方の晩期・篠原式以降の土器埋設遺構は九州の影響ではなく近畿地方の影響を受けているとする。配石墓も多くは晩期の所産だが、板屋Ⅲ遺跡（島根県教委1998）など、弥生時代前半まで作られていることが明らかになった。これは、縄文時代から弥生時代への転換をうかがわせる資料として注目される。

　このほか、1990年代以降の発掘調査で特筆すべきは、島根県三瓶山起源の火山灰と縄文時代層の関係把握と、アカホヤ火山灰の検出である。

　三瓶山の火山灰そのものは以前から確認されていたが、火山灰下に縄文遺跡が存在することは板屋Ⅲ遺跡の発掘調査で初めて明らかになった（島根県教委1998）。三瓶山は過去10万年間に７回の活動期あり、このうち縄文時代に関係するのは約4000年前（第１ハイカ）と約5600年前（第２ハイカ）である。土器型式では第１ハイカが後期・崎ヶ鼻２式、第２ハイカが前期・彦崎Z2式または大歳山式ごろに堆積したと考えられる。この火山灰は三瓶山近隣の遺跡のみ

ならず広島県山間部など比較的広い範囲で確認され（角田 2009）、地域の鍵層として注目される。また、河川によって火山灰が宍道湖西部に大量に流入し、島根半島西部の出雲平野の形成が促進されたことが判明した（中村唯史 2014 など）。このように三瓶山の火山灰は、人々の生活基盤である地形や自然環境に大きな影響を与えている。三瓶火山灰と人類活動の痕跡が同時に確認されたことにより、縄文時代の人々が自然環境とどのように関わって生活していたのか、が解明される可能性が開かれた。また、三瓶山東麓の志津見地区の遺跡群は、前期の第 2 ハイカ堆積前後では遺跡の継続性が低いのに対し、後期の第 1 ハイカでは火山灰堆積以前と以後は継続する遺跡が多いことが指摘された（幡中 2014b）。

　鹿児島県喜界カルデラを起源とするアカホヤ火山灰は、島根大学構内遺跡（島根大学埋蔵文化財研究センター 1998）、西川津遺跡（島根県教委 1987b）などで検出され、他地域の遺跡・土器との併行関係をあきらかにできる可能性があり注目されている。

　自然環境と遺跡との関連を探る研究もみられる。会下和宏は島根大学構内遺跡などの成果を使い、宍道湖北西岸の環境変遷をまとめた（会下 2010）。会下は、アカホヤ火山灰降下時には海面が標高 −0.7 〜 −0.1m 付近にあり、その後前期初頭に海面低下し、中期前葉には海面が標高 +1.4m 以上に上昇したとして、山陰地方で縄文海進の状況を具体的に述べた。さらに、縄文海進最頂期に丘陵裾まで湾入した水域が、その後の海面低下に伴って陸地化し、晩期後半には低湿地化したことを指摘した。


# 第6節　展　望

　山陰地方の縄文研究を振り返ると、縄文関係の論文は増えつつあるものの個別テーマの研究にとどまっており、該地の縄文時代像を描くような論考は未だみられない。資料が飛躍的に増加した現在、各論を総合して山陰地方の縄文文化を記述することが求められているように思う。

　山田康弘は、縄文時代の全国的な概説を記述する中で、山陰地方および中国地方を取り上げて日本の縄文文化に地域に応じた文化が存在することを強調している（山田康弘 2015）。山田は、「「縄文文化」とは、時期差・地域差に基づく環境適応の多様性に富みながらも、相互に連続性を有する様々な phase（様相）の総体のことである。」と考えている（山田康弘 2015）。

　縄文文化が岐阜県付近を境にして東西で違うことは以前から指摘されてきたとおりで（矢野 2016）、西日本も全域が一律とは言い難い状況である。山田の指摘を参考にするなら、中国地方は中国地方の縄文文化があり、その内部に各地域の縄文文化が内在する可能性がある。

　山田が述べる地域的文化の存在は、理念的には素直に理解できる。冒頭に述べたように、生活実感としては筆者が在住する島根県松江市と岡山市・広島市と風土が違うように感じるし、同様に東部の鳥取市や西部の益田市などとも気風が違うように思う。このような違いが文化の違いだとすれば、縄文時代にも同様な違いがあったと考えても荒唐無稽なことではないだろう。

　課題となるのは、検出された資料から地域的文化を抽出できるのか、その範囲がどの程度

か、という点である。そのためには地域間で資料を比較する必要があるが、地域間の比較研究は立ち遅れている感がある。

　比較研究のうえで抽出された地域の特徴を、「文化」とするのかどうかという議論は置くとして、「生活および風俗の諸要素が一定の範囲でまとまる範囲」を明確化するのは、領域を明らかにするという面もある。領域論は千葉2014で触れられているが、山陰地方でこれまであまり議論されなかった問題である。周知のごとく、「山陰地方」とは明治期に設定された地域区分である。研究上便宜的にこれを適用しているが、この区分が縄文時代においてどの程度有効なのか問題にされたことがない。果たして「山陰地方」なる地域が、縄文時代に一つのまとまりとして有意かどうか、について検討しても無意味ではあるまい。

　遺跡に残された資料は、当時の暮らしに必要な道具の一部にすぎない。現在に残らなかったもので、当時の人々にとって欠くべからざるものは、残ったものより多いのかもしれない。それでも、残された資料から当時の社会・生活・信仰・風習その他について、考察する努力は続けられるべきである。これらは山陰地方であまり語られなかった（避けられてきた）問題であるが、今後は積極的にアプローチすることが求められていると考える。視点を新たにするたびに、いっそうこの時代の叙述が豊かになると信じる。それは、一地域史といえども同じである。

# 第2章　山陰地方の縄文土器

　よく知られるように、地域性がもっとも具現されるのは土器である。本章では、山陰地方に特徴的な前期前葉・西川津式と、後期初頭・九日田式、五明田式、暮地式を取り上げ、土器型式の面から山陰地方の特質を探ることにする。第1節で前期土器の概要を示し、第2節で西川津式の詳細を述べる。

　中期については、第3節第1項で地域の概要を述べ、第2・3項で地域的特徴を述べる。

　後期については、第4節で山陰地方各地の編年の概要を述べ、第5節と第6節で当地においてもっとも地域性が現れる後期・中津式から福田K2式の在地型式について詳述する。この時期、すでに地域性が確立していると考えられるが、その萌芽は中期後葉に認められる。この点については、第3節で取り上げる。


## 第1節　山陰地方における縄文前期土器の地域編年

### 1　前期の開始型式

　「どこから前期とするのか?」について、当地域ではいままであまり議論されてこなかった。宮本一夫は東海地方・近畿地方などの比較によって西川津式以降を（宮本一夫1987a）、井上智博はアカホヤ火山灰との関連を参考にしつつ長山式以降を（井上智博1991）、前期としている。宮本1987aの時点では長山式の認識はされていず、井上により設定された長山式（井上智博1991）以降、「長山式あたりから前期」というおおまかな認識が一般的であった。しかし、近畿地方の資料の少なさもあり、「どこから前期か」という議論は概して低調であったように思われる。

　このような状況の中、小林青樹は長山式にみられる口縁部の隆帯の成因を関東早期末の神之木台式に求め、長山式の新相（小林は「長山馬籠式」とする）から前期とすることを提唱している（小林青樹2000a）。

### 2　山陰地方の前期型式

　山陰地方の縄文時代前期土器は、大部分は近畿地方・中部瀬戸内地方と同様、北白川下層式の変遷である。しかし、地理的に九州地方に近い島根県西端部（益田市・鹿足郡）では、九州地方の型式が主として出土するため、山陰全域を近畿地方の型式で説明することはできない。また、九州と近畿の型式について、厳密な並行関係が把握できた型式はなく、現状ではおおまかな並行関係が了解されているにすぎない。そのため、本稿では各型式の説明は後述することとし、まず山陰地方で認識できる型式を上げたうえで、その分布域と年代的位置を整理したい。

第2章　山陰地方の縄文土器

第2表　山陰地方の縄文前期型式

| 鳥取県 | | 島根県 | |
|---|---|---|---|
| 東　部 | 西　部 | 東　部 | 西　部 |
| | 長　　山　　馬　　籠　　式 | | ？ |
| | 西　　　川　　　津　　　式 | | ？ |
| | 羽島下層Ⅱ式・北白川下層Ⅰa式 | | 轟4式 |
| | 北　白　川　下　層　Ⅰb式・Ⅱa式 | | （轟5式） |
| | 北　白　川　下　層　Ⅱb式 | | （野口・阿多） |
| （北白川下層Ⅱc式？） | 月　　崎　　下　　層　　式 | | （曽畑） |
| | 北　白　川　下　層　Ⅲ　式 | | ？ |
| | 大　　歳　　山　　式 | | ？ |

　鳥取県・島根県で確認できた型式は、第2表のとおりである。これは搬入土器や出土数の少ない型式も含んでおり、必ずしも当地域に主体的に出土するものばかりではない。しかし、並行関係を絞り込むためには、出土数が少なくても有効と思われるので（　）付きで記しておく。

## （1）　各型式の分布

　島根県の西部は、近畿・中部瀬戸内地方と九州地方の東西両地方にみられる型式の混在する状況にある。また、非在地系型式、特に九州系の型式が東部地域まで広範囲に出土するのも、山陰地方の特徴である。このような複雑な状況の中では、当地全地域を一律に扱えないため、各型式の主たる分布について確認しておく。

　前期最初頭の長山式（第6図）は、鳥取県では長山馬籠遺跡（溝口町教委1989）・同三朝町福呂遺跡（岡山大学埋文センター2000）など、島根県では西川津遺跡（島根県教委1987b）・夫手遺跡（松江市教委2000a）などで出土している（第5図1）。長山式は杉ヶ沢遺跡（兵庫県教委1991a）など近畿地方北部でも出土しているので、東方からの影響を受けた型式と考えたい。

　西川津式（第7～9図）は、目久美遺跡（鳥取・米子市教委1986）・陰田遺跡（同1984）・西川津遺跡（島根県教委1987b）など、鳥取県西部および島根県東部を中心に分布している（第5図2）。西川津A式は島根県西部では久根ヶ曽根遺跡（島根県教委1987a）・日脚遺跡（同1985a）で出土しており、日脚遺跡がいまのところ西限である。広島県東城町帝釈峡遺跡群（帝釈峡遺跡群発掘調査団1976）や愛媛県大三島町大見遺跡（愛媛・大三島町教委1985）などでも出土しているが、周辺地域では西川津A式が主体的なものかどうか判断できない。

　西川津A式の特徴である押引・刺突文は近畿の粟津SZ式と対比される（滋賀県教委1984）が、粟津SZ式と西川津式とは型式的に開きが大きく、直接の対比は難しいと思われる。さらに、近畿地方での西川津式の出土は単発的で（㈶京都府埋文センター1989）、西川津A式の分布は山陰地方を中心とした局地的な範囲にとどまると思われるかもしれない。

　西川津B式と同様な土器は、西部瀬戸内地方・中国地方東部まで、広い範囲で出土している。とくに西部瀬戸内ではこのような土器が多いように思われる。

第1節　山陰地方における縄文前期土器の地域編年

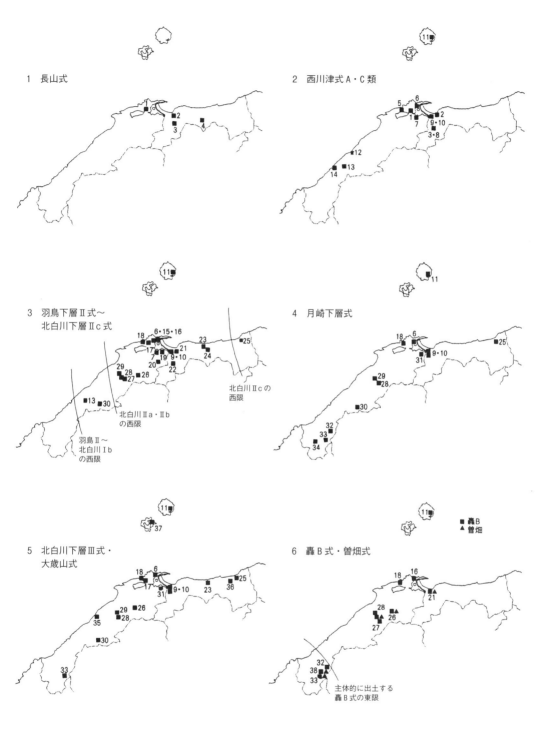

第5図　山陰地方前期各型式の分布状況

羽島下層Ⅱ式・北白川下層Ⅰa式（第10図）、北白川下層Ⅰb・Ⅱa式（第11図）、同Ⅱb式（第12図）は、地域的な変容があるものの、基本的には近畿地方・中部瀬戸内地方と同様な型式内容である[1]（網谷1989）。羽島下層Ⅱ式・北白川下層Ⅰa式は、散発的な状況ながら各地で出土しており、西限は岩塚Ⅱ遺跡（島根県教委1985b）である。同Ⅰb式は出土量が急に豊富になるが、西限はやはり岩塚Ⅱ遺跡である。北白川下層Ⅱa式[2]は、海岸部では典型的なⅡa式は認められず、Ⅱa式は下山遺跡（島根県教委2002a）などの山間部に限られる。この時期は、北白川下層式土器群の影響がやや薄まった時期と考えられる。同Ⅱb式は、再び海岸部まで分布を広げる。ただし、主体的に出土するのは島根県八束郡美保関町池の尻遺跡（宍道1974）だけで、全体的な出土量は少ない。西限は頓原町板屋Ⅲ遺跡（島根県教委1998）である（第5図3）。

北白川下層Ⅱc式は山陰地方ではほぼ欠落し、いまのところ鳥取県福部村栗谷遺跡で1点出土しているだけである（第12図12）。鳥取県東部でこれが主体的かどうかは不明であるが、鳥取県西部でこの型式が欠落していることから北白川Ⅱc式は鳥取県東部を西限としている蓋然性は高いと思われる。

再び近畿地方の影響が強まるのは、北白川下層Ⅲ（彦崎Z2）式の時期である（第5図5）。まとまって出土した例はないが、陰田遺跡（鳥取・米子市教委1984）や佐太講武遺跡（島根・鹿島町教委1993・94）など良好な資料が蓄積されつつある。島根県西部では郷路橋遺跡（島根県教委1991）や中ノ坪遺跡（島根・匹見町教委1999）で出土しているが、数点の出土のため島根県西端部にまで主体的に分布するかは不明である。大歳山式も同様の状況である。

九州系の型式としては、轟B式、曽畑式が出土している（第14図）。非在地系の轟B式土器は、板屋Ⅲ遺跡・神原Ⅰ遺跡（島根県教委2000c）・下鴨倉遺跡（島根・仁多町教委1990）などの頓原町・仁多町付近、佐太講武貝塚・池の尻遺跡[3]など島根県東部まで出土している（第5図6）。しかし、これらはあくまで客体的な存在であり、主体的に存在する地域は島根県西端部の益田市匹見町以西に限られる。

一方で、益田市匹見町では田中ノ尻遺跡（島根・匹見町教委1997）で轟B式が主体的に出土しており、中ノ坪遺跡や新槙原遺跡（島根・匹見町教委1987）でも出土していることから、島根県西端部まで轟B式の分布圏とみてよかろう（第5図6）。これらの轟B式土器は、後述のように高橋信武の「轟4式」に当たり（高橋1989）、この以前の土器は出土していない。なお、池の尻遺跡や島根県宮尾遺跡（柳浦・米森2001）でも轟B式が出土しているが、器壁がやや厚いことなど若干の変容がみられる。

曽畑式は8遺跡で確認している。鳥取県淀江町鮒ケ口遺跡（佐々木謙1985）が有名であるが、筆者の知る限りでは八木西宮遺跡（兵庫・八鹿町教委1988）が曽畑式の東限であるので、山陰全域に客体的に広く分布している可能性がある。匹見町では轟B式とちがい、曽畑式の出土は少ない。今後の状況をみなければならないが、主体的に出土した遺跡がないことから、曽畑式の分布圏とはいいにくい現状である。

月崎下層式[4]（第15・16図）は従来西部瀬戸内を中心とした型式で散発的に山陰でも出土すると考えられてきたが、中ノ坪遺跡でまとまって出土し（島根・匹見町教委1999）、山陰にも主体的に存在することが判明した。あらためて鳥取県・島根県の前期遺跡を見渡すと、遺跡数は

13遺跡に上る。山陰では北白川下層Ⅱc式が欠落しており、月崎下層式がその代替型式と考えられる。東限は栗谷遺跡であるが出土数は少なく、まとまって出土したのは鳥取県西部の目久美遺跡・陰田遺跡である（第5図4）。この型式は島根県全域・鳥取県西部までは主体的な型式であると推測している。なお、中部瀬戸内地方の彦崎Z1式は、月崎下層式と親縁性の強い型式であるが、山陰地方で彦崎Z1式と報告されたものはほとんどが月崎下層式と思われ、典型的な彦崎Z1式は佐太講武貝塚と目久美遺跡の数点だけである[5]。

　以上のように、山陰地方の前期土器型式は近畿地方・中部瀬戸内地方と西部瀬戸内地方・九州地方の土器型式が入り混じった複雑な様相を呈している。東西の型式圏の拡大と縮小がいっそう複雑さを増しているといえよう。今回確認できた以上の土器型式ほかに、既存の型式に当てはめることができなかった土器群（細沈線を不規則に垂下させる土器など　第11図10〜14）があり、これらの土器群の型式設定と分布域の設定が今後の問題となろう。

## （2）　各型式の並行関係

**長山式と近畿地方の型式**　前述のとおり、島根県西端部を除く地域は、おもに近畿地方の型式序列に従っている。ただし、前期初頭では近畿地方の編年がいまだに整備されていないので長山式は近畿地方の型式と対比することは困難である。西川津式は羽島下層Ⅰ式と並行するとされ（宮本1987、井上智博1991）、近畿地方では京都府一乗寺向畑町遺跡南地点出土土器が西川津式と並行するとされる（宮本1987、矢野1991）。これについては不明な点が多く、さらに検討されるべきであろう。

**西川津式と轟B式**　西川津B式は隆帯文をもつことから、九州地方の轟B式との関連が語られることが多い（山田克己1980、宍道1980、宮本1990、井上智博1991）。しかしながら、西川津式の隆帯は総じて太めで刻目が施されることが多く、轟B式で特徴的とされる微隆帯とは違うものである。また、胴部が屈曲する轟B式Ⅲ・Ⅳ類（宮本分類　宮本1990）は、よく西川津式B類と対比されるものの、九州で出土する轟B式としては安定的に存在する器形とはいいがたい状況にある（水ノ江1992b）。宮本は西川津B式を轟B式に含めるが（宮本1993）、上記の違いから両者を同一型式とすることは困難であろう。井上がいうとおり、西川津B式は西川津式の構成要素のひとつと考えたい（井上智博1996）。

　西川津式と轟B式の並行関係について、宮本は西川津B式と宮本分類の轟B式Ⅲa類、西川津A式と轟B式Ⅳ類との対比で考察している（宮本1990）。また、高橋信武は各遺跡での出土状況から、高橋のいう「轟3式・4式」に並行すると考察している（高橋信武1989）。

**山陰地方での轟B式・曽畑式の出土状況**　轟B式は島根県西端部では主体的に、それ以東では非在地系土器として客体的に鳥取県西部まで分布している。これの出土状況はどうであろうか。

　真性の轟B式土器を出土した鳥取・島根の遺跡は、西端部の島根県匹見町を含め、8遺跡に上る（第3表）。これらの轟B式土器は、隆帯をつまみ上げたいわゆる「ミミズバレ状隆帯」の土器はなく、すべて隆帯をなでつけたものである。これらの大部分は高橋の「轟4式」に相当し、わずかに「轟5式」に相当する土器が出土している（高橋信武1989）。このような状況から、非在地系土器としての轟B式は、その成立当初から山陰に流入していたのではないこ

とがわかる。

第3表でわかるように、これらの轟B式（「轟4式」）は、上限が羽島下層Ⅱ式・北白川下層Ⅰa式、下限は大歳山式と伴出している。しかし、大歳山式は板屋Ⅲ遺跡など頓原町の諸遺跡では「第2ハイカ」と呼ばれる火砕流の上層から出土し、轟B式はその下層から出土するというので（島根県教委1998）、轟B式は北白川下層Ⅲ（彦崎Z2）式以前と限定できる。また、鳥取県淀江町鮒ケ口遺跡や島根県頓原町神原Ⅰ遺跡の状況から下限は北白川下層Ⅱb式まで絞り込めそうである。さらに、佐太講武貝塚第6調査区（島根・鹿島町教委1994）では北白川下層Ⅰb・Ⅱa式から同Ⅲ式までに間隙があることから、下限を北白川下層Ⅰb・Ⅱa式まで絞ることが可能かもしれない。ここでは、これまでの研究史を考慮し、とりあえず「轟4式」は羽島下層Ⅱ式・北白川下層Ⅰa式を下限すると考えたい。

曽畑式が出土した遺跡は、6遺跡である（第4表）。曽畑Ⅰ式（水ノ江1988）は鮒ケ口遺跡の1例（第14図7）のみで、搬入と思われる。そのほかはいずれも2式あるいは3式と新しい段階の曽畑式である（第14図8〜18）。中ノ坪遺跡では、土壙内から曽畑式と月崎下層式が出土しており、両者の関係をうかがうことができる（第5表）。曽畑式の細分については十分理解していないので大まかな分類にとどめるが、中ノ坪遺跡での在り方は、曽畑2式から3式の段階で月崎下層式と並行しそうである。さらに、SK26-2とSK36-1では縄文施文の土器と伴出しており、SK36-1では大歳山式と思われる押引隆帯文の小片が出土している（柳浦2001）。大歳山式との時期的な近似性を表しているかもしれない。また、八木西宮遺跡（兵庫・八鹿町1988）では、押型文土器を除くと北白川下層Ⅱa式〜Ⅱc式のまとまりが曽畑2（?）式とともに出土している。このような状況から、曽畑式（2〜3式）は北白川下層Ⅱa式からⅢ式に対比できる可能性があると思われる。

**月崎下層式の出土状況**　潮見浩は潮見1980で中部瀬戸内地方の彦崎Z1式との関連をほのめかしている（潮見1980）が、以後詳細な検討が行われたことはない。1993年に至り、宮本一夫は愛媛県江口貝塚の発掘結果をもとに江口Z9類を磯ノ森式と曽畑3式（古）に、江口Z10類を彦崎Z1式・北白川下層Ⅱc式・曽畑3式（新）に対比させている（宮本1993）。

山陰地方での出土状況をみると、月崎下層式と北白川下層式系土器が伴出した例は、第6表に表したとおり鳥取県・島根県で8遺跡である。前述のとおり、山陰地方では北白川下層Ⅱc式がほぼ欠落している。各遺跡では北白川Ⅱb式まで連続し、同Ⅲ式が再度出現する状況がうかがえ、北白川下層Ⅱb・c式の希薄さを知ることができる。これらの遺跡では月崎下層式第1・2段階の土器が出土していることから、月崎下層式第1・2段階が北白川下層Ⅱb・c式の代替型式である可能性は高いと思われる。

島根県郷路橋遺跡では、月崎下層式と北白川下層Ⅲ（彦崎Z2）式が伴出しており、両者の同時性あるいは時間的連続性が認められる。また、地点を変えて北白川下層Ⅰb・Ⅱa式（F区）と月崎下層式（D・E区）が出土している。ここでの出土状況は、層位的に両者の前後関係は確認されてはいないが、隣接地で出土しながら、F区では北白川下層Ⅰb・Ⅱa式に月崎下層式が混じらず、D・E区では月崎下層式に北白川下層Ⅰb・Ⅱa式が混じらない状態で出土している（島根県教委1991）。これは月崎下層式内に時期差があることを示している状況であろう。

さらに、目久美遺跡では9-2層から北白川下層Ⅰb・Ⅱa式が月崎下層式を混じえずに出土

## 第3表　轟B式と北白川下層式の伴出遺物

| 型式<br>遺跡名 | 轟B | | 長山馬籠<br>西川津 | 羽島下層Ⅱ式<br>北白川下層1a式 | 北白川下層 | | | 備考 |
|---|---|---|---|---|---|---|---|---|
| | 4式 | 5式 | | | 1b・2a式 | 2b式 | 3式 | |
| 鮒ヶ口 | ○ | | | | ○ | ○ | | |
| 佐太講武 | ○ | | | ○ | ○ | | | 第6調査区 |
| 板屋Ⅱ | ○ | | | ○ | | ○ | ○ | 第3黒色土 |
| 神原Ⅰ | ○ | | | ○ | ○ | | | 第3黒色土 |
| 池の尻 | ○ | | ○？ | ○ | ○ | ○ | | |
| 下鴨倉 | ○ | | | | ○ | ○ | ○ | |
| 下山 | | ○ | | | ○ | | ○ | 第3黒色土 |
| 宮尾 | ○ | ○ | ○？ | ○？ | ○ | ○ | | |

## 第4表　曽畑式と北白川下層式の伴出遺跡

| 型式<br>遺跡名 | 曽畑 | | | 羽島下層Ⅱ式<br>北白川下層1a式 | 北白川下層 | | | 備考 |
|---|---|---|---|---|---|---|---|---|
| | 1式 | 2式 | 3式 | | 1b・2a式 | 2b式 | 3式 | |
| 鮒ヶ口 | ○ | | | | ○ | ○ | | |
| 板屋Ⅲ | | ○ or | ○ | ○ | | ○ | ○ | |
| 鴨倉 | | ○ | ○ | | ○ | ○ | ○ | |
| 島大構内 | | | ○ | | ○ | | ○ | |
| 八木西宮 | | ○？ | | | ○ | ○ | | 北白川Ⅱcあり |

## 第5表　中ノ坪遺跡の曽畑式と月崎下層式の供伴遺構

| 型式<br>遺跡名 | 曽畑 | | | 月崎下層式 | | | 備考 |
|---|---|---|---|---|---|---|---|
| | 1式 | 2式 | 3式 | 1段階 | 2段階 | 3段階 | |
| SK38 | | ○ | | | ○ | | |
| SK41 | | ○ | | ○ | | | |
| SK25 | | | ○？ | | | ○ | |
| SK26-2 | | ○？ | | | ○ | | 縄文施文土器あり |
| SK36-1 | | ○？ | ○ | | | ○ | 縄文施文土器あり、平底あり |

第2章　山陰地方の縄文土器

第6表　月崎下層式と北白川下層式の伴出遺跡

| 型式／遺跡名 | 月崎下層式 | | | 羽島下層Ⅱ式 北白川下層1a式 | 北白川下層 | | | 備　考 |
|---|---|---|---|---|---|---|---|---|
| | 1段階 | 2段階 | 3段階 | | 1b・2a式 | 2b式 | 3式 | |
| 板 屋 Ⅲ | | ○ | | | | ○ | ○ | |
| 郷 路 橋 | ○ | ○ | | ○ | | | ○ | |
| 佐 太 講 武 | | ○ | | | | | ○ | 第9調査区 |
| 夫　　手 | ○ | | | | ○ | | | |
| 島 田 黒 谷 | | ○ | | | | | ○ | 大歳山あり |
| 目 久 美 | ○ | ○ | | | ○ | ○ | ○ | 9-4、8-8層 |
| 陰　　田 | ○ | ○ | | | ○ | ○ | ○ | 大歳山あり |
| 栗　　谷 | | ○ | | | ○ | ○ | | 北白川Ⅱcあり |

し、その上層の9-4、8-8層から両者が混在して出土するという（鳥取・米子市教委1986）。これらの例から、月崎下層式は北白川下層Ⅰb・Ⅱa式より新しく位置付けられる。また、間接的ながら、岡山県里木貝塚や彦崎貝塚では、彦崎Z1式が磯ノ森式（北白川下層Ⅱb式）と彦崎Z2式（北白川下層Ⅲ式）の中間に位置付けられることが層位的に確認されたとしている（倉敷考古館1971、池葉須1976）。このことから、彦崎Z1式に親縁性の強い月崎下層式は、すくなくとも磯ノ森式と彦崎Z2式（北白川下層Ⅲ式）の間を中心として展開した可能性が高い。

　曽畑式との関係は、前述したように曽畑1式・2式との並行が考えられる。

## 3　各型式の詳細

### (1)　鳥取県・島根県東部を中心とした型式

**長山式**（第6図）　長山式は、口縁部に隆帯を巡らすのを特徴とする、胎土に繊維を混入する土器群である。器形は口縁部・胴部がほぼ直線的に立ち上がる単純な深鉢形で、底部は丸底である。地文は条痕地が主体を占め、縄文地がわずかに混じるようである。隆帯文は、口縁部にそってつけられるのを基本とするが、波頂部に円弧状やY字状の意匠がつけられるものもある。隆帯文上には二枚貝や半截竹管状工具で刺突文が施されることが多い。

**西川津式**（第7～9図）　西川津式は長山式に後続する型式で、宮本一夫の論稿（宮本1987）を受けて井上智博が設定した（井上智博1991）。その後、矢野健一によって修正され（矢野2002）、柳浦が新たな資料を加えて再整理した（柳浦2016a）。

　西川津式は、折り返し口縁を持ち主に押引き・刺突文が施されるA式（第7・8図）と、屈曲器形で細隆帯文が縦横に貼り付けられるB式（第9図）に分けられる。

　長山式の隆帯文が上昇し、口縁部に接して折り返し口縁に転化したものを西川津A式とする（第7・8図）。屈曲がない直口器形と、胴部が屈曲する器形があり、前者から後者に変化する。文様は、主に押引き・刺突文が施され、横走・複合鋸歯状・連弧状の意匠を描く。施文部位は、折り返し口縁とその直下に数条施されるもの（第7図1～3）が古く、胴部中ほどまで文

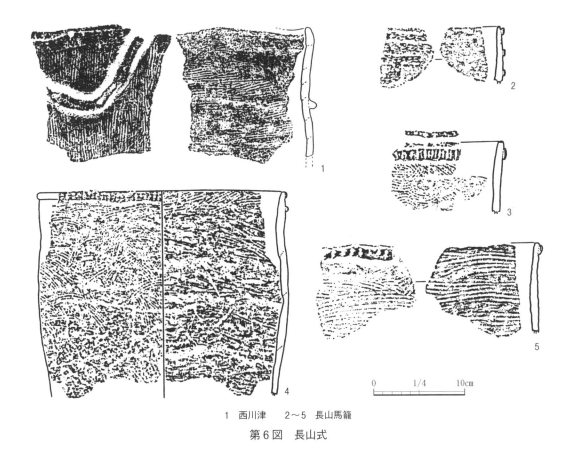

1 西川津　2〜5 長山馬籠

第6図　長山式

様帯が拡張するもの（第7図5〜13・第8図）が新しい。押引き・刺突文以外に、沈線文（第8図16〜18）・条痕文（同図19）・二枚貝刺突文などがあるが、これらの大部分は新しい段階の文様と考えられる。

　西川津B式（第9図）は、西川津A式の屈曲器形を母体として出現し、長頸の器形（第9図1〜3）と洗面器様の浅い器形（同図7〜12）がある。文様は、細隆帯文が縦横に貼り付けられるだけのものが多く、稀文化が著しい。長頸器形では、重弧文意匠が施されるもの（同図3〜6・10）がよく見られるが、これはA式にみられた重弧文意匠の名残りと考えられる。

　**羽島下層Ⅱ式**（第10図1〜6・8）　北白川下層式土器様式の母体とされる羽島下層Ⅱ式は、小さな刺突文が連結した「3字状刺突文」が横位に施文され、文様帯として口縁部と胴部上半に分帯化するのが特徴とされる（網谷1981）。

　近畿地方の羽島下層Ⅱ式には「3字状刺突文」の変形として、Ｉ字状刺突文（同図2・5）や半截竹管の内側で刺突した小型の刺突文（同図6・8）・二枚貝刺突文（同図1・4）などが存在する。鳥浜貝塚では両者はともに羽島下層Ⅱ式として包括されている。目久美遺跡でもこのような土器がまとまって出土している（鳥取・米子市教委1986）。

　**北白川下層Ⅰa（羽島下層Ⅲ）式**（第10図7・9）　北白川下層Ⅰa式は、半截竹管の表側を利用して刺突された「Ｄ字」爪形文が施される（同図9）。爪形文は羽島下層Ⅱ式の「3字」状刺突文が分離・拡大化して成立するとされる（網谷1989）。

第2章 山陰地方の縄文土器

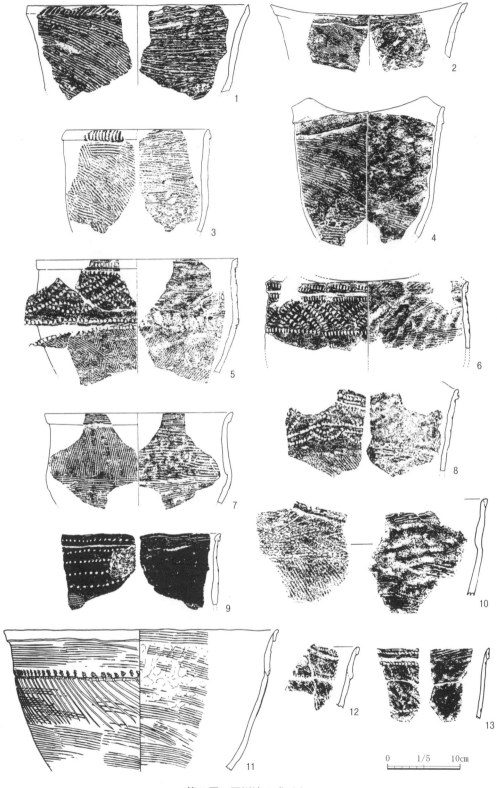

第7図 西川津A式（1）

48

第1節 山陰地方における縄文前期土器の地域編年

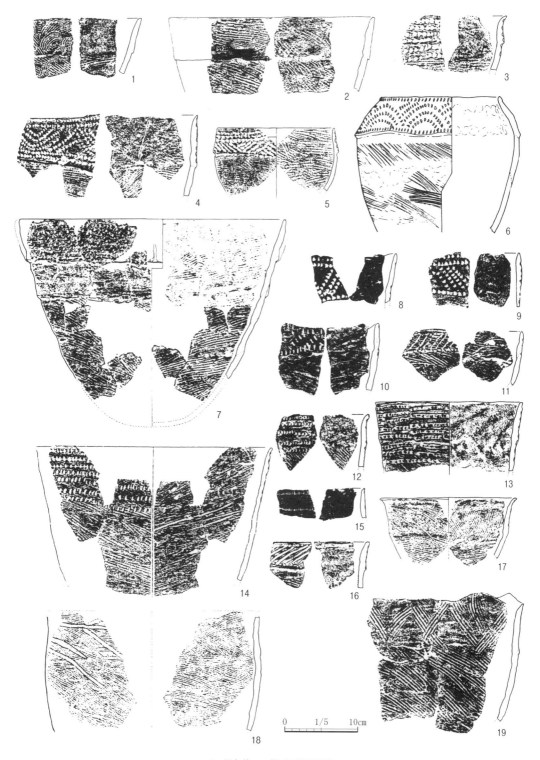

6 目久美　他は西川津遺跡
第8図　西川津A式（2）

49

第2章 山陰地方の縄文土器

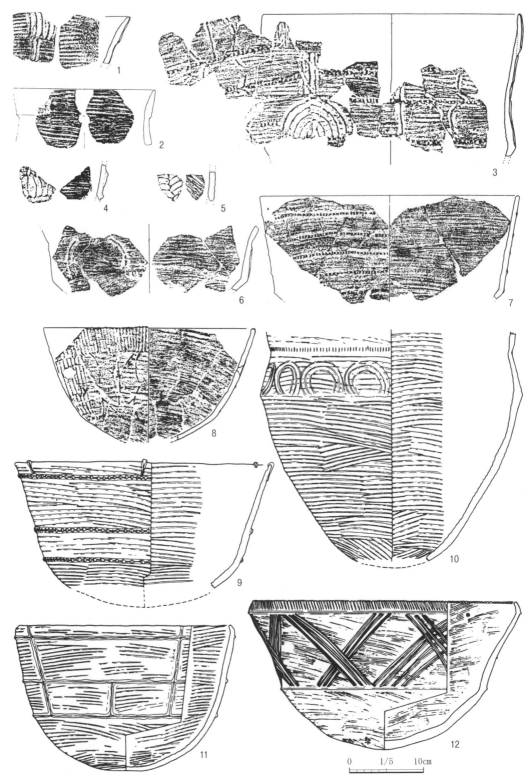

1〜7 西川津　8 島根大学構内　9〜12 目久美

第9図　西川津B式

第1節　山陰地方における縄文前期土器の地域編年

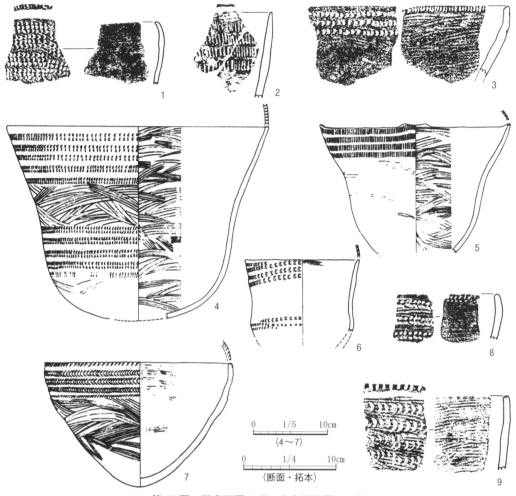

第10図　羽島下層Ⅱ式・北白川下層Ⅰa式

**北白川下層Ⅰb（羽島下層Ⅲ）式**（第11図1・2・4・6・7）　いわゆる「爪形文土器」で、中四国地方で羽島下層Ⅲ式とされる土器群である。網谷は北白川下層Ⅰa式を半截竹管状工具の表側を刺突したもの、同Ⅰb式を半截竹管状工具の内側を刺突したもの、としている[6]。爪形文の間隔がやや疎に刺突され、原体に厚みがあるものをⅠb式として考えたい。地文は条痕が比較的明瞭に残る。

　器形は頸部がややくびれ、口縁部が外傾する器形（第11図1）が一般的と思われるが、直口の器形や浅いボウル形の器種（同図2）も存在する。底部はすべて丸底と思われる。

　文様は半截竹管状工具（同図4・7など）のほかに、二枚貝による爪形文（同図3・5）がみられる。爪形文の形状は「C」字または逆「C」字状にしっかりと刺突されるものから、中央部分が器面に接しないで両端のみが刺突されるもの（同図6）、片側の端部だけを使って刺突されるものなど、さまざまである。文様は、頸部がくびれる器形では口縁部と胴部に集中して施文され（同図1）、羽島下層Ⅱ式以来の文様分帯化の伝統を守っているが、直口またはボウル形の器形では口縁部のみに施文されるようである（同図2）。

51

**北白川Ⅱa（磯ノ森）式**（第11図3・5・8～14、第12図1）　北白川Ⅱa式は、一般的には口縁部に爪形文・胴部に縄文が施文される土器である（網谷1989）。爪形文はⅠb式と同様半截竹管内側を刺突したС字爪形で、内面の条痕は浅いか消失するという。

　山陰地方では、典型的な北白川下層Ⅱa式がまとまって出土したことはなく、わずかに鹿島町佐太講武貝塚（宍道1974）、頓原町下山遺跡（第12図1）に数点みられる程度である。また、目久美遺跡、陰田遺跡、宮尾遺跡など、北白川下層Ⅱb式まで連続していると考えられる遺跡でも、明確な北白川下層Ⅱa式は出土していないし、周辺遺跡との型式補完がうかがえる土器も今のところ発見されていない。既存の基準では山陰地方での北白川下層Ⅱa式の抽出は困難な状況である。

　このようななかで、隠岐郡西郷町宮尾遺跡の爪形文土器が注目される（柳浦・米森2001）。宮尾遺跡の爪形文土器は条痕の消失が著しく、第11図3・5のようにロッキングによる密な施文が特徴である。

　北白川下層Ⅱa式の爪形文は細い線状で表現されることが多く、施文原体は北白川下層Ⅰb式にくらべ厚さがうすい。原体の厚さをうすく加工することによって、非常に密な施文が可能になったと理解することができ、半截竹管の代替として二枚貝が多用された（同図3・5）と思われる。

　意匠は水平方向または口縁部に沿った単純なものが多いが、高広遺跡（島根県教委1984）では斜行する意匠、郷路橋遺跡などでは波状の意匠（同図6）がみられる。このような意匠をもつものが北白川下層Ⅱa式に位置付けられる可能性がある。

　爪形文土器のほかに、この時期の主要な土器として、縄文施文土器と条痕地無文土器がある。縄文施文土器は斜行縄文（同図9）のほかに羽状縄文（同図8）も安定的に存在する。器壁の厚さや条痕のありかたなど、当該期の爪形文土器とさほど違いはない。近畿・中部瀬戸内地方では北白川下層Ⅱa・b式は口頸部に爪形文・胴部に縄文が施されるのを特徴とするが、宮尾遺跡の爪形文土器がⅡa式に並行することが正しければ、当地では爪形文と縄文が使い分けられた可能性がある。羽状縄文土器の中には北白川下層Ⅱb式にみられる、口縁部に小波状の大きな刻目（同図9）を施すものもある。

　このほか、この時期少数ではあるが半截竹管による沈線文土器が存在する（第11図11～14）。宮尾遺跡ではこのような土器が比較的まとまって出土しており、対向する連弧状（同図13）、紡錘形（同図12）、斜行子状（同図11）、垂下する意匠（同図10）が描かれている。半截竹管文は北白川下層Ⅱb式の爪形文省略形と考えられてきたが、内面に条痕が残るものが多いこと、北白川下層Ⅰb式の爪形文土器と同様に器壁が厚いことから、Ⅰb式に近い様相がある。しかし、条痕の消失が著しいことなど、Ⅱ式に近い様相もみられる。宮尾遺跡の伴出例から、このような沈線文土器も北白川下層Ⅱa式に並行すると考えたい（柳浦・米森2001）。

　山陰地方、特に島根県東部の海岸部の北白川下層Ⅱa式の特徴としては、二枚貝による施文が多用されることである。千鳥状に施文される、いわゆるロッキング技法も二枚貝によるものが多々みられる（第11図3・5）。特に隠岐郡西郷町宮尾遺跡などは、5割以上の高率で二枚貝を使用しており（柳浦・米森2001）、半截竹管状工具が主たる施文具である近畿地方とは際立った違いをみせている。

第1節 山陰地方における縄文前期土器の地域編年

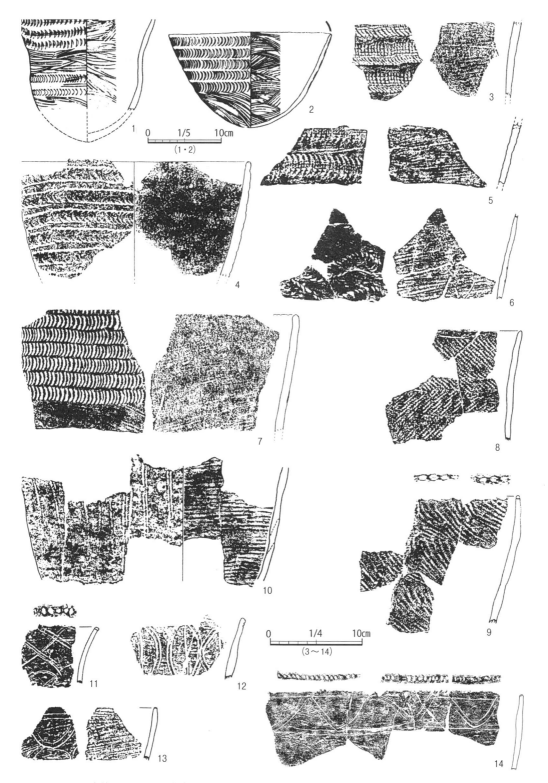

1・2 目久美　3・4・7 夫手　5 島大橋内　6 郷路橋　8・9・11〜14 宮尾　10 佐太講武
第11図　北白川下層Ib・IIa式

山陰地方のもう一つの特徴として、器壁の厚さがあげられる。一般的に近畿地方の北白川下層Ⅰb式・中部瀬戸内地方の羽島下層Ⅲ式は器壁が5mm内外と薄い。それに対し、山陰地方のとくに海岸部の当該期の土器は、器壁は7mm前後と厚いものが多い。頓原町神原Ⅰ遺跡など、山間部の遺跡では近畿地方・中部瀬戸内地方の土器と同様な厚さであるが、これは瀬戸内地方からの影響が強かったのではなかろうか。海岸部での上記の特徴は北白川下層Ⅱa式の分布圏のなかでは特異な位置を占めると思われる。

以上のように、当地の北白川下層Ⅱa式は縄文をもたない爪形文土器・縄文施文土器・沈線文土器・無文土器の組み合わせと思われる。これは、近畿・中部瀬戸内地方のⅡa式のありかたとは状況がかなり異なるといえる。このような近畿地方との型式変遷の不均衡は、Ⅱa式段階は当地では内向的な状況が続き、Ⅱb式段階に再び型式に影響を与える外部からのインパクトがあったことを示すと思われる。これは「広域土器様式」とされる北白川下層式の受容が一様ではなかったことを示し、受容と変容を繰り返した結果現れた当地の地域的現象ではなかろうか。

**北白川下層Ⅱb式（磯ノ森式）**（第12図2〜11）　口縁部に爪形文・胴部に縄文が併用される土器群と縄文施文の土器群で、中部瀬戸内では磯ノ森式と呼ばれる。比較的まとまった例としては、島根県池の尻遺跡・同仁多郡仁多町下鴨倉遺跡・鳥取県目久美遺跡がある程度で、この時期を主体とするのは池の尻遺跡のみである。北白川下層Ⅰb・Ⅱa式との区別は、器壁の薄さと器面調整の平滑さである。概して薄手（器壁5mm内外）であるが、宮尾遺跡などではやや厚いものもある。内外に条痕はみられず器面は平滑で、全体に繊細な印象を受ける。

爪形文は長さ1cm前後と北白川下層Ⅰb・Ⅱa式より小さく、爪形文上下または一端を半截竹管やへらによる沈線が描かれることが多い。小型で深い「D」字形のものも少数みられる（第12図8・10）。横方向のみの意匠は少なく、ほとんどは連弧状（同図9）・対向連弧状（同図2・5など）・垂下状、などの意匠を組み合わせた構成である。同図11は半截竹管による平行沈線文のみが描かれ、爪形文が省略された土器である。Ⅰb・Ⅱa式と違い、条痕がまったくみられず、器壁が薄いことから北白川下層Ⅱb式と考えた。

なお、わずかではあるが縄文をもたない爪形文土器（同図9）がある。これは上述の北白川下層Ⅱb式の定義には合わないが、口縁部が小波状であること、器面が平滑であることなどから、この時期と考えられる。

器形は基本的にはⅠb式の器形を踏襲するが、ボウル形の器形は確認されていない。近畿地方では底部が平底になるとされるが、当地では丸底のままのようである。また、口縁部が朝顔形に大きく開く器形も未確認で、口縁部は内湾気味に外傾する器形が主と思われる。口縁端部の刻目は大きく施されて、小波状に近いものがある（同図9）。

**北白川下層Ⅱc式並行期（彦崎Z1式・月崎下層式）**（第12図12、第15・16図）　爪形文列が突帯文に転化する北白川Ⅱc式は、山陰地方では鳥取県栗谷遺跡で1点出土しているだけである（第12図12）。北白川下層式はⅡc式段階で分布圏を縮小し（矢野1991）、山陰にまでおよばなかったと考えるのが妥当であろう（第5図3）。一方、中部瀬戸内地方ではこの段階に彦崎Z1式が位置付けられているが、彦崎Z1式も山陰で主体的に出土したことはない。

周辺地域で、当該時期に相当する型式は、他に月崎下層式（第15・16図）がある。頓原町板

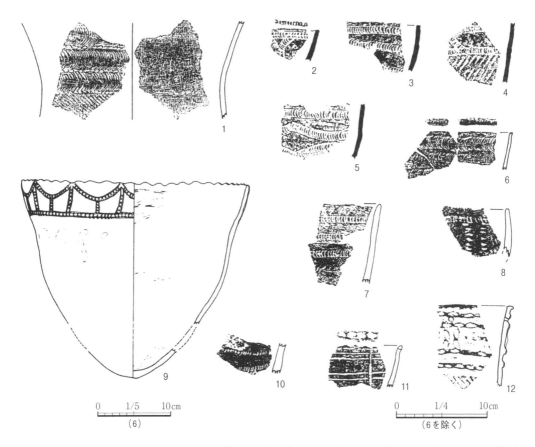

| 1 下山 | 2～5 下鴨倉 | 6～8・10・11 宮尾 | 9 目久美 | 12 栗谷 | Ⅱa式(1)・Ⅱb式(2～11)・Ⅱc式(12) |

第12図　北白川下層Ⅱa式・Ⅱb式・Ⅱc式

屋Ⅲ遺跡・下山遺跡・目久美遺跡などでまとまって出土している。これは彦崎Z1式同様刺突・押引文が施文される土器群であるが、彦崎Z1式と違い、器壁が厚く条痕をよく残す。両者の親縁性は強いと思われるが、月崎下層式は西部瀬戸内を中心に分布している（第5図4）。月崎下層式については後述するが、北白川下層Ⅱc式が分布を縮小する過程で、月崎下層式が分布を山陰東部まで拡張した可能性がある。

**北白川下層Ⅲ式（彦崎Z2式）**（第13図1～4）　再び近畿地方または中部瀬戸内地方の影響が強くなり、キャリパー形口縁が特徴の北白川下層Ⅲ式（彦崎Z2式）が分布する。

　文様は、縄文地に突帯文を付し、突帯上を半截竹管でなぞったり押引く特徴をもつ。半截竹管は突帯幅より狭いため、沈線両端には粘土のはみ出しがよくみられる。突帯文は横方向に施文されることが多いが、垂下または斜行して付されるものもある。突帯文により描かれる意匠は、直線的・連弧状のもののほかに、連続した凸レンズ状の意匠を描くことがある。また、小さな円形を描くものもよくみられるが、近畿地方にみられる多重円形文を描くものは少ない。器壁は4mm程度と極端に薄く、条痕はみられない。また、指や爪の圧痕が残るものが多く、板屋Ⅲ遺跡では圧痕が横方向に規則的につけられるものがある。

第2章 山陰地方の縄文土器

　器形は、頸部の強いくびれ、胴部の強い張り、口縁部の強い内湾が特徴である。口縁部は強く内湾するもの（同図1・2）のほかに、内湾気味に内傾するもの（同図3）もある。底部は平底で、山陰地方の前期土器はこの段階で平底が出現する可能性が強い。また、底部は底部外縁をところどころ大きく花弁状にくぼませるものがある（同図4）。

　山陰の北白川下層Ⅲ式は目久美遺跡・陰田遺跡などでややまとまって出土しているものの、いまだに小片が多く全体像がつかめる資料は少ない。そのため、地域色を抽出することは困難

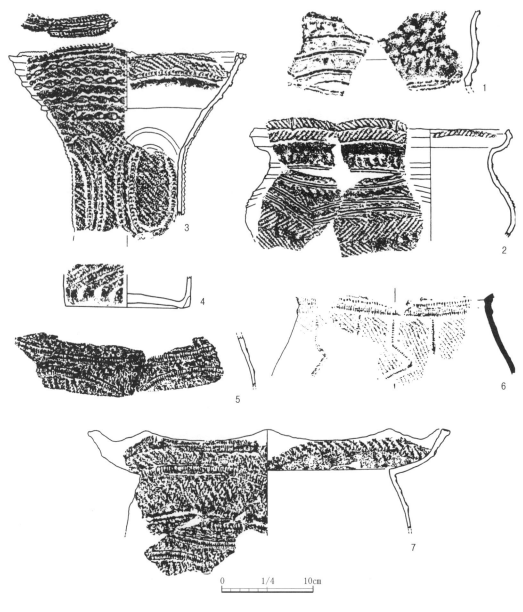

1・4　目久美　2・3　陰田　6　下鴨倉　5・7　島大構内
第13図　北白川下層Ⅲ式・大歳山式

である。

**大歳山式**（第13図5〜7）　器形は北白川下層Ⅲ式を踏襲し、地文が縄文であることも同じであるが、口縁部は肥厚して内面にも縄文が施され（角頭状と呼ばれる）、押引は「Σ形刺突文」とされる特殊な刺突文が密に施される。突帯文の断面形は三角形である。器壁は極めて薄いものが多く、底部は平底で縁辺をえぐるものがある。

　小杉康によるとΣ形刺突文と突帯の断面形の変化は、北白川下層Ⅲ式の施文工具である半截竹管が、先端がV字状に加工された板状あるいは半截丸棒状工具に変化したことによると説明している（小杉1991）。また、これにより中期初頭鷹島式への型式の連続性が説明されている。

　山陰地方では島根大学構内遺跡（島根大学埋文センター1997）、下鴨倉遺跡（島根・仁多町教委1990）などでややまとまって出土しているものの、この型式も主体的に出土したことはない。ただし、東部・中部では小片ながら各地で散見されることから、前期末の主たる型式は大歳山式と推測される。

## （2）　島根県西端部を中心とした型式

**轟B式**（第14図1〜5）　匹見町のみならず島根県で出土している轟B式は、いずれも微隆帯上をなでつけたもので、微隆帯をつまみ上げたいわゆる「ミミズバレ」のものはない。この特徴から、山陰地方で出土する轟B式は4式（高橋信武1989）以降であると判断される。なお、匹見町では屈曲型の轟B式は出土していない。

　**轟4式**（第14図1〜3）の土器は、島根県田中ノ尻遺跡（島根・匹見町教委1997）で比較的まとまって出土しており、同中ノ坪遺跡や新槙原遺跡などでも出土していることから、匹見町辺りまでは轟式が主体的に分布するものと思われる。轟4式は、器形は砲弾形をなし底部は丸底である。文様は口縁部と胴部中程に水平または連弧状に多条の微隆帯が集中的に施される。微隆帯はなでつけられるため、頂部の稜線は尖る。なお、匹見町では屈曲型の轟B式は出土していない。

　太い隆帯をもつ**轟5式**（同図4・5）は、わずかながら中ノ坪遺跡、新槙原遺跡で出土している。隆帯の間隔が広く、隆帯間に地文の条痕が明瞭に観察されるものや、隆帯が垂下するものもこの時期かもしれない。

　**野口式**（第14図6）　轟B式と曽畑式の中間的な位置を占める土器群が野口式とされる（水ノ江1988）。

　中村愿は轟B式の隆帯文が沈線文に置き換わる過程を説明している（中村愿1982）が、沈線に置き換わった土器が中ノ坪遺跡（島根・匹見町教委1999）から出土している。これは、対向連弧文の意匠を沈線で描いた土器であるが、1点のみの出土のためこのような土器群が安定的に存在しているかどうかは不明である。

　なお、同様な沈線文土器は、島根県宮尾遺跡（第11図13）・鳥取県目久美遺跡でも出土しており、客体的な存在ながら東部にも分布しているとも考えられる。しかし、土器の調整等、両者にはかなりの違いが認められることから、同一型式としてよいか判断できない。

　**曽畑式**（第14図8〜18）　曽畑式は、刺突・短沈線によって外面全面に施文される、砲弾形

第 2 章 山陰地方の縄文土器

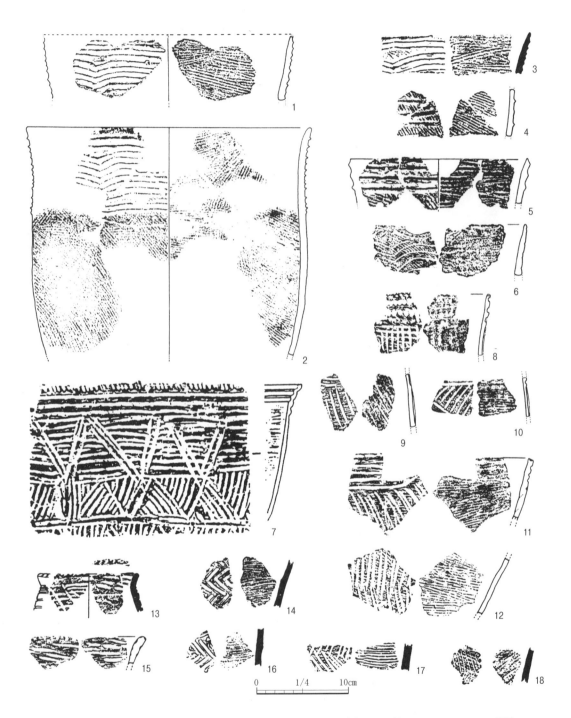

1・4～6・8～10 中ノ坪　2 田中ノ尻　3・13・14・16～18 下鴨倉　7 鮒ヶ口　11・12・15 板屋Ⅲ

第14図　轟Ｂ式・曽畑式

の器形の土器群である。Ⅰ〜Ⅲ期に分けられる（水ノ江1990）が、山陰地方の曽畑式はⅡ期または Ⅲ期である。中ノ坪遺跡で比較的まとまって出土しているが、やはり安定的なものかどうか不明である。

中ノ坪遺跡の曽畑式土器は、口縁部に上または下方からの刺突文、以下に垂下・斜行する沈線文が描かれる（同図8）。これはⅡ期段階の土器と思われる。

このほか、鮒ケ口遺跡・下鴨倉遺跡・板屋Ⅲ遺跡など東部の遺跡で非在地系土器として出土している。鮒ケ口遺跡例（同図7）は、器面を3分割してその間に文様を充填するⅠ式と考えられ、西北九州以外の出土例としては特異である。下鴨倉遺跡・板屋Ⅲ遺跡（同図9〜18）では、その規制が崩れたⅡ式や、「く」の字形の短沈線が間延びしたⅢ式が出土している。

**月崎下層式**（第15・16図）　月崎下層式土器は、口縁部に刺突・押引文をめぐらし、条痕調整の著しいもの、とされている。月崎下層式の器形はおおむね、頸部から口縁部にかけて外反し、張り気味の胴部、丸底である[7]。口縁部形態は、屈曲するもの（第15図7・8）と外反または内湾気味に外傾するもの（第15図14、第16図5〜8）とがある。

文様は、刺突文と押引文が特徴で、いずれも口縁部に施文される。垂下する隆帯文が付されることもある（第15図7・11、第16図5・7）。刺突文は、多くは上方・下方・または斜方向から刺突され（第15図）、横方向からの刺突は少ない。刺突・押引（第16図）は深く施文され、内面に凸状に反映されるもの（第16図7・8）がよくみられる。刺突の形状はクサビ形で、工具は先端が方形のものが多いようである。工具の幅は、2mm程度の狭いものから、3〜4mmの幅広のものがある。刺突列は口縁部に沿って施文され、列点状のほかに羽状（第15図7・8）に刺突されることがある。

押引文は、口縁部に沿って横方向に施文される。横位の単純なものほか、波状意匠（第16図2・3・7・8）との組み合わせが多い。波状意匠は隙間に弧状文を補填しているもの（同図7）が目立つ。刺突文との組み合わせも一般的である。

器面調整は、条痕が明瞭に残るもの（第15図7など）、ナデ調整が施され部分的に条痕が残るもの（同図14など）、ナデ調整により条痕がほとんど消去されるもの（第16図1〜3など）、などである。

このほか、郷路橋遺跡では、口縁部に斜格子状の条痕文（第15図9・10）や刺突文や沈線文を描くもの（同図11〜15）がある。これらが月崎下層式を構成するもののひとつなのか、あるいは別系譜の土器なのかは、いまのところ不明である。後者は大分県羽田遺跡出土土器とよく似ている（大分・国東町教委1990）。羽田遺跡からは上記の月崎下層式も出土しており、第15図11〜15が月崎下層式と関連があることは予想されるが、型式的には連続性がやや希薄と言わざるをえない。

月崎下層式の年代的位置は、意匠の類似から中部瀬戸内の彦崎Z1式と対比される（宮本1993）。この位置付けはおおむね正しいと思われる。北白川下層Ⅱc式が主体的に存在しない山陰地方では、この時期に西部瀬戸内で出現した月崎下層式が分布を広げた、と理解できよう。ただし、彦崎Z1式の継続期間がそのまま月崎下層式の継続期間と一致する保証はない。現状では鳥取県西部・島根県東部の北白川下層Ⅱb式・Ⅲ式が少なくないが、山陰地方ではこれらの型式と月崎下層式が並存する可能性も残されている。

一方、九州地方との並行関係はどうであろうか。中ノ坪遺跡 SK41 で、月崎下層式と曽畑Ⅱ式と共伴していることから、両者の並行関係の一端を示していると思われる。

**大歳山式** 中ノ坪遺跡から少数出土しているが、これが前期末の主体的な型式かどうかは不明である。中ノ坪遺跡の大歳山式は東部の土器とほぼ同じ特徴をもつが、器壁が厚いものがあり、地域的に変容した土器の可能性がある。

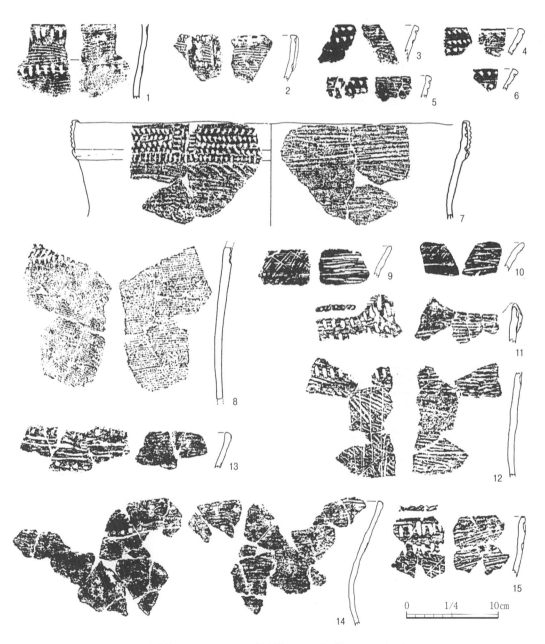

1 目久美　2～6・9～15 郷路橋　7 陰田第7　8 中ノ坪

第15図　月崎下層式（1）

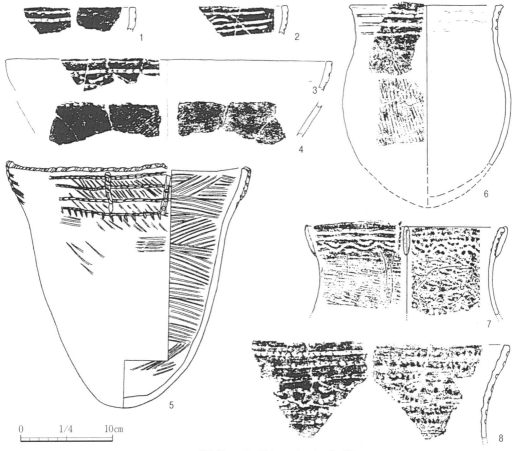

1〜4 郷路橋　5 下山　6〜8 中ノ坪
第16図　月崎下層式（2）

[註]
(1) 山陰地方では山陽地方の型式名を使うことが多いが、この段階の土器群は近畿地方とほぼ同じ内容であるため、混乱を避ける目的で細分が進んでいる近畿地方の型式名を使用する。北白川下層Ⅰa式、同Ⅰb式は羽島下層Ⅲ式、北白川下層Ⅱa式・Ⅱb式は磯ノ森式、北白川下層Ⅲ式は彦崎Z2式に対比される。
(2) 北白川Ⅰb式は条痕が残り、同Ⅱa式は条痕が消失し胴部下半は縄文が施文されるのが特徴である。しかし、後述のように山陰では明確な北白川下層Ⅱa式は主体的に出土しているとはいえない。北白川下層Ⅰb式のバリエーションの多さから、現在北白川下層Ⅰb式と認識しているもののうちに、同Ⅱa式に並行するものがあると予想しているが、それが今のところ抽出できない（柳浦・米森2001）。
(3) 「含霊塔下遺跡」ともいう。
(4) 「月崎下層式」は山口県宇部市月崎遺跡の土器をもとに、潮見浩が設定した（潮見1980）。1〜3類に分類されるが、1類は西川津式B類または轟B式類似土器、3類は曽畑式土器であることから、ここでは2類のみを「月崎下層式」と呼ぶことにする。
(5) 彦崎Z1式と月崎下層式は、意匠が類似するものの、前者は条痕をもたず後者は条痕をもつ、という点で区別される（竹広1994）。

(6) 北白川Ⅰa式の爪形文は、半截竹管の表側を刺突するため爪形文の中央が深くなり（「D」字爪形文）、同Ⅰb式の爪形文は半截竹管の裏側を刺突するため逆に両端が深くなる（「C字」爪形文）という特徴がある（網谷1981）。
(7) 月崎下層式は刺突文・押引文の土器であることから、西川津式と誤解されることがある。西川津式との違いは、器壁がやや薄いこと、刺突・押引文様が口縁部のみに限定されること、意匠は基本的には横位に展開し西川津式に多用されたハッチング状の意匠はないこと、折り返し口縁をもたないこと、などである。

## 第2節　山陰地方縄文前期・西川津式の展開

### 1　編年上の問題点

　西川津式は、山陰地方を代表する縄文時代前期前葉の土器型式である。1980年代前半に島根県松江市西川津遺跡、鳥取県米子市陰田遺跡群、同目久美遺跡などで良好な資料が出土したことから、早期末・菱根式と前期・羽島下層Ⅱ式との間を埋める土器群として注目された（宮本1987　井上智博1991）。折り返し口縁を持って主に押引き・刺突文が施文されるA式（第17図1）と、微隆帯が付されるB式（同図2・3）とがある。宮本一夫（宮本1987）、井上智博（井上智博1991）はA式を山陰地方の在地系、B式を九州地方の轟式系と考え、異系統土器群が併存する状況を想定した。筆者は井上論に立脚して編年を述べたことがあるが（柳浦2001）、両者を異系統と考えるべきではないと主張したのが矢野健一である（矢野2002）。矢野は、西川津A式と同B式が異系統である、という先入観を捨て、在地の編年を考えるべき、という。

　西川津式を設定した井上は、①A式とB式は異系統で、一部が併存する　②西川津式の祖形を前期初頭・長山式に求める　③複雑な意匠（本稿・複合鋸歯意匠等と表記）が古く単純な意匠（本稿・横走意匠等）が新しい、とする。

　一方、矢野の論点は、①A式はB式に先行する　②早期末（福呂式）・前期初頭（長山式）を考慮すると、直口器形が屈曲器形に先行する　③単純なモチーフが古く（本稿・横走意匠）、複雑なモチーフ（本稿・複合鋸歯意匠等）が新しい、である。

　井上説と矢野説は、西川津式の成立に関してはほぼ同じ意見であるが（井上論点②・矢野論点②）、以後の展開については大きな違いがある。これは、論点①のA式とB式の系譜を異系統とみるか（宮本・井上）、一系統の変化とみるか（矢野）、の相違である。

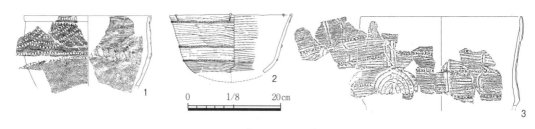

1　A式　2・3　B式
第17図　西川津A式と西川津B式

これについては、矢野が指摘するように、上長浜貝塚（島根・出雲市教委1996）ではＢ式のみが出土し、長山馬籠遺跡（鳥取・溝口町教委1989）では長山式を除けばＢ式がほとんどである。これは、Ａ式とＢ式の違いが時期差を示していると考えた方が理解しやすい。近隣に所在する陰田第9遺跡と目久美遺跡での比較では、Ｂ式とＡ式の比率が陰田第9遺跡ではＢ式45％に対して（鳥取・米子市教委1984）、目久美遺跡ではＢ式78％である（同1986）。これはＢ式がＡ式にとって代わる様相を示していると考えられる。以上から、筆者もＡ式が古くＢ式が新しい、という傾向を認めたい。

 矢野は、Ａ式からＢ式に変化する過程を示している。筆者の操作でも、おおむね矢野の見解と一致する結果であるが、矢野の屈曲形Ⅰ類（第17図1）と屈曲形Ⅱ類・Ⅲ類（第17図2）が時期的に分離可能かどうか、という点については疑問がある。また、矢野編年では、器形の違いによって時期を分けるため、文様意匠が同一でも時期が異なるものが存在する（第20図4と7など）。寸胴器形から屈曲器形への変化を認めるとしても、同一の文様意匠で時期が異なるという説明は、筆者には納得しがたい。屈曲器形が登場しても、直口器形が残存するのではなかろうか。

 Ａ式の文様について、井上は「複雑な文様」（第20図4～7など）から「単純な文様」（同図8）へと説くのに対して、矢野は単純なモチーフが古く（本稿・横走意匠）、複雑なモチーフ（本稿・複合鋸歯意匠等）が新しいとし（第18図）、両者の見解はまったく逆になっている（論点③）。井上によると1類＝1期は折り返し口縁部のみに施文されるというが、口縁下に施文される第19図6を新しく位置づけるのは難しい。また、矢野が古く位置づけた単純モチーフでも、第20図8のように屈曲するものがある。

 このように、井上説・矢野説ともに矛盾する部分があり、多様な西川津式土器を理解することが困難になっている。

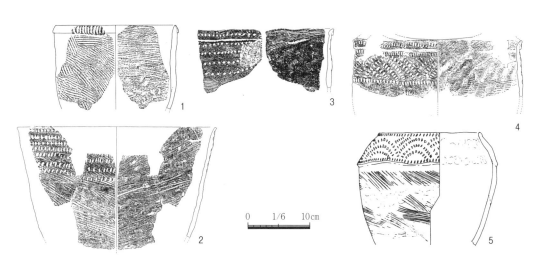

1～3「寸胴器形」　2・3「単純なモチーフ」　4・5「複雑なモチーフ」
第18図　矢野「寸胴器形」・「単純なモチーフ」・「複雑なモチーフ」

## 2 西川津A式の分析

**A式の器形変化**　西川津A式の特徴の一つに、垂れ下がり状に付された折り返し口縁がある。この口縁形態の出現は、西川津式設定当初から早期末からの変遷が考えられてきた（井上智博1991）。小林青樹はこれをさらに発展させ、早期末に福呂式を、前期初頭に長山式を設定し、現在に至っている（小林青樹2000）。福呂式・長山式から西川津式への変遷は非常にスムースで、口縁部の隆帯文が西川津式の折り返し口縁の祖形と考えて無理はない[1]。

　福呂式・長山式は、ともに長胴・直口で丸底の器形である。器面の地文には、福呂式に縄文（第19図1・2）、長山式に条痕文（同図3・4）が主に用いられ、両型式とも口縁部に隆帯が貼り付けられる。Y字形の意匠（同図2）や水平の意匠（同図3・4）があるが、基本的には隆帯は口縁部に沿って貼り付けられている。

　このような福呂式・長山式を母体として、西川津A式が成立する（第19図5・6）。福呂式・長山式は直口器形ばかりで、屈曲器形はみられない。また、当該時期に相当する下市築地ノ峰東通第2遺跡（鳥取県埋文センター2013）や名和飛田遺跡（財鳥取県教育文化財団2005）でも屈曲器形は出土していない[2]ことから、井上、矢野とも指摘するように、西川津A式成立段階では直口器形のみが存在していたと考えられる。この段階で全形がうかがえる土器は第20図1～3で、これが西川津A式成立期のモデルとなる。ただし、同図5のように、直口器形ながら屈曲器形と同じ複合鋸歯意匠を持つものがあることから、直口器形は成立期段階にとどまるものではないだろう。1と5を比較すると、前者は器高が高い長胴器形、後者は器高が低い器形である。口径に比して器高が低い器形は、A式屈曲形に通じる要素で、5が1より新しいとみることができる。西川津A式は、成立当初の長胴器形から器高を減ずる形に変化したと考

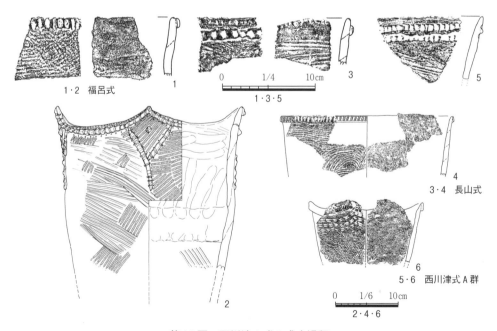

第19図　西川津A式の成立過程

第2節 山陰地方縄文前期・西川津式の展開

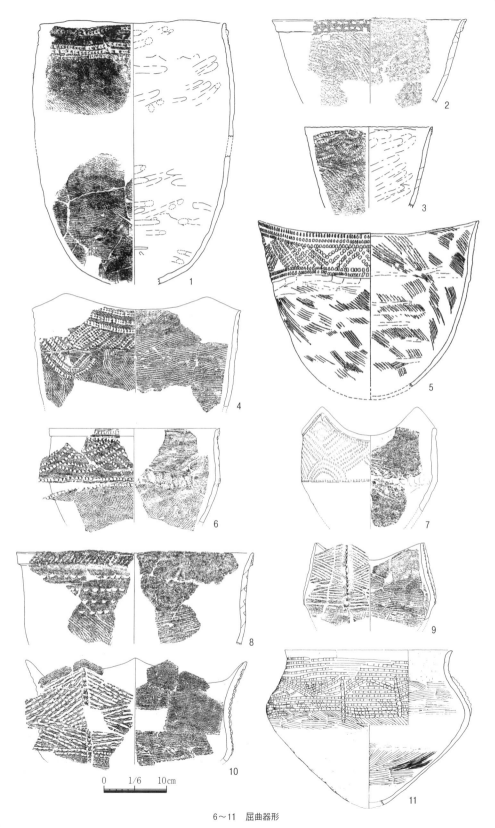

6～11 屈曲器形

第20図 西川津A式の直口器形と屈曲器形

65

えたい。
　屈曲器形（第20図6～10）の特徴として、文様帯が胴部上半まで拡張していることがあげられる。成立期のＡ式では、文様が口縁部周辺に限定されるので、これらが展開するなかで文様帯が拡張する現象が起こり、さらに胴部が屈曲したと考えられる。これらから、長胴器形→低器高・屈曲器形へ変化した可能性が考えられる。文様帯の拡張化と胴部屈曲化については後述する。
　このほか、Ａ式には第20図11のような壺形の器形がある。これらはＡ式成立当初には存在せず、やはりＡ式が展開する中で出現した器形と考えるべきである。同図9・10は胴部中ほどで強く屈曲し、口頸部が内傾・外反する土器である。この器形をもとに11のような壺形器形が派生した可能性を考えたい。壺形の器形は、上長浜貝塚などＢ式単純遺跡では組成しないことから、Ａ式存続時期内で終息したと思われる。
　第21図は、折り返し口縁を持たない土器で、福呂式・長山式から直接系譜が辿れない土器である。同図1は押引き文で複合鋸歯意匠を、同図2は1と同じ器形で、沈線文で粗雑な斜行意匠を描く。同図3は、やや内湾する器形で、口縁部に細い沈線文で斜格子意匠が描かれている。第21図1は第20図11と同じ意匠なので、ほぼ同時期と考えられる。第21図2は、器形の類似から同図1と同時期か、それ以後であろう。第21図3は、細く粗雑な沈線文が第24図1～17に似ていることから、これらと同様に押引き文から派生した文様と考えられる。第21図3の口縁部がわずかに屈曲するのは、折り返し口縁の痕跡かもしれない。第21図1～3の器形は、第20図4・5などの直口器形の変容と思われる。また、意匠等はＢ式に引き継がれ

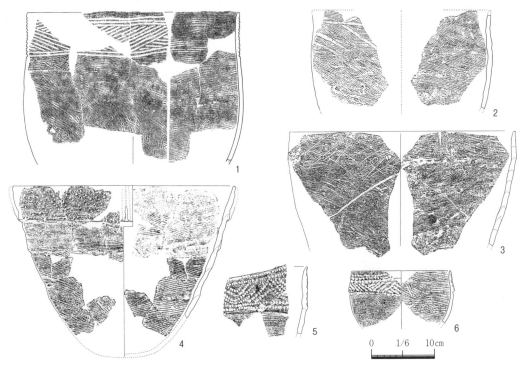

第21図　西川津Ａ式の器形と口縁部の段

第2節　山陰地方縄文前期・西川津式の展開

るものではなく、さらにこのような土器が後続する羽島下層Ⅱ式に伴う例がないことから、西川津Ａ式の後半期に位置付けざるをえない。

　**折り返し口縁と胴部の段**　西川津Ａ式に特徴的といわれる折り返し口縁は、口縁部幅の狭いもの（第20図6・7）のほか幅広のものがある（同図2・8）。また、さらに口縁部が広がった印象を持つもの（第20図4・5、第21図5）や、折り返し口縁が2段あるように見えるもの（第21図4・6）もあり、西川津Ａ式を複雑化している。西川津式の成立当初は、折り返し口縁がさほど幅の広いものではない。ただ、成立当初から口縁部幅が狭いもの（第20図1）とやや広いもの（同図2）が存在したようで、口縁部幅を維持したままの一群と拡大化した一群がパラレルに展開したと思われる。

　第20図4・5や第21図5は、口縁部拡大化の中で生じたようにもみえる土器である。しかし、これは文様帯を画す部位が段化したと考えるのが適切と思われる。第20図6・7のように、典型的なＡ式は、折り返し口縁の上下に横走する押引き・刺突文、その下に複合鋸歯などの幾何学意匠が施されている。同図4・5もこの文様構成を守っており、口縁上端の横走刺突文列の部位が折り返し口縁でないことだけが違っている。これらの段の位置が文様帯下端に相当していることから、文様帯の下端を画すために段が設けられたと考えたい。文様帯下端の段はＡ式に一般的に確認することができ（第20図6・7）、第20図4・5や第21図5の文様意匠も他のＡ式土器と変わりはない。折り返し口縁の土器とそれを持たない土器が併存していたと考えられる。

　第21図4・6は、ともに折り返し口縁が口縁上端と胴部段の中間まで広がっており、一見2段の折り返し口縁にみえる土器である。しかし、同図6が前述したＡ式土器の文様構成を忠実に守っていることから考えると、折り返し口縁の拡大化と文様帯下端の段化が同時に表れた土器といえる。同図4は下段が無文帯となっているが、地文である二枚貝条痕がナデ消されている。西川津Ａ式では、一般的に押引き・刺突文が施文される範囲は地文がナデ消される傾向にあり、同図4の無文帯は文様帯として意識されていたと理解したい。

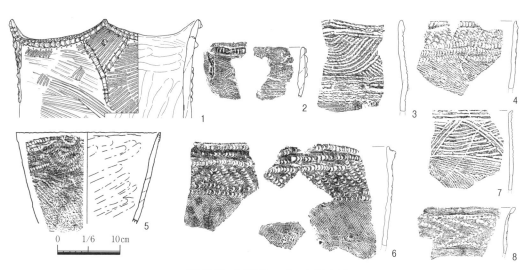

第22図　西川津Ａ式の文様意匠

第 2 章　山陰地方の縄文土器

　西川津 A 式の特徴の一つとして、文様帯とそうでない部位が明確に区分されることがあげられる。これは、文様帯および文様構成がより重要であったと認識されていたことを示しているのではなかろうか。以下で述べるように文様意匠が多様であっても、文様帯および文様構成の原則はある時期までは厳密に守られている。文様帯構成原則の意識が失われた時、文様は混沌とし、その後に A 式と B 式の交代が起こったと想定している。

**押引き・刺突文の文様帯と意匠**（第 22・23 図）　西川津 A 式の文様は、押引き・刺突文を特徴とする。文様意匠は多様であるが、西川津式成立当初には福呂式・長山式の文様意匠が色濃く残っている。福呂式・長山式の文様は、隆帯とその周辺の施文に限られ、波頂部下に Y 字形（第 22 図 1）や J 字・半円（同図 2）の意匠を持つことが多い。第 20 図 1 は、口縁部が折り返し口縁で、口縁上とその下に横走する押引き文が施されている。この意匠は福呂式・長山式と同じであり、器形の面からみてもこの土器は西川津式成立段階と考えてよい。第 22 図 5 は、口縁部が折り返し口縁で、波頂部下に押引き文で 3 重の半円形意匠が描かれ、そこに横走する押引き文が取りつく。これは、福呂式・長山式の文様帯がそのまま拡大化した状況をうかがわせる。これにより、西川津 A 式は文様帯が拡大化する傾向が認められる。

　西川津 A 式は、多重の連弧文（第 22 図 3）・鋸歯文（同図 6）などの幾何学的な意匠が主な文様意匠である。福呂式・長山式では、半円形・Y 字意匠が波頂部下に配され主文的な位置を占めているが、西川津式の幾何学的意匠はこれを祖形として拡大化した結果、土器上半を埋め尽くす文様帯と化したと考えられる。このように捉えると、単純な連弧意匠（第 23 図 6）・鋸歯意匠（同図 1・7）は多重連弧・複合鋸歯意匠の略化で、第 20 図 11 も複合鋸歯意匠の変容、矢羽状（第 22 図 8）・斜行（同図 4）などの意匠はこれらから派生したものと考えられる。

　このような幾何学的な意匠とは別に、胴部まで施文された横走意匠の一群がある（第 18 図 2・3、第 20 図 8）。前述のように、福呂式・長山式の文様は口縁部に付された隆帯周辺に限ら

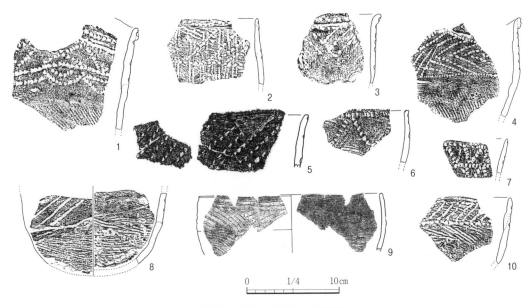

第 23 図　粗雑な押引き・刺突文

れていることから、胴部上半まで文様帯が拡張するのは西川津式成立の後に起こった現象であろう。口縁部周辺に限定された施文範囲が、後に文様帯が胴部まで拡大化したと思われる。

　拡張化した文様帯下端には、段が設けられたり、屈曲したりするものが多い。また、施文部分には地文の二枚貝条痕がナデ消されることが多く、文様帯がより明確に意識されるようになったものと思われる。文様帯が拡張しないまま胴部が段化したものは見当たらないことから、文様帯拡張化の後に胴部の段化が起こったと考えられる。さらに文様帯の拡張化と胴部の段化がみられない土器に屈曲器形がないことから、胴部の屈曲化は文様帯の拡張および胴部段化を契機に起こった現象と考えられる。ただし、文様帯が拡張化した土器のすべてが文様帯下端で屈曲したのではなく、前述のように屈曲器形が出現しても直口器形は引き続き存在したものと思われる（第20図4・5）。

　西川津A式には多様な意匠がみられるが、基本的には鋸歯状・連弧状の意匠（第22図3・6）から派生したものとして理解できる。筆者はこの間の文様意匠の変化について、(1)長山式の波頂部下の弧状またはY字状の意匠が多重化・拡張化する（第22図5）(2)これらに取り付いていた横走意匠が消失し、多重の鋸歯・連孤状意匠で文様帯を埋める（同図3・6）(3)さらに斜行・矢羽状意匠などが派生し施文が粗雑化がする（第20図8、第23図）という変遷を想定している。

　文様の粗雑化については、①条の間隔が空き、1条以上の条が施文されるほどの余地がある（第23図5）②条の間隔が一定でなく、疎密がある（同図2・3）③刺突の間隔がまばらで不均一　④条が交錯する（同図4）⑤施文が浅い（同図9）という基準で判断した。西川津A式の刺突文・押引き文は整然とした幾何学的意匠の土器が多数存在する（第22図3～7）のに対して、①～⑤の粗雑な施文が施されるもの（第23図）も一定量あり、両者を同時期とみなすには躊躇される。

　文様の粗雑化は、刺突文・押引き文の大きさからもうかがうことができる。施文の文様単位が大きなものは条間が密で整然としたものが多く、小さいものは先に挙げた粗雑さの基準①～④に相当するものが多い。刺突文・押引き文の多くは棒状工具が使用されたと観察され、文様単位の大小は施文具の違いを示している。小型の文様に粗雑な文様が多いことから、径の大きな原体（径4mm前後）から小さな原体（径2mm前後）へという変化が想定できる。陰田第9遺跡（鳥取・米子市教委1984）で粗雑な文様が15%に対し、目久美遺跡（同1986）では46%に増加していることからも、文様が粗雑化する傾向がうかがえる。

　**沈線文**（第24図1～21）　西川津A式の文様は、刺突・押引き文が特徴的であるが、ほかに沈線文が施されるものがある。沈線文土器は折り返し口縁を持つ土器があり、（第24図1～3・15・16・20）、A式内で派生したと考えられるが、下市築地ノ峰東通第2遺跡（鳥取県埋文センター2013）など、西川津式成立期の遺跡では沈線文が存在しないことからも、成立期段階までさかのぼるものではないと思われる。意匠は複合鋸歯、斜行、斜格子、円形などで、いずれもA式の刺突・押引き文から派生した文様であろう。これらは粗雑化した文様が多く、A式の新しい段階と考えられる。

　第24図15～17は胴部が屈曲する浅い器形で、B式b類（第26図11）に連なる土器と考えられる。全体の器形はB式b類に似るが、第24図15・16などは折り返し口縁が痕跡的にみら

第 2 章　山陰地方の縄文土器

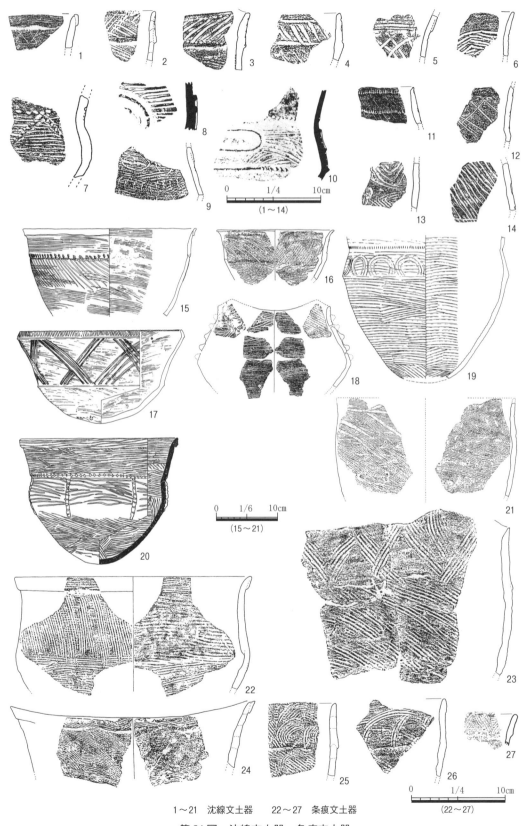

1〜21　沈線文土器　　22〜27　条痕文土器

第 24 図　沈線文土器・条痕文土器

れる。同図 5 は頸部が屈曲する長頸の器形で、B 式 a 類（第 26 図 12）に類似した器形の頸部に斜格子文が描かれる土器と判断した。第 24 図 20 も長頸の器形である。口縁部は折り返し口縁で、頸部・胴部は明確に屈曲している。これは、B 式 a 類に近い器形と考えることができる。第 24 図 7 〜 10・19 なども同図 20 と同様な器形と思われる。同図 18 は壺形の器形で、文様意匠は第 20 図 11 に似るが粗雑な複合鋸歯状の文様である。

　このように、沈線文土器の多くは A 式と B 式の中間的な様相がみられるが、沈線文そのものは B 式に継続していない。

　**条痕文**（第 24 図 22 〜 27）　西川津式には、少数ながら二枚貝原体の条痕文土器が含まれる。意匠としては、青海波状（第 24 図 24 〜 26）・鋸歯状（同図 23・27）のほか、同図 22 のような整然と垂下する二枚貝条痕も文様としての意識が認められる。同図 23 のような鋸歯状の意匠は、押引き・刺突文の影響があるように思われる。同図 27 は B 式 a 類の口縁部を持つ土器で、口縁部に複合鋸歯の意匠が描かれている。これは、A 式と B 式の中間的様相を示す土器である。

　一方、青海波状の意匠は、長山式によく見られ（第 19 図 4）、これから継承された意匠とみることもできる。ただし同様な文様意匠は東海地方にみられ、西川津遺跡では近畿東部の八ツ崎式、東海地方の上ノ山 Z 式、同清水ノ上式など東海系の土器が複数出土している[3]。このことから、早期末から前期前葉にかけて東海地方の影響を受けた可能性も考えられるが、現状ではこの文様意匠の出自を判断することはできない。

　第 24 図 24 は口頸部が外反する器形、同図 25 は折り返し口縁が拡張した土器で、これらを西川津式成立期とするのは難しい。同図 22 が屈曲器形で、いずれの土器も文様帯が拡張しているので、図示した条痕文土器は屈曲器形が出現した後と考えられる。

　**二枚貝刺突文**（第 25 図）　折り返し口縁に付された二枚貝刺突文（第 25 図 1）は、井上智博 1991 で西川津式成立期段階に位置付けられている。同図 2・3 は口縁直下にも二枚貝刺突文が横走して施され、前述した成立期段階の押引き・刺突文と同じ文様構成である。このような文様構成は、名和飛田遺跡（鳥取県教育文化財団 2005）や下市築地ノ峰東通第 2 遺跡（鳥取県埋文

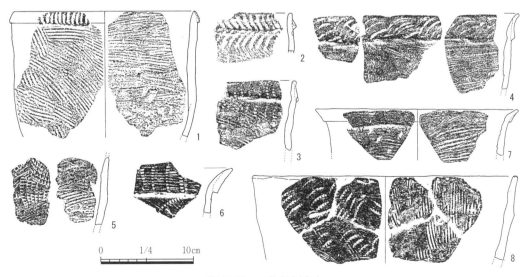

第 25 図　二枚貝刺突文

第2章 山陰地方の縄文土器

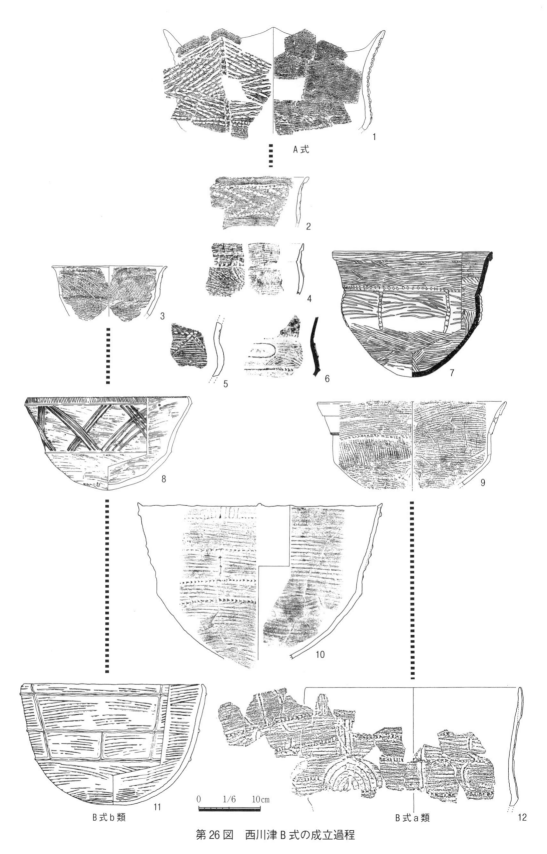

第26図　西川津B式の成立過程

センター 2013）などの福呂式・長山式にもみられ、前型式から継続した文様といえる。

一方、第 25 図 4 〜 8 は斜行する意匠である。同図 5 は口縁部が波状となり、全体としては第 20 図 11 と似た意匠となっている。この土器は第 20 図 4 などの押引き・刺突文を模倣したものと思われる。第 25 図 6・7 は頸部に斜行する刺突文が施されている。同図 8 は口縁部のやや下がった位置に稜がみられる土器で、稜を跨いで広範囲に斜行する刺突文が施されている。同図 6・7 は B 式 a 類（第 26 図 12）に近い器形で、新しい様相がうかがえる。第 25 図 8 も折り返し口縁が痕跡的に表現されていることから、A 式の新しい段階と思われる。これと似た意匠が東海地方の清水ノ上 II 式にあり、東海地方の影響を受けた可能性も考えられるが、検討を要する。

## 3　西川津 B 式の発生過程

西川津 B 式は、微隆帯文を文様とする稀文の土器群である。前述のように、西川津式が意識され始めた当初から九州地方の轟 B 式との関連が指摘され、西川津 A 式とは異系統とされてきた（宮本 1987・井上智博 1991）。西川津 A 式と B 式は全く違う様相を呈しており、両者が異系統とみなされたのも頷けないわけではない。しかし、矢野論文が指摘するように西川津遺跡・目久美遺跡など両者が混在する遺跡がある一方で、上長浜貝塚のように A 式を混じえずに B 式のみ出土する遺跡があり、両者が時期差である可能性がある。西川津 B 式は胴部が屈曲する器形で、器高の高い深鉢形（B 式 a 類　第 26 図 12）と器高の低い洗面器形（B 式 b 類同図 11）に大きく分けられる。これらは、A 式から派生することはないだろうか。

A 式屈曲器形のなかには、口頸部が長く外反し胴部が張るもの（第 26 図 1）、頸胴部境界が明瞭で段が付くもの（同図 4 〜 7・9）がある。これらは折り返し口縁や文様は A 式そのものだが、B 式 a 類（同図 12）に似た器形となっている。B 式 a 類は、第 26 図 1 を祖形として、同図 4 〜 7・9 を介して成立したと考えたい。なお、同図 10 は同図 6・7・9 にみられる頸胴部と同様な屈曲をしており、同図 6・7・9 と同図 12 の間に置くと両者の変遷がよく理解できる。

第 26 図 4 〜 7 は、胴部が球形または屈曲した器形で、押引き文・沈線文とともに隆帯文が付されている。同図 5 の隆帯文を押引き文・沈線文に置き換えれば第 20 図 11 や第 21 図 1 などの A 式土器と同じ意匠になり、A 式との関連は明瞭である。また第 26 図 4 の重弧状の隆帯文意匠は、B 式 a 類（同図 12）に継承された文様意匠で、やはり A 式と B 式の関連性を示している。この状況を井上智博 1991 では異系統土器の折衷とみる（井上 1991）が、矢野 2002 では A 式と B 式の中間的様相と考えている。筆者は、中国地方と九州地方は縄文時代のどの型式においても折衷しないと考えており、第 26 図 4 〜 7 などは B 式成立前夜に登場する時期的な所産と思われる。

洗面器形の B 式 b 類に近い A 式土器は、第 26 図 3 である。これは折り返し口縁を有し、胴部は明瞭に屈曲した土器で、全体の器形は B 式 b 類に近い。同図 8 は、さらに B 式 b 類に類似している。また、同図 10 は頸部に若干のくびれを残しているが、口縁部が折り返し口縁でない点で B 式 b 類に分類される。これの頸部のくびれが消失すると同図 11 と同じ器形となる。B 式 b 類の微隆帯も、同図 9 の口頸部屈曲部に生じた段が転化したものと考えられる。同図 9 の屈曲・外反した口頸部を直線的にして段を微隆帯に転化させれば、同図 11 と同じ土器

第2章　山陰地方の縄文土器

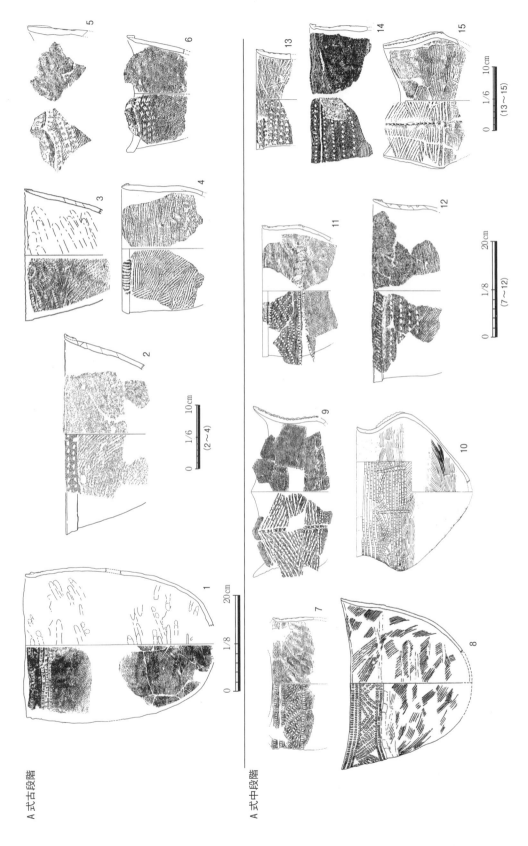

74

第 2 節　山陰地方縄文前期・西川津式の展開

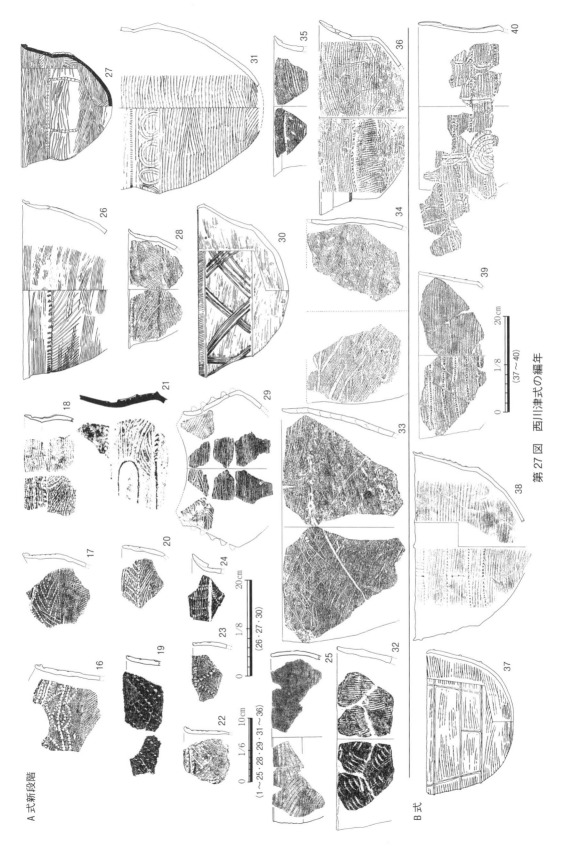

第 27 図　西川津式の編年

となろう。Ｂ式ｂ類は、同図8や同図9が融合し、折り返し口縁が消失、頸胴部の屈曲点が段化・微隆帯文化、胴部以外の屈曲が消失、などの過程を経て出現したと考えられる。

以上のように、Ｂ式ａ類・ｂ類ともにＡ式から派生した可能性がある。その始源は、第20図4〜7にみられるような文様帯下部に表れた段化・屈曲化に求められよう。

## 4　西川津式の編年

以上を踏まえ、西川津式の編年を試みる。大まかに言えば、西川津式は福呂式・長山式に直接系譜が求められ、成立後に多様に展開し混沌を経て、当初形態から全く違う形状に変化する過程である。私案では、Ａ式を主体とする段階を3段階と、Ｂ式を主体とする1段階の、4段階に編年しておく。

**西川津Ａ式古段階**（第27図1〜6）　折り返し口縁を持つ長胴・直口の器形で、口縁部とその直下に刺突文・押引き文が口縁部に沿って施文される。刺突文原体は二枚貝が使用されることが多いが、棒状工具によるものもみられる。3は胴部上半まで文様が拡張しているが、福呂式以来の主文と従文の関係を維持していることから、この段階に収めた。下市築地ノ峰東通第2遺跡自然流路（鳥取県埋文センター2013）は、この段階のほぼ単純な状況で出土した遺構と考えられる。

**西川津Ａ式中段階**（第27図7〜15）　文様帯が胴部上半まで拡張する段階である。押引き・刺突文を主たる文様とした一群である。文様帯の拡張化に伴い、横走のほか幾何学意匠が一般的になる。施文される範囲はナデ調整されることが多く、ナデ調整の範囲は施文部位である意識が働いたものと思われる。文様意匠は多様で、祖形に対する文様意匠の意識はこの段階ではすでに消失していたと考えられる。

器形は全体に器高が低くなり、長胴の器形はなくなる。文様帯下端を区画する段が生じ（8・11）、この部分で屈曲する器形が出現する（11・15）。壺形（10）や長頸の器形（9）も、この段階で登場する。

**西川津Ａ式新段階**（第27図16〜36）　文様が粗雑化する段階で、押引き・刺突文が施されるほか沈線文の多くはこの段階と思われ、施文手法が多様化する。胴部の屈曲が明瞭なものが多いものの、16のように直口器形も残存する。折り返し口縁は低く貼り付けられるもの（28）や、口縁からやや下がった位置に稜を作り出すもの（32）など、痕跡的となるものがある。押引き・刺突文は間隔が不ぞろいな粗雑な施文で、幾何学的な意匠（22・23）のほか斜行する意匠（19・20・26など）や斜格子の意匠（30・33）が多くなるようである。ほかに、口縁が内湾するもののうち文様を粗雑に施文するもの（23・25・33）も、この段階に含めた。この段階では、押引き・刺突文や沈線文と隆帯文が併用されるもの（18・21）、Ｂ式と器形が類似するもの（27・28・30・36など）があり、移行期の様相をうかがわせる。

**西川津Ｂ式**（第27図37〜40）　微隆帯線文土器の段階で、稀文化が顕著である。器形は長頸器形（40）と洗面器形（37〜39）の器形に収斂される。長頸器形（Ｂ式ａ類）は9・27から変容したもので、横走する微隆帯は屈曲部に表れた段（36）が転化した文様と理解できる。40の胴部上半の重弧文意匠は、西川津Ａ式中段階（11）以来の残像であろう。洗面器形の器形（Ｂ式ｂ類）は、直接的には30からの変容と思われるが、38の頸胴部が屈曲する様相は、31・

36などから連続していること示している。微隆帯文は刻み目文が加えられることが多く、関連が深いとされる轟B式の微隆帯文とはこの点で違いがみられる。なお、文様意匠は横走する単純な意匠が主体で、部分的に縦走する微隆帯文が施されるものが多い（37・38）。

## 5　近隣他型式との関係

**羽島下層Ⅰ式との関係**　羽島下層Ⅰ式（第28図1～3）は、口縁部に隆帯文を貼り付け、隆帯文の上下に刺突文が施される土器で、瀬戸内地方の前期初頭とされた（鎌木・木村1956）。隆帯文＋刺突文の文様は西川津A式とよく似ており、両者の関連が指摘されている（井上智博1991・矢野2002）。井上は地域を異にした類似型式とするが、矢野は福呂式・長山式と西川津A式の間に位置付けている。

矢野の論点は、羽島下層Ⅰ式が瀬戸内地方でもさほど出土数が多くなく、むしろ山陰地方での出土が目立つことから、瀬戸内地方の型式というより福呂式・長山式から西川津式に至る過程で出現したとする。

矢野が指摘するように、羽島下層Ⅰ式を福呂式・長山式と西川津A式の間に置くと、両型式の連続性は非常にスムースになる。しかし、出土数が多くても山陰地方で羽島下層Ⅰ式が主体的に出土した遺跡はなく、西川津式に混じって出土することが多い。また山陰地方の羽島下層Ⅰ式は、西川津式に比べて器壁が薄く、精緻である。この様相は、福呂式・長山式－西川津A式の組列に上げにくく、山陰地方の土器群からみると客体的な印象がある。

筆者は、山陰地方では羽島下層Ⅰ式を主たる分布域としない客体的土器型式と予想するが、これが瀬戸内地方でもまとまって出土した例がないことから考えると、山陰地方で登場した西

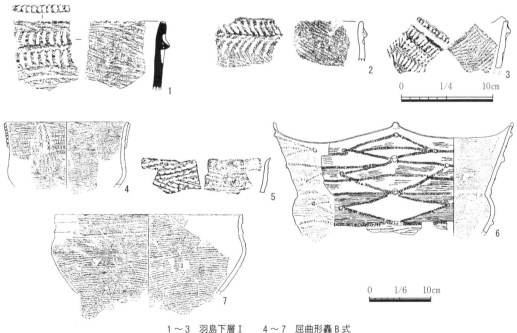

1～3　羽島下層Ⅰ　　4～7　屈曲形轟B式
第28図　羽島下層Ⅰ式と屈曲形轟B式

川津Ａ式のバリエーションの可能性も否定できない。いずれにしても、羽島下層Ｉ式は福呂式・長山式から派生したものと考えざるをえないものの、現状では分布的な違いなのか編年的な違いなのかを判断できない状況にある。

　**轟Ｂ式との関係**　九州地方の轟Ｂ式に、屈曲形の器形が存在することは周知である（第28図4〜8）。屈曲形轟Ｂ式は、直口器形とともに轟Ｂ式に組成した器形とする見解と、時期を異にするという見解が対立しているという。筆者は轟Ｂ式に精通しているわけではないが、高橋信武1989や西薗式の設定（粜畑2008）などを参照すると、轟Ｂ式は一貫して直口器形が主体と考えた方が理解しやすい。

　屈曲形轟Ｂ式は、西川津式との関連性が指摘されている。第28図4・5などの押引き・刺突文は西川津Ａ式とよく似た文様だが、轟Ｂ式内で自生的に出現するものではないように思われる。押引き・刺突文は、山陰地方早期末の福呂式・長山式でその萌芽が認められることから、山陰地方が九州地方より先行して出現したと考えられる。九州地方の轟Ｂ式の押引き・刺突文は西川津Ａ式中段階の文様に似ており、Ａ式中段階以降に導入されたと考えることができる。

　すでに微隆帯文が山陰地方で自生した可能性を述べたが、九州地方からの影響を受けて導入が加速した可能性が考えられる。ただし、屈曲形轟Ｂ式の文様意匠は違うものが多く、とくに九州地方の微隆帯文には独自な意匠がある（第28図6）。この状況は、両地域が互いに影響を与えながら、微隆帯文が両地域で自立的に展開した様相を示しているように思われる（廣瀬2014a）。屈曲形轟Ｂ式は、轟3式から4式にかけて存在するという（横澤2014）ので、轟Ｂ式が展開するなかで屈曲形が派生したと思われる。九州地方では、直口器形の轟Ｂ式を主体として屈曲形轟Ｂ式が組成する段階が轟3式から4式と理解したい。

　西川津Ｂ式の母体となったＡ式新段階は、器形・文様とも多様化する時期である。条痕文の一部については東海地方からの影響を指摘したが、隣接する九州地方との交流はさらに直接的だったのかもしれない。鮒ヶ口遺跡（鳥取・淀江町教委1981）で出土した土器は轟Ｂ式そのもののように見え（網谷2004）、この時期の広域交流を示している。前期前葉は、予想以上に人的流動性が高い時期だったのかもしれない。

## 6　西川津式の後続型式

　前期中葉の土器編年では、羽島下層Ⅱ式から北白川下層Ｉ式への変遷が示され、鳥浜貝塚を基礎資料としたこの変遷は広く西日本で共有されているといえよう。本稿では山陰地方で羽島下層Ⅱ式より古い一群を西川津Ａ式古段階〜新段階、同Ｂ式に編年したが、後続する羽島下層Ⅱ式との関連はどうであろうか。

　中国地方では、観音堂洞窟遺跡・同弘法滝洞窟遺跡などの帝釈峡遺跡群（中越1985）や竹ノ花遺跡（山田克己1980）などで羽島下層Ⅱ式相当の土器（第29図9〜12）がまとまって出土している[4]。網谷克彦は、帝釈峡遺跡群の前期土器を整理するなかで、羽島下層Ⅱ式の先行型式として勝山式を挙げている（網谷2004　第29図1〜3）。網谷が指摘した勝山式は、押引き・刺突文が施される土器だが、器形が羽島下層Ⅱ式に近いこと、文様帯が口縁部と胴部に分帯化していることなど、羽島下層Ⅱ式との連続性がうかがえる。

第2節　山陰地方縄文前期・西川津式の展開

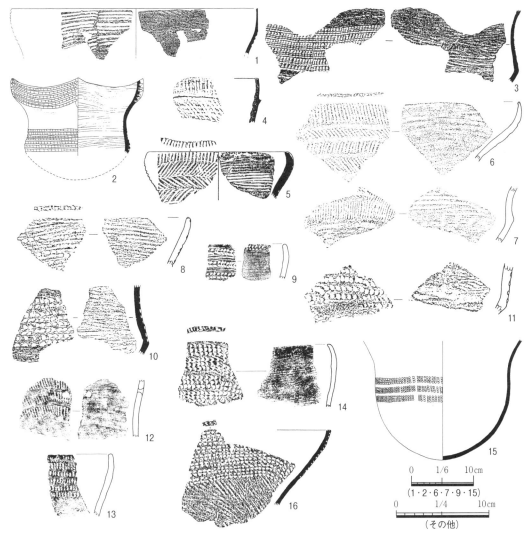

1～3　勝山式　　9～15　羽島下層Ⅱ式　　4～6　未命名型式
第29図　勝山式・羽島下層Ⅱ式・未命名型式

　一方、一部に胴部が屈曲する器形がある（第29図3）など、西川津B式の要素がみられる。羽島下層Ⅱ式とされたものでも胴部が屈曲するもの（同図10・11）もあり、胴部の屈曲は羽島下層Ⅱ式まで残るのかもしれない。帝釈峡遺跡群の出土状況では、西川津B式と羽島下層Ⅱ式は同一層から出土しており、両者が時期的に大きくかけ離れているようにはみえない。目久美遺跡や竹ノ花遺跡の出土状況もやはり同様である。
　西川津B式は微隆帯文を文様とするが、微隆帯上に刻み目文（刺突文）を施すものが多い。この微隆帯が省略されて刺突文が残されたとすると、勝山式への変遷が視界に入ってくる。第29図8は小さな刺突文が条間を空けて横走施文されており、このような土器が西川津B式直後に位置付けられる可能性があるが、出土例が少ないため、一型式を設定するに至っていない。

79

第2章　山陰地方の縄文土器

　第29図4〜7は羽状の沈線文が施される土器で、口縁部は羽島下層Ⅱ式と同じ器形（同図6）ながら、胴部は屈曲器形（同図7）である。同図4は微隆帯文が付されており、西川津B式との関連がうかがえる。羽状の意匠は、第24図23のような鋸歯状条痕文の変容であろうか。

　網谷1981で明示された羽島下層Ⅱ式には、胴部が屈曲するものも含まれている（第29図10・11）。屈曲器形という点を挙げれば、西川津B式が勝山式・羽島下層Ⅱ式の母体となりうるものの、依然両者の隔たりは大きいと感じざるをえない。筆者は、西川津B式→勝山式類似型式→羽島下層Ⅱ式の変遷を予想しているが、これについては十分な検討を行っていない。西川津式から羽島下層Ⅱ式への移行は、今後の課題である。

## ［註］

(1) 福呂式は地文が縄文、長山式は地文が条痕とされる。はたして、地文の違いだけを時期差の指標としてよいのか、検討の余地がある。ここでは福呂式から長山式の変遷を考察する余裕がないため、明確に両者を分離することができない。そのため、本稿では山陰地方の早期末・前期初頭を「福呂式・長山式」と表記する。地文の問題については、泉拓良氏の教示による。

(2) 名和飛田遺跡では屈曲器形が土坑から出土している（第20図8）が、包含層からは屈曲器形は出土していない（財鳥取県教育文化財団2005）。

(3) 島根県教委1987bには清水ノ上式が掲載されているが、掲載されなかったものの中に上ノ山Z式・八ツ崎式が存在する。泉拓良氏の指摘による。

(4) 網谷は、羽島下層2式について、2連・「3の字形」の刺突文だけでなく、3連・4連の刺突文も羽島下層2式としている。山陰地方の羽島下層2式は、半截竹管工具を2つ連ねたというより一つの工具を加工したものが多いようにみられ、近畿地方の羽島下層2式と違いがみられる。

# 第3節　山陰地方の里木Ⅱ・Ⅲ式と中期末の土器

## 1　山陰地方の中期土器の概要

　近畿・中国地方の中期土器は、「船元・里木式様式」（泉1988a）とも呼ばれる広域土器型式圏に包括される。山陰地方でも、近畿地方で示された鷹島式 - 船元Ⅰ式 - 同Ⅱ式という型式序列とほとんど変わりがないといえる。第30図に山陰地方の中期前半の土器を示した（1・2鷹島式　3・4船元Ⅰ式　5〜7船元Ⅱ式）。この時期の山陰地方の特徴としては、船元Ⅱ式に折り返し口縁を持つ従来「波子式」（同図8）と呼ばれた土器（山本清1961）や、二枚貝条痕が施される土器（同図9）の比率が高い（島根県古代文化センターほか2009）ことである。

　このように、鷹島式から船元Ⅱ式にいたる変遷は近畿・瀬戸内地方と同様にたどることができるが、山陰地方では船元Ⅲ式の例は未だに少なく、船元Ⅳ式にいたっては良好な個体すら出土していない。また、里木Ⅱ式は各地で確認できるものの確実な里木Ⅲ式はみられない状況である。

　里木貝塚（間壁ほか1977）では、船元Ⅲ式は縄文が地文であるのに対し船元Ⅳ式は深浅縄文（縄巻縄文）、里木Ⅱ式の地文が撚糸文であるのに対して里木Ⅲ式は条痕文が地文、と、時期決定の基準を地文の変化としている。瀬戸内地方でみられる地文の変化が、はたして山陰地方に

第3節　山陰地方の里木Ⅱ・Ⅲ式と中期末の土器

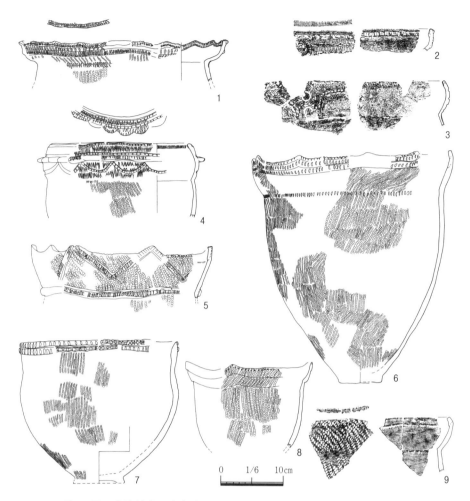

第30図　山陰地方の鷹島式・船元Ⅰ・Ⅱ式（島根・サルガ鼻洞窟遺跡）

適用できるのだろうか。

　鳥取県高住平田遺跡（鳥取県教委2013）で、1点であるが興味深い資料が出土している（第31図1）。この土器は、口縁部に太い沈線による大ぶりな連孤文が描かれ、地文は撚糸文が用いられている。文様意匠は船元Ⅲ・Ⅳ式、地文は里木Ⅱ式、という土器である。文様意匠を優先させる場合、地文の撚糸文の出現が瀬戸内地方よりかなり古くなる。反対に地文を優先させると、船元Ⅲ式の文様意匠が里木Ⅱ式まで残存することになり矛盾が生じる。層位事例が出現しない限り、文様意匠は地文に優先されるべきかもしれない。これを前提にすると、第31図1の土器は船元Ⅲ・Ⅳ式に位置付けられるように思われる。なお、北浦松ノ木遺跡（第31図2）は、前項（柳浦2016b）では里木Ⅱ式新段階に位置付けたが、文様自体は船元Ⅳ式に存在してもよい意匠と考え、本稿では船元Ⅲ・Ⅳ式とする。

　地文の撚糸文は棒状の軸に縄を巻きつけて回転施文するもので、縄を軸として別の縄を巻きつければ深浅（縄巻）縄文となるという。つまり、撚糸文と深浅（縄巻）縄文は軸が違うだけ

81

第2章　山陰地方の縄文土器

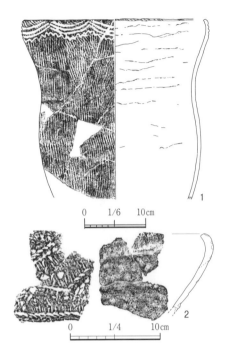

1　高住平田遺跡　2　北浦松ノ木遺跡

第31図　高住平田遺跡・北浦松ノ木遺跡の船元Ⅲ・Ⅳ式

で本質的には原体構造は変わらないといえる。船元Ⅲ式と同Ⅳ式が分離できるとすれば、船元Ⅳ式段階で瀬戸内地方では深浅（縄巻）縄文が、山陰地方では撚糸文が採用された可能性も否定できない。この場合、大ぶりな連弧文＋縄文の土器群（船元Ⅲ式）と、大ぶりな連弧文＋撚糸文の土器群（船元Ⅳ式）、の時期差を想定するわけだが、現状では検討に値する良好な資料にめぐまれていない。

現在、船元Ⅲ式を主体とする遺跡が山陰地方では未発見のため、船元Ⅲ式・Ⅳ式をこれ以上検討することは困難であるが、里木Ⅱ式に関しては散発的ながら検討可能な相応の出土数がある。このことから、以下では山陰地方の里木Ⅱ式・Ⅲ式について検討する。

なお、里木Ⅱ式・Ⅲ式については、矢野健一の分析がある（矢野1993）。矢野は地文のあり方を従とし、文様を主として土器編年を再編した。山陰地方で地文の変遷に疑問がある状況では、矢野論文を参考にするのがより現状に適していると考えられるので、本節では矢野論文に即して考察する。

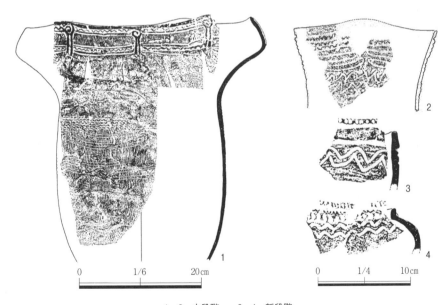

1・2　中段階　3・4　新段階

第32図　里木Ⅱ・Ⅲ式中・新段階

## 2 山陰地方の里木Ⅱ・Ⅲ式と撚糸文

**北浦松ノ木遺跡の撚糸文土器**（第33図） 北浦松ノ木遺跡では、里木Ⅱ・Ⅲ式の撚糸文土器がまとまって出土した（島根・松江市教委ほか2016）。撚糸文土器は、かつて里木Ⅱ式の指標とされた（間壁ほか1971）が、間壁が分類基準とした撚糸文と条痕文（間壁の里木Ⅲ式）はかなりの部分が時間的に重複すると考えられる（泉1988a・矢野1993）。矢野は文様の変化を重視し、里木Ⅱ式と同Ⅲ式をまとめて「里木Ⅱ・Ⅲ式古段階・中段階・新段階」と呼んでいる（矢野1993）。ただし、撚糸文については里木Ⅱ・Ⅲ式中段階に収まると考えているようである。

北浦松ノ木遺跡では撚糸文土器が多数出土しているが、船元Ⅲ・Ⅳ式と疑われる第31図2のほか、里木Ⅱ・Ⅲ式古段階にさかのぼるものは1点のみである。地文以外の文様を見ると、これ以外の撚糸文土器が里木Ⅱ・Ⅲ式古・中段階とは考えにくく、地文としての撚糸文が里木Ⅱ・Ⅲ式中段階以降に残存している可能性が考えられる。

第33図2～5・7は地文・撚糸文の土器である。3は横走沈線文と刺突文を交互に3段に配した土器で、これは里木Ⅱ・Ⅲ式新段階の特徴といえる。7は、直線文を挟んで2段の波状文が描かれている。同様な波状文は第32図2・3など地文を持たない土器や第36図8のように地文が縄文に転化した土器に例があり、幡中光輔は「里木Ⅱ・Ⅲ式系統土器群」と呼んで中期末古段階（北白川C式古段階併行）に位置付けている（幡中2012b）。大ぶりな波状文は里木Ⅱ・Ⅲ式古・中段階の連弧文（第32図1）に祖形が求められ、同新段階で波状文に転化する（同図3・4）という（矢野1993）。山陰地方中部域で波状文が主体的な文様をなすのは、中期末古段階と思われる（幡中2012b）。第33図5は押引き文、同図4は刺突文が横走する意匠を描いている。押引き文は里木貝塚で里木Ⅲ式とされた土器（間壁ほか1971）や北白川C式（泉1985c）にあり、里木Ⅱ・Ⅲ式中段階にはみられないようである。文様意匠からは、同図3～5・7は撚

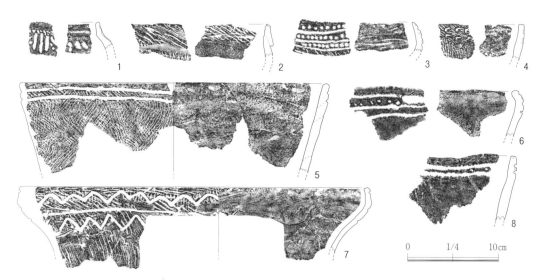

2～7 撚糸文土器　　1・3・8・9 里木Ⅱ・Ⅲ式新段階

第33図　北浦松ノ木遺跡の撚糸文土器と里木Ⅱ・Ⅲ式新段階

糸文を地文とするものの、やはり里木Ⅱ・Ⅲ式新段階以降とするのが妥当であろう。

　なお、地文が撚糸文でありながら里木Ⅱ・Ⅲ式新段階以降の文様を持つものは、貝谷遺跡（第34図12）に類例がある（島根県教委2002b）。対向する波状意匠の間に渦巻き文を埋め込む文様は、中期末の文様意匠である。

　里木Ⅱ・Ⅲ式の特徴の一つとして、折り返し口縁がある（第33図1・2）。北浦松ノ木遺跡では複数の折り返し口縁土器が出土しているが、第33図2の1例を除いては地文がない土器である。第33図2は内外面に撚糸文が施されるが、折り返し口縁の形状は平板で、形骸化が著しい形状である。

　器形の面では、第33図3・6・7がキャリパー形口縁の形状を維持しているが、里木Ⅱ・Ⅲ式古・中段階（第32図1）に比べて矮小化している印象はぬぐえない。第33図3・6などの口縁形態は同・新段階の形状、同図7は中期末古段階に近い形状と思われる。同図5は直口の器形である。口頸部の屈曲が弱い直口器形は、従来の里木Ⅱ・Ⅲ式の編年表では新段階以降に登場する器形である（泉1988aの第6様式など）。これまでの研究を参考にすると、直口器形が当地で他の地域に先んじて出現するというより、撚糸文が他の地域より後まで残存すると考えた方が矛盾が少ないように思われる。

　以上のように、北浦松ノ木遺跡では撚糸文土器が多数出土しているものの、文様や器形などからは里木Ⅱ・Ⅲ式中段階以前にさかのぼらせることは難しいと思われる。このことは、山陰中部域で撚糸文が里木Ⅱ・Ⅲ式新段階以後まで残存する可能性を示唆している。当地では間壁ほか1971で里木Ⅲ式とされた条痕文土器はきわめて少なく、里木Ⅱ・Ⅲ式から中期末にいたる地文の変遷は瀬戸内地方とは違った過程をたどったと考えたい。

　北浦松ノ木遺跡の縄文土器を見る限りでは、当地での中期後葉～中期末の地文変遷過程は、以下の2案が想定される。

　　①（A）撚糸文→（B）撚糸文＋地文なし→（C）地文なし＋縄文
　　②（a）撚糸文→（b）撚糸文＋地文なし＋縄文

　両案とも、撚糸文が主体とする時期（＝里木Ⅱ・Ⅲ式古・中段階）を先行させるが、①・②案の違いはその後に撚糸文と縄文が同時に存在するのかどうか、の違いである。この点についてはさらに良好な資料が求められるが、北浦松ノ木遺跡での出土状況をみると、②案を支持したくなる。その場合、②案（b）は里木Ⅱ・Ⅲ式新段階となり、縄文の登場がさかのぼることになるが、縄文が再登場するのは中期末・北白川C式段階とされるので、②案では従来の編年観と矛盾が生じることになる。兵庫県熊野部遺跡のように、当地でも里木Ⅱ・Ⅲ式新段階に縄文が波及している可能性も考えられるかもしれない。一方、型式学的には①案ではこの矛盾が解消されているが、これを支持するような資料は今のところない。

　以上をまとめると、北浦松ノ木遺跡の撚糸文土器は里木Ⅱ・Ⅲ式新段階以降に位置する可能性が考えられる。しかし、第33図7の波状文が中期末古段階とした第36図8とよく似た文様とはいえ、撚糸文を中期末段階まで下げることには躊躇する。とりあえず、撚糸文の当地での下限は里木Ⅱ・Ⅲ式新段階としておく。

　以上を踏まえて、山陰地方中部域の里木Ⅱ・Ⅲ式の変遷を示しておく。現状ではまとまった資料にめぐまれていないので、矢野1993・1994などを参考にまとめた。

第3節　山陰地方の里木Ⅱ・Ⅲ式と中期末の土器

**里木Ⅱ・Ⅲ式古段階**（第34図1～7）　キャリパー形口縁の器形で、地文撚糸文に半截竹管工具による小波状文（第34図3・4）連孤文（同図5～7）をこの段階の指標とした。地文以外の文様は口縁部と頸部に集中する。地文の撚糸文は、頸部以下まで整然と縦走するもの（同図6・7）や口縁部のみ施文し頸部を無文とするもの（同図5）がある。同図1・2には撚糸文施文後に細隆線文が貼り付けられ、同図1には細隆線文に連孤文が取りついている。

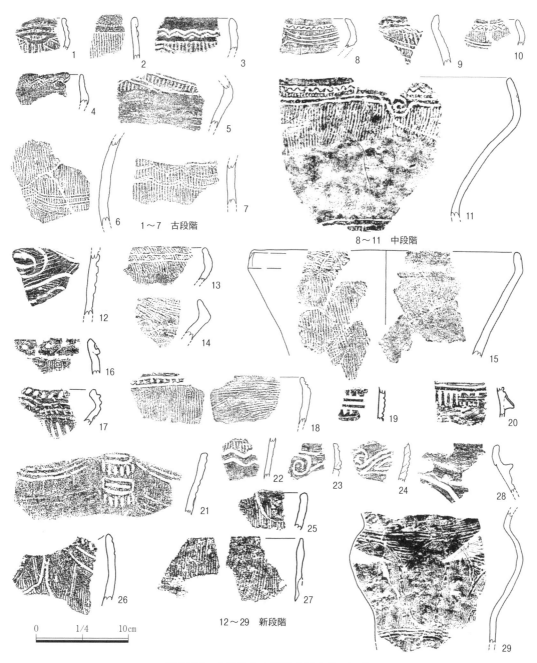

第34図　山陰地方中部域の里木Ⅱ・Ⅲ式

**里木Ⅱ・Ⅲ式中段階**（第34図8〜11）　キャリパー形口縁を維持し、半截竹管による小波状文が交互刺突文に変化し、連弧文施文具が半截竹管状工具からヘラ状工具に変わったものをこの段階の指標とした。地文は撚糸文が多いが、条痕文のもの（第34図10）が少数混じるようである。交互刺突文の下位は、同図8〜10に連弧文、11に横走沈線文が施される。8の左端、11の右端近くには連弧文・横走沈線文から連続して渦巻き文が描かれている。

**里木Ⅱ・Ⅲ式新段階**（第34図12〜29）　矢野1993では、里具Ⅱ・Ⅲ式新段階の特徴を交互刺突文が刺突文と沈線文に分離し、沈線文間に刺突文が施されることや、沈線上に刺突文が施されることを指標としている（第32図3・4）。沈線文はヘラで描かれ、文様は大ぶりになる。地文は、条痕文あるいは無地文とする向きが多い。

　第34図16〜22は矢野1993で里木Ⅱ・Ⅲ式新段階とされたものに近い土器である。同図16・18・21は地文に条痕文、同図17は頸部に条痕文の代替と思われる縦位の沈線文がみられる。同図22は波状文の上に条痕文が施され、装飾的効果を上げている。

　第34図12〜15は地文に撚糸文を持つ土器である。同図12は2本単位の対向波状文間に渦巻きまたは楕円意匠を埋め込んでいる。同図13は2条の横走沈線文、15は鋸歯状文が口縁部に描かれている。同図13〜15は口縁部が「く」字形に屈曲する器形で、同図15は浅鉢の可能性もあるが全形が復元できるほど大きな破片ではない。

　第34図23・24は幡中2012bで中期末古段階とされた土器である。ここに描かれた渦巻き文は、里木Ⅱ・Ⅲ式古段階以来の渦巻き文の形状をとどめていることから、この段階と考えた。

　第34図25〜27は、垂下する条痕文を地文とする土器である。間壁ほか1971で「里木Ⅲ式」とされた地文・条痕文土器は当地では極めて少なく、このような土器が「里木Ⅲ式」に相当するかもしれない。同図25・26は大ぶりな連弧文が描かれている。器形はいずれも直口器形に近く、時期が下る可能性もある。

　第34図28・29は口縁部が直立して胴部が球形に張る器形で、図だけで比較すると東海地方の咲畑・醍醐式に近い器形（例えば泉1988bの807）のように見える。ただし文様は当地の文様で、器形のみ模倣されたと思われる。同図28に大ぶりな円形文あるいは下弦の連弧文、同図29に大ぶりな下弦の連弧文と撚糸文が施されている。同図29は半截竹管工具による連弧文が描かれるが、文様が大ぶりなこと、撚糸文が部分的であることから、この段階と考えた[1]。28はヘラ状工具による施文である。

## 3　山陰地方中部域における北白川C式の流入と中期末の土器

**山陰地方中部域の北白川C式**（第35図）　第35図は近畿地方に分布する中期末・北白川C式によく似た土器である。同図3は中期末新段階まで下る可能性も否定できないが、他は中期末古段階と捉えることができよう。

　第35図1は、近畿地方中期末の北白川C式A4類（泉1985c）のうち、かつて星田式と呼ばれたもの（同図11）に文様・器形ともによく似ている。波長の短い重連弧文などは星田式の影響が強いと思われるが、頸胴部に垂下する帯縄文が施されていないことから在地化した土器と考えられえる。

　第35図2は押引き状沈線文によって長方形区画文が描かれた土器、同図3は横位に連結し

た円形意匠の土器で、これも北白川Ｃ式によく似ている。3は内外面に二枚貝条痕がみられること、文様が頸部にまで拡大している点などは、在地化といえるかもしれない。

　北白川Ｃ式は、桂見遺跡（鳥取市教委1978）・栗谷遺跡（鳥取・福部村教委1990）など、鳥取県東部でまとまって出土しているが、鳥取県西部以西では主体的に出土することはない。中期末の山陰地方中部域は北白川Ｃ式の分布圏から外れており、この時期には第36図7～9のような在地の土器が主体となっていたと考えられる（幡中2012b）。

　当地の北白川Ｃ式（第35図1～10・12）は、散発的な出土である（幡中2012b）。これらは著しく変容したものはなく、祖形の特徴を維持している。一方、山陰地方中部域の中期末土器は在地的に展開しており、北白川Ｃ式の影響は大きいとはいいがたく、波状的・貫入的に波及したようである。山陰地方中部域の中期末土器は、在地土器に北白川Ｃ式が少数混じる、という状況が考えられる。

　山陰地方中部域で主体となる中期末の土器を、第36・37図にまとめた。古段階・新段階に

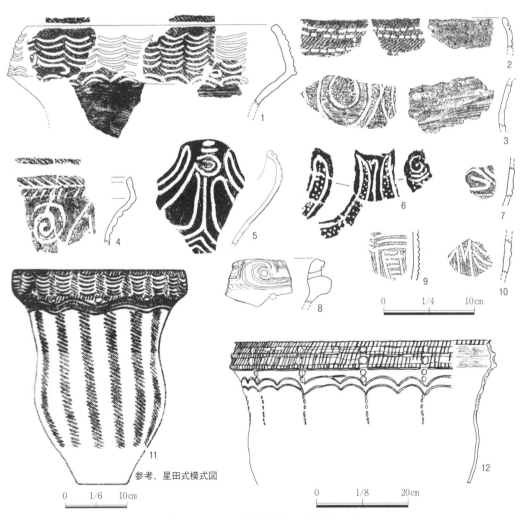

第35図　山陰地方中部域の北白川Ｃ式

2分できると考えられ、以下で詳細を述べる。

**中期末古段階**（第36図）　矢部奥田式に類似（第36図1〜4・6）または変容したもの（同図5・13）、波状文（同図7〜10）や横走沈線文（同図12）が描かれるもの、単位文様が描かれるもの（同図11・14〜25）などがある。主に磨消縄文化が進んでいないものを抽出した。縄文が施されるものが散見される（同図1・2・5・8・10〜12・15・17・20・21・23〜25）が、縄文は口縁部全面に施され、縄文は沈線文と一体化せず磨消縄文化が進んでいない。

　第36図14・17は里木Ⅱ・Ⅲ式の連弧文の末裔と考えられ、同図21は同図17がさらに変容したものであろう。同図19・20は波状文から派生したと考えられ、同図23・24は同図19の変容と思われる。同図15・21・23〜25は九日田式に近い様相を持つので、時期が下る可能性もある。

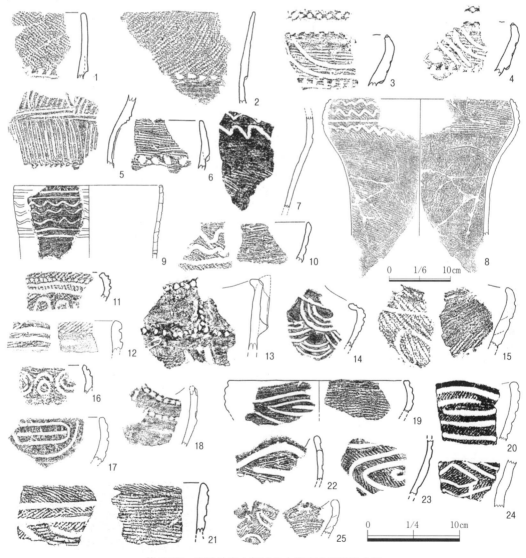

第36図　山陰地方中部域の中期末古段階の土器

第3節　山陰地方の里木Ⅱ・Ⅲ式と中期末の土器

　この時期にはキャリパー形口縁が残存するもの（同図8）があり、里木Ⅱ・Ⅲ式との連続性がうかがえる。矢部奥田式（同図1～5）は口頸部境界の段が特徴的だが、同図8の口縁部が屈曲し（同図7）、さらに屈曲部が段となる（同図5）と解釈すると、里木Ⅱ・Ⅲ式と矢部奥田式の脈絡は理解しやすい。

　**中期末新段階**（第37図）　磨消縄文化が進んだものを中心に集めた。区画内または沈線間に縄文を納める傾向が認められるもの（第37図3～10）の、描線が完全に一筆書きでないもの（同図4・9・10）、交錯するもの（同図17）などがあり、磨消縄文は完成されていない。同図1・2は口頸部や胴部に広く縄文が施され、地文は古段階の様相であるが、文様が円形またはJ字意匠を描いていることからこの段階と考えた。同図5・6は三日月状区画文が2段以上配される土器で、里木Ⅱ・Ⅲ式の波状文から派生したと思われる。同図4・9は区画内を埋めるような沈線文があり、同図10は渦巻き文の末端が途切れたまま終息している。

　第37図1・9・14～16は頸部が強く屈曲する器形で、九日田式の祖形となる器形である。同図14・15は波状文に似た文様で古相がうかがえるが、三井Ⅱ遺跡（島根・斐川町教委2001）で同図17などとともに出土していることから、この段階と考えた。

　第37図11～13は、口縁部が肥厚する土器である。同図11・12は頸部以下に文様が展開するようである。同様な土器は、岡山県長縄手遺跡竪穴住居2・同3で中期末新段階の土器とともに出土している（岡山県教委2005b）。

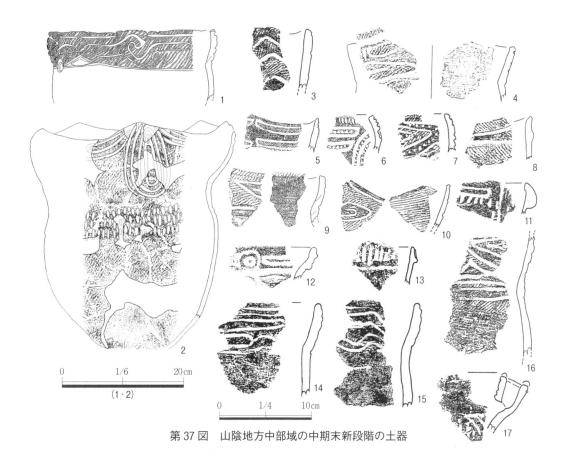

第37図　山陰地方中部域の中期末新段階の土器

第2章　山陰地方の縄文土器

　山陰地方中部域の中期後葉から末にかけての土器編年は、おおむね以上のような推移をしたと考えられる。この時期の土器は断片的なものが多く、当地の主体的に存在した土器群が明確にしえないが、船元式から里木Ⅱ・Ⅲ式中段階までは概略瀬戸内地方と同じ動向、これ以後は里木Ⅱ・Ⅲ式を母体とした在地的な土器群が主に分布していたように思われる。その中に北白川Ｃ式や矢部奥田式が客体的に混じる状況が、当地のあり方と考えられる。

　[註]
　(1) 前稿（柳浦2003）では、第34図23・24を中期末新段階に含めたが、渦巻き文意匠が第34図11に近いことから本書では里木Ⅱ・Ⅲ式新段階にさかのぼらせた。また、第34図29は撚糸文が施文されていることから、前稿では里木Ⅱ・Ⅲ式古段階としたが、撚糸文以外の文様意匠が里木Ⅱ・Ⅲ式中段階以前に位置付けがたいと考え、同新段階に含めた。


# 第4節　山陰地方における縄文後期土器の概要

　山陰地方の後期土器については、すでに柳浦2000a・2010で述べたことがある。柳浦2010は同2000を若干修正したもので、内容的にはほぼ同じである。その後、中部域・西部域で良好な資料が得られたことから、これを修正する必要がある。旧稿では山陰地方の東部域と中部域を同じ型式圏として扱ったため、実態に沿った編年とは言い難くなっている。現在では東部域・中部域・西部域で型式内容が違うと認識していることから、本稿ではそれぞれの地域ごとに変遷をまとめることにした。

## 1　東部域

　**中津式**（第38図1～15）　栗谷遺跡（鳥取・福部村教委1989a・b・1990）・智頭 枕 田遺跡（同・智頭町教委2007）で良好な資料が豊富に得られている。この地域では完成された磨消縄文が多く、磨消縄文をもたない沈線文のみで意匠が描かれる土器（第38図3）は少ない。全体として文様意匠が繁縟な印象があり（同図8～15など）、意匠のパターンがとらえにくい傾向にある。前稿（柳浦2000・2010）ではこの段階を「中津Ⅰ式」と「中津Ⅱ式」に分けたが、現在では合理的な分類ではなかったと考えている。そのため、本書では「中津式」とまとめておく。

　深鉢は、中期末の系譜が求められる紡錘文（同図6）が比較的みられる。口縁部の方形区画を持つものはなく、今村啓爾のいう中津Ⅰ式はみられない。しかし、栗谷遺跡や智頭枕田遺跡では中期末から中津式にかけて連続した遺跡と考えられることから、中津Ⅰ式に相当する土器が存在する可能性が高い。同図1～3は中期末の様相がみられるが（幡中2012b）、これらが同図7～11などの直接の祖形とは考えにくく、この間の変遷過程を明らかにする必要がある。

　文様が多段化する深鉢（同図7・9）や、円形意匠が大型化する浅鉢（同図13・15）は新しく感じるので、当該地の中津式も細分できる可能性があるが、現状では細分について合理的な説明をすることができない。同図2・3などは在地性が強い土器と考えられる。

　同図10・11は鉤状Ｊ字文で意匠が描かれ、中津式でも新しい段階の土器で頸部に細密条痕に似た条痕文がみられる。布勢式に隆盛した細密条痕の起源は、中津式までさかのぼる可能性

第4節 山陰地方における縄文後期土器の概要

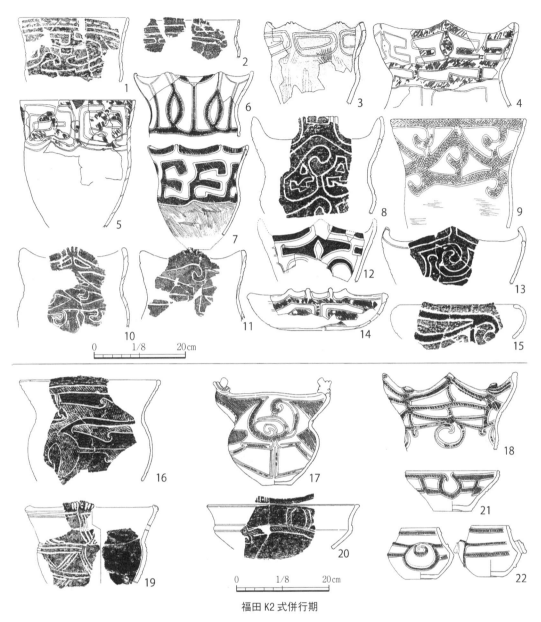

福田K2式併行期

1・3・6〜9・12・13・15〜17・20 栗谷　　2・4・5・10・11・14 智頭枕田　　18・19・21・22 島

第38図　東部域の中津式・福田K2式並行期

がある。

　浅鉢（同図12〜15）は、皿形（同図14）、バケツ形（同図12・13）、ボウル形（同図15）の器形が認められる。

　**福田K2式併行期**（第38図16〜22）「一筆書き」の描線原則が崩れ、沈線末端が入り組み状に絡んだり（同図16〜18）、沈線文が不連続となる（同図19・20）。3本沈線で意匠が描かれる瀬戸内地方の福田K2式と異なり、2本沈線で描かれるものがほとんどで、3本沈線の土器

91

は客体的である（同図19）。中部域の五明田式・暮地式によく似る（同図16・20〜22）が、変容したもの（同図16）がみられる。皿状の浅鉢（同図21）、双耳壺（同図22）がこれに組成する器種で、胴部が屈曲する浅鉢（同図20）もこの時期の主要な器種である。

　瀬戸内地方同様に文様が拡大し、器面全面に文様が展開するものがみられる（同図16・17・19）が、これは瀬戸内地方の福田K2式の影響かもしれない。同図16の鉤状J字文は、中部域・五明田式に似るが、中部域では同図19のような横向きのJ字文は珍しい。第38図11のように中津式の段階から同様な意匠があるので、東部域と中部域では中津式段階から意匠表現の違いが生じていると思われる。

　**布勢式**（第39図1〜11）　福田K2式と北白川上層式1期の中間的な様相を持つ土器群として、久保譲二朗によって設定された（久保1987）。栗谷遺跡（鳥取・福部村教委1989a・b1990）、桂見遺跡（鳥取県教育文化財団1996a）などで良好な資料が得られている。口縁部文様帯が頸部文様帯から分離独立し、口縁部がさらに肥厚・拡張する。東部域を主たる分布とする布勢式は、頸部に垂下した細密条痕が施されるのが特徴である。

　深鉢は、頸部がくびれて口頸部は外反し、胴部は肩が張る器形を主とする（同図1〜9）。口縁部は肥厚・拡張し、文様は口縁部と胴部に集中している。頸部には文様が部分的に施されるものの無文化の傾向が顕著である。胴部文様は、垂下する磨消縄文を基調とする（同図2・4〜6）が、磨消縄文は縄文がはみ出したり沈線端部の処理が部分的に乱れたりするものがあり、区画内に縄文を収めるという磨消縄文本来の意識は薄れつつあるようである。

　口縁部の立体的な突起がつくのが特徴的で、半筒状（同図1）・渦巻状・山形（同図3〜5）の突起が発達する。深鉢には、口縁部が肥厚するもの（同図1〜6）と幅広に拡張して「く」の字形に屈曲するもの（同図8〜10）があり、前者が古い様相と考えられる。なお、同図9・10は口縁部幅が広く、入り組み文を有すなど、後出する崎ヶ鼻1式によく似ているが、口縁部が屈曲していることからこの段階と考えた。同図1のように立体的に表現された突起が平板となって正面から見せる表現に変った過程が、同図1→8→9の順に窺うことができる。突起に巻き付いていた文様が崎ヶ鼻1式に特徴的な入り組み文（第39図13）に変遷する過程は、同図1→10→9→13と考えると理解しやすい。

　深鉢のほか、浅鉢・注口土器・双耳壺が組成すると思われる。浅鉢は口縁部が屈曲する器形（同図11）が目立つ。

　**北白川上層式1期併行期**（第39図12〜19）　布勢式で拡張した口縁部が、口縁外面に幅広の粘土帯を貼り付け、襟状の文様帯（縁帯部）をもつようになったものをこの時期とする。桂見遺跡（鳥取県教育文化財団1996a）や栗谷遺跡（鳥取・福部村教委1989b　1990）で良好な資料がある。

　深鉢（第39図12〜16）は口縁部が外反し胴部が張る器形が前型式から踏襲される。口縁部は幅広に拡張し、主文に入り組み文が多用される。主文両脇の方形区画文（同図16）は瀬戸内地方・津雲A式に、主文に取り付く1条の沈線文（同図15）と入り組み文（同図13）は山陰中部域・崎ヶ鼻1式と共通している。東部域では、胴部文様が多く描かれる（同図12〜14）、頸部に細密条痕が多用される（同図12〜16）などの特徴がある。とくに細密条痕は東部域の地域性を表わす特徴として重要である。なお、同図15は前稿（柳浦2000a・2010）では後出とした

が、その後当該期の東部域と中部域の地域差と考えるに至った。

　直口の器形（同図19）や縄文地の深鉢（同図17）が出現し、浅鉢は皿形、ボウル形（同図18）が一般的となるなど、器種構成は多様化する。

　**北白川上層式２期併行期**（第39図20〜25）　入り組み文がＳ字状に矮小化（第39図23）したり複合鋸歯状（同図24・25）に変容したもののほか、入り組み文の意匠を留めないもの（同図21）をこの時期としたが、未だに良好な資料にめぐまれていない。同図22のような直口の鉢形土器がこの時期に組成すると思われるが、証明できる資料がない。また、疑似羽状縄文もこの時期に登場していると考えられるが、散発的な出土状況にとどまっている。

　**北白川上層式３期・一乗寺Ｋ式併行期**（第40図1〜14）　北白川上層式３期・一乗寺Ｋ式の土器は、桂見遺跡などでややまとまって出土しているが、前段階同様に良好な資料にめぐまれていない。とりあえず、通常の縄文が施されるものを北白川上層式３期（第40図1〜12）、結節縄文が施されるものを一乗寺Ｋ式（同図13・14）に併行させたが、時期的には重複するものが多いと思われる。

　北白川上層式３期併行期は、口縁部が内湾し大きな波状をなす深鉢が出現する（同図1・2・4・5）ほか、口縁部が玉縁状に肥厚する深鉢（同図3）や単純口縁の深鉢（同図7）が一定量を占めると思われる。玉縁状に肥厚する深鉢や単純口縁の深鉢のうち、縄文のみ施文されるものについては前型式との分離が現状では困難である。

　文様は口縁部と胴部に横走する複数の沈線文と縄文で飾られるが、総じて沈線は細めである。これらの中には磨消縄文を意識したものもある（同図9〜11）が、幅広に縄文を施した上に沈線文を描く（同図1・2・5・12）ものが一般的である。波長の長い鋸歯状意匠（同図7）もこの時期と思われる。疑似羽状縄文（同図3）は、前型式からこの型式にかけて多用されるようである。

　方形区画文が描かれる磨消縄文土器（同図9〜11）もこの時期としておく。磨消縄文は縄文施文後に沈線間を擦り消す、真正の磨消縄文手法によるものと考えられる。同図9は屈曲口縁で、器形的には一乗寺Ｋ式に近くなっている。

　一乗寺Ｋ式は結節縄文が特徴とされるが、結節縄文は単独で使用されることが多く（同図14）、沈線文などと併用されるものは極めて少ない（同図13）。この時期、結節縄文土器だけで構成されているとは考えにくく、何らかの磨消縄文土器が組成していると思われる。

　**元住吉山Ⅰ式併行期**（第40図15〜29）　疑似縄文が多用される時期である。深鉢、浅鉢ともに口縁部が「く」の字形に屈曲するもの（第40図15〜18）が多く、単純口縁の深鉢（同図21・22・25）、皿形の浅鉢（同図26）も一般的に組成する。深鉢はくつベラ状の突起（同図16）が特徴的である。注口土器・壺形土器（同図27〜29）も比較的多く出土している。注口・壺形土器は玉ねぎ状に大きく張り出す胴部や有段の肩部（同図29）を持つものが一般的である。

　文様は、沈線内連続刺突文（同図16・17）や沈線末端刺突文（同図29）が多用される。口縁内面や胴部に刻み目文と沈線文が施される土器（同図18・20〜22・26・27）もこの時期と考えられる。疑似縄文は主に注口土器の肩部（同図28・29）、深鉢の胴部（同図24）に施文されている。口縁部は、沈線文の上下または沈線文間）に施された刻み目文の多くは、アサリやシジミなど腹縁の薄い二枚貝による刺突と思われ、疑似縄文の一種と考えている。同図15・18な

第 2 章　山陰地方の縄文土器

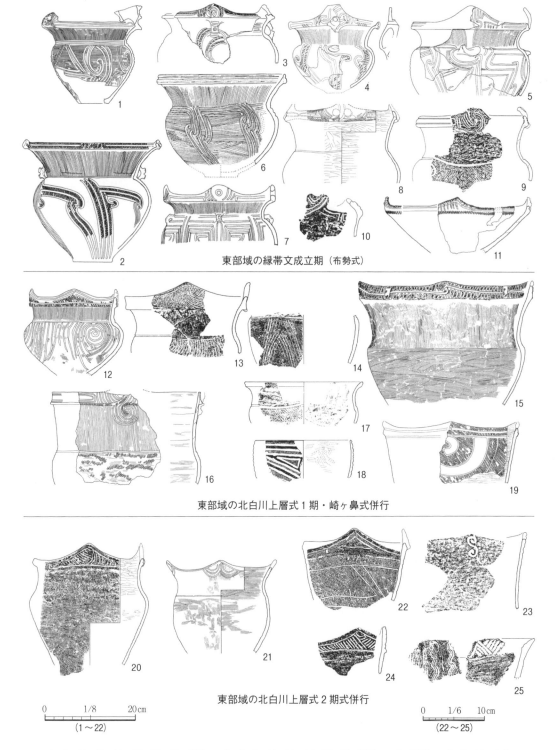

東部域の縁帯文成立期（布勢式）

東部域の北白川上層式 1 期・崎ヶ鼻式併行

東部域の北白川上層式 2 期式併行

1・8・11・12・14～16・18～22　桂見　　3～5・9・10・13・17・23・25　栗谷　　2　森藤　　6・7・24　布施

第 39 図　東部域の成立期縁帯文・北白川上層式 1 期・同 2 期

94

第4節 山陰地方における縄文後期土器の概要

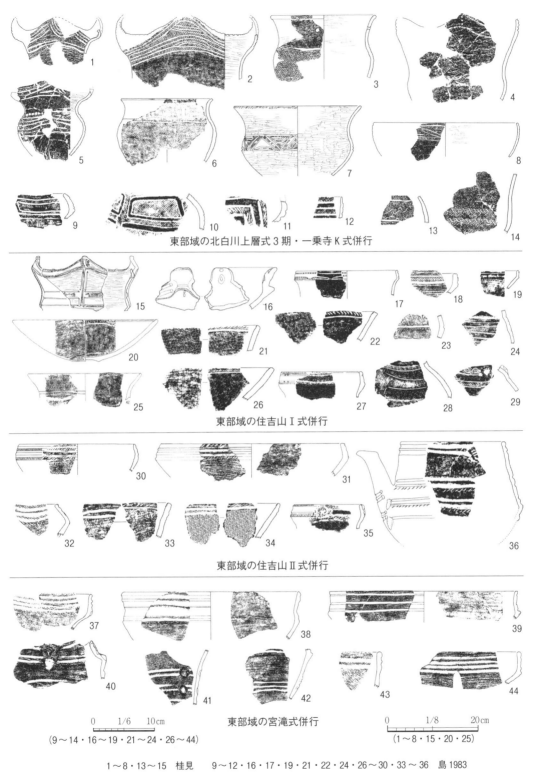

第40図 東部域の元住吉山Ⅰ式・同Ⅱ式・宮滝式

どは、磨消縄文の意識がうかがえる。

**元住吉山Ⅱ式併行期**（第40図30〜36）　沈線文が凹線文に転化した段階をこの時期とした。細い刻み目文が加えられるのは前型式と同じで、元住吉山Ⅰ式からの連続性がうかがえる。島遺跡で比較的まとまって出土している（鳥取・北条町教委1983・1998）。

「く」の字形の屈曲口縁深鉢・浅鉢（第40図30〜32）のほか、単純口縁の深鉢（同図33・34）、注口・壺形土器（同図35・36）など、基本的には前型式と同じ器種が組成する。「く」の字形口縁の器形では、小片では深鉢と浅鉢の区別は困難である。

文様は凹線文、刻み目文のほか、円形浮文に凹点文が加えられる文様（同図35）が多く見られる。同図36には扇状圧痕文が施されているが、凹線文下に刻み目文が施されることからこの時期と考えた。

**宮滝式併行期**（第40図37〜44）　刻み目が消失し、横走する凹線文と要所に扇状圧痕文（第40図40・41）が施される土器群である。深鉢・浅鉢ともに口縁部は「く」の字形に屈曲するもの（同図37〜40・44）のほか、単純口縁の器形（同図43）も存在すると考えられる。ほかに注口土器・壺形土器も組成すると思われるが、良好な資料が見当たらなかった。「く」の字形口縁は、同図37のように直線的に屈曲するものと、同図38〜40のように外反するものがあり、後者が新しいと思われる。

## 2　中部域

**中津式併行期（九日田式）**（第41図1〜15）　太い沈線による曲線文と磨消縄文という特徴と、①沈線文が一筆書きで完結すること　②磨消縄文を描く描線は交錯しないこと　③磨消縄文が充填縄文であることなど、鈴木徳夫のいう「中津式3原則」（鈴木徳夫1993）に適合するが、文様意匠と器形はいわゆる中津式と大きく異なる。九日田遺跡（島根・松江市教委2000b）を標識として、九日田式と呼ぶことにする。このうち、中期末の様相がうかがえるものを古段階（第41図1〜8）、後続の五明田式に近いものを新段階（同図9〜15）とする。

古段階の深鉢は口頸部が短かめで、頸部の屈曲が強い器形（同図1・3・4）が多い。口縁端は平坦か丸く収め、平坦なものには縄文が施されるものがよくみられる。また、緩波状の口縁部（同図1〜4）が多い。文様は口頸部を中心に描かれ、胴部最大径以下に至るものは少ない。頸部が未発達なため文様意匠は横位に展開するので、全体として圧迫された印象を受ける。

新段階の深鉢は、口頸部が長く伸び、頸部の屈曲が弱くいもの（同図12・14）が多くなる。鉤状J字文が成立する（同図12・15）など、五明田式の文様意匠はこの段階で整う。

後の五明田式に特徴的な鉤状J字文（千葉・曽根2008の「海馬文」）の成立は、文様のネガ・ポジ現象（今村1977）を適用すれば、同図5→11→14→12と型式内部で無理なく変遷が追える。鉤状J字文の意匠（同図11・12・14・15）は、型式学的には同図2・3・5より新しいと考えられる。

浅鉢は全形がわかるものが少ないが、ボウル形の器形が多いようで（同図13）、稀に胴部が屈曲する大波状口縁の浅鉢（同図6）がある。総じて磨消縄文を縁取る沈線は太く、文様は曲線的な意匠が多い。縄文の節が細かいのもこの段階の浅鉢の特徴である。磨消縄文の浅鉢は、器面をミガキまたはナデによって非常に丁寧に調整されている。

第4節　山陰地方における縄文後期土器の概要

　このほか、わずかながら壺形土器（同図7・8）や双耳壺（同図9）が組成するようである。

　**福田K2式併行期（五明田式）**（第41図16〜22）　鉤状J字文と渦巻状J字文とが多用され、両者が組み合わさって主文様を構成する。磨消縄文は2本の描線で描かれることがほとんどで、稀に一部が3本沈線で描かれる（第41図19）が、これは例外的である。J字文の末端は途切れて入組状になるのが特徴で、前段階の一筆書きの原則はこの段階で崩れる。五明田遺跡（島根・頓原町教委1991）でほぼ単純な状態で出土したことから、これを五明田式と呼ぶ。福田K2式の古相に併行すると考えている。

　深鉢は頸部がややくびれて口頸部が長く伸びる器形で、口縁部は内湾するものが多い（同図16・17）が、一部単純口縁もある。文様意匠は、口頸部に波頂部または波底部から降りる鉤状J字文を、胴部に渦巻状J字文を配し、両者は頸部付近で連続している。クランク状の文様が描かれることもあるほか、O字の文様意匠なども描かれることがある。深鉢は、同図16・17のように単位文様が繰り返し描かれる特徴がある。

　浅鉢は皿形の器形が多い（同図21・22）が、大波状口縁の深身の浅鉢（同図18・20）やボウル形の浅鉢（同図19）も一定量存在する。皿形のものでは口縁端部が強く内湾する。文様は渦巻状J字文を主文とし、口縁部に沿って横走する帯縄文で繋ぐのを基本とする。鉤状J字文は深鉢ほどには発達せず、小さめのものが渦巻文の間に配される程度である。帯状文は斜行して渦巻状J字文に取り付くものが多くみられ（同図21・22）、全体の文様構成は深鉢より複雑である。大波状口縁の浅鉢（同図18・20）は、口縁部は深鉢とほとんど変わらないが、内外ともミガキ調整によっていねいに仕上げられること、口縁直下の文様が深鉢に鉤状J字文が配されるのに対し浅鉢では渦巻状J字文が配されることから、大きな破片では両者の区別は比較的容易である。皿形の浅鉢では内面に稜がつくものがあり、後出の暮地式の浅鉢内面に一般的にみられる段がこの段階から出現する。

　この段階では双耳壺が比較的多く出土する（同図23）。ほとんどが球形の胴部に相対して突起をつけ、外面はていねいにミガキ調整が施される。文様は突起を中心に磨消縄文で描かれるが、縄文を充填せずに浮文のみで渦巻文様を表現するものや、文様部分をレリーフ状に浮き立たせその上に縄文を施文するものなどもある。無文の双耳壺も多い。

　**福田K2式併行期（暮地式）**（第42図1〜17）　旧稿（柳浦2000a・2010）では「島式」と呼んでいたが、その後暮地遺跡（島根・仁多町教委2004）で良好な資料が得られたため、「暮地式」と改める。

　この段階は一部に3本沈線の磨消縄文が混じる（第42図1・7）ものの、前段階同様に大勢は2本沈線による磨消縄文である。帯状文の幅は細く、磨消縄文の幅が1cmに満たないものがある。口縁端部に肥厚・拡張する兆しがみえはじめ、上面施文の口縁部が登場する（第42図1〜4・8・9）。文様意匠は渦巻状J字文を主文として斜行する帯縄文で連携する。瀬戸内地方の福田K2式では単位文様が拡大化するのに対し、暮地式では単位文様の拡大化はみられず文様帯が多段化する傾向にある（同図5・8など）。

　深鉢は、頸部が緩くくびれて口頸部は外反・外傾し、口縁部は肥厚するものがほとんどである（同図1〜5・8）。口縁部は水平口縁のものが多く、渦巻き状の突起（同図8）がつくものが目につく。この段階でも口縁部文様はまだ独立した文様帯とならず、口縁屈曲部を挟んで文様

第 2 章 山陰地方の縄文土器

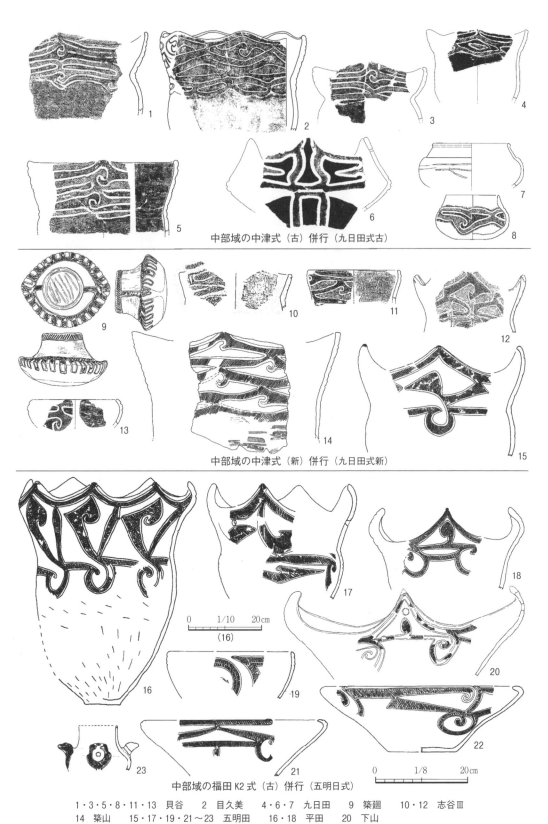

中部域の中津式（古）併行（九日田式古）

中部域の中津式（新）併行（九日田式新）

中部域の福田K2式（古）併行（五明田式）

1・3・5・8・11・13 貝谷　2 目久美　4・6・7 九日田　9 築廻　10・12 志谷Ⅲ
14 築山　15・17・19・21〜23 五明田　16・18 平田　20 下山

第41図　中部域の中津式・福田K2式（九日田式・五明田式）

第 4 節 山陰地方における縄文後期土器の概要

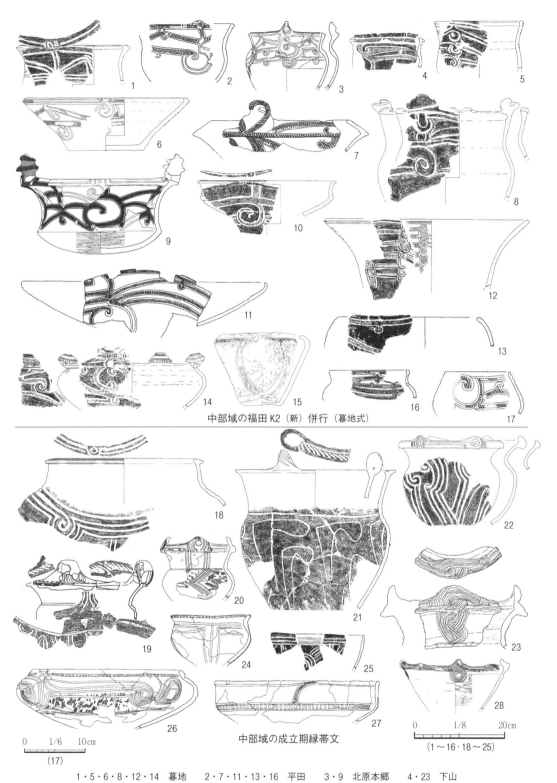

中部域の福田 K2（新）併行（暮地式）

中部域の成立期縁帯文

(1〜16・18〜25)

1・5・6・8・12・14 暮地　2・7・11・13・16 平田　3・9 北原本郷　4・23 下山
10・15 西川津　18・21・22 家ノ後Ⅰ　19 都橋　20・24〜28 林原

第 42 図　中部域の福田 K2 式（新）・成立期縁帯文

帯をなし、頸部文様帯とつながっている。主文は渦巻き状J字文（同図2・5・8など）や鉤状J字文（同図4）だが、鉤状J字文の変容は著しく、連繋する帯縄文が優勢であるため、帯縄文に埋没して主文は目立たなくなる。

浅鉢は胴部が屈曲して口頸部が外反する器形（同図9）が特徴的である。ほかに皿形（同図11）、ボウル形（同図14）や少数ながらバケツ形の器形（同図12）も存在する。いずれも口縁端部が肥厚・屈曲し、沈線などの文様が描かれる。皿形の内面には、前段階同様に段がつくものが多くみられる（同図11）。文様は、渦巻状J字文はその意匠をよく残し（同図9～11など）、深鉢以上に五明田式以来の文様意匠を保持しているが、これに取り付く帯縄文は繁縟で硬直した感がある。後続の布勢式併行期・崎ヶ鼻式に盛行する屈曲器形の浅鉢（同図10）は、この段階には成立していると思われる。

なお五明田式・暮地式は、無文粗製土器も含めて二枚貝条痕が顕著で、巻貝条痕はほとんどみられない。

**布勢式併行期**（第42図18～28）　口縁部の肥厚・拡張がさらに進み、口縁部の文様帯が頸部から分離・独立する段階である。東部の布勢式に近い内容だが、深鉢頸部に細密条痕が施されないという違いがある。

深鉢は、頸部が強くくびれて口頸部は外反し、胴部は肩が張る器形を主とする（第42図18～23）。口縁部は肥厚・拡張し、文様は口縁部と胴部に集中し、頸部には部分的に施されるものの無文化の傾向がうかがえる。また、胴部文様は底部付近まで描かれる。口縁部の文様は中央に1条の凹線・沈線とそれに直行または斜行する短沈線文が施されることが多い（同図19・21）。口縁部に大きな突起がつくものも一般的で、立体的であるのもこの時期の特徴であろう。文様意匠は前段階の意匠がうかがえず、縦位に展開するなど暮地式以前の伝統が失われている。なお、同図21の胴部意匠は松ノ木式の影響を受けた意匠と思われる。同図20・23は崎ヶ鼻1式に近い口縁部であるが、口縁部が「く」の字形に屈曲していることからこの段階と考えた。

浅鉢は、深鉢と同様な口縁部をもつもの（同図28）、口縁部が屈曲する器形（同図27）、ボウル形（同図26）がある。同図26は松ノ木式によく似た土器である。

このほか、鉢形（同図24）、壺形、注口土器、双耳壺が存在すると思われる

なお、同図23・28の口縁部には多条沈線によるS字状意匠が描かれている。これは後続の崎ヶ鼻式に特徴的な入り組み文の祖形と考えられる。

**北白川上層式1期併行期（崎ヶ鼻1式）**（第43図1～8）　前型式から器形を受け継ぐ深鉢（第43図1・5）は、口縁部の肥厚が粘土帯貼り付けの外面施文に変化する。口縁部は肉厚に作られることが多い。文様は口縁縁帯部に集約され、口縁部文様は突起部の主文に多重の沈線文による入り組み文が描かれ、1条の沈線文が従文様として横走する（第43図1）。5の主文は入り組み文の変容だろう。胴部に文様が描かれることはほとんどなく、地文として胴部全面に縄文が施されることが多い。口縁部が玉縁状に肥厚する深鉢（同図2）は、口縁部と胴部に縄文が施される以外は文様を持たない稀文土器で、縄文が施されないものもある。この類の土器は、中部域では出土量が少ない印象がある。このほか、直口器形の深鉢も少数混じるようである。

浅鉢は、無文で皿形の器形が多いが、口縁部が屈曲するもの（同図3）が混じる。3は小林

行雄が「第五層特殊土器」と呼んだ土器である（小林・佐々木1937）。ほかに、ボウル形・碗形も組成する可能性がある。

鉢は縄文地丸底の小型土器（同図6）がこの段階で多くなる。口縁部と肩部に明瞭な段を設け、頸部は直立気味、口縁部は逆「L」字形に屈曲するか玉縁状に肥厚する。口縁端部と胴部に縄文が施されることが多いが、疑似羽状縄文はこの段階では出現していない。

このほか、少数ながら壺形土器（同図7）が組成する。7は多条の沈線による入り組み文で胴部が埋められた土器で、肩部には双方向に突起が付される（島根県古代文化センター2009）。文様は古相を呈しているが、サルガ鼻洞窟遺跡では布勢式併行期にさかのぼる資料が出土していないことからこの段階に含めた。

**北白川上層式2期併行期（崎ヶ鼻2式）**（第43図9～25）　肉厚だった口縁縁帯部が平板化し、口縁部と頸部の境界があいまいになりつつある段階を崎ヶ鼻2式とした。複合鋸歯状の沈線文（第43図9・17・18・20・22）など瀬戸内地方の彦崎K1式に相似した要素があることからこの段階を設けたが、まとまった資料に恵まれていないため型式指標や器種構成などあいまいな点が多い。

口縁部に縁帯部をもつ深鉢（同図9・10）では、縁帯部下端をなでつけるなどして口縁部と頸部の境界は明瞭に表現されるものの、前型式のように粘土帯貼り付けが明瞭なものは少ない。突起部に配される主文は渦巻状の意匠（同図11）や入り組み文が簡素化した意匠（同図10・23）が目立つ。入組み文は複合鋸歯文様（同図9・22）に変容するものがある。口縁内面に施文されるものもあるが（同図14・15・23）、内面施文は当地では低調である。一部に胴部文様が描かれるものの（同図15・16）、胴部に文様が施されるのが一般的であるかどうかは不明である。

同図17は直口器形の鉢形土器で、肥厚した口縁部に複合鋸歯文が描かれ、胴部には全面縄文が施されている。同図17のように口縁部に文様を有すものは極めて稀であるが、直口器形の土器は散見されるので、この時期に組成した器形と思われる。ただし、直口器形の土器は縄文のみ施文される（同図12）など、文様が少ないことから前後の時期と区別することが難しい。

同図13・24は口縁部内面が肥厚し、口縁内面に押圧痕が顕著な粗製深鉢である。後続の沖丈式にかけて盛行する粗製無文土器であるが、崎ヶ鼻1式では明確な共伴例がないことから、この時期から沖丈式に絞り込むことができる。これらは、神原I遺跡（島根県教委2000c）などで三瓶大平山降下火山灰（第1ハイカ）を挟んだ上下から出土していることも、この時期とする根拠となっている。ただし、沖丈式との区別は困難である。

同図18・20・25は浅鉢だが、このような有文浅鉢は稀有な例で、浅鉢は無文の皿形・碗形のものが多いように思われる。同図20は深鉢の口縁部を写したもので、突起部にスペード状の意匠を主文として置き、複合鋸歯文を従文としている。同図25は胴部が強く湾曲する器形で、連弧文と縄文が施されている。

このほか、第43図2のような深鉢や同図6の系譜を引く鉢形土器（同図19）も組成すると考えられるが、この時期に絞り込める特徴がない。近畿地方や瀬戸内地方ではこのような土器に疑似羽状縄文が施されるとされるが、当地ではこの時期に疑似羽状縄文が登場しているのかどうかは不明である。ほかに、壺形土器（同図21）が組成するようである。

第 2 章　山陰地方の縄文土器

**北白川上層式 3 期併行期（沖丈式）**（第 44 図 1 〜 18）　肥厚する縁帯文をもつ口縁部はなくなり、内湾する口縁部が多くなる。前型式に比べ器壁が薄い傾向がある。擬似羽状縄文が多用され、この時期には胴部文様と磨消縄文が再び多くなる。沖丈式は東部域の北白川上層式 3 期併行土器とほぼ同じ特徴の土器群で、近畿地方・瀬戸内地方の土器とよく似ている。この時期に型式が再編・統合された可能性が高い。

　文様は口縁部と胴部に横走する複数の沈線文と縄文で飾られるが、総じて沈線は細めである。内湾する大波状口縁深鉢の口縁部には、縄文と横走する複数の沈線文が施され、波頂部に

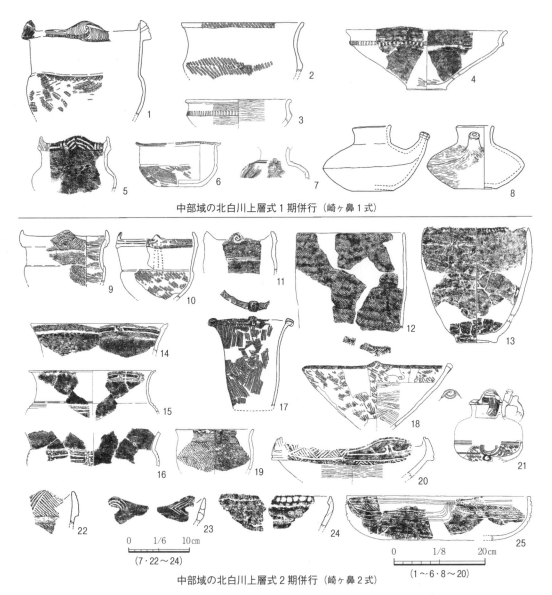

中部域の北白川上層式 1 期併行（崎ヶ鼻 1 式）

中部域の北白川上層式 2 期併行（崎ヶ鼻 2 式）

1〜3・6〜8・12・14・17・20・25　サルガ鼻　　4・5　五明田　　9　北原本郷
10・13・18・21・24　林原　　11・22・23　貝谷　　15　板屋Ⅲ　　16　下山　　19　西川津

第 43 図　中部域の北白川上層式 1 期・2 期（崎ヶ鼻 1 式・2 式）

は横長のJ字文（第44図1）、円形文（同図8）や蛇行文（同図2）などが配される。深鉢胴部には再び文様が描かれることが多くなり横位に展開する磨消縄文が描かれるようである。磨消縄文が集約する箇所では渦巻き状の文様（同図12・16）、S字状文様（同図4）、対向弧文（同図5）などが配される。これらは斜行する磨消帯縄文がとりつくものがある（同図4・5）。地文は、疑似羽状縄文が多用される。

深鉢は口縁部が大きく外反する深鉢（同図9）のほか、内湾する大きな波状口縁深鉢が出現する（同図1～3・7・8）。同図10・14のような縄文だけが施された稀文土器も組成するようである。浅鉢も再び文様が施されるものが増える。皿形（同図11・12）、椀形（同図5）、ボウル形（同図6）などの器形がある。

口縁端部が玉縁状に肥厚する鉢形土器（同図17）は、疑似羽状縄文が施される比率が高い。同図15のような器形が少数混じるようで、これは口縁部と胴部に疑似羽状縄文が施されている。

このほか、壺形・注口土器が組成すると考えられるが、良好な資料にめぐまれない。同図13は算盤玉状の胴部に疑似羽状縄文が施されるもので、壺形あるいは注口土器と思われる。

**一乗寺K式併行期（権現山式古段階）**（第44図19～37）　結節縄文と真正の磨消縄文が特徴的な段階である。結節縄文は一乗寺K式の特徴とされるが、結節縄文と磨消縄文が同一個体で併用された土器はほとんどなく、両者は個体ごとに使い分けられていた可能性がある。そのため、小破片では沖丈式との区別が困難である。同図31は硬直化した文様意匠から本稿ではこの時期としたが、旧稿（柳浦2000a・2010）のとおり沖丈式の可能性もある。

深鉢のうち、第44図19・28～30は口縁部が内湾し、前型式とすべきか迷うが、同図19・28に結節縄文が施されることから、この段階と考えた。同図25・29・30も内湾気味の口縁だが、口縁部・頸部境界に段が付くことから、この段階に入れた。なお、図示した土器で結節縄文が施されるものは、同図19・21・24・28・35・37である。

深鉢の器形は、基本的に口縁部が「く」の字形を呈するもの（同図20・22・25～27）と、単純口縁のもの（同図21）に分けられる。前者は口縁部幅が広いもの（同図20・22）と短く屈曲するもの（同図25・27）があり、さらに時期区分が可能かもしれない。同図22は口縁部上半がさらに内側に屈曲しており、近畿地方の一乗寺K式の口縁部である。ただし、二枚貝刺突による疑似縄文が施されていることから、当地で変容したものと考えられる。この口縁部の土器は今のところこれ以外にないが、一乗寺K式の波及がうかがえる資料である。胴部は緩く張るもの（同図32）と屈曲し最大径で稜がつくもの（同図22・33）がある。単純口縁の深鉢は、胴部があまり張らないようである（同図21）。

浅鉢の器形は、内湾気味に屈曲するもの（同図36・37）、「く」の字形に屈曲するもの（同図34）、皿形または椀形のもの（同図24・35）があるが、皿形の器形が多いように思われる。皿形の器形は、内面に結節縄文が施されることが多い（同図24）。

文様は、横走する磨消縄文が描かれ、楕円形または長方形に区画するもの（同図27）や端部を横向きのJ字状または逆J字状に垂下させて収めるもの（同図36・37）などがある。波頂部に横長J字文（同図29）・円形文（同図26・34）など、主文を意識したものもあるが少数である。また、間延びした鋸歯状文（同図20・25）が描かれるものもある。このほか、幾何学的な

第 2 章 山陰地方の縄文土器

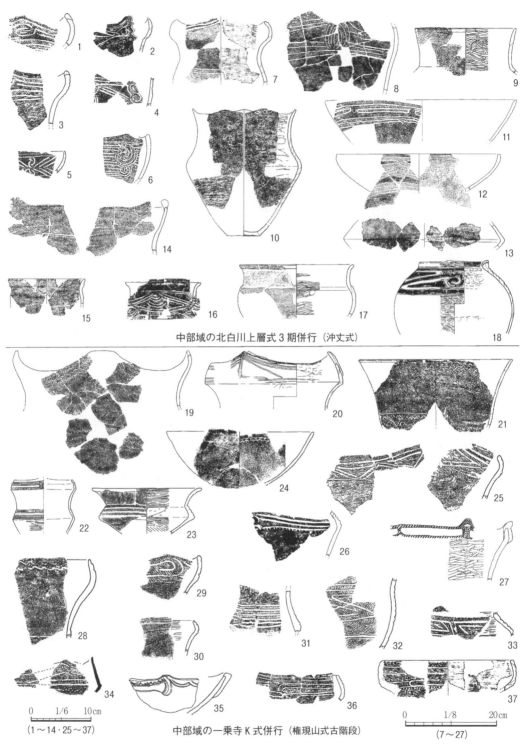

中部域の北白川上層式 3 期併行（沖丈式）

中部域の一乗寺 K 式併行（権現山式古階段）

(1〜14・25〜37)　　　　　　　　　　　　　　　　　　　　(7〜27)

1・3・7・31・37　沖丈　　2・10・16・18・20　佐太講武　　4・5・23・25・28〜30・32・33　家ノ後Ⅱ
6・11・21　西川津　　8・19　三田谷Ⅲ　　9・12・13・14・17　神原Ⅰ　　15　板屋Ⅲ
26・27・36　平田　　22・24・35　原田　　34　下鴨倉

第 44 図　中部域の北白川上層式 3 期・一乗寺 K 式並行の土器

意匠（同図 32・33）や連弧文がみられる。

沈線内刺突（同図 30）や沈線末端刺突（同図 31）はこの段階からみられ、とくに沈線内刺突文は一般的である。また、口縁が外反する深鉢（同図 21）では口縁部内面に結節縄文が施されることが多い。

この段階の土器群は、磨消縄文と結節縄文が同時に存在すると考えられ（京都大学大学院 2014）、結節縄文だけで時期判別することができない。沖丈式との区別はあいまいで、この間の変遷を再度精査する必要がある。

**元住吉山 I 式併行期（権現山式新段階）**（第 45 図 1 ～ 21）　疑似縄文（第 45 図 1・2・15・17・20）が多数を占めるとともに、沈線と刻み目文（同図 4・7・12・16・21 など）が文様の主体となる。この段階では縄文施文はほとんど残らないと思われる。疑似縄文は壺形または注口土器に多用され、深鉢や浅鉢に施文されることは意外に少ないように感じる。沈線の末端刺突文はよくみられるが、沈線内刺突文の一部は沈線間刺突文（同図 3）に変化するようである。深鉢・浅鉢のほか壺形・注口土器（同図 17・18・20）が多く、この段階の主要な構成器種となる。疑似縄文は巻貝によるものが多いが、放射肋が反映された二枚貝刺突による疑似縄文も存在する（同図 13）。

深鉢は口縁部が「く」の字形に屈曲するもの（同図 16）と単純口縁で大きく外反するもの（同図 4・11）がある。同図 16 のように波頂部が大きく発達するものが、少数である。波頂部に靴べら状突起が付されるものもある（同図 1）。胴部文様は、横走する意匠に連弧文・対向連弧文（同図 6・8・10）・クランク状文（同図 9）などが描かれる。単純口縁の深鉢（同図 4・11）は、内面に 1 条の沈線と刻み目が施され、口縁端部は面取りされることが多い。

浅鉢は、皿形の器形（同図 21）が主体的と思われ、これらは内面に沈線文と刻み目文が施されることが多い。ほかに口縁部が「く」の字形に屈曲する浅鉢が存在する（同図 5・19）。同図 19 は横走沈線文間に対向連弧文が、同図 5 は主文として楕円形文が描かれている。

壺形または注口土器（同図 13・15・17・18・20）は、胴部が玉葱状に張り出した器形で、巻貝による擬縄文が特徴的である。表面は非常にていねいな磨き調整が施され、非常に精緻な土器である。肩部に段をもつもの（同図 17・18）ともたないもの（同図 20）があり、ともに短頸である。この段階の注口土器は出土例が多く、各時期を通してもっとも注口土器が盛行する時期といえる。

このほか少数ながら有文の脚が出土している（同図 14）。上部を欠くため器種の特定はできないが、浅鉢あるいは壺形の器種であろうか。出土例はいずれも小型であることから、上半部はさほど大きなものではないと思われる。

この段階の刻み目文は、刺突による施文で、最深部が鋭い形状である（同図 12 など）。全体的に滑らかな形状であることから、人為的に製作・加工した工具ではなく、自然界に存在する産物を利用したと考えられる。また、刺突文の平面形はわずかに弧状を呈しているものが認められる。自然物で同様な素材は、放射肋がなく腹縁が薄い二枚貝（ヤマトシジミ・マツヤマワスレなど）に求めることができる。この原体復元が正しいとすれば、放射肋のある二枚貝を疑似縄文の原体とした同図 13 などを介して、権現山式新段階の刻み目刺突文を疑似縄文の延長と考えることができる。

第2章 山陰地方の縄文土器

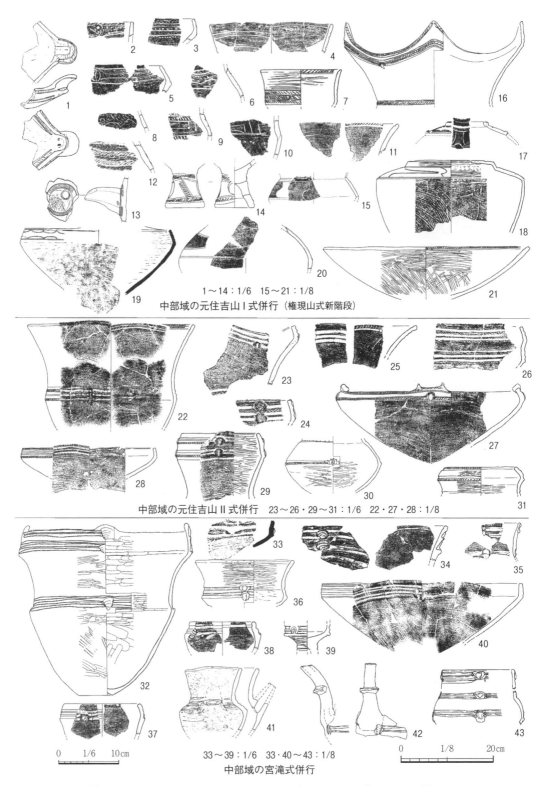

1・19・33 下鴨倉　2・3・6・8〜10・12・14・15・17・20・41 森　4・11 下山　5・13 平田　7・16・21・22・24〜31・36・39・40 原田　18 佐太講武　23 タテチョウ　32・34・35・37・38 万場Ⅱ　42・43 梁瀬

第45図　中部域の元住吉山Ⅰ・Ⅱ式、宮滝式並行

**元住吉山Ⅱ式併行期**（第45図22～31）　権現山式新段階でみられた沈線が凹線に転化し、凹線文間に刻み目が施されるものを抽出した。原田遺跡（島根県教委2006a）や万場Ⅱ遺跡（島根・飯南町教委2007）で良好な資料が得られている。横走する凹線文は浮文上に付けられた凹点文などに取り付くことが多く（第45図22・23）、後の扇状圧痕の素地となる。凹点文の周辺に刺突文が施されることも多く（同図22）、凹点文が主文的位置を占めている。なお、凹点文の内面に放射状（同図24）や縦走する密な条線文様が存在する。凹線文は、口縁部と胴部上半に集約されている。当地の凹線文は、近畿地方などで一般的な最深部にスジ状の痕跡を残すものはほとんどみられない。おそらく、ら肋が発達しない巻貝（カワニナ・イソニナなど）が主に原体として利用されたと思われる。刻み目文は凹線文間に刺突して施され、権現山式新段階同様非常に細い。

深鉢は口縁部が屈曲して内傾するもの（同図23）と単純口縁のもの（同図22・25）とがある。ともに口頸部が大きく外反し、胴部は強く張り最大径で稜がつく。単純口縁の深鉢は内面に施文されるものが多く、一部外面にも凹線文が施される（同図25）。浅鉢は口縁部が「く」の字形に屈曲するものが多数を占める（同図27・28）。壺形・注口土器（同図29～31）も口縁部が屈曲するものがあるほか、肩部に段をもつものが少数残存する。

**宮滝式併行期**（第45図32～43）　刻み目文が消失し、凹線文と扇状圧痕を特徴とする段階である。前稿（柳浦2000a・2010）では近畿地方の分類に倣って細分したが、当地では細分が難しいと感じたため本稿では一括して扱う。

前段階同様に横走する凹線文が文様の主体だが、波頂部などの要点に扇状圧痕が施される。扇状圧痕は、巻貝を押圧して約60度回転させたとされる。近畿地方などでは内面に明瞭な弧状線が認められるが、当地の扇状圧痕はこのような痕跡は不明瞭である。これは、当地ではら肋が発達しない巻貝原体（カワニナ・イソニナなど）が多用された結果と思われる。なお、凹線内部を再調整し断面形が「レ」の字形を呈するもの（第45図34）も存在するが、ごくわずかであるため時期的に分離できるかどうかは不明である。

器形は、深鉢・浅鉢（同図40）・鉢（同図36）・壺または注口土器（同図37・38・41～43）ともに前段階を踏襲するが、深鉢の口縁部がやや発達する傾向にある（同図32）。脚付の器種が前段階から少数混じるようである（同図39）。

## 3　西部域

**阿高式併行期**（第46図1～3）　この地域の後期初頭土器群としては阿高式が特徴的である。匹見町石ケ坪遺跡（島根・匹見町教委1990・2000）で良好な資料が得られている。

阿高式は太い凹線または沈線によって文様を描く。石ケ坪遺跡では前型式の並木式も含め胎土に滑石を含むものが多くあるが、土器自体の搬入にしては出土量が多いように感じられる。混和材原料としての滑石の搬入も考慮すべきであろう。石ケ坪遺跡では、並木式にくらべ阿高式の出土量は少なく、その反面、中津式が増加している状況がみられる。

**中津式併行期**（第46図4～19）　磨消（充塡）縄文を基調とし、沈線文が一筆書きの土器群である。第46図4・5・7・8の文様意匠は、古相を示す。同図4・5は、岡山県長縄手遺跡（岡山県文化財保護協会2005）を参考にすれば、中期末にさかのぼるかもしれない。同図9～12な

第2章 山陰地方の縄文土器

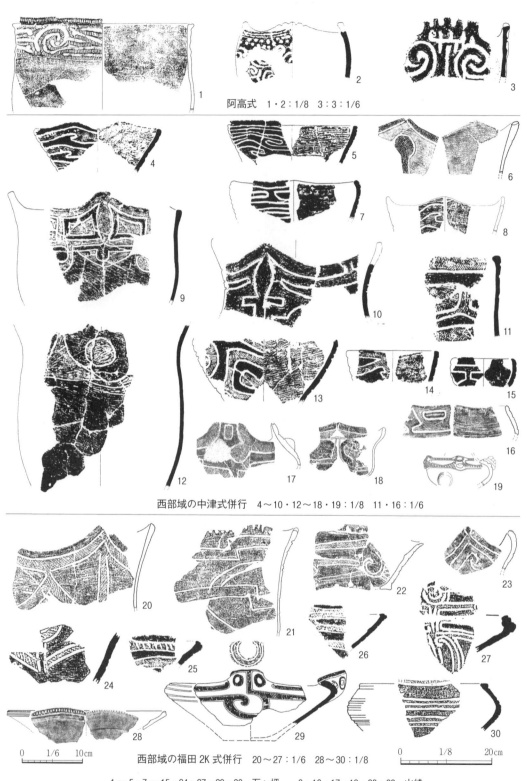

阿高式　1・2：1/8　3：3：1/6

西部域の中津式併行　4～10・12～18・19：1/8　11・16：1/6

西部域の福田2K式併行　20～27：1/6　28～30：1/8

1～5・7～15・24・27・29・30　石ヶ坪　　6・16・17・19・23・28　山崎
18　広戸A　　20～22　広戸B　　25・26　五百田

第46図　西部域の中津式・福田K2式並行

108

どは文様意匠が硬直しているので、新しく位置づけられよう。磨消縄文が施されるものが多いが、縄文が充塡されず沈線文だけで意匠を描出するもの（同図5・7・10）の割合が東部域・中部域にくらべ高いように感じられる。巻貝疑似縄文の土器も少数みられる（同図12）。

浅鉢は、ボウル形の器形（同図14～17）が多く、大波状口縁を有する大型の浅鉢も存在する（同図17）。ほかに、双耳壺（同図19）や注口土器が伴うようである。

西部域の中津式併行期は、中津式と判別できる土器のほか、後述する屋敷タイプが混在する状況にある。

**福田 K2 式併行期**（第46図20～30）　第46図23・29は中部域の五明田式に、同図22は同・暮地式によく似た文様意匠であるが、多くは同図20・21のような硬直化した文様意匠である。2本沈線による文様意匠が多く、同図27・30のように3本沈線による磨消縄文も一定量混じる。また、内面に段を有する浅鉢（同図22・25・26）などは、福田 K2 式に共通した特徴を持つ。

深鉢口縁部は、同図23のような内湾口縁は少なく、同図20・21などのように単純口縁が多い。浅鉢は、皿形（25～29）、ボウル形（同図30）、バケツ形（同図22）があり、口縁部が屈曲する器形（同図27）は後の段階に下るかもしれない。

2本沈線で文様意匠が描かれるなどの特徴は中部域の該期に似るが、文様意匠や器形など、中部域の五明田式・暮地式とかなり違う様相である。これらの土器群は、田ノ浦遺跡（山口県埋文センター）など西部瀬戸内地方との類似性が強いと考えられる。この地域では、五明田式（同図23・29）・暮地式（同図22・26）類似土器のほか、四国地方の宿毛式類似土器や後述の屋敷タイプが混在している。

**屋敷タイプ**（第47図1～6）　中村友博が「屋敷式」としたものと同じ（中村友博2005）であるが、単独で型式を構成していないため、型式名とはせずに「屋敷タイプ」と呼んでおく。本州西端から大分県方面にかけて、中津式から福田 K2 式併行期に組成するらしい。口縁部が肥厚するもの（第47図1・3～6）や、口縁下に隆帯文が張り付けられるもの（同図2）がある。器形の屈曲が弱く、口縁部周辺に刺突文・斜線文・羽状文などが施されるものの、口頸部以下に文様が施されない稀文の土器群である。文様は巻貝による側面押圧文（同図2・3・5）や殻頂部の刺突文（同図1・4・6）が多用される。施文原体は、殻頂部が切断された巻貝が利用されている。

該地の後期初頭は阿高式類似・中津式類似・福田 K2 式類似・屋敷タイプが混在し、これらが一体となって後期初頭の土器群を形成していた可能性が考えられる。島根県西部域の状況は、複数系統の型式群が混在する状況にあり、これを考慮したうえで各型式を整理する必要がある。

**縁帯文成立期**（第47図7～24）　拡張した口縁部に、横走する沈線文や斜行短沈線文が描かれるものを中心に集めた。口縁部が発達しないものが多く、東部域・中部域の成立期縁帯文とはかなり違う様相である。九州地方の小池原下層式・上層式や四国地方の宿毛式の影響を受けている可能性がある。

第47図16～18は口縁部が拡張し、他地域の成立期縁帯文と同様な特徴を持つ。

深鉢・鉢のうち、同図7～15・19～20は口縁部があまり肥厚しない。同図7・8は楕円形区

第2章　山陰地方の縄文土器

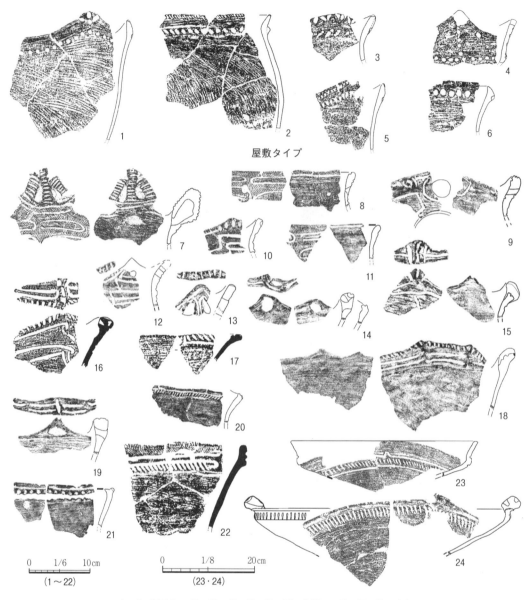

1～6　広戸B　　7～15・18・21・23・24　山崎　　16・17・22　イセ

第47図　西部域の屋敷タイプ・成立期縁帯文

画文が重畳して描かれており、宿毛式の影響を受けていると考えられる。同図12～15・19～21はやや肥厚した口縁部に1～2条の横走沈線文が描かれ、同図20・21にはさらに斜行または直交する短沈線文が加えられている。同図16は鉤状J字文に近い意匠、同図9は円形文・区画文が頸部に描かれている。同図22は北白川上層式1期に近い口縁部だが、口縁部が屈曲すること、下部に斜行短沈線文が加えられることから、この段階と考えた。この段階の深鉢には、突起直下に正面から透かし孔が穿たれるものが多い（同図8・9・13・14・19）という特徴がある。

浅鉢は、同図23・24のような屈曲口縁に短沈線文が加えられるものがこの時期に相当すると思われる。

**北白川上層式1期・2期併行期**（第48図1～15）　口縁部が外面に肥厚するものを集めた。現状では、北白川上層式1期・2期それぞれに併行する土器群を抽出し、細分することは困難である。

深鉢のうち、第48図1～3・8・9・11は北白川上層式1期に似た口縁部であるが、文様にかなりの違いがある。これらは突起部分に円形文を主文とするが、同図9は羽状文が、同図11は刺突文を埋め込んだ楕円形区画文が従文として主文に取り付く。同図1・8は従文が区画文にならずに2本の横走沈線が引かれるだけである。また、同図3は縦位の短沈線文が、2はU字文が主文に相当する。このような文様は北白川上層式1期あるいは津雲A式にはなく、変容した文様と考えられる。同図10は頸部が短い器形で、口縁部・頸部・胴部に円形意匠を並べている。これは直接には津雲A式などに祖形を求められない。在地の土器であろうか。なお、同図11は後続の石町式の可能性も否定できない。

同図12は斜格子文、同図6は多重沈線による鋸歯文が描かれ、彦崎K1式に文様が似る。同図4・7・13を含めて、これらの口縁部下端に段が付く程度なので、北白川上層式2期に相当するかもしれない。

浅鉢ほかの器種構成は不明であるが、同図14・15のような浅鉢が組成すると思われる。

**小池原上層式・鐘崎式**（第48図16～22）　頸部が短く屈曲し胴部が張る器形で、九州地方の縁帯文期の土器とされる。小池原上層式は磨消縄文を持ち（第48図16・20）、鐘崎式は縄文が消失して硬直化した描線となる（同図17～19・21・22）。前稿（柳浦2000a・2010）では、山陰地方西部域の縁帯文期は小池原上層・鐘崎式が主体となると考えたが、山崎遺跡（島根・益田市教委2015）の出土状況から、現在では小池原上層式・鐘崎式は北白川上層式1期・2期類似土器と一緒になってこの時期の土器群を構成していると考えている。鐘崎式は、喜時雨遺跡（島根・津和野町教委1996）でほぼ単純に出土しているが、喜時雨遺跡以外では主体的に出土した遺跡がないので、これももう少し様子をみる必要がある。ただし、鐘崎式は出土数が多くなっていることには間違いない。

**北白川上層式3期・石町式併行期**（第48図23～37、第49図1～10）　この時期は、主に福岡県東部・大分県圏内に分布する石町式（林潤也2002）を主体として、近畿・東部瀬戸内系の北白川上層式3期類似の土器が少数混じる。

石町式は磨消縄文系の土器群で、口縁部が幅広に屈曲する深鉢（第48図31・35～37）が特徴的で、北白川上層式3期の土器に比べて器壁が厚い。第49図5～10のように口縁部が「く」の字形に屈曲する浅鉢も、これに組成する可能性がある。第48図35～37・第49図2・3・5・6は縄文、第48図32・33・第49図8・10は巻貝による疑似縄文が施され、疑似縄文は近畿・東部瀬戸内地方に先行して出現する可能性がある。磨消縄文帯に相当する部分に連弧文（第49図1）や波状文（同図3・5・7・9）が描かれるが、これは結節縄文を模したものと考えられる。このことから、石町式の一部は一乗寺K式と時期を同じにしていると考えている。

大蔭遺跡（島根・津和野町教委2010）や山崎遺跡（島根・益田市教委2015）では、石町式に混じって北白川上層式3期類似の土器（第48図23～29）が出土している。これらは石町式に比

第2章 山陰地方の縄文土器

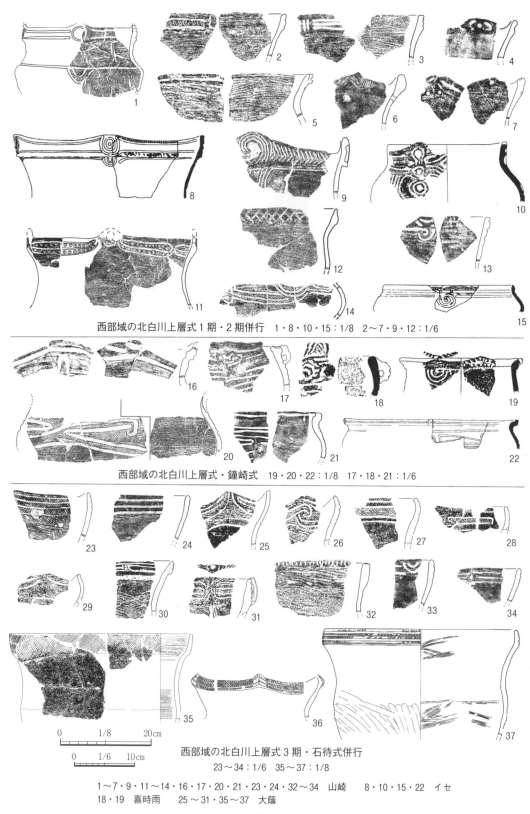

第48図 西部域の縁帯文土器

第4節 山陰地方における縄文後期土器の概要

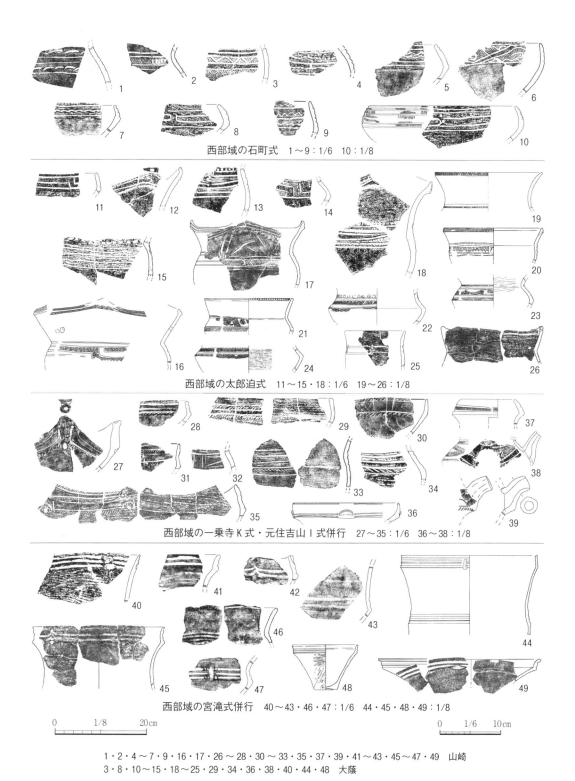

第49図 西部域の石町式・太郎迫式・一乗寺K式または元住吉山Ⅰ式・凹線文土器

第2章　山陰地方の縄文土器

べて器壁が薄く、華奢な印象がある。磨消縄文や入り組み文など多少の変容はあるが、中部域の沖丈式、東部瀬戸内地方の四元式と同調している。同図23・24・27・28には縄文が、同図25・26には巻貝疑似縄文が施されている。

　**太郎迫式併行期**（第49図11～26）　東北九州地方などに分布する太郎迫式とほぼ同じ型式内容である。頸部が「く」の字形に強く屈曲し、口縁部が短く屈曲する深鉢（第49図16～18）が特徴的で、西部域で出土する該期の土器群は太郎迫式そのものといってよい。島根県大蕪遺跡1970年調査でこれが主体的に出土している（柳浦1996）ことから、この時期には太郎迫式が普及していたと考えられる。

　磨消縄文は、縄文施文（同図14・16～20・26）、巻貝疑似縄文（同図12・13・15・21～24）施文ともにあるが、疑似縄文のほうが少ないようである。縄文施文は、中部瀬戸内地方より遅くまで残存する可能性がある。胴部文様は、横走沈線文を基調とし、X字状文様（同図17）が多く描かれ、集約部文にはS字状文（同図13）、クランク状文（同図14・16）が配置される。また、間延びした弧状文（同図18）も多い。

　浅鉢は同図11のように口縁部が「く」の字形に屈曲する器形が多いと思われるが、石町式との区別ができていない。

　**一乗寺K式・元住吉山I式類似土器**（第49図27～39）　太郎迫式に混じって、沈線文と刻み目文が施されるもの（第49図27～30・33～35）や巻貝疑似縄文が施されるもの（同図38・39）が出土している。これらは近畿地方の元住吉山I式・東部瀬戸内地方彦崎K2式の系譜を引くと考えられる。同図31・35は口縁上部で段が付くが、一乗寺K式の内屈口縁の影響と考えられる。壺形あるいは注口土器（同図37～39）は元住吉山I式そのものといってよいものがある。

　これらは、器面調整の精緻さや器壁の薄さなど、太郎迫式と類似点が多いことから、太郎迫式と同時期と考えたい。

　**凹線文土器群**（第49図40～49）　凹線文が施される土器は多いが、元住吉山II式と宮滝式に併行するものとの区別がついていない。宮滝式に特徴的な扇状圧痕は該地ではほとんどなく、凹点文（第49図40）や短沈線状の文様（同図47）が多い。深鉢（同図44・45など）・鉢（同図46・47など）・浅鉢（同図48・49）が主な構成器種で、これに壺形・注口土器が組成する可能性がある。同図42・45は、凹線文が一部で山形に跳ね上がっている。これは、後期末の文様に引き継がれる要素と考えられる。

### 4　後期末葉（第50図）

　凹線文土器後の滋賀里I式に相当する土器は、旧稿以後中部域、西部域で資料が蓄積されつつあるが、依然として晩期初頭との分離を明確にするに至っていない。地域的特徴を見いだせていないため、本稿では「後期末葉」として一括して扱うが、第50図では一応東部域、中部域、西部域ごとにまとめてある。

　凹線が再度沈線に転化したものを滋賀里I式に並行する土器群として抽出した。深鉢は口縁部が屈曲するもの（第50図2・5・7・8・15～17・19・20）と単純口縁のもの（同図1・3・11～13）がある。前者は宮滝式の「く」の字形口縁の系譜と考えられるが、矮小化が著しい。肩部に稜がつくものが目立つ（同図2・3・11～13など）。無文の土器については、晩期初頭まで下

114

第4節　山陰地方における縄文後期土器の概要

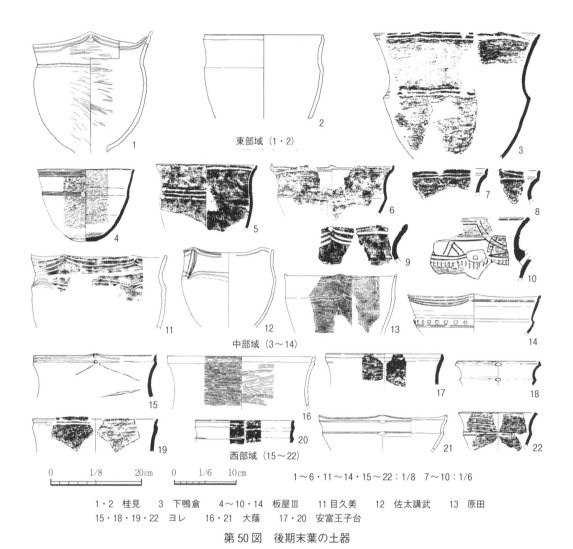

第50図　後期末葉の土器

る可能性もある。器高の低いもの（同図4・6・9・20）は鉢形土器とすべきかもしれない。浅鉢は肩部に稜がつく長頸の器形が多いようである（同図14・18・21・22）。単純な口縁部（同図14・22）と「く」の字形に短く屈曲する口縁部（同図18・21）とがある。同図10は注口土器で、このような有文土器は稀有で、多くは無文である。そのため、時期判別が困難である。

　有文土器は、口縁部と胴部上半に2条程度沈線が横走し、波頂部などの要所に凹点文が加えられるもの（同図1・4・9・14・15・18）がある。凹点文は、宮滝式の扇状圧痕文の残像と考えられる。また、同図13の山形に跳ね上がるような文様も、扇状圧痕文の変容かもしれない。波状口縁の深鉢は、肩部の連弧文と対をなして対向連弧文意匠（同図11・12）を描いている。同図10や15の頸部にみられる鋸歯状の意匠は、同図11・12などの対向連弧文が変容した文様とみることができる。

　この時期の資料は、前稿で紹介した板屋Ⅲ遺跡（島根県教委1998）の後、原田遺跡2区（島根県教委2006a）などで多くの資料が得られている。これらの遺跡では、凹線文土器群から晩

115

期・篠原式にかけて連綿と出土しており、後期末葉・滋賀里Ⅰ式期と晩期初頭・滋賀里Ⅱ式期が欠落しているとは思えない。このほかにも後期については宮滝式までは認識できるもののその後は不明、晩期については滋賀里Ⅲa式以後が認識できるもののそれ以前が不明、という遺跡が多い。これらも後期末葉・晩期初頭が欠落しているのではなく、現状で当該期の型式が識別できない状況と考えている。

　本稿で後期末葉とした土器（第50図）は、器形など宮滝式との乖離が著しいため、晩期初頭の可能性もある。筆者は板屋Ⅲ遺跡や原田遺跡2区での連続性を認めるとともに、宮滝式併行期に後続する土器がほかに見当たらないことから、第50図に示した土器を後期末葉と考えた。後期／晩期の境界は検討の余地が大きく、晩期前葉を含めて検討すべき問題である。

# 第5節　山陰中部域における後期・中津式土器の地域性

　島根県では、近年松江市九日田遺跡（島根・松江市教委 2000b）・飯石郡頓原町貝谷遺跡（島根県教委 2002b）など、中津式の良好な資料が相次いで発掘された。これらからは器形・文様意匠とも復元できる資料が多数出土している。

　中津式は近畿地方から北九州地方にかけて広く分布する土器型式として知られ、後期初頭の西日本の代表的型式とされる。その特徴は一言で言えば「一筆書きの磨消縄文土器」と説明される。この特徴は九日田遺跡・貝谷遺跡にも当てはめることができ、両遺跡出土土器が中津式であることは疑いがない。しかしながら、山陰地方中部域[1]に主体的に存在する土器は、文様意匠や器形など近畿地方・瀬戸内地方の中津式と違うものが多く、当地の中津式に地域性が存在する可能性が高いと思われる。

## 1　山陰中部域の中津式（第51図）

　貝谷遺跡・九日田遺跡では、口頸部が短く内湾し胴部が張る器形で、頸部の屈曲が強い深鉢がまとまって出土している（第51図1・2・5）。このような土器は、上記の2遺跡のほか米子市目久美遺跡（同図4　鳥取・米子市教委 1986）や出雲市三田谷Ⅲ遺跡（同図3　島根県教委 2000b）などでも出土しており、これが山陰中部の成立期中津式の基本的な深鉢の器形と考える。このほか、口頸部が長く、頸部の屈曲がやや弱いもの（同図9～13）があるが、これは五明田式に多い器形なのでやや新しい器形と思われる。

　文様は基本的には磨消縄文で描かれるものの、文様が一筆書きにならないもの（同図4）や、縄文帯を画さない沈線が施されたもの（同図2）が少なからず見受けられる[2]。成立期の段階では磨消縄文の手法が未だに不安定な状況といえよう。

　文様の意匠は、小さなJ字文を帯縄文で繋ぐものが最も多い。楕円形の区画状文様を横に連ねてその連結部にJ字文を置くもの（同図1・3）は、同じ意匠を2段に描くもの（同図2）や、1段だけ描いて頸部屈曲部に水平の帯縄文を配するもの（同図1）などがある。また、口縁部に接した帯縄文と頸部の帯縄文に挟まれた形で下に下から巻きあがるJ字文と上から下るJ字文が上下に連結し、両脇に区画状の帯縄文もつもの（同図9）もある。これとは別に九日田遺

第5節　山陰中部域における後期・中津式土器の地域性

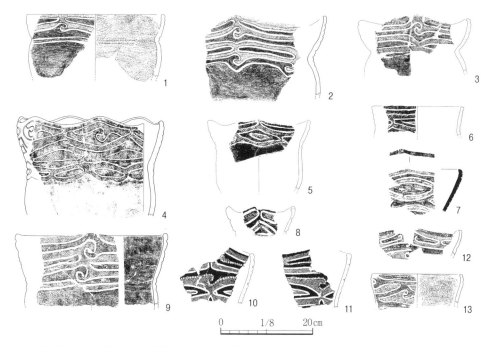

1・2・9・12・13　貝谷　　3　三田谷Ⅲ　　4　目久美　　5・6・8　九日田　　7　竜ノ駒　　10・11　五明田
第51図　山陰地方中部域の中津式

跡では菱形の意匠が多用される（同図5・6）。
　かつて筆者は、今村啓爾が行った中津式の細分（今村1977）は山陰地方では適用しにくいことを指摘した（柳浦2000b）が、近年の資料に今村の細分基準に適合するものが出土している。今村は、口縁部に磨消縄文帯により窓枠状区画文が描かれ（中津Ⅰ式）、それが上方にせり上がるとし、さらに中津Ⅰ式の磨消部分と無文部分が反転するⅡ式に細分した。貝谷遺跡や九日田遺跡の土器には磨消縄文帯による三日月状ないしは長楕円形の区画文がみられ（同図1・2・5）、これが近畿地方・瀬戸内地方の窓枠状区画文に相当すると思われる。波状口縁の同図2は、長楕円形区画文が連結する部分に上から垂下する小さめのJ字文を配置し、さらに頸部に同じ文様を繰り返し描いている。この段階では、口縁部の文様帯と頸部の文様帯は分離したままである。同図9は口縁部の長楕円形区画文が上昇し、磨消縄文部分が反転現象を起こしたものと理解できる。それとともに文様意匠が上下にやや拡張し、頸部文様帯と結合している。同図9の口縁部文様帯の下から巻き上げるJ字文は、同図1・2の口縁部文様帯をネガとした場合ポジの関係にあることがわかる。
　同図3は、長楕円形区画文半分ほど上昇した文様意匠で、口縁部文様が上昇した代わりに頸部に長楕円形区画文が出現している。同図1→3→9との変化方向を予想すれば、文様の上昇化現象は理解しやすい。同図4も口縁部文様帯が上昇した結果、J字文と菱形の区画文との関係が混乱したものと思われる。この段階ではまだ磨消縄文部と無文部との反転現象は起きていない。無文部・磨消縄文部が反転してポジ意匠となるのは、口縁部の長楕円形区画文が上がりきった同図9からである。

117

同図 10〜12 は、口縁部文様帯が上昇せず、逆に下方に拡大したものと考えられる。頸部の鉤状 J 字文に近い J 字文は同図 1〜3 の口縁部文様のポジである。口縁部には三日月状区画文が拡大し対向する三角形意匠として残る。J 字文の形状は後続する五明田式（柳浦 2000b）の鉤状 J 字文に継承されると思われる。

山陰中部域では、おそらく第 51 図 1 のような土器から中津式が始まったと思われる。口縁部が短く内湾し頸部強く屈曲する器形で、口頸部の施文面積は狭い。そのため、描かれる文様は三日月状または長楕円形区画文とそれが連結する部分に垂下する小さな J 字文、頸部屈曲部に幅狭の帯縄文のみである。そのうち口縁部文様帯が拡大・上昇するものが現れ（同図 3）、あるいは次第に口頸部が伸びるものが現れて口縁部文様と同じ文様を頸部に重ねて描き（同図 2）、さらに口頸部の拡張に伴って文様意匠の拡大化・磨消縄文部の反転現象が起きた（同図 9〜13）と考えたい。

こうしてみると、口縁部文様は文様の上昇化というより、拡大化といったほうが適しているかもしれない。第 51 図 10・11 の J 字文がポジ意匠であるにもかかわらず区画文を残していることから、当地の中津式が文様の拡大化を指向したことをうかがえる。これは口頸部の拡張に伴う文様の対応と考えられ、同図 2 のように同じ文様を繰り返し施文することで口頸部拡張に対応しようとした例があるものの、大勢としては同図 9 や同図 10・11 のように文様の拡大化の方向を選択したと思われる。

ここで山陰中部域の中津式の編年序列を整理しておく。

中津 I 式に相当するものは、文様がネガの状態（第 51 図 1〜4）と考えられ、J 字文は垂下する。口縁部に長楕円形または三日月形の区画文が描かれることを基本とするが、これが半分ほど上昇するもの（同図 3）も文様がネガ状態であることから中津 I 式に含めておく。

以上は J 字文を基調とした文様意匠であるが、これとは別に菱形意匠を基調とした一群（同図 5〜7）や小さな単位文様を配する一群（同図 8）が出土している。これらはネガ・ポジ関係が捉えにくいものであるが、九日田遺跡や三田谷 III 遺跡でネガ意匠の土器と伴出していること、ポジ意匠主体の五明田遺跡（島根・頓原町教委 1992）ではこのような土器が出土していないことから、中津 I 式の範疇に収まると考える。

これらの器形は口縁部が短く内湾し頸部強く屈曲する器形が主体的である。同図 2・4・5 は口縁部がやや伸びるが、基本的には同様の器形で施文部位はいずれも口頸部に限られる。

中津 II 式に相当するのは第 51 図 9〜13 である。文様とくに J 字文の部分がポジ意匠となり、口頸部が長く伸びて頸部の屈曲が弱くなった器形が主体となる。下から巻き上がる J 字文は、この段階と考えてよかろう。

以上が山陰中部域の中津式の概略である。ネガ意匠からポジ意匠へという基本的変遷原理は近畿地方と同じであることを確認した。しかしながら、文様変遷の基本的指向性は同じであるとはいえ、当地域の中津式は近畿地方・瀬戸内地方の中津式と大きな違いがあると感じるのは、文様意匠と器形が大きく違うためである。当地の中津式の特徴を挙げると、①器形は、口頸部が短く内湾し胴部が張り、頸部の屈曲が強いものが多い　②文様は口頸部に集約しており、施文が胴部にまたがることは少ない　③文様意匠は主文を小さな J 字文とし、横走する帯縄文と連結することが多い　④文様構成はほとんどが横位展開する　という 4 点である。

第5節　山陰中部域における後期・中津式土器の地域性

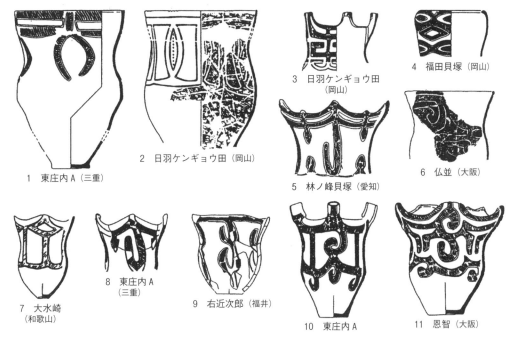

（玉田1989より転載）縮率不同
第52図　近畿地方・瀬戸内地方の中津式

　近畿地方では、初期の中津式では文様が縦長になり、紡錘文（第52図2）か縦長のJ字文（同図5・9など）が胴部最大径まで描かれる。瀬戸内地方では、横位に展開するものがあるものの、施文は胴部上半まで描かれることが多く、両地域とも縦長の長胴器形が多い。
　このような他地域との著しい相違から考えると、山陰中部域で出土した中津式は典型的中津式とはいえず、強い地域色をもった中津式であることがわかる。

## 2　山陰地方における中期後葉～末の状況

　前述した山陰中部域の中津式がどのように成立したかをみる前に、山陰地方の中期後葉から末にかけての状況を概観しておく。当該期の資料は今のところ非常に貧弱で、層位例・一括資料はもとより、遺跡の出土状況からの引き算も困難な状況である。とりあえずは里木Ⅱ・Ⅲ式（矢野1993）・北白川C式（泉1985c）、矢部奥田式（矢野1994）の編年を参考にして、当地の中期後葉～末の土器群について位置づけしたい。
　**里木Ⅱ・Ⅲ式**（第53図）　矢野健一は里木Ⅱ式・Ⅲ式が同時に変遷するとし、「里木Ⅱ・Ⅲ式古段階」・「同中段階」・「同新段階」と編年する（矢野1993）。その内容は
　　古段階　半截竹管による沈線で波状文を整然と施すもの
　　中段階　ヘラによる沈線のみを用いて交互刺突や密な沈線間刺突を施すもの
　　新段階　ヘラによる沈線のみを用いて沈線間刺突が大振りになったりこれをもたないものである。
　これを山陰地方の土器に適用したのが第53図である。古段階は同図1～3、中段階は同図4

第2章　山陰地方の縄文土器

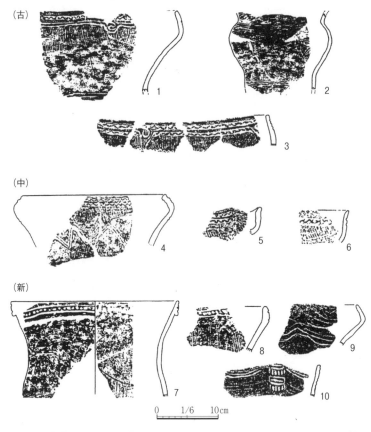

1・2　目久美　　3・7・8　桂見　　4～6　栗谷　　9　タテチョウ　　10　陰田第7
第53図　山陰地方の里木Ⅱ・Ⅲ式

～6、新段階は同図7～10である。器形は、古段階・中段階ではキャリパー形口縁をもつものの、新段階では典型的なキャリパー形口縁の土器はほとんどない。同図7は折り返し口縁が変化したもの、同図8は口縁端部がやや強く内湾するものでキャリパー形口縁が縮小したと理解できる。同図9はキャリパー形口縁だが、文様は波長の長いヘラ描き沈線文が施されるだけで、キャリパー形の口縁は中段階の残存形態と思われる。撚糸文は古段階・中段階では施されるが、新段階ではみられず条痕が施されるか地文がないものばかりである。同図8は条痕を縦に入れ、文様的効果を上げている。

　器形は、里木Ⅱ・Ⅲ式古段階・中段階で顕著だったキャリパー形口縁が、新段階にいたって急速に単純化する傾向がうかがえる。文様は渦巻文の意匠が残るものの、渦巻文が変容している事例もある（同図10）。新段階では、渦巻文そのものが少なくなるようである。以後盛行する大振りな波状文は、中段階の4の頸部に出現している。

　**北白川Ｃ式の流入状況**（第54図）　泉拓良の分類（泉1985c）に基づくと、山陰地方で出土している北白川Ｃ式は主にA3類・Ｃ類である。A3類・Ｃ類は桂見遺跡（鳥取市教委1978）でまとまって出土しているが、それより西方では単発的な出土にとどまっている。

　A3類（第54図1～10）は林ヶ原遺跡（鳥取県教育文化財団1984）などで出土している。日本

第5節　山陰中部域における後期・中津式土器の地域性

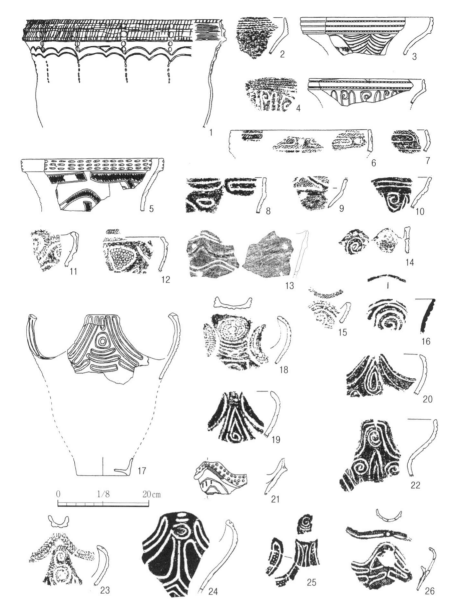

北白川C式A3類（1～10）A1または2類（11～12）、A5類（13～16）、C類（17～26）

1　林ヶ原　　2・4・6～8・10・19・20・22　桂見　　3・5・9・11・12・14・15・18・21・23　栗谷
13・24　夫手　　16　竜ノ駒　　26　東桂見

第54図　山陰地方の北白川C式

側に多いとされる（泉1985c）ものの、山陰中部域以西にはほとんど影響を与えていない状況である。泉はA3類を北白川C式後半期に位置づけているが、胴部に連弧文を描く同図1や沈線に接して刺突文が加えられるもの（同図2）などは、里木Ⅱ・Ⅲ式の伝統と見ることができ、前半期にさかのぼるかもしれない。胴部に小さな単位文様を持つもの（同図8・10）や磨消縄文を用いるもの（同図5・7・9）などは、より中津式に近い一群と考えられる。

121

第2章　山陰地方の縄文土器

　C類（第54図17〜26）はC1類または2類に比較的古くみえるものがあるが（同図17・18）、多くはC3類（同19〜26）で北白C式後半期のものである[3]。中部域では、夫手遺跡でC3類の変容（同図24　島根・松江市教委2000a）、竜の駒遺跡でC1類の変容した土器（同図25　山本清1961　宍道正年1974）が出土している。

　このほか栗谷遺跡（鳥取・福部村教委1990）でA1またはA2類（同図11・12）、A5類（同図13）、浅鉢A類が、桂見遺跡で浅鉢B類（鳥取市教委1978）が出土しているが、出土数はわずかである。

　以上のように北白川C式は山陰東部域で主体的な型式である可能性はあるが、中部域以西では客体的な存在といえよう。日本海側に主体的存在が考えられているA3類以外はほとんどが北白川C式後半期のもので、当地の土器が北白川C式の影響を受けたとしたらかなり遅い時期が想定できる。北白川C式が当地に影響を及ぼしたとすれば、A5類またはC3類の渦巻文（同図14〜16）であろう。このような渦巻文は、後に詳述するが、当地の中津式に多用されるJ字文や菱形意匠の祖型となりうると考える。

**里木Ⅱ・Ⅲ式、北白川C式以外の土器**（第55図）　里木Ⅱ・Ⅲ式と北白川C式以外の中期末土器を第55図に抽出した。これらは当地域の中期末の主体的な土器群と思われるが、出土状況などからは新古を決定することができない現状である。予見ではあるが、里木Ⅱ・Ⅲ式段階で縄文を消失し、その後中津式に近い時期で縄文が再び獲得されると想像される。

　里木Ⅱ・Ⅲ直後から中津式直前として抽出した土器群は、いずれも大振りな文様が描かれるという共通性があるものの、意匠は多様である。とりあえず意匠面から、波状文・蛇行文の系列、渦巻文の系列、重層する文様の系列の系列にまとめることにする。

　波状文・蛇行文は、里木Ⅱ・Ⅲ式新段階から継続する文様と考えられる。第55図1〜4は、口縁部から胴部上半にかけて直線文と2〜3条の波状文が描かれ、器形は直口気味かわずかに屈曲する。里木Ⅱ・Ⅲ式新段階とみることもできるが、口縁部の器形がキャリパー形をしない点で後出すると考えた。神原Ⅰ遺跡（島根県教委2000c）では後述する中津式に近い一群がまとまって出土しているが、同様な波状文を持つ土器は出土していないことから、中期末前半に位置づけたい。

　第55図13〜18も波状文が描かれるが、同図13は口縁端部に、同図15・17は沈線文の周囲に縄文が施されており、より中津式に近い一群と見なすことができる。同図20・21は波長が短い波状文となり、蛇行文[4]に近くなっている。

　第55図5〜8・25〜33は渦巻文の系列である。同図7は地文に斜行する撚糸文が用いられているが、扁平気味な渦巻文や波長の長い波状文などは里木Ⅱ・Ⅲ式には見られないことから、それに後続するものと考えられる。地文の撚糸文は例外的に残存したものであろう。同図25のように沈線が互い違いになるものや、同図28のように紡錘形または菱形の意匠の間に沈線を一条加えるものは、これからの変化と推定できる。

　これとは別に、小振りな渦巻文を描く一群がある（第55図31〜33）。同図31・32は中津式に多用されるJ字文の祖形、同図33は菱形意匠の祖形と考えられる（後述）。ほとんどに縄文が施されていること、文様意匠や内湾する器形が中津式に通じることから、中津式直前と考えたい。

第5節 山陰中部域における後期・中津式土器の地域性

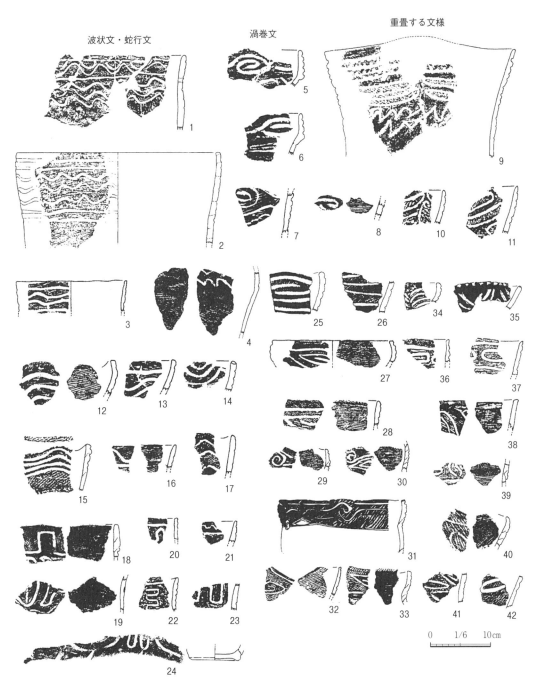

1・5・6・10・11・14・23　桂見　　2　才ノ峠　　3・7・8・12・13・16・17・20・21・27・28・36〜38　貝谷
4　夫手　　9・15・22　栗谷　　18・19・24・29〜31・33・39・40　神原Ⅱ　　25・26・34・35・41・42　五明田

第55図　山陰地方の中期末の土器

これらの渦巻文は先の第 55 図 7 のような渦巻文とは系譜を異にしていると思われる。同図 7 の渦巻文が中期末を通して変化しながら存在するのに対し、同図 31・32 の渦巻文は後半期に新たに導入された意匠と考えたい。導入の契機は、後半期に東部域まで分布範囲を拡大した、北白川 C 式の影響を想定しておく。

重畳する文様（第 55 図 34・35）は、同図 9 ～ 11 に描かれるような重層する長楕円形文様の変化と思われる。同 9 は沈線上下に交互刺突の名残がみえることから、中期末前半と考えたい。同図 10・11 も長楕円形文様が維持されていることから、前半としておく。同図 34・35 は斜行する沈線文となっていることから、同図 9 ～ 11 の文様が崩れたものとみることができる。

第 55 図 36 ～ 42 は、以上の分類に当てられないものを集めた。同図 36・37 は蛇行文の変容か。同図 37 の下端には段があり、やや古相をしめす。同図 39 は下方が開く弧状の単位文で、下端には段がつく。矢部奥田式に類例がある（岡山県教委 1993b）。同図 40 ～ 42 は地文が縄文のものである。小片で意匠が捉えにくい。中津式に近い一群と考えたい。

### 3　山陰中部域の中津式の祖型

前述したような地域色は、中津式成立以前から兆候がみられるように思われる。そのため、ここでは中期末の土器群を分析し、前節で当地の中津式の特徴とした 4 点の祖型を考察してみたい。それとともに、それぞれの特徴がいつの時点から現れるのか、を考える。

**器形**　器形の特徴として、口頸部が短く内湾し胴部が張り、頸部の屈曲が強いことをあげた。これは、矢野健一が矢部奥田式 H 類としたもののうち口縁部が内湾する器形と同じと思われる（矢野 1994）。この器形の出現はどこまでさかのぼれるのであろうか。

キャリパー形口縁を特徴とする里木 II・III 式は、新段階以後キャリパー形口縁を消失する傾向にあり、わずかに内湾して開くか外傾する器形が多い（第 56 図 1 ～ 9）。山陰の事例でも同様で、同図 9 のようにキャリパー形口縁で沈線文のみを施文する土器もあるが、総じて里木 II・III 式新段階ではキャリパー形口縁は退行するようである（第 56 図 6 ～ 8）。里木 II・III 式新段階はさらに細分される可能性もあるが、キャリパー形口縁の消失

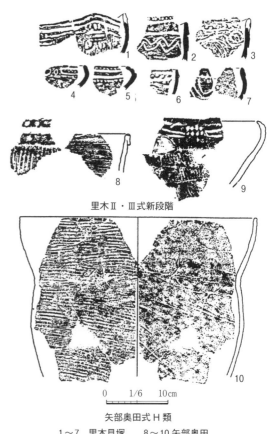

第 56 図　里木 II・III 式新段階・
　　　　　矢部奥田式 H 類の器形
1 ～ 7　里木貝塚　　8 ～ 10　矢部奥田

第5節　山陰中部域における後期・中津式土器の地域性

をこの段階に求めたい。しかし、頸部が強く屈曲する器形は里木Ⅱ・Ⅲ式新段階ではまだ出現していないようで、里木Ⅱ・Ⅲ式新段階に続くと思われる撚糸文が残る第55図7や波状文の同図1・2でも頸部は屈曲していない。岡山県矢部奥田遺跡では貝層中からH類が出土している（第56図10）が、この貝層中からは里木Ⅱ・Ⅲ式新段階とともに磨消縄文に近い縄文施文の土器が出土しており（岡山県教委1993b）、必ずしもこれが里木Ⅱ・Ⅲ式新段階までさかのぼるとはいえない。この器形で里木Ⅱ・Ⅲ式新段階の文様を持つものはないことから、頸部が屈曲する器形は矢部奥田式から出現すると想像される。

**文様の口頸部集約と横位展開**　近畿地方の北白川C式は頸部以下に垂下沈線が描かれることが多い。その中にあって、過去に星田式と呼ばれたA4類（泉1985c　以下泉分類に準じる）は、文様が口縁部に集中することが多いようである。また、沈線文は基本的には横位の展開である。泉が北白川C期1期としたA4類の文様は直接には里木Ⅱ・Ⅲ式新段階の波状文にそのモデルがもとめられる（幸泉2001）。これと同じ文様意匠は第55図1～4など、山陰地方の各遺跡にもみられることから、当地でも里木Ⅱ・Ⅲ式の伝統が中期末まで継続していることがわかる。

近畿地方では東方から影響を受けたA1類・B類が主流となり、A4類はその後これらの文様を取り入れてA1類、B類の中に埋没してしまう。近畿地方の中津式に縦位の文様構成が多く、施文が胴部上半まで描かれることは、この脈絡の中で理解できるのではなかろうか。

一方、山陰地方では里木Ⅱ・Ⅲ式の伝統は中期末を通じて維持されていたと想像される。現状では胴部にまで文様が展開するのは第54図3・4、第55図24など少数である。第54図3・4は北白川C式3期または4期C3類の影響を受けたものと考えられ、やや新しい時期に近畿地方の影響を受けたと思われる。当地の中期末の土器は口縁部に文様が集中するものが多いようで、里木Ⅱ・Ⅲ式の系譜を維持しながら変容していったと思われる。

**文様意匠**　中期末の土器でもっとも中津式に近い意匠を持つものは第57図4（第55図31と同じ）である。これは口頸部全面に縄文が施されるものの、J字文を主文とした沈線文は一筆描きによって描かれ、沈線間を無文にすれば中津式と同じ意匠をもつ磨消縄文となる。器形も中津式と同様で、これが中津式直前の土器である蓋然性は高いと考えられる。

このようなJ字文の成立は第57図2・3（第55図29・30と同じ）や第57図1（第54図10と

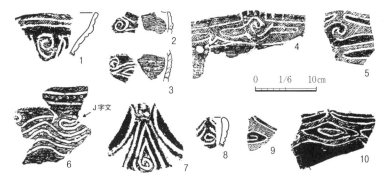

J字文　1～7　　菱形意匠　7～10　　1・7・8　桂見　　2～4　神原Ⅱ　　5・9　貝谷　　6　丁・柳ヶ瀬
第57図　J字文と菱形意匠の成立過程

125

同じ）のような渦巻文から変化した可能性が考えられる。第57図2・3は、渦巻文の両脇に紡錘形または半月形の文様を配置するようである。沈線の太さ、器形、横方向の条痕など、土器全体の印象が同図4に近い。中期末に渦巻文が近畿地方から流入し、土着した可能性を考慮してもよいかもしれない。

　波頂部に同様なJ字文が施される中期末の土器は兵庫県丁・柳ケ瀬遺跡でも出土している（第57図6　兵庫県教委1985）。時期的には中津式直前と考えられているようである。泉拓良や玉田芳英は、これを波状文からの変化とみている（泉1990　玉田1990）。これが山陰中部域に波及し、中津式成立期に当地で多用されたと考えることもできる。

　成立地はともかく、第57図4・5のような円形に近いJ字文は、近畿以東に多い縦長のJ字文（第52図5・9など）とは成立の契機が違うと思われる。縦長のJ字文は紡錘文の系譜とされる（玉田1990）が、円形に近いJ字文は第57図1〜3のような渦巻文の系譜か、同図6のような波状文の変容と考えられる。

　もう一つ中津式に非常に近い土器として、第57図9（第55図32と同じ）がある。これは波頂部に磨消縄文帯で三角形に近い意匠を描くが、内側の沈線文が渦巻を描いている点で完全な磨消縄文となっていない。第57図10のような菱形意匠はこれの変化と思われる。同図9と同様な文様は桂見遺跡（同図8）にもみられ、北白川C式4期の深鉢C3類に祖型がもとめられる。第57図7のような滴形の渦巻文が、波状口縁の縮小によって圧縮され（同図8）、さらに磨消縄文が導入された（同図9）と考えれば、これらの文様意匠の変遷は無理なく辿れる。この過程で北白川C式の渦巻文は消失し、磨消縄文帯が強調されることにより第57図10の意匠が成立すると考えられる。

　以上の分析から、前節で挙げた山陰地方中部域の中津式成立期の特徴は、中期末の伝統に立脚している可能性が想定できる。この伝統は、里木Ⅱ・Ⅲ式新段階を継承した要素（文様の口頸部集約と横位展開）と、北白川C式の影響を受けて派生した要素（渦巻文の変化・磨消縄文の導入）とがあり、さらに瀬戸内地方との接触により新たな器形（第51図1〜3）が出現した。当地の中期末土器はこれらが複合して在地化したものと想像され、九日田式に至っていっそう地域色を顕著にしていったと考えられる。


[註]
(1)　「山陰中部域」とは、ここでは鳥取県倉吉市付近以西、島根県江津市付近以東とする。倉吉市以東は近畿地方の、江津市以西は九州地方の影響が強いと予想している（柳浦2000b・2001）。

(2)　このような特徴は鈴木徳夫がいう磨消縄文土器群の文様描出の三原則（鈴木徳夫1993）には適合しないため、厳密に言えば「中津式」の範疇からはずれるかもしれない。しかしながら、総体的には磨消縄文を多用していることから、中津式として考えたい。

(3)　泉によれば深鉢C類は、山形口縁下に渦巻文とその周囲に区画文が配されるものから渦巻文だけの土器や区画文だけの土器へ、という変化を想定している（泉1985c・1990）。

(4)　泉拓良は蛇行文を新しい文様とし、北白川C式4期と考えている（泉1985c）。

# 第6節　山陰地方における福田K2式並行の土器群

　山陰地方とくに島根県では、1990年以降この時期の良好な資料が相次いで発見された。しかし、3本沈線磨縄文による福田K2式（新段階）を主体とした遺跡は現在に至るまで皆無で、散発的に出土するにすぎない。

　中津式から福田K2式は、泉拓良・玉田芳英（泉・玉田1987）による「中津III式」（その後「福田K2式古段階」と改称　玉田1989）の設定で、両者は連続的に変化すると考えられるようになった。現在では多くの研究者が「福田K2式古段階」を認め、2本沈線の土器をこの型式に当てている。玉田は2本沈線と3本沈線の土器を地域差とする可能性を認めながらも、編年表では2本沈線の土器を「古段階」、3本沈線を「新段階」に置いている。そのため、両者は時期差として捉えられることが多くなった。

　2本沈線から3本沈線へという変遷を認めるなら、山陰地方では福田K2式新段階に空白が生まれるが、これがはたして実態なのであろうか。玉田が「福田K2式古段階」とした2本沈線の土器は、五明田遺跡（島根・頓原町委員1991）・平田遺跡（島根・木次町委員1997）を初めとして島根県の近年の調査で資料が蓄積されてきた。これらをみると、2本沈線土器は3本沈線土器とは別の展開をして後続の布勢式にいたるのではないか、という疑問が生まれる。

　そこで、本稿では2本沈線土器（玉田の「福田K2式古段階」）について検討し、山陰地方での中津式から福田K2式、さらに布勢式にいたる過程を考えてみたい。

## 1　山陰地方の2本沈線磨消縄文土器群

　山陰地方での2本沈線磨消縄文土器群には文様構成などが中津式により近い一群と、やや遠い一群が認められる。五明田遺跡（島根・頓原町教委1991）、平田遺跡（島根・木次町教委1997）、三田谷I遺跡（島根県教委1999b）、暮地遺跡（島根・仁多町教委2004）などで良好な資料が得られているが、これらは五明田遺跡がより中津式に近く、平田遺跡・三田谷I遺跡・暮地遺跡は中津式とやや異なった様相がみられる。

　**五明田遺跡**（第58図）　描線はJ字文末端で入り組み状にからみ不連続となっているが、全体の文様構成や意匠は従来から中津II式とされている大阪府・恩智遺跡例、岡山県中津貝塚例にちかいものである[1]。

　深鉢は胴部がやや張り、頸部がややくびれるものが多数を占める（第58図1〜3）。口縁部は多くは波状口縁となり、水平口縁の割合は比較的少ない。口縁端部は内湾気味で、端部は肥厚しない。文様要素の多く（とくにJ字文）は中津II式の文様を祖形としているが、波頂部または波底部直下に鉤状J字文と渦巻き状J字文を置くもの（同図1・2）が圧倒的に多い。この段階では主要な意匠は、鉤状および渦巻き状のJ字文に分化するが、主文様として使われるのはほぼこの2つに限られ、少数「O」字文（同図3）などが描かれる。ともに帯縄文で横位に連結されるが、斜位の帯縄文は少ない。文様構成は同一意匠の繰り返し配置が特徴で、比較的単純といえる。

　浅鉢は大きな波状口縁のもの（同図4）と、水平口縁のもの（同図5〜7）が主に出土している。波状口縁の浅鉢[2]は波頂部または波底部に渦巻き状J字文が置かれ、水平の帯縄文で連

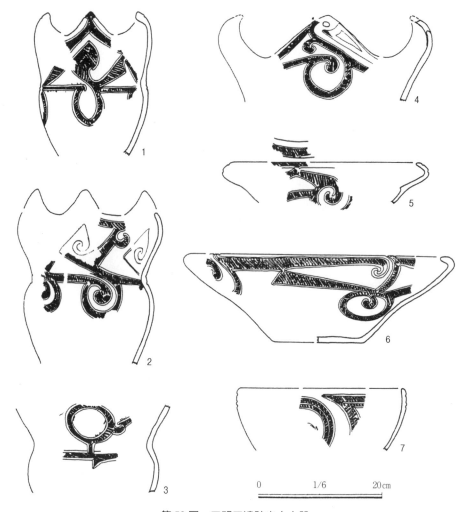

第58図　五明田遺跡出土土器

結している。施文面積が狭いためか、渦巻き状J字文の下には文様は展開しない。波頂部直下にできた隙間には付加文が描かれることが多い（第58図4）。水平口縁の浅鉢は、口縁部が強く内湾する浅身のものが多い（同図5・6）。文様は渦巻き状J字文を主文様とし、帯縄文で横位に連結している。鉤状J文字は深鉢ほどには発達せず、横向きに矮小化したものがみられる程度である。浅鉢の文様は深鉢より多様であるが、これは波状口縁の水平口縁化によって説明できる[3]。

**平田遺跡**（第59図）　描線の描き方は五明田遺跡と同様だが、帯縄文の幅がやや狭くなり、描線が途切れる箇所が増える傾向がうかがえる。鉤状J字文の崩れが著しく（第59図5）、主文様は渦巻き状J字文に限られるものが多い（同図4・6など）。

　深鉢は波状口縁のものは少なく、この段階で水平口縁化がみられる（第59図1・4～6）。波頂部は渦巻き状（同図4）または山形の突起（同図6）に変わる。口縁端部はやや肥厚して平坦面があり、突起部の施文は上面を意識している。主文様の渦巻き状J字文は円形文近くな

## 第6節 山陰地方における福田K2式並行の土器群

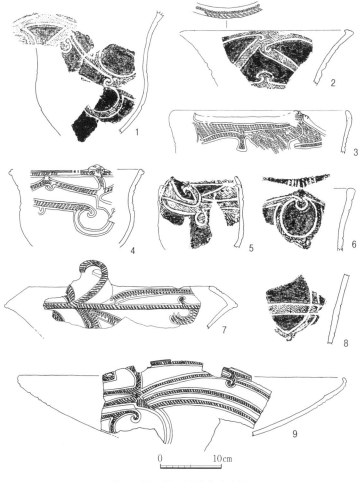

第59図 平田遺跡出土土器

り（同図1・4・6）、複数の帯縄文で連結される。連携の帯状文が複数になることによって、主文様は帯状文の中に埋没し、前段階ほどには目立たなくなる（同図4）。なかには渦巻き状J字文と帯縄文が交錯するものも現れ（同図8）、もはや文様の主従関係がうかがえないものも出現する。

浅鉢は波状口縁のものはなく、すべて水平口縁である。口縁端部は内湾するものもあるが、「く」の字形に屈曲するもの（同図2・3）、肥厚して平坦面をもつものなどが多くなる。文様は深鉢同様円形文に近くなった渦巻き状J字文に複数の帯縄文が取り付き（同図9）、帯縄文優位に向かう傾向がみられる。深鉢と同じく、文様の主従関係が希薄になったもの（同図7）もある。

**三田谷I遺跡**（第60図） 鉤状J字文の意匠は消え、帯縄文の幅は狭い。口縁端部は深鉢・浅鉢ともに肥厚して平坦面をもつか、「く」の字形に屈曲する。また、描線が交錯することが多くなり、中津式でみられた「描線不交錯」の原理（鈴木徳雄1993）はもはやみられない。

深鉢の良好な資料は出土していないが、波状口縁が残るものの（第60図1）、多くは端部が

129

第2章　山陰地方の縄文土器

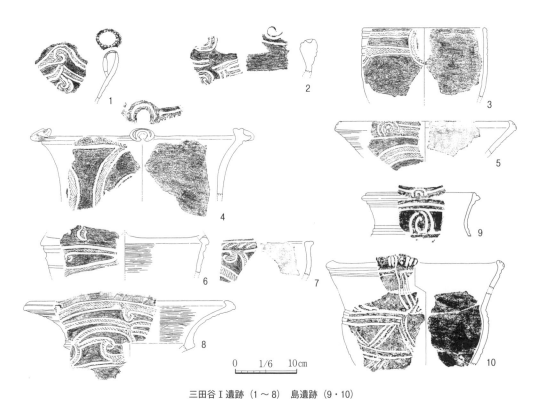

三田谷Ⅰ遺跡（1〜8）　島遺跡（9・10）

第60図　三田谷Ⅰ遺跡・島遺跡出土土器

肥厚するか「く」の字形に屈曲する水平口縁である。また、新たに頸部が屈曲しない直口の器形が現れる（同図9・10）。これは口縁端部が拡張し始めており、布勢式にかなり近づいたものといえる。胴部文様まで残る例はないが、J字文は渦巻き状の意匠が退化し、矮小化している（同図1・2）。そのため、帯縄文との主従関係を認めることはできない。また、同時期と思われる島遺跡（鳥取・北条町教委1983）の深鉢を参考にすると、平田遺跡までみられたJ字文と帯縄文は交錯して両者の連続性は希薄となり、両者の分離傾向がうかがえる（同図3・9・10）。

浅鉢も深鉢同様、口縁端部が肥厚するか「く」の字形に屈曲する水平口縁がほとんどである（同図4・5・7・8）。内面に段がつくものが目立ち、口縁屈曲部に斜行する短沈線文が施されるものがある（同図7）。五明田遺跡や平田遺跡で多くみられた内湾する器形は少なく、外反する器形が多い。胴部が屈曲して稜がつくものもみられる（同図8）。主文様の渦巻き状J字文はよく意匠を残すが、連携する帯縄文が多数にのぼるため埋没したようにみえる。

三田谷Ⅰ段階では頸部文様は平田段階とあまり変わらないが、3本沈線が増える傾向がある。この3本沈線は2本沈線と併用されることが多く、すべての縄文帯が3本沈線になることは少ないようである。この段階では口縁部の肥厚・拡張が著しく、口縁端部の縁帯文指向がいっそううかがえる。

**暮地遺跡**（第61図）　第60図に示した三田谷Ⅰ遺跡の土器群とほぼ同じ内容である。文様意匠は渦巻き状J字文を重ねるように配され、帯縄文で連結している（第61図1〜5）。同図6

第6節　山陰地方における福田K2式並行の土器群

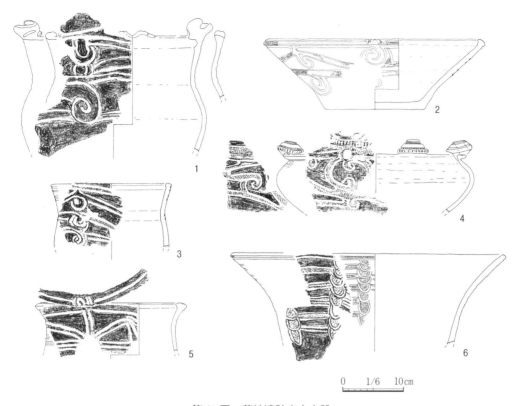

第61図　暮地遺跡出土土器

は渦巻き状J字文が変容した円形文を8段以上重ねるもの、同図3は帯縄文のみが観察できるもので、渦巻き状J字文の退嬰化が著しい。口縁部は肥厚し、後続の縁帯文成立期に近いが、屈曲部を挟んで上下に沈線文が引かれ、これが一つの文様帯となっている。これは口縁部文様帯と頸部文様帯が未だに分離していない（千葉1989）と考えられることから、福田K2式の段階とする。

　深鉢、浅鉢ともに波状口縁の器形はみられなくなり、渦巻き状の大ぶりな突起がつくものが目立つ（同図1・5）。渦巻き状突起は、縁帯文成立期に受け継がれる要素である。

　暮地遺跡では、中津式や縁帯文成立期以降の土器も出土しているが、これらを除くとほぼ上述の特徴を持つ土器群に集約される。第61図に示した土器群は、縁帯文成立期直前の様相が現れていると思われる。

## 2　福田貝塚資料との比較と位置付け

　以上の2本沈線の磨消縄文土器は、これまでの編年観では福田K2式古段階として考えられてきた土器群である。しかし、これら4遺跡から出土した土器群は文様や口縁部形態に違いがみられ、すべてを「福田K2式古段階」として一括することには抵抗がある。そこで、ここでは各々を五明田段階・平田段階・暮地段階と仮称し、以下では各段階の土器と福田貝塚の福田K2式土器とを比較してみたい。なお、暮地段階は旧稿（柳浦2000a）で「三田谷I段階」とし

第2章　山陰地方の縄文土器

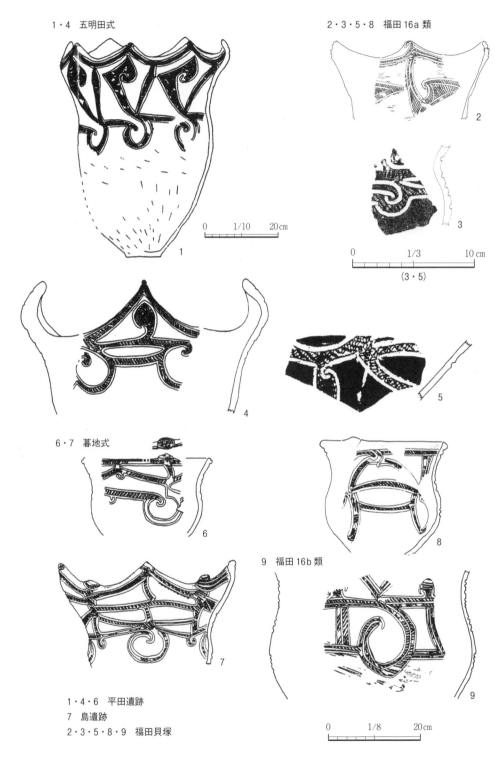

第62図　五明田式・暮地式と福田貝塚資料との対比

たものと同義である。

　五明田段階の土器（第62図1）は福田貝塚資料のV群16a類（泉1989　同図2・3・5・8）の一部に似る。小片ではあるが、725（同図2）は五明田と同じ意匠と思われ、口縁部の形状などよく似た土器である。16a類には3本沈線でありながら鉤状J字文が施されるものがあり（Fig20の445など、同図2）、これは五明田段階の土器によく似た文様である[4]。これらの3本沈線は定型化しておらず、福田貝塚16群土器のなかでは古い要素をとどめた土器といえよう。また、これらは16b類のように口縁端部が肥厚・平坦化していず、端部に施文する意識はみられない。このように、山陰の五明田段階の土器と福田貝塚V群16a類とは類似する点が多いと思われる。

　平田段階の土器（第62図6・7）は、口縁部の形状や文様構成からと福田貝塚Fig16の972（同図8）・同974（同図9）の土器と対比できる。972（同図8）の土器はV群16a類と分類されているが、口縁部が肥厚していることなど、16b類の要素も各所で見られる。Fig16の974（同図9）は3本沈線で16b類と分類されている。沈線数の違いはあるが、頸部にみられる鉤状「J」字文が帯縄文化しているなど、平田段階の土器との対比が可能であろう[5]。

　福田貝塚資料では平田段階と対比できる文様構成がわかる例は少ないが、平田段階は福田貝塚16b類と時間軸を共有している可能性が高いと推定される。

　暮地段階では、口縁端部が拡張し始めているのが特徴である。福田貝塚資料では同様な土器は出土していないが、口縁部の形状はより縁帯文土器に近づいていると考えてよかろう。しかし、口縁部文様帯はまだ成立していないことからみて、後続の布勢式までは下らないと考える（千葉1989）。福田貝塚資料との比較は難しいが、文様の崩れが著しいもののJ字文の意匠をかろうじてとどめていることなどは、V群16b類の意匠が特定できない975・976（奈良国立文化財研究所1989）などと対比できるかもしれない。浅鉢は第63図3と福田貝塚資料（同図4）の渦巻き状J字文がよく似た文様となっている。また、第63図5と福田貝塚資料（同図6）は口縁部や内面の段の形状、帯縄文など、近似した要素といえよう。

　以上のことから、3本沈線を標徴としたいわゆる「福田K2式」に並行する山陰の土器群は、平田段階および暮地段階の土器群と考えたい。平田遺跡・三田谷I遺跡で3本沈線土器が混じる比率が高いことも傍証となると思われる。

　山陰地方の平田段階・暮地段階の土器は、福田K2式の特徴である文様の拡大化傾向はあまりみられない。文様が拡大化しないため、主文様の意匠は崩れながらも比較的とらえやすい。そのため、文様が拡大化して意匠を残さなくなる福田K2式との違いが際立っている。このことから、平田段階・暮地段階は、福田K2式とは違った内容の型式とみることができる。

### 3　「福田K2式」土器の再編 —五明田式・暮地式の設定—

　このように、従来「福田K2式古段階」として一括していた2本沈線磨消縄文土器も、すべてが同じでないことがわかる。以上の2本沈線の磨消縄文土器の違いは、各遺跡でまとまりをもつ。上記の4遺跡はそれぞれ20～30kmの間隔で位置し、島根県東部という地域でくくることができるので、地域差というより時期差と考えた方が妥当であろう。第58図の土器群が南川遺跡（鳥取・名和町教委1981）や五明田遺跡で主体的な形で出土し、平田遺跡で第58図段階

第2章　山陰地方の縄文土器

の土器群と第59図段階の土器群がやや地点を異にして出土していること、平田遺跡で第58・60図段階の土器がみられないことも、これらを時期差とする根拠となりうる。

　これらのうち平田段階と暮地段階は、瀬戸内地方の3本沈線磨消縄文土器群に並行する、山陰地方で主体的な土器群としてとらえることができる。本稿では「2本沈線から3本沈線へ」という図式では理解できない状況を示した[6]が、これを認めるとすれば「福田K2式古段階」という型式名も再考せざるをえない。

　前述のように、2本沈線磨消縄文土器は泉拓良・玉田芳英によって「中津Ⅲ式」として設定され、その後岡山県福田貝塚の報告するに至って、「山内清男は2本沈線によるものも福田K2式と認識していた」（泉1989）として「福田K2式古段階」と改名した（玉田1989）。これは『縄文土器大成3』、『縄文土器大観4』に受け継がれ、現在では『中津Ⅲ式』の名称はほとんど使われない。しかし、植田文雄は、山内が福田K2式としていたとはいいきれないこと、福田K2式を規定するもっとも特徴的な要素は3本沈線であることを理由に「中津Ⅲ式」の名称を主張している（植田1990）。また、鈴木徳雄は型式的な連続性からみて「中津Ⅲ式」と呼ぶのが妥当、としている（鈴木徳雄1993）。

　五明田段階の土器は、沈線末端が途切れるものの、全体の文様は中津式以来のJ字文の意匠が色濃く残っている。福田貝塚の典型的な福田K2式では各意匠が拡大して接し合うことが多く同一意匠の繰り返しはないが、五明田段階では同一意匠の繰り返しが基本である。前稿（柳浦2000a）ではこの特徴を中津式の連続性と捉え、「中津Ⅲ式」と呼ぶように主張した。これについて大方の同意は得られず、五明田段階に類似した土器は「福田K2式古段階」という呼称が定着している。筆者は、前稿の段階で3本沈線による福田K2式が出土しない地域では、五明田遺跡と同様な土器が広域に分布すると考え「中津Ⅲ式」を主張したわけだが、その後、このような土器群は限られた分布をするとの考えに至った（本章第4節）。このことから、前稿で「中津Ⅲ式」と呼んだ土器群を、山陰地方中部域の地域型式として捉え「五明田式」と改称する。

　平田段階の土器は、鳥取県島遺跡でも出土している。島遺跡の土器は、泉・玉田が「中津Ⅲ式」または「福田K2式古段階」の代表例とした土器である（第62図7）。しかし、この土器は波状口縁を除いた口縁部下半以下の文様は平田段階（同図6）や福田貝塚Fig16の972（同図8）と同じといってよい。島遺跡例は縄文帯幅の均一化や斜行する帯縄文など新しい要素が多く、平田段階と考えられる。

　もう一つ泉・玉田が「中津Ⅲ式」または「福田K2式古段階」の代表例とした土器に、兵庫県北部の小路頃オノ木遺跡の土器がある（第63図2）。この土器は渦巻き状J字文が円形文になり、帯縄文との主従関係がなくなっていることから、暮地段階の土器と考えられる[7]。

　前項では、平田段階や暮地段階は3本沈線の福田K2式と並行する可能性があることを述べた。これが正しいとすれば、山陰地方中部域の福田K2式並行期の土器群は、福田貝塚の「福田K2式」とは違った内容に変質しているといえる。山陰地方で3本沈線の土器が少ないのは、当該期は2本沈線土器が主体であるためで、その中に客体的に3本沈線土器が混じるのが実態と思われる。

　ここにいたっては、山陰地方の当該期土器を「福田K2式」と呼ぶにはふさわしくないと思

134

第6節　山陰地方における福田K2式並行の土器群

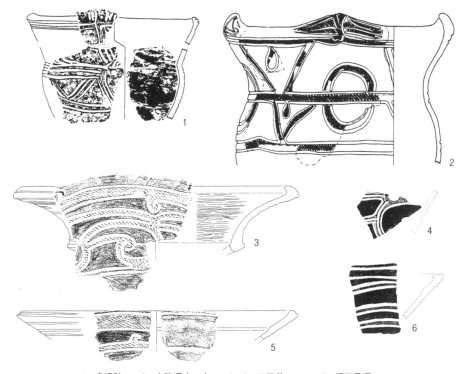

1　島遺跡　　2　小路頃才ノ木　　3・5　三田谷I　　4・6　福田貝塚
2：1/10　　3・5：1/3　　1・4・6～8：1/6

第63図　暮地式と島遺跡・小路頃才ノ木遺跡・福田貝塚資料との対比

われる。前稿では、平田段階と三田谷I段階の土器群を「福田K2式」に並行する山陰地方の土器群として「島式」と呼んだが、その後暮地遺跡（島根・仁多町教委2004）で良好な資料が得られたことから、「暮地式」と改称することにする。

前稿では、見蔵岡遺跡K2～4類（兵庫・竹野町教委1997）、島遺跡（鳥取・北条町教委1983）などを類例として、「島式」を比較的広域に分布する型式と考えていたが、現在では暮地式の主な分布を山陰地方中部域と考えている。

暮地式は、古相の部分（平田段階）と、布勢式に近いもの（暮地段階）の2段階に分けられる可能性がある。前稿では、前者を「島1式」、後者を「島2式」としたが、その後の資料を見ても両者は独立した型式名を与えるほどには明瞭ではない。そのため、本稿では前稿「島1式」を暮地式古段階、「島2式」を暮地式新段階とするにとどめておく。暮地式新段階は口縁部がかなり拡張し、布勢式直前の様相を呈していることには違いない。これを介することによって布勢式がいっそう理解しやすくなるといえよう。型式細分については、将来に期したい。

暮地式古段階・同新段階の区分が、千葉豊がおこなった福田K2式の2細分と対応するものではない（千葉1989）ことは前稿と同じである。

135

[註]

(1) 『縄文土器大観4』「中津・福田KⅡ式土器様式」の編年表20〜21を指す（玉田1989）。

(2) 波状口縁の浅鉢は従来深鉢とされてきた。五明田遺跡・平田遺跡、などで頸部が長い土器があり、深鉢とは考えられない。口縁部は深鉢口縁部と同じ形態で小片では深鉢と区別しにくいが、浅鉢は波頂部または波底部直下に渦巻き状J字文を置くが、深鉢は鉤状J字文を置くことが多いので、ある程度大きい破片であれば区別がつく。また、浅鉢は内外面をていねいに磨くので、文様と調整との組み合わせをみると比較的容易に区別できる。

(3) 口縁部の水平化により、文様は第58図4→5と変化したと思われる。

(4) 福田貝塚資料の第62図2は口頸部に鉤状J字文、同図3は胴部に渦巻き状J字文がおかれ、五明田段階（同図1）の口頸部文様・胴部文様とそれぞれ対比できる。

　　また、福田貝塚資料の同図5は左側に渦巻き状J字文と思われる文様がみられ、それに帯縄文が取り付いている。これは付加文があることや帯縄文の位置がやや下という違いがあるものの、同図4の文様の下部と判断できる。

(5) 平田遺跡第62図6と福田貝塚資料（同図8・9）は、頸部に鉤状J字文から変化したと思われる、鋸歯状に描かれた帯縄文がみられ、胴部には複数の帯縄文が取りついた渦巻き状J字文がおかれる、などの共通項がある。

(6) 第58図7に示した五明田遺跡の土器は、3本沈線の磨消縄文土器で、従来の見解では福田K2式新段階（玉田1989）に分類される土器である。しかし、この土器は縄文帯の幅が広く、意匠も渦巻き状J字文がしっかりと描かれており、福田K2式新段階とすることはできない。これは、五明田式の段階から3本沈線が萌芽的に出現している状況を示しているのではなかろうか。

(7) 先に暮地式新段階の深鉢として島遺跡の土器（第60図10、第63図1に再掲）をあげた。これと福田K2式と並行が認められるなら、小路頃才ノ木遺跡の土器（第63図2）と島遺跡第60図10がともに頸部文様が鋸歯状の意匠を描いていることから、対比が可能である。

# 第3章　山陰地方の縄文集落と生業

## 第1節　中四国地方の生業概観

### 1　中四国地方の縄文集落・生業遺構概論

#### (1)　問題の所在

　中四国地方では戦前から瀬戸内地方の貝塚が注目され、津雲貝塚（京都帝國大学1920）など著名な貝塚の発掘が行われた。しかし、初期の貝塚発掘は人骨の採集を主眼としたため、集落や生業との関係は積極的に論じられてこなかったといってよい。貝塚を生業に関連づける視点は、動物考古学の確立を待たねばならない（富岡2002　石丸2008など）。また、生業に関する施設として低湿地型貯蔵穴が注目され（南方前池遺跡発掘団1956）、その後も同様な遺構が相次いで発見されたものの、これを正面に据えた研究は潮見浩1977や水ノ江1999など少数にとどまる。中四国地方において縄文時代の生業に関わる研究は低調といわざるをえず、近年ようやく生業にも目を向けはじめた状況である。生業は生存の基盤のはずで、縄文文化を考える上で避けて通ることはできない。そのため、本章で取り上げることにする。

　本章では、主に集落跡と生業関係遺構を扱うが、各論に入る前に中四国地方の集落・生業について本節で概観しておく。対象範囲を中四国地方、西日本と適宜拡げたのは、山陰地方の生業を考えるうえで、各地の状況を把握し比較することが必須と考えたことによる。なお、本章では墓制は扱わない。山陰地方や四国地方では墓坑の認定が難しく、検出された各遺構から墓を抽出することは筆者にはできない。そのため、地域全体を俯瞰して比較できない事情があることを断っておく。

#### (2)　中四国地方の生業研究の現状

　中四国縄文研究会では遺構の集成がなされ（中四国縄文研究会2010）、考古学研究会では「西日本の縄文集落」と題してシンポジウムが行われている（石丸2008ほか）。以下に、生活・生業関係の主だった論考を紹介しておく。

　住居については中国地方で山田康弘（山田康弘2002）が、徳島県域では湯浅利彦（湯浅2009）が集成し、概観している。山田の研究以後、当該地での集落は小規模に展開したという認識が定着している。また、中四国縄文研究会で縄文住居跡の集成が行われている（中四国縄文研究会2010）。

　生業に関する遺構で、当該地が全国的に注目を浴びたのは、前池南方遺跡での貯蔵穴の発掘であった（岡山・南方前池調査団1956）。全国で初めて内容物が残存した貯蔵穴（いわゆるドングリピット）が検出され、堅果類の貯蔵実態が明らかになった。また、潮見浩は岩田遺跡で低地性貯蔵穴を発掘し、貯蔵物の検討を行っている（潮見1977）。柳浦は貯蔵穴の集成を行い、残存した貯蔵物の多くが取り残しの状態であることを指摘したうえで、貯蔵方法の復元を試み

た（柳浦 2004）。

　落とし穴は、稲田孝司によって分析がなされている（稲田孝司 1993）。これ以後の発掘調査報告書では稲田の論に沿って分析・報告されている。分析は主に形態分類と、遺構の配列に関して行われている。後者は「けもの道」に落とし穴が設営され、複数が同時に設営されることによって機能を果たすことを前提にしている。中四国縄文研究会では、中国・四国地方の落し穴が集成された（中四国縄文研究会 2013）。

　富岡直人、石丸恵理子は動物遺存体から生業復元の研究を行っている。富岡は 2002 年までの動物・植物遺存体研究を概括し（富岡 2002）、研究の方向性を示した。石丸は、帝釈峡遺跡群の動物遺存体を分析し、拠点的な遺跡、キャンプ的な遺跡の存在を論じている（石丸 2008）。

　動物・植物遺存体は、低湿地、貝塚、洞窟遺跡など限られた条件下でしか残存していない。とくに山間部の遺跡では低湿地遺跡が望めないことから、広島大学が継続して発掘調査を行っている帝釈峡遺跡群への期待が大きい。

　なお、以上の情報を総合的に記述したものに、潮見浩（潮見 1999）、河瀬正利（河瀬 2006）などがある。これらは概説として記述されたものではあるが、参考にすべきことは多い。

## 2　中四国地方の集落と生業遺構

　竪穴住居は、早期段階では規模は概して長軸 4m 以下の小型で、平面形は円形が多い（第 64 図 4）。中期末から後期初頭にかけて、竪穴住居は 4m を超えるもの（第 64 図 8・9・11）が多く、それ以降は再び 4m 以下の小型住居（第 64 図 10・13）が増加する。平面形は、中期末・後期初頭段階では方形と円形または楕円形プランがほぼ 1：1 であるが、それ以降は方形プランが多数を占める。晩期では、4m 以上の大型住居（第 64 図 18）が増加し、方形プランのものは見られなくなる。竪穴住居はおおむね以上の変遷をたどるが、中期末から後期初頭、および晩期に大型なものが増加するという傾向がある。主柱穴は、早期の土壇原 II 遺跡（第 64 図 5）で規則的に並ぶものの、全期を通じて不規則か無柱穴の竪穴住居（第 64 図 8・15 など）が多数を占める状況である。壁溝も設置されないものがほとんどである。

　平地住居は、柱穴が円形に配されるものが早期以来、多く検出されている。竪穴住居と並存している遺跡も多いことから、両者は排除しあうものではないようである。平面形は円形またはやや楕円形を呈するものが多いが、竹田遺跡（第 65 図 2）、板屋 III 遺跡（同図 6）などのように 2 重の柱穴列がめぐる楕円形の平地住居が早期・前期にみられる。また、立石遺跡（同図 5）のように全長 16m の長大な建物跡も早期に存在する。現状では、検出数は少ないものの早期・前期段階でロングハウス的な建物が目立つ。

　平地住居は柱穴の配置から円形に復元されるものが多いが、柱穴列が整然と長方形に並ぶのは、山口県吉永遺跡（第 65 図 7）など晩期の事例に限られる。これは平面形、規格性など、後期以前の平地住居と様相が大きく違う建物跡である。地理的に当該地域の西端にあるので、西方からの影響が考えられるが、同様な平地住居が縄文時代のうちに中国地方東部地域に伝播した形跡はうかがえない。

　後期の長楕円形平地住居は、喜多原遺跡（第 65 図 8）、岡成遺跡（鳥取・米子市教委 1990）など少数みられる。これは柱穴配置が整然としており、早期・前期の長楕円形平地住居と趣を異

第１節　中四国地方の生業概観

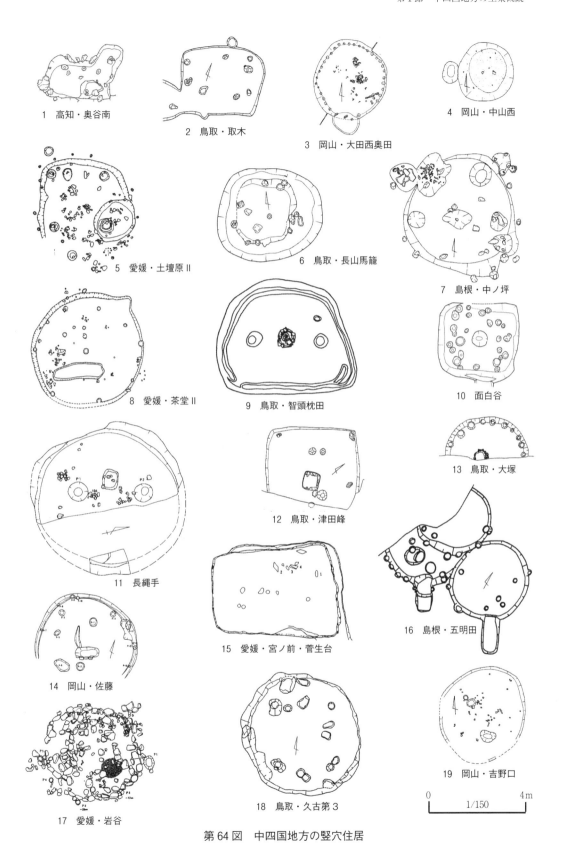

第64図　中四国地方の竪穴住居

第3章　山陰地方の縄文集落と生業

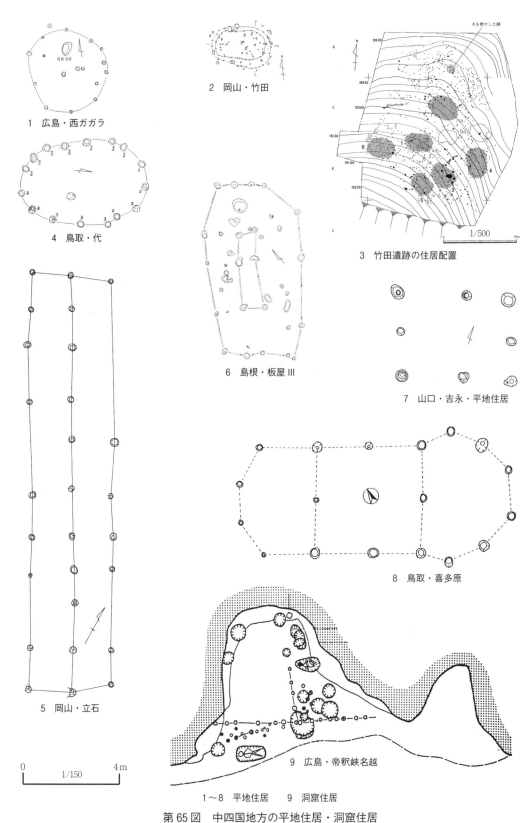

1～8　平地住居　9　洞窟住居
第65図　中四国地方の平地住居・洞窟住居

にしている。これが早期・前期の建物と同じ系譜にあるのか、周辺地域の影響で突発的に登場するのか、不明である。今のところ、後期段階では鳥取県の局地的な分布にとどまっているので、突発的な現象と思われる。

住居内の炉跡は地床炉が一般的であるが、中期末・後期初頭に石囲炉が出現する（第66図3）。石囲炉は中期末に鳥取県東部域の智頭枕田遺跡などで出現し、後期中葉に島根県西端部の大蔭遺跡に達する。時期が下るにつれて西進する状況が窺えるが、当該地に石囲炉が定着する様相はない。東方から伝播したものの、当該地域で在地に消化した状況を想定したい。

屋外炉は、早期・前期段階では集石炉が設営される（第66図2）。とくに早期の事例が多い。集石炉は前期段階では減少し、月崎遺跡（山口県 2000）が前期中葉〜後葉と比較的新しい時期の事例である。地床炉は早期以来一般的であるが、下山遺跡（島根県教委 2002a）など、前期段階から群集する遺跡がある。地床炉の群集状態は、時期的な累積の可能性もあるものの、近接して群集した状態は単独の炉跡と違った意味が見いだせる可能性がある。この状態を集中的に熱加工または処理作業が行われたと考えたいが、対象物や加工方法など検討されたことはなく、具体的な作業状況が想定されていない。石皿・磨石等の調理具を含めて、食物の加工・調理体系を複合的に考察すべきかもしれない。

貯蔵穴のうち、貯蔵物が残存する低湿地型貯蔵穴は目久美遺跡など中期前葉から出現する。ただし、九州の東名遺跡（佐賀市教委 2009）などの例を考えると、将来中国地方でも早期の貯蔵穴が発見される可能性はある。

低湿地型貯蔵穴は、後晩期に増加する傾向にある。南方前池遺跡（第66図4　岡山・南方前池遺跡発掘調査団 1956）では、全国で初めて貯蔵物が残存した状態で検出された。第66図4の貯蔵穴では貯蔵状態がわかる状況で検出され注目されたが、このような良好な状態で検出されるのは稀で、西日本の低湿地型貯蔵穴の多くは貯蔵物の取り残し状態である（柳浦 2004）。貯蔵物は主に堅果類で、貯蔵穴内に直接保管された場合もあると思われるが、籠残欠が出土することも多く、正福寺遺跡（福岡・久留米市教委 2008）のように籠に入れられて保管されることも一般的だったかもしれない。また、稀に土器内に入れられた例がある（第66図5）なお、南方前池遺跡では木皮によって閉塞された状態で検出された。同様な閉塞状況には、岩田遺跡（山口・潮見 1977）、三田谷Ⅰ遺跡（島根県教委 2000a）などがある。

貯蔵穴そのものは円形の土坑で、内容物が残存しない場合、遺構の性格を把握することは困難である。とくに丘陵地など乾燥地に立地するものは貯蔵物が残らず、貯蔵穴と判断することは難しいが、郷路橋遺跡（島根県教委 1991）・家ノ後Ⅱ遺跡（島根県教委 2007a）などでは炭化した堅果類が出土し、貯蔵穴が低湿地にばかり立地するものではないことを示している。家ノ後Ⅱ遺跡などは、整った円形で、他の土坑より大きい印象がある。やや大きめの円形土坑は、ひとまず貯蔵穴と疑ってみる必要があるのかもしれない。

落し穴は、遺物がほとんど出土しないため時期判定が難しいが、早期から晩期まで設営されているようである（中四国縄文研究会 2013）。当地の落し穴は、平面形が円形または長方形で径または長軸 1.2〜1.5m 程度の規模のもの（第66図10・11）がほとんどで、第66図8のような長軸4m 近くの細長い落し穴は少ない。前者の底面には小ピットが設置されるものがほとんどで、同図10のように複数のピットが設置されるものもある。

141

第3章 山陰地方の縄文集落と生業

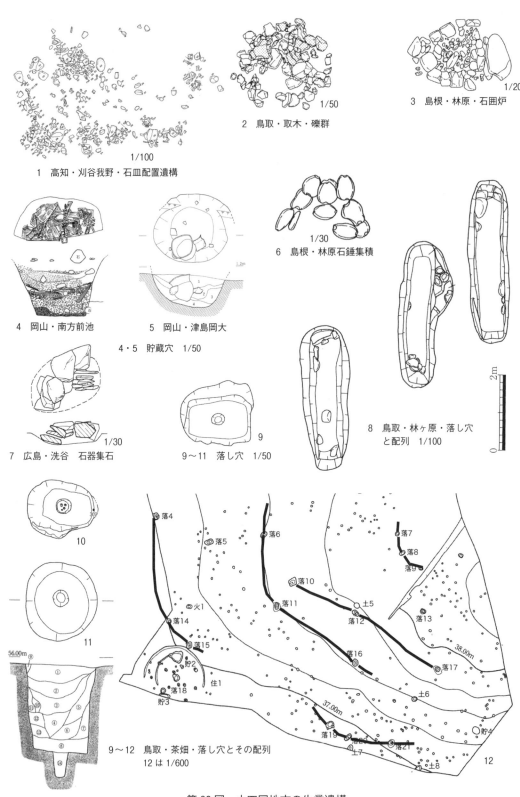

第66図　中四国地方の生業遺構

落し穴は、鳥取県西部の大山山麓で非常に多く検出され、妻木晩田遺跡では724、越敷山遺跡では344、青木遺跡では228を数える（中四国縄文研究会2013）。このほかの地域では検出数が少なく、大山山麓の多さが際立っている。ここが猟場としてとくに適していたことを示しているのかもしれない。

　落とし穴は、妻木晩田遺跡など一遺跡で多数検出された事例が鳥取県で多くみられるものの、数百もの落し穴が一時期に作られたとは考えにくい。これらは、長期間の累積の結果と考えるべきであろう。一遺跡で1個のみ検出された例も多いが、この遺構を「罠」と考えた場合、単独の設置では効果は薄いように思われる。複数個を計画的に配置することによって、期待される効果が発揮できるのではなかろうか。これは、列状に配された落とし穴群から窺うことができよう（第66図12）。1〜2だけ検出された遺跡を除外すると、一遺跡中3〜5の検出例がもっとも多く、次いで6〜11検出された遺跡が多い。一方、15以上検出された遺跡は激減するので、多数検出の遺跡は一般的とはいいがたく、一遺跡で15以上検出された場合は時期的累積の可能性が高いと思われる。林ヶ原遺跡（鳥取県教育文化財団1984）では同規模・同形の落し穴3が配列している（第66図8）ことからも、一時期に設置された落とし穴の数は3〜11が適正と考えられる。

　貝塚は、岡山県で44か所、広島県で12か所発見されているが、その他の県では1〜6か所の発見にとどまっている。瀬戸内海では、早期中葉・黄島式の下位層ではヤマトシジミが多く、上位層からはハイガイ、ハマグリ、カキが多く出土するという。早期中葉〜後葉の間に、瀬戸内海が汽水域から海水域に変わったという見解は、定着しつつある（河瀬2006）。これ以後の貝塚は、岡山・広島・山口では海浜差砂泥性の貝類が主体となるが、大橋貝塚・沼貝塚・矢部奥田貝塚などで汽水性のヤマトシジミが主体で、河口域での生活が想定される。

　一方、島遺跡（中期　鳥取・北条町教委1983）、佐太講武貝塚（前期　島根・鹿島町教委1994）ではヤマトシジミ主体の貝層が検出されており、山陰沿岸では潟湖を基盤とした生業を窺うことができる。

## 3　草創期・早期の集落と生業遺構

　**住　居**　当該地域内では草創期の遺跡そのものが少なく、検討できる遺構はほとんどないのが実情である。わずかに奥谷南遺跡（高知県埋文センター2001）で1棟が検出されている（第64図1）が、平面形が不整形で住居とは断定しづらいようである。

　早期の住居は、比較的古くから竪穴住居と平地住居が併存していた可能性がある。取木遺跡（鳥取・倉吉市教委1984）では、一辺約3mの竪穴住居（第64図2）の近隣に柱穴群が検出されており、平地住居と推定されている。

　竪穴住居は、中山西遺跡（第64図4　岡山県史編纂委1986）、堀田上遺跡（島根県教委1991）・狩谷我野遺跡（高知・香北町教委2005）などで無柱穴の竪穴状遺構が検出されている。早期の竪穴住居は、無柱穴か柱穴の配列が不規則なものが一般的である。大田西奥田遺跡（第64図3　岡山県史編纂委1986）、松ヶ迫遺跡（広島県教委ほか1981）、泉前田遺跡・泉中峰遺跡（鳥取県教育文化財団1994）などで壁際に柱穴が並ぶが、このような住居は少数である。土壇原II遺跡（第64図5）は、主柱穴が5個配され、壁際に壁溝が、壁の外側には壁柱穴がめぐっている

（中村豊 2001b）。早期段階で規則的な竪穴住居はこれだけである。

平地住居は、西ガガラ遺跡などで柱穴が円形に配される形で復元されている（第65図1）。西ガガラ遺跡（広島大学埋蔵文化財調査室 2004）では上記の竪穴住居とほぼ同規模だが、郷路橋遺跡（島根県教委 1991）などで竪穴住居より大きな規模に復元されたものがある。平面形が楕円形の平地住居は、岡山県・竹田遺跡（第65図2　岡山県史編纂委 1986）で長径3.3～4.4m・短径2.6～3.4mを測るものが6棟検出されている（第65図3）。いずれも柱穴列が2重に配される特徴を持つ。このほか、立石遺跡（第65図5　岡山県教委 2002）で2×10間（3.4×16.6m）総柱の長大な建物跡が検出されている。

直接の住居遺構は検出されていないが、草創期以降に広島県帝釈峡遺跡群（広島・帝釈峡遺跡群発掘調査団 1976）、愛媛県上黒岩洞窟遺跡（国立歴史民俗博物館 2009）、高知県飼古屋岩陰遺跡（高知県教委 1983）、同奥谷南遺跡（高知県埋文センター 2001）では草創期以降、早期以降は穴神洞・中津川洞遺跡（愛媛・城川町教委 1975）、加茂谷岩陰遺跡群（徳島・三加茂町教委ほか 1999）などで洞窟や岩陰が利用されている。洞窟・岩陰遺跡は中国山地では帝釈峡遺跡群に52箇所の洞窟遺跡が確認されており、四国地方では28の洞窟・岩陰遺跡が発見されている。洞窟・岩陰遺跡は愛媛県西南部、徳島県西部、高知平野縁辺の山間部に集中している。

**炉跡・礫群**　早期に比較的多く検出される遺構に、被熱した礫が集積した礫群がある（第66図2）。山口県以外の各県で検出されており、十川駄場崎遺跡（高知県教委 1991）の9を筆頭に、取木遺跡で2、今佐屋山遺跡（島根県教委 1991）で2など、一遺跡で複数検出されることもある。このほか、焼土（地床炉）が各地で検出されているが、群集することはほとんどないようである。

**落し穴**　この時期の落とし穴は徳島県・高知県以外の各県で検出されており、とくに鳥取県西部の大山山麓で多い。検出数が多い遺跡では、中尾遺跡（早～前期　鳥取・倉吉市教委 1992）で672、渋山池遺跡（早期　島根県教委 1997）で26などであるが、多くは10未満の検出である。中尾遺跡や渋山遺跡など、多数検出された遺跡を俯瞰すると、谷筋または尾根縁辺に列状に配されたようである。

**貝　塚**　早期の貝塚は瀬戸内海東部に集中しており、早期の貝塚は岡山県で9、香川県で3（中四国縄文研究会 2015）が発見されている。瀬戸内海の貝塚は、ヤマトシジミなど汽水域に生息する貝で構成される貝塚と、ハイガイなど海水域に生息する貝で構成される貝塚の2者があり、瀬戸内海の成立を解明する重要な手掛かりとなっている。小蔦島貝塚（香川県教委 1983）はハイガイ・ハマグリ主体と早期前半段階での海水域拡大傾向がうかがえる。一方で、礼田崎貝塚（香川県教委 1983）、黒島貝塚（岡山県史編纂委 1986）はヤマトシジミが主体で、早期前半では未だ汽水域が広がっていたと考えられる。岡山県黄島貝塚では下層がヤマトシジミ主体、上層がハイガイなどを主とした層序で、早期中葉段階で汽水域から海水域へと転換したと思われる。

**石器製作跡**　ぶどう池遺跡（広島大学埋蔵文化財調査室 2007）、長山馬籠遺跡（鳥取・溝口町教委 1989）、十川駄場崎遺跡（高知・十和村教委 1996）などで早期の石器製作跡が検出されている。いずれも剥片石器を製作している。

**その他**　以上のほか、刈谷ヶ野遺跡（高知・香北町教委 2005）では、石皿が並んだ状態で出

土しており（第66図1）、堅果類の集中的な加工が窺える

## 4 前期〜中期の集落と生業遺構

**住 居** この時期の竪穴住居数は少なく、前期の竪穴住居は、長山馬籠遺跡（鳥取・溝口町教委1989）、中ノ坪遺跡（島根・匹見町教委1999）、谷田I遺跡（愛媛県教委1982）、中期では愛媛県・茶堂II遺跡（愛媛・一本松町教委1994）などで検出されているにすぎない。平面形は円形に近いものが多く、前期初頭・長山馬籠遺跡（第64図6）では径3.5〜4.5m、前期後葉・中ノ坪遺跡（第64図7）では径4.5m、中期前葉・茶堂II遺跡（第64図8）では径4.6mと、4mを超すものが多いが、絶対数が少ないのでこれがこの時期の一般的な規模かどうかはわからない。茶堂II遺跡は壁際に壁溝がめぐり、壁柱穴が配されている。中ノ坪遺跡では床面に大きな柱穴3が規則的に配され、壁外側に壁柱穴が並んでいるように見える。

平地住居は、代遺跡（第65図4 鳥取・溝口町教委1990）、板屋III遺跡（第65図6 島根県教委1998）などで検出されている。平面形が円形に近いものもあるが、代遺跡、板屋III遺跡などのように平面形が長楕円形を呈すものがよくみられる。板屋III遺跡では柱穴が2重に配されるものが2棟復元されており、規模は違うものの早期・竹田遺跡（第65図2 岡山県史編纂委1986）の構造とよく似る。

**炉跡・礫群** 礫群は、北原本郷遺跡（島根県教委2005c）で6、山口県・月崎遺跡（山口県2000）で5が群集しているが、全体としては散発的である。これらはいずれも前期前葉のもので、中期の礫群は未検出である。地床炉は彦崎貝塚（岡山市教委2006ほか）で17、下山遺跡（島根県教委2002a）で28など、前期段階で群集する遺跡も見られる。

**貯蔵穴** 残存物が出土した確実な貯蔵穴は、今のところ前期前葉の郷路橋遺跡（島根県教委1991）を最古とするが、陰田第1遺跡（鳥取・米子市教委1984）が前期前葉の可能性もある。中期には佐太講武貝塚（島根・鹿島町教委1994）など、山陰側で散見されるようになり、目久美遺跡（鳥取・米子市教委1986）では中期前葉に48の貯蔵穴が群集しているのが注目される。貯蔵物は、郷路橋遺跡でトチの実が出土しているが、その他はドングリ（カシ類?）を中心としているようである。

**落し穴** この時期の落とし穴は鳥取県、島根県でおもに検出されているが、その他の地域では前・中期に限定できそうな落とし穴は検出されていない。化粧川遺跡（鳥取県教育文化財団2005）の104が1遺跡の最多検出数で、その他では10未満が検出された遺跡が多い。早期同様、丘陵または台地の縁辺部に列状に設置されることが多いようである（第66図12）。

**貝 塚** 前期では、岡山県で大橋貝塚、羽島貝塚ほか24遺跡、そのほかは広島県大門貝塚・太田貝塚、山口県神田遺跡、香川県南草木貝塚、同院内貝塚、島根県佐太講武貝塚、鳥取県島遺跡などで貝塚が形成される（中四国縄文研究会2015）。早期と同じく岡山県東部で集中する傾向にあり、他の地域では散漫で、四国では香川県以外ではこの時期に貝塚は形成されていない。瀬戸内の貝塚では、基本的には海産性の貝類を主としている。鳥取県島遺跡でもこの時期海産性の貝を主体とするが、島根県佐太講武貝塚では汽水性のヤマトシジミを主とした構成で、これは遺跡が潟湖縁辺に立地していたこことに起因する。

中期の貝塚は、里木貝塚、船元貝塚など、岡山県東部で前期から引き続き形成される一方

で、太田貝塚、下迫貝塚など、中期に西部瀬戸内でも貝塚の分布が拡大する傾向が窺える。ま
た、山口県潮待貝塚、愛媛県江口貝塚でも中期に貝塚が形成されている。この時期、山陰側で
は島遺跡が唯一の貝塚例である。中期段階では汽水性のヤマトシジミを主体とする構成で、前
期段階で海水性貝類が混じることと対照的である。

**石器製作跡**　前期初頭の長山馬籠遺跡（鳥取・溝口町教委 1989）で、2棟の竪穴住居で石器
製作が行われた痕跡がみられる。ともに、隠岐産出の黒曜石を主に利用した剥片石器を製作し
たと考えられている。また、前期中葉の岩塚 II 遺跡（島根県教委 1985b）では隠岐産黒曜石の
ほか、香川県産サヌカイト、姫島産黒曜石が利用され、剥片石器が作られている。

**その他**　帝釈峡遺跡群のほか、サルガ鼻洞窟遺跡（島根県古代文化センターほか 2009）で中期
前半を中心とした居住痕跡が認められる。これは海蝕洞窟を利用した稀有な例である。

## 5　後期〜晩期の集落と生業遺構

**住　居**　中期末・後期初頭以降、当該地域の住居は増加するものの、その検出状況はやはり
散在的である。中期末〜後期初頭の智頭枕田遺跡（鳥取・智頭町教委 2006）では 11、同時期の
矢野遺跡（徳島県教委ほか 2003）では 3時期にわたり 31、晩期の宮ノ本遺跡（徳島県教委 2008）
では 11 の竪穴住居が密集するが、これらは中四国地方東辺における特異な例といえよう。

中期末から後期の竪穴住居は、長縄手遺跡（岡山県文化財保護協会 2005）、大塚遺跡（鳥取・
名和町教委 1981）のように平面形が円形または楕円形を呈すものもあるが、多くは方形または
隅丸方形プランである。五明田遺跡（第 64 図 16　島根・飯南町教委 2010）、前田中遺跡（島根・
匹見町教委 1995）では円形プランの一部に突出して施設が付され、柄鏡様の平面形を呈すもの
もある。四国地方では長方形プランの竪穴住居が特徴的（第 64 図 15）で、長縄手遺跡など中
国地方でも散見される。中期末〜後期初頭では径または一辺が 4m を超えるものが多いが、
以後は 4m 未満の小型が増加する傾向にある。

柱穴は勝負遺跡（島根県教委 2007d）などで規則的に配列されたものがあるが、不規則か無
柱穴のものが多い。智頭枕田遺跡、長縄手遺跡では、中期末〜後期初頭に炉を挟んで 2本の
主柱穴が配される竪穴住居が特徴的である。ほかに、大塚遺跡、五明田遺跡のように壁柱穴が
並ぶものもある。壁溝は設けられないものが多く、智頭枕田遺跡（第 64 図 9）は稀な例である。

中期末から後期の竪穴住居は、焼土（地床炉）や浅い土坑が床面に作られ、これらが炉跡と
考えられる。このほか、石囲炉が中期末に登場する。石囲炉は、鳥取県東端の智頭枕田遺跡で
は中期末、島根県東部・林原遺跡（第 66 図 3　島根県教委 2007c）では後期前葉、島根県西部・
大蔭遺跡（島根・津和野町教委 2010）では後期中葉と、時期が下るに従って西進する様相がみ
られる。ただし、石囲炉が優勢になる状況にはなく、地床炉が一般的である。

晩期の竪穴住居は、円形または楕円形プランで径 4m 超の比較的大型の竪穴住居が一般的と
なる。無柱穴や柱穴が不規則に並ぶものが多い（第 64 図 19　山口県教委ほか 1995）が久古第 3
遺跡（第 64 図 18　鳥取県教育文化財団 1984）のように柱穴の配列が整然としたものがある。屋
内に炉跡が設置されることは少ないが、庄遺跡（徳島県教委ほか 1999）では石囲炉が設置され
ている。

平地住居は、後期では勝負遺跡（島根県教委 2007d）、北原本郷遺跡（島根県教委 2005c）、喜

多原遺跡（鳥取・米子市教委 1990）、晩期では吉永遺跡（山口県埋文センター 1999）、鳥取県・上菅荒神遺跡（鳥取県教育文化財団 1999）などで検出されている。柱穴が楕円形または円形にめぐるものが多いが、吉永遺跡（第 65 図 7）のように 1 間×2 間と規則的に柱穴が配されるものは少ない。また、喜多原遺跡（第 65 図 8）、上菅荒神遺跡では長軸約 11ｍの長大な平地住居が検出されているが、これは鳥取県に限られるようである。

愛媛県・岩谷遺跡では後期の敷石住居が検出されている（第 64 図 17　愛媛・岩谷遺跡発掘調査団 1979）。中四国地方では唯一の例だが、導入の経緯などは不明である。

帝釈峡遺跡群は、草創期以降洞窟が利用され続けている。名越岩陰遺跡では、後期層で柱穴列や貯蔵穴など、居住の痕跡が検出されている（中越 1997）。このほか、サルガ鼻洞窟遺跡・権現山洞窟遺跡（島根県古代文化センターほか 2009）で後期段階に生活の痕跡が認められる。

**炉跡・礫群**　焼土（地床炉）は、津島岡大遺跡（後期　岡山大学埋文センター 1992 ほか）で 38、矢野遺跡（後期　徳島県埋文センター 2003）で 54、原田遺跡（晩期　島根県教委 2006a）で 25、と群集する遺跡がみられるとともに、5〜10 程度集中する遺跡も増加する。礫群は、水田ノ上遺跡（島根・匹見町教委 1991）、犬除遺跡（愛媛県埋文センター 2001）で検出されているが、早・前期の礫群とは性格が違う可能性がある。

**貯蔵穴**　貯蔵物が残存する確実な貯蔵穴は、中期末以降晩期にかけて群集する遺跡が増加する。後期では、栗谷遺跡（鳥取・福部村教委 1989a・b、1990）で 37、津島岡大遺跡（岡山大学埋文センター 1992 ほか）で 21 などが、晩期では岩田遺跡（山口・平生町教委 1974）で 33、三田谷Ⅰ遺跡（島根県教委 2000a）で 20、宮の前遺跡（岡山県教委 1976）で 41 などが、群集した貯蔵穴の代表的遺跡である。奥谷南遺跡（高知県埋文センター 2001）は 8 基で構成される中期末の貯蔵穴群でいわゆる袋状土抗である。貯蔵穴全体で見ると、土坑の形状は円筒形または皿状が多数を占め、上面での規模は最大で径 220cm、最小で径 40cm 程度を測る。

**落し穴**　鳥取県大山山麓での検出が多いが、旦山遺跡（岡山県教委 1999）、郷遺跡（山口県埋文センター 2004）などでも検出されている。大山山麓では青木遺跡（鳥取・青木遺跡発掘調査団 1976〜78 ほか）で 228 個もの落とし穴が検出されたほか、50 個以上検出された遺跡が散見されるが、一遺跡では 10 個未満の検出例が多い。

**貝　塚**　後期には、岡山県で福田貝塚、津雲貝塚、彦崎貝塚、広島県で洗谷貝塚、馬取貝塚、山口県で潮待貝塚、神田遺跡、徳島県で城山貝塚、愛媛県で平城貝塚、高知県で宿毛貝塚など、西日本で著名な貝塚が形成される（中四国縄文研 2015）。やはり岡山県に貝塚が集中するが、後期段階では山陰地方以外の中四国地方一円で貝塚が形成されている。とくに広島県での増加が目立つ。

晩期では貝塚の数は減少し、新たに形成されるのは中山貝塚（広島・松崎・潮見 1960）、中村貝塚（高知・木村 1987）など少数である。このうち、中山貝塚は晩期終末である。

後晩期の貝塚は、いずれも海水性の貝類を主体としており、汽水性の貝類を主としたものはない。

**石器製作跡**　後期の林原遺跡（島根県教委 2007c）などで剝片石器製作が、晩期の三谷遺跡（徳島市教委 1997）で石棒製作が行われている。林原遺跡では隠岐産黒曜石、香川産サヌカイトが主な石材として利用されている。三谷遺跡の石棒製作は、吉野川流域産の結晶片岩を利用

している。また、後期・馬島亀ヶ浦遺跡（愛媛県埋文センター 1999）では打製石斧を製作した形跡がある。

このほか、後期の林原遺跡、洗谷貝塚（広島・福山市教委ほか 1976）、岡山津島岡大遺跡（岡山大学埋文センター 2004）、六つ目遺跡（香川県埋文センター 1999）、田ノ浦遺跡（山口県埋文センター 2007）、晩期の馬島亀ヶ浦遺跡などでは、石器母材を集積した遺構が検出されている（第66図7）。林原遺跡、洗谷遺跡では土坑内に集積されていた。林原遺跡では隠岐産黒曜石が、田ノ浦遺跡では姫島産黒曜石が、洗谷貝塚、六つ目遺跡では香川産サヌカイトが集積されている。

**石錘集積**　後期の五明田遺跡（島根・頓原町教委 1991）で 10 個、林原遺跡で 10 個と 11 個の石錘が集積された状態で出土した（第66図6）。一網の石錘使用単位が窺われる資料である。

## 6　中四国地方における縄文時代の生業

### (1)　概　観

中四国地方ともに、生業の根幹は植物資源だったと考えられる。これに、沿岸・河川で捕獲される魚介類が加わって、縄文時代の主要食糧となっていたと考えたい。

沿岸域での漁労は小規模な網漁、刺突漁が中心だったと思われ（富岡 2002、石丸 2008）、外洋域での積極的な漁労はうかがえない。クジラ・イルカ・マグロなどの大型種は、沿岸に打ち上げられた時に捕獲される程度だったのではなかろうか。

陸棲哺乳類は、山間部・沿岸部ともにイノシシ・シカを中心とした狩猟であるが、帝釈峡遺跡群、上黒岩遺跡での種類の多さは潮見浩がいうように「食べられる動物は、手当たり次第に捕獲した」（潮見 1999）状況を示しているように思われる。沿岸部では、魚種の多さがそれに対応すると考えられる。

イノシシ・シカは、遺跡によって部位に偏りがみられる。帝釈峡遺跡群では、観音堂・弘法滝・名越で全身部位が出土しているのに対し、穴神・白石・猿穴などでは末節骨や小骨片が中心である。また、瀬戸内沿岸の福田貝塚彦崎貝塚・彦崎貝塚などは前者に近く、江口貝塚・萩ノ岡貝塚などは後者に近い組成であるという（石丸 2008）。石丸は観音堂・弘法滝・名越を拠点的集落、穴神・白石・猿穴などを狩猟キャンプと想定している。

山陰地方の目久美遺跡や小浜洞窟遺跡ではイノシシ・シカは四肢骨が主な組成だが、島根県松江市西川津遺跡では全身部位が出土している。イノシシ・シカの出土部位には著しい違いが見られる。

また、小浜洞穴遺跡では骨角器・貝輪製作が行われている。骨角器の未成品や素材と考えられるものは 100 点以上にのぼり、キャンプ地での補修・補充とは思われない数である。貝輪もキャンプ地で製作される可能性は低いのではなかろうか。小浜洞穴遺跡も臨時的なキャンプ地ではないと考えたい。

目久美遺跡・小浜洞穴遺跡の出土部位の偏りは、四肢などの有用部位が選択的に集落外から持ち込まれたことを示すと思われる。その場合、直接的な遠隔地での狩猟か、集落間の交流、が想定される。

遠隔地から搬入されたことがわかる資料は、帝釈峡遺跡群のハマグリ、アワビ、サルボウほ

か、上黒岩洞窟のハマグリ、ハイガイなどがある。帝釈峡遺跡群から出土した貝輪などの貝製品は大部分が海産である（稲葉・河瀬 1979）。帝釈峡から瀬戸内海までは約60km、上黒岩洞窟から瀬戸内海まで約40kmと、日常的に往来できる距離ではなく、これらの遺物は沿岸部との交流の結果と考えられる。

### （2） 採集・狩猟・漁労の対象

**堅果類・根茎類ほか**　貯蔵穴から出土した堅果類は、渋抜きが必要なドングリ類（アカガシ・シラカシ・アラカシ）と報告されている。山陰ではアカガシが、山陽ではシラカシ、アラカシなどが優勢という報告であるが、これらはイチイガシの可能性があり、再度検証の必要があるという[1]。生食可能なスダジイ・クリは限定的である。トチは全体的には少ないものの、三田谷Ⅰ遺跡のように一つの貯蔵穴にまとまって出土した例があり、他のドングリと分けて貯蔵された可能性がある。クルミは比較的多いものの、カシ類ドングリに比べると少ない印象がある。このほかヒシ、カヤなどの可食植物種子が出土しているが主体的ではない。

花粉分析の結果を参考にすると、中四国地方は遅くとも縄文時代前期には照葉樹林帯の植生となったと考えられる（渡邊 2002 ほか）。貯蔵穴の貯蔵物はこれを反映しており、堅果類の同定結果もこれを支持している。

貯蔵穴からは、量は少ないもののトチが出土する例が多い。トチは現在では沿岸部に自生しないとされるが、花粉分析では平野部でも一定量トチの花粉が含まれており、当時は沿岸部でも自生していた可能性が高い。このことから、沿岸部から山間部への収穫遠征などを考える必要はないと思われる。

根茎類は、津島岡大遺跡（岡山大学埋文センター 1994）で土器付着物として出土しており、ユリ根と同定されている。また、同定はされていないが、貝谷遺跡（島根県教委 2003a）でも同様な土器付着炭化物が出土している。ユリ根の出土例は少ないが、収穫期が初夏という植物質食糧の欠乏期に相当するので、食糧として重要な資源だったと想像される。このほか、ジネンジョなどの根茎類も食糧とされていたと想像されるものの、今のところ利用された証拠は出土していない。このほか、鳥取県・目久美遺跡では前期土器にニワトコの実が炭化して付着した例がある。

**沿岸部の漁労・狩猟対象**　魚類では、スズキ・クロダイ・マダイ・フグが主な魚種である。瀬戸内側ではこれにエイが加わる。山陰側の佐太講武貝塚ではコイ・フナ類が多数を占める。彦崎貝塚など水洗選別された遺跡では、イワシ、サッパなどの小魚も検出されており、小型魚種も主な漁労対象となっていたと思われる。いずれの遺跡でも、マグロなどの大型魚種は出土数が少ない（石丸 2008　柳浦 2012a ほか）。

貝類は、岡山県・広島県沿岸の遺跡ではマガキ、ハイガイ、ハマグリなどが主であるが、愛媛県や山陰沿岸ではアワビ、サザエなど岩礁性の貝類が一定量含まれている。また、矢部奥田貝塚、佐太講武貝塚、島遺跡などではヤマトシジミが主体である。これは、貝塚形成当時の海浜地形が反映していると考えてよい。

海棲の哺乳類は、江口貝塚でイルカ、彦崎貝塚でスナメリ、小浜洞穴でアシカ、津雲貝塚・島遺跡でクジラの一種、などが少数出土している。

第3章　山陰地方の縄文集落と生業

陸棲哺乳類は、イノシシ、シカ、タヌキ、アナグマ、ノウサギなどを中心に、ネズミ、ムササビなどの小型動物の骨も出土している（島根・鹿島町教委1994）。鳥類、爬虫類、両生類は、出土量が少ない。出土した遺存体からは、他地域同様、イノシシ、シカが主要な捕獲対象であったことがわかるが、山間部の帝釈峡遺跡群では哺乳類18種が出土しているが、沿岸部では哺乳鋼は11種と少ない傾向にある（石丸2008）。沿岸部では、魚種の多さがそれに対応すると考えられる。

**山間部の漁労・狩猟対象**　魚類では、帝釈峡遺跡群では、コイ、ナマズなどの淡水性魚類が出土しているほか、カニ類の出土が目立つ。帝釈峡・弘法滝洞窟など、水洗選別が行われた遺跡では、サケ科の魚骨が出土しており、サツキマスの可能性が指摘されている。サツキマスは、昭和初年には広島県・太田川で約10tの漁獲量があったという（石丸2006）。貝類は、帝釈峡遺跡群でカワシンジュ、カワニナが主に出土している。

哺乳類はイノシシ・シカを中心として、帝釈峡遺跡群では18種、上黒岩遺跡では17種の哺乳類が出土している。これらには、少数ながらカモシカやツキノワグマも含まれている。ネズミ類・モグラ類などの小動物をはじめ、カエル類・オオサンショウウオ・カメ類・ヘビ類の両生類・爬虫類が多いことが特徴的で、鳥類も沿岸部に比べ種類が多い。

**漁労具・狩猟具**　石錘、石鏃、槍先などの石器、ヤス状の刺突具、釣針などの骨角器が出土している。骨角器ではこのほかに、上黒岩遺跡で槍先が出土しているが、1点にとどまっている。釣針は帝釈峡観音堂洞窟、津雲貝塚などで全長5cmを超えるものがあるものの、出土数は限られている。骨角器を見る限り、釣漁は低調だったようである。それに対してヤス状の刺突具は島根県・小浜洞穴遺跡など、出土例は多い。石錘は、五明田遺跡、林原遺跡で10個前後が集積状態で検出されており（第66図6）、この程度が一網の使用単位だったと考えられ、比較的小さな網を使用していたと思われる。

[註]
(1) 2016年11月に、佐々木由香氏に教示を得た。

# 第2節　山陰地方における縄文時代後・晩期の集落景観

1990年までに島根県内で実施された縄文遺跡の発掘調査は、調査面積が狭い点的な調査か、道路建設・河川改修に伴うような線的な調査にとどまっていた。このような調査では、たとえ住居跡が検出されても集落を構成する施設が出揃うことがなく、集落を構成する諸施設が「隣接する調査区外に存在する可能性がある」と推測するのが限界であった。このような状況の中で、遺跡全域を発掘調査対象とする志津見・尾原地区（第67図）でのダム建設予定地内発掘調査は、島根県のみならず、中四国地方の縄文時代を研究する上で、画期的な成果を上げたものとして高く評価されるであろう。

しかしながら、尾原ダム建設予定地内の発掘調査が終了した段階でも、未だに集落を構成する諸遺構が明瞭な形で検出されたことがない。集落の中核となるべき住居跡の検出は限られ、遺構の多くは土坑である。これに土器などの遺物が大量に出土する状況が続いている。

第 2 節　山陰地方における縄文時代後・晩期の集落景観

遺跡のほぼ全域を発掘しながら縄文集落の全貌が現れないのは、当地では本来的に集落が営まれなかったのであろうか。遺物の出土量をみると、各遺跡が「集落跡でない」と言い切ることは筆者には到底できない。恐らくは、①後世の自然作用によって消滅　②現在の発掘技術では検出困難な遺構が存在する　③検出遺構の性格について検討不十分　が原因ではないかと想像する。

本節では 1990 年〜2007 年まで実施された志津見・尾原地区の発掘調査で検出された遺構について、特に

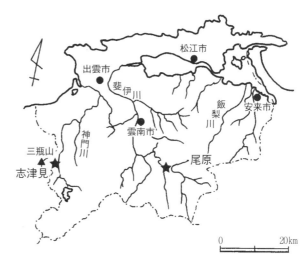

第 67 図　志津見・尾原地区の位置

③を検討して、当地の後・晩期縄文集落の復元を試みることにする。ここで特に後・晩期に時期を限定するのは、志津見ダム地内で悉皆的に発掘調査されたのが後・晩期で、前期以前の層第 2 ハイカ以下は工事が影響を与える場合に限られた。また、中期のデータは断片的であり、志津見地区全域の分析ができない。本稿では、志津見地区と尾原地区で集落のあり方を検討するが、両者を同等に分析するために後・晩期に限った。

## 1　遺跡の消長と集落の形態

**志津見地区**（第 68 図）　神戸川は、中国山間地の飯石郡飯南町赤名を源流として出雲市西園町の大社湾に注ぐ、全長約 81km の 2 級河川である。遺跡群は、上流域の神戸川やその支流に沿って点在する河岸段丘に立地する。縄文遺跡は現在までに 25 遺跡確認され、10 遺跡について発掘調査が行われている。ここでは、内容が明らかにされた 9 遺跡を取り上げる。これらの遺跡の分布範囲は、南北約 6km、東西約 2km である。

この地域は、東約 6km に位置する三瓶山の噴火による影響を直接受けている。板屋Ⅲ遺跡の発掘調査（島根県教委 1998）で 4 層の火山灰層が確認されて以来、これらの火山灰を意識した発掘調査が行われた。三瓶山起源の火山灰は、上位から三瓶大平山火砕流・火山灰層（通称第 1 ハイカ　3600 ± 75 〜 3795 ± 35yB.P　$^{14}$C 年代　以下同じ）、三瓶角井降下火山灰層（通称第 2 ハイカ　4480 ± 110 〜 4780 ± 100yB.P）、三瓶切割降下火山灰層（通称第 3 ハイカ　10880 ± 70yB.P 〜 10880 ± 70yB.P 間に堆積）、三瓶浮布降下軽石・火山灰層（14780 ± 350 〜 16400 ± 190yB.P）の 4 層である（角田 2009）。土器型式の対比では、第 2 ハイカ下部の最新型式は彦崎 Z2 式、同上部の最古型式は大歳山式で、この間に噴火があったことがわかる。一方、第 1 ハイカは、火山灰上に堆積した層の最古型式は崎ケ鼻 2 式であるが、下山遺跡（島根県教委 2002a）・貝谷遺跡（同 2000b）・神原Ⅱ遺跡（同 2000c）などで少数ながらハイカ下の層からも崎ケ鼻 2 式が出土している[1]。崎ケ鼻 2 式存続中に噴火活動があったと思われる。このうち、本稿に関わるのは第 2 ハイカ以上の層である。

第3章　山陰地方の縄文集落と生業

　各遺跡の地理的な関係は、上流から①五明田遺跡（頓原町教委1991・1992、飯南町教委2010）・森遺跡（島根県教委1994、飯南町教委2009　同一河岸段丘に立地）、②小丸遺跡（島根県教委2000c）、③板屋Ⅲ遺跡・神原Ⅰ・Ⅱ遺跡（隣接するか同一河岸段丘）、④貝谷遺跡、⑤下山遺跡（神戸川と角井川の合流点）が約1.3kmから2kmの間隔で位置する。②小丸遺跡は、距離的には森遺跡に近い。⑥万場Ⅱ遺跡（飯南町教委2007）は角井川上流にあり、下山遺跡から直線距離で約2.5km、神原Ⅱ遺跡から同じく約2kmの距離であるが、万場Ⅱ遺跡と神原Ⅱ遺跡の間には比高差約150mの急峻な山があり、下山遺跡との連絡がより容易である。

　各遺跡の動態を知るために、各報告書に掲載された土器のうち型式の判断ができたものを数え[2]、第7表に示した。大雑把にみると、①・②五明田・森遺跡・小丸遺跡（八神区域）、③神原Ⅰ・Ⅱ遺跡・板屋Ⅲ遺跡（志津見区域）、④・⑤・⑥貝谷遺跡・下山遺跡・万場Ⅱ遺跡（角井

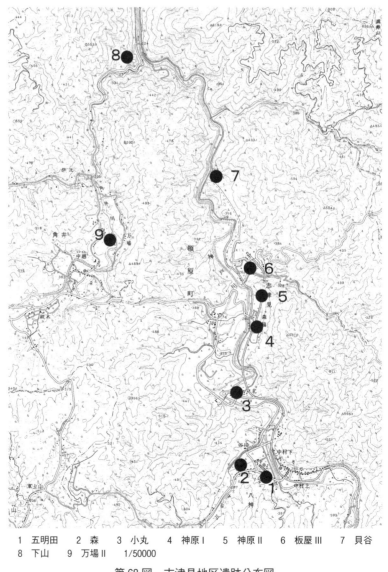

1　五明田　2　森　3　小丸　4　神原Ⅰ　5　神原Ⅱ　6　板屋Ⅲ　7　貝谷
8　下山　9　万場Ⅱ　1/50000

第68図　志津見地区遺跡分布図

152

区域）の３つの区域で主に展開しているように思われる。各遺跡は個別には断続的だが、それぞれの区域で時期的に補完し合っている。①・②の八神区域では中津式から崎ケ鼻１式まで、沖丈式を挟んで空白期があり、権現山式（新）から晩期後葉までの継続が認められる。崎ケ鼻２式期で突発的に小丸遺跡が興隆する。③の志津見区域では、中津式から五明田式期は神原Ⅱ遺跡が、権現山式（古）の空白期を挟んで布勢式から晩期末にかけては板屋Ⅲ遺跡がこの区域を主導している。④・⑤・⑥角井区域は、中津式で貝谷遺跡が、その後は下山遺跡が主導している。万場Ⅱ遺跡は後期後〜末葉に存続している。

　第７表を通観すると、権現山式（古）期の空白が目立つ。権現山式（古）は、結節縄文の有無のみを判断基準としたため、それ以外の要素で権現山式（古）が抽出された場合はこの表が大幅に訂正されることも考えられる。しかし、この時期の代表的文様である結節縄文土器が下山遺跡の１点のみにとどまるのは、この時期に空白期が存在したと考えざるをえない。この空白期は、三瓶山の噴火時期と一致しない。縄文後期段階の三瓶山噴火は、前述のごとく崎ケ鼻２式期中と考えられるので、遺跡の空白期はその後ということになる。この空白期は、志津見地区遺跡群に居住した集団の交代を意味するかもしれない（高松・矢野1997）。

　その一方で、三瓶山噴火はこの地に甚大な被害を与えたと考えられるものの、人間活動の回復は早かったと思われる。下山遺跡・貝谷遺跡・神原Ⅱ遺跡などで、第１ハイカを挟んで上下層で崎ケ鼻２式が出土していることから、土器型式の連続性は認められると思う。土器型式の連続性について、筆者は、三瓶山噴火の危険を察知して非難した居住民が、噴火後（数十年のうち？）に回帰したものと想像する。数十年のオーダーは現状の土器型式では識別できない時間幅で、第１ハイカを挟んだ同一型式の存在は遺跡の連続性を示している。逆に第２ハイカでは、上層（第２黒色土）で大歳山式以後、下層（第３黒色土）で彦崎Z2式以前だけが出土するので、噴火後、それ以前とは別の集団が移住してきた可能性がある。

　**尾原地区**（第69図）　斐伊川は、中国山間地・島根県と鳥取県の県境に位置する船通山を源流として宍道湖西岸に注ぐ、全長約71.5kmの１級河川である。遺跡群は、上流域の仁多郡奥出雲町仁多・雲南市木次町に所在し、縄文遺跡は現在までに18遺跡確認され、12遺跡について発掘調査が行われている。このうち槇ヶ峠遺跡は主に落し穴遺構が検出され、集落跡とは言いがたいので本稿の検討から除外する。これらの遺跡は、南北約３km、東西約５kmの範囲で分布する。

　縄文遺跡は、槇ヶ峠遺跡を除いては河岸段丘に立地し、１〜2kmの間隔で位置している（第69図）。比較的近接する遺跡を括ると、上流から①暮地遺跡（仁多町教委2004）・寺宇根遺跡（奥出雲町教委2008　暮地区域）、②林原遺跡・原田遺跡（島根県教委2004b・2006a・2007b・2008）・前田遺跡（同2005d）（前布勢・林原区域）、③北原本郷遺跡（同2005c・2007a）・家ノ後Ⅰ・Ⅱ遺跡（同2005b・2007a）・川平Ⅰ遺跡（同2003d）・垣ノ内遺跡（同2003e　本郷区域）、④平田遺跡（木次町教委1997）・下鴨倉遺跡（仁多町教委1990　石・鴨倉区域）の区域にまとめられる。平田遺跡と下鴨倉遺跡は約1.5kmの距離があるが、前者が斐伊川本流とその支流阿井川が合流する地点、後者が阿井川流域にあることから、両者の親縁性を考えることができよう。

　尾原地区では、５遺跡で中津式が出土しているものの出土数は少なく、出土数が目立つのは五明田式以後である（第７表）。土器型式からは①〜④の各区域内で補完関係がうかがえる。

第7表　志津見・尾原地区各遺跡の消長

| 地区 | 地区番号 | 遺跡名 | 調査区 | 中津 | 福田K2（古） | 福田K2（新） | （布勢） | 津雲A | 彦崎K1 | 四元 | 彦崎K2 | 彦崎K2 | 福田K3 | 福田K3 | 後末～晩前 | 篠原 | 突帯文 | 突帯文 |
|---|---|---|---|---|---|---|---|---|---|---|---|---|---|---|---|---|---|---|
| | | | | 中津 | 五明田 | 暮地 | 布勢 | 崎ケ鼻1 | 崎ケ鼻2 | 沖丈 | 権現山（古） | 権現山（新） | 元住吉山Ⅱ | 宮滝 | | 原田 | 古 | 新 |
| 志津見 | 1 | 五明田 | 1991 | 15 | 183 | 5 | 4 | 1 | | | | | | | | | 1 | 4 |
| | | | 1992 | 7 | 13 | 4 | 3 | 1 | | | | | | | | | | |
| | | | 1999 | | 4 | | 5 | 8 | | | | | | | | | | |
| | | | 合計 | 22 | 200 | 9 | 12 | 10 | | | | | | | | | 1 | 4 |
| | 2 | 森 | | | | | 2 | | | 23 | 81 | 29 | 45 | | 15 | 103 | 36 | 34 |
| | 3 | 小丸 | | 4 | 5 | 2 | | | 11 | | | | | | 15 | 4 | 5 | 24 |
| | 4 | 神原Ⅰ | | | 3 | | | 1 | | 28 | | | | | | 0 | 0 | 27 |
| | 5 | 神原Ⅱ | | 21 | 10 | 2 | 4 | 14 | 2 | | | | | | 8 | 37 | 4 | 30 |
| | 6 | 板屋Ⅲ | 2003 | | | | 2 | 1 | | | | 1 | 1 | | 5 | | | 16 |
| | | | 1998 | 7 | 2 | 2 | 15 | 13 | 12 | 31 | | | 1 | 1 | 234 | 310 | 111 | 40 |
| | | | 合計 | 7 | 2 | 2 | 17 | 14 | 12 | 31 | | 1 | 2 | 1 | 239 | 310 | 111 | 56 |
| | 7 | 貝谷 | | 88 | 19 | 6 | 52 | 27 | 15 | | | | | | 2 | 1 | 1 | 3 |
| | 8 | 下山 | | 4 | 69 | 7 | 34 | 15 | 8 | 17 | 1 | 11 | 6 | 12 | 18 | 9 | 5 | 20 |
| | 9 | 万場Ⅱ | | | | | | | | | | 21 | 93 | 90 | 8 | | | |
| 尾原 | 10 | 暮地 | | 7 | 42 | 66 | 38 | 1 | | | | | 1 | 9 | 2 | 16 | 1 | 8 |
| | 11 | 寺宇根 | | 3 | 25 | 2 | 5 | 3 | 2 | 1 | 1 | 28 | 16 | 17 | 11 | 4 | 4 | 19 |
| | 12 | 原田 | 1区 | | | | | 1 | | | | | | | 9 | 149 | 6 | 4 |
| | | | 2区 | | | 5 | 7 | 2 | | 5 | 30 | 44 | 49 | 47 | 74 | 88 | 8 | 13 |
| | | | 3・4区 | | | 3 | 7 | | | 2 | 15 | 1 | 3 | 8 | 58 | 43 | 1 | 24 |
| | | | 5~7区 | 3 | | | 4 | | | | | | 3 | 4 | 4 | 2 | 5 | 11 |
| | | | 合計 | 3 | | 8 | 18 | 2 | 10 | 20 | 34 | 47 | 57 | 61 | 145 | 282 | 20 | 52 |
| | 13 | 前田 | | 4 | 37 | 9 | 6 | | | 2 | 3 | 1 | | | | 1 | | |
| | 14 | 林原 | | | | 19 | 158 | 20 | 30 | | | | | | | | | |
| | 15 | 北原本郷 | 1~3区 | | | | 24 | 45 | 5 | 31 | 22 | 3 | 4 | | 22 | 25 | 4 | 27 |
| | | | 4・7区 | | | | 13 | 4 | 1 | 3 | 1 | 4 | | | | 2 | | 1 |
| | | | 6区 | | | | | | 2 | 4 | 1 | 4 | 3 | | 6 | 4 | 2 | 16 |
| | | | 5・8区 | | | | 7 | 102 | 41 | 9 | 6 | 3 | 11 | | 7 | 15 | 2 | 4 |
| | | | 9区 | | | | | | | 2 | | 2 | 2 | | 7 | 9 | 11 | 5 |
| | | | 合計 | | | | 31 | 160 | 50 | 12 | 46 | 27 | 24 | 2 | 42 | 55 | 19 | 53 |
| | 16 | 家の後Ⅱ | 1区 | 8 | 5 | 26 | 15 | 4 | 14 | 36 | 26 | 10 | 1 | 5 | 4 | 7 | 2 | 3 |
| | | | 2区 | | 7 | （暮地式含む） | 2 | | 12 | 6 | 10 | 85 | 15 | 56 | 12 | 59 | 20 | 18 |
| | | | 合計 | 8 | 12 | 26 | 17 | 4 | 26 | 42 | 36 | 95 | 16 | 61 | 16 | 66 | 22 | 21 |
| | 17 | 同Ⅱ | | | 2 | | 14 | | | 7 | | 9 | 1 | 1 | | 3 | 1 | |
| | 18 | 川平Ⅰ | | | | | 4 | | | 1 | | | 3 | 1 | | 1 | | |
| | 19 | 垣ノ内 | | | 7 | 2 | 5 | 2 | 1 | 9 | 1 | 3 | | 1 | | 1 | | |
| | 20 | 平田 | 第Ⅰ調査区 | | 17 | 50 | | 2 | | | | | | | | | | |
| | | | 第Ⅱ調査区 | | | | 1 | | | 17 | 21 | 22 | 1 | 1 | 1 | 3 | | 1 |
| | | | 2000 | | 1 | | 2 | | | 2 | 1 | | | | 3 | 1 | 6 | 37 |
| | | | 合計 | | 18 | 50 | 3 | 2 | | 19 | 22 | 22 | 1 | 1 | 4 | 4 | 6 | 38 |
| | 21 | 下鴨倉 | | 2 | 1 | 3 | 4 | | | 5 | 2 | 30 | | 4 | 12 | 10 | | 7 |

各報告書掲載の有文土器数をカウント。　▨ 土器20ヶ以上　▨ 同10ヶ以上

第2節　山陰地方における縄文時代後・晩期の集落景観

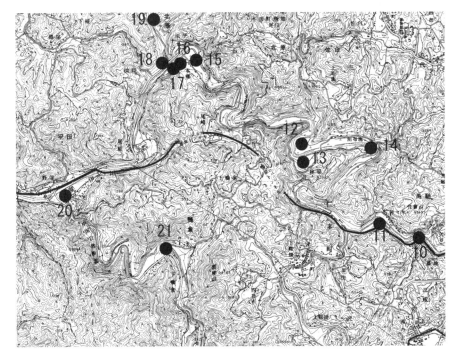

10　暮地　11　寺宇根　12　原田　13　前田　14　林原　15　北原本郷　16　家ノ後Ⅱ
17　家ノ後Ⅰ　18　川平Ⅰ　19　垣ノ内　20　平田　21　下鴨倉　国土地理院　1/50000

第69図　尾原地区遺跡分布図

①暮地区域では、五明田式から布勢式まで続けて豊富で、以後低調となり、権現山式（新）以降再び出土数が増える。②前布勢・林原区域では、五明田式〜崎ケ鼻2式にかけては林原遺跡・前田遺跡が優勢であるが、沖丈式以後は原田遺跡が主導的である。③本郷区域では、北原本郷遺跡・家ノ後Ⅱ遺跡が主導的である。北原本郷遺跡では元住吉山Ⅱ式・宮滝式期が、家ノ後Ⅱ遺跡では崎ケ鼻1式期が低調だが、両者はほぼ並立的といえよう。北原本郷遺跡では中津式・五明田式が出土せず、家ノ後Ⅱ遺跡が先行している。家ノ後Ⅱ遺跡では矢部奥田式類似の中期末土器が出土しているので、中期末から継続している可能性がある。④石・鴨倉区域では、崎ケ鼻2式に空白期があり、その前後は型式的には連続するものの、主体となるのは五明田式〜暮地式、沖丈式〜権現山式（新）、後期末〜原田式、突帯文（新）期である。この区域での遺跡のあり方は、①〜③区域に比べて断続的といえる。

## 2　集落のあり方

集落の中心となるはずの住居跡は、志津見地区で7棟、尾原地区で5棟の竪穴住居跡が検出されただけである。平地式住居跡として柱穴列から復元された住居跡7や、後述するように硬化面等から住居跡と考えられる5を加えても、志津見地区7棟、尾原地区16棟の計23棟が検出されたにすぎない。これは後期・晩期という時間幅を考えると、到底見合う数ではない。志津見地区・尾原地区ともに、各遺跡で立地する河岸段丘の大部分が調査されているので、住居跡の少ない地点のみが「偶然」発掘された、とは考えにくい。後世の自然作用によって消滅し

155

たか、現在の発掘技術では検出困難な住居跡が存在すると考えるのが自然であろう。

遺物の変遷から集落の動態を把握する方法に批判はあるが（山田康弘2002）、筆者は生活道具である土器が一定量出土する遺跡は集落跡と考えている[3]。以下では、一型式の土器がまとまって出土した遺跡を1集落跡と仮定し、これを個別集落と呼ぶ。

前述のように、志津見地区では①八神区域、②志津見区域、③角井区域の3区域で縄文遺跡が推移している。大まかには、中津式～沖丈式期は、①八神地区では1集落が、②志津見地区と③角井区域ではそれぞれ2の個別集落が展開していたと思われる。権現山式（新）～宮滝式期は、③角井区域で個別集落2、①八神区域では個別集落1が想定できるが、②志津見地区では居住の痕跡は薄いようである。後期末～突帯文（古）期は、①・②区域では2集落が、③区域では個別集落1が展開している。晩期末では②区域で個別集落3、①区域で個別集落2、③区域で個別集落1、合計6の個別集落が並存すると想定される。突帯文（新）期は、この地区全体で集落数が増加し、森遺跡・板屋Ⅲ遺跡・下山遺跡では弥生前期の土器が出土しており、時代を跨いで継続していることが注目される。

一方、尾原地区では①暮地区域、②前布勢・林原区域、③本郷区域、④石・鴨倉区域の4区域で縄文遺跡が推移している。①暮地区域では、五明田式期には個別集落2の併存が想定される。崎ケ鼻1式から権現山式（古）の間は低調なものの、崎ケ鼻1式後に暮地遺跡から寺宇根遺跡へと集落が移動し、晩期には交互に集落が存在したことをうかがわせる。②前布勢・林原区域では、五明田式期に前田遺跡、暮地式～崎ケ鼻1式期に林原遺跡が主導し、その後は原田遺跡が主たる集落を形成したと思われる。

③本郷区域では、五明田式あるいは暮地式以後に北原本郷遺跡と家ノ後Ⅱ遺跡が主導的な位置を占めている。家ノ後Ⅱ遺跡では崎ケ鼻1式期、北原本郷遺跡では元住吉山Ⅱ式・宮滝式期が低調なものの、この2遺跡が本郷区域の軸となって展開している。家ノ後Ⅰ遺跡は布勢式期が突出するが、家ノ後Ⅰ遺跡は家ノ後Ⅱ遺跡と同一河岸段丘に立地することから、両者は同一に見るべきかもしれない。川平Ⅰ遺跡・垣ノ内遺跡は土器の出土量は少ない。川平Ⅰ遺跡は型式が散発的であるが、垣ノ内遺跡は五明田式から権現山式（新）まで型式的には連続している。この間、集落が存在したのかもしれない。

④石・鴨倉区域は、平田遺跡が主導しているものの、権現山式（新）以前は下鴨倉遺跡とほぼ同じ展開である。後期末～原田式期に下鴨倉遺跡で卓越し、突帯文（新）期に再度平田遺跡が主導的となる。主導的な位置は時期によって交代するが、後期・晩期には2集落が断続的に並存した可能性がある。

煩雑になったのでこれを要約すると、後晩期には志津見地区で一時期2～6の個別集落が並存していたと想定される。4の個別集落並存が想定できる時期が最も多く（5型式期）、2～4の個別集落が並存した場合が多いと考えられる。ここでは晩期末葉に個別集落数は最多となる（個別集落6）。晩期末葉の個別集落は、弥生時代に継続するものが3遺跡ある。志津見地区では権現山式（古）に空白期が見られ、この時期を境に居住集団が交代した可能性がある。尾原地区では、後晩期を通して各時期2～6の個別集落が並存していたと思われる。4の個別集落が並存した型式期が最も多く（3型式期）、3～6の個別集落が並存した場合が多い。尾原地区では、志津見地区のような空白期は認められないが、中津式期が薄いようである。

第2節　山陰地方における縄文時代後・晩期の集落景観

　以上で想定した個別集落数は、恐らくは少なく見積もった数であろう。山口雄治が分析し
たように（山口2008）、土器1点以上の出土を集落の痕跡とすれば、志津見地区では6の個別
集落並存する時期が最多（6型式期）、尾原地区では9の個別集落が並存する時期が最多（4型
式期）である。少し幅をとれば、一時期の個別集落数は志津見地区で4〜6、尾原地区で6〜
10が想定される。山口の分析方法で想定した個別集落数は、最も多く見積もった数と考えら
れる。

　分析の手法によって個別集落数の算定は変動するものの、大まかには尾原地区・志津見地
区ともに一時期に4程度の個別集落が存在した可能性がある。後述するが、当地では東日本
のように数十棟の住居跡が検出されるような集落跡は存在しない。山田康弘が指摘するよう
に（山田康弘2002）、中国地方の縄文集落（個別集落）は1〜2棟程度の住居で構成されたと想
定される。しかし、住居数の想定がもう少し増えたとしても、この程度の住居数では一集落単
独での人口維持は困難ではないかと思う。筆者は、各地区の全域が一つの集落として機能して
いた可能性を考えたい。このような広い範囲に想定できる集落を、以下、地域集落と呼ぶ。個
別集落内に多数の住居がある場合には、志津見・尾原地区のように個別集落の位置関係が1〜
2km間隔では狩猟圧等の弊害が生じよう。しかし住居≒人間が比較的広範囲（志津見・尾原地区
では約15㎢）に散在し、必要に応じて協業しているとすれば、集団間の狩猟圧は回避できると
思う。また、人口の維持も可能ではなかろうか。志津見地区・小丸遺跡や尾原地区・川平Ⅰ遺
跡は、土器型式上は散発的で継続性は弱いように思われる。これについても、各地区それぞれ
が一つの大きな地域集落として機能していたとすれば、個別集落の時期が散発的あるいは断続
的であっても、地域集落としては集落維持にさほど問題が生じたとは思えない。

## 3　個別集落を構成する遺構

　**住居跡**（第70図）　後晩期の竪穴住居跡は、志津見地区では五明田遺跡（飯南町教委2010）、
貝谷遺跡、万場Ⅱ遺跡で、尾原地区では原田遺跡2区、家ノ後Ⅱ遺跡1区、林原遺跡などで検
出されている。ほかに、原田遺跡1区（島根県教委2004b）、北原本郷遺跡1区（同2005c）など
で柱穴の配置から住居跡が復元されている。

　平面形が明確な竪穴住居跡は、五明田遺跡（SI01〜04　第70図2）・原田遺跡2区（SI01　第
70図6）・林原遺跡（SI01）が円・楕円形、万場Ⅱ遺跡（SI35　第70図3）・貝谷遺跡（2・3号住
居跡　第70図4・5）・家ノ後Ⅱ遺跡（SX01　第70図1）が方形、である。時期は、原田遺跡2区
（SI01）が晩期前半で、それ以外は後期である。志津見・尾原地区の竪穴住居跡は、後期段階
では円形または楕円形と方形がほぼ同率（ただし円形プランの比率は五明田遺跡の4棟が引上げて
いる）であるが、晩期段階では円形または楕円形の平面形に限られる。晩期の竪穴住居跡は原
田遺跡2区で3棟が検出されているにすぎないものの、晩期に円形あるいは楕円形の竪穴住居
跡が増えるのは中国地方の趨勢と同じといえる[4]。

　竪穴住居跡の規模は、後期段階では一辺・径が3〜4m前後の小型が多く、同4.5m超の大
型は家ノ後Ⅱ遺跡SX01・林原遺跡SI01の2棟にとどまる。山田康弘の集成（山田康弘2002）
で、8×6m以上とされた貝谷遺跡2号竪穴住居は複数棟重複が明らかで、報告書の図・写真
からは一辺3.6〜3.9m程度の方形竪穴住居跡3棟が復元できる（第70図5）。同様に、（5.0×

157

第3章 山陰地方の縄文集落と生業

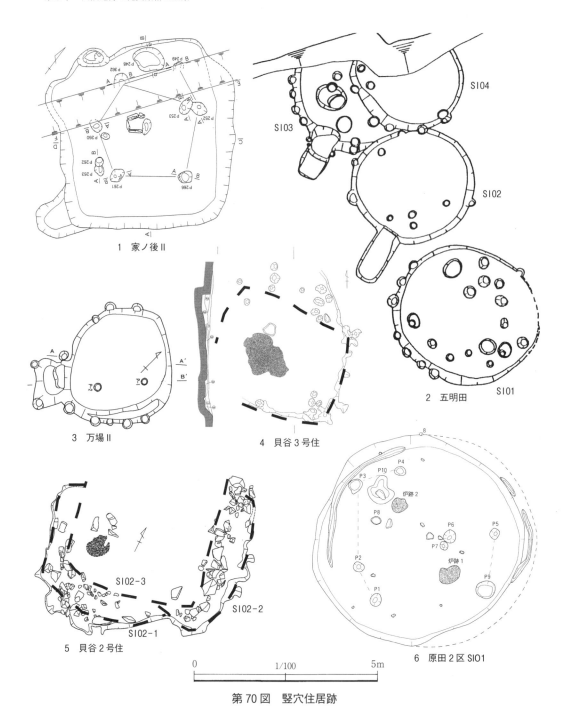

第70図 竪穴住居跡

5.0)mとされた貝谷遺跡3号竪穴住居（第70図4）は、おおむね2.8×3.2mの方形竪穴住居跡が推定される[5]。

中国地方の他遺跡を見渡しても、後期段階では津島岡大遺跡（岡山大学埋文センター 2005）や智頭枕田遺跡（鳥取・智頭町教委 2006）などで大型竪穴住居跡がみられるものの、全体では竪穴住居跡は一辺・径が3～4m前後の小型が約75％を占めている（第8表）[6]。中国地方で

158

第2節 山陰地方における縄文時代後・晩期の集落景観

第8表 中国地方・竪穴住居跡の規模

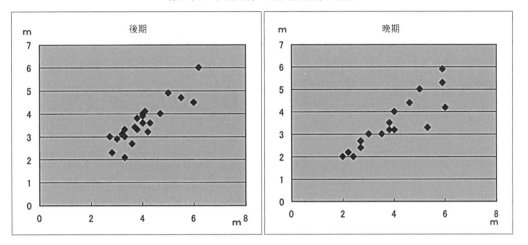

は、この規模が後期竪穴住居跡の一般的な大きさと考えられ、家ノ後Ⅱ遺跡SX01・林原遺跡SI01のような大型の竪穴住居跡は特異な存在といえよう。家ノ後Ⅱ遺跡では、ほかに不整方形のSK116（3.3×2.5m）が竪穴住居跡の可能性があり、大小の住居跡が同時に存在していた可能性がある。大小の竪穴住居跡が並存する遺跡は、津島岡大遺跡（岡山大学埋文センター2005）があり、個別集落数個に一つの割合でこのような状況があったのかもしれない。

一方、原田遺跡2区で検出された晩期前半の竪穴住居跡3棟は、長軸長4.5m以上の比較的大きな規模である。山田2002の集成からは、中国地方では晩期に大型の竪穴住居跡が増加する傾向がうかがえ、原田遺跡2区竪穴住居跡の規模は一般的な例と考えたい。

掘り込みは明瞭ではないが、住居跡と判断してもよい遺構として、硬化面がある。原田遺跡2区SI02では、床全域と推測される範囲で硬化面が検出され、その範囲内に柱穴6個が確認された。これは硬化面が住居跡床面と認識できるもっとも典型例であろう。同様な例は、原田遺跡7区DK03（島根県教委2007b）など弥生時代後期にもみられ、硬化面は住居跡認定の根拠として有力な証拠である。縄文時代の層序で、硬化面が検出されたのは先の原田遺跡2区SI02のほかに、原田遺跡6区・林原遺跡土器溜り3・7・8に部分的に残っている。林原遺跡ではここに地床炉・石囲炉も検出され、土器溜り3・7・8は住居跡として認定してよかろう。林原遺跡硬化面5・6や原田遺跡6区硬化面も、やはり住居跡と判断できる。

筆者は硬化面＝住居跡と考えるが、それを認めるとしても、これからは規模・平面形などの情報は得られない。導き出される情報は住居跡数にとどまるという限界がある。平面形・規模が把握できた原田遺跡2区SI02は、床面のほとんどが残存した稀有な例といえる。

焼土　原田遺跡、林原遺跡、貝谷遺跡、下山遺跡、板屋Ⅲ遺跡などで検出されている。とくに原田遺跡・林原遺跡・下山遺跡・板屋Ⅲ遺跡では、黒色土上面または中位で検出されたものがあり、黒色土中に生活面が数面存在することを示している。焼土は地床炉の可能性が考えられるが、中国地方で検出された縄文住居跡のうち屋内炉が確認されたのは、後期で約60％、晩期では約10％にすぎない。竪穴住居内で炉跡が検出される率が低いことは、焼土が住居跡の存在を示すとは限らないということで、焼土自体は屋外炉の可能性もあろう。焼土から住居

159

跡の存在を見出すとしたら、先にあげた硬化面や焼土を取り巻くように配された柱穴群の存在等が十分条件で、住居跡認定のハードルは高くなる。この条件に合致する例は、林原遺跡焼土07、硬化面1、焼土08・09、硬化面2、焼土10、硬化面4、焼土14・15（やや硬化した黒色土）に限られる。これにより、林原遺跡ではSI01や硬化面5・6を含め5棟の住居跡が存在すると考えられる。

　焼土の存在は、それのみでは住居跡認定の絶対的な証拠とはなりえないが、焼土は人間の活動痕跡であることに間違いない。焼土は局所に集中することが多く、屋外での集約的な火の使用を示しているのかもしれないが、焼土（屋外炉）の機能を特定することはできない。

　**土器溜り**（第71図）　志津見地区・尾原地区では、土器を初めとした遺物がとくに集中する箇所が注意され、「土器溜り」と称された。土器溜りは住居跡に直接付属する施設ではないが、廃絶した竪穴住居が廃棄物投棄の目標とされる場合も考えられる。この場合、遺物の出土状況は平面分布が塊状、垂直分布がレンズ状を示すことが多いと推測される。

　土器溜りは谷状あるいは舌状の高まり地形などの斜面に形成されることが多い（第71図1〜3）。北原本郷遺跡や神原Ⅱ遺跡は、遺物の分布が馬蹄形状を呈している（同図1・2）。また、原田遺跡2区では帯状に遺物が分布するが、これはほぼ等高線に沿った分布である。

　各遺跡の土器溜りは、ほとんどの遺跡で広い範囲に連続的な分布を示すが、地点によって濃密が観察され、微妙な時期差が見られる。稲田陽介は焼土との位置を勘案して、平面分布の濃密・時期差を積極的に評価し、林原遺跡で8、神原Ⅱ遺跡で9の住居跡を想定した（稲田陽介2007）。しかし、土器溜りが廃棄行動を示すものであっても、土器溜りの数は直接に住居数を示すとは限らない。林原遺跡の場合、住居跡として認定できるのは上述のとおりDT3・DT7・DT8にとどまる[7]。神原Ⅱ遺跡は、遺物の分布状況からは住居跡認定は難しいといわざるをえない。遺物の分布状況からは、平田遺跡第1調査区で2箇所に遺物のまとまりがあり、これらは住居跡の痕跡として認定できる可能性がある（第71図3）[8]。

　土器溜りは、住居跡の認定材料としては利用しにくいが、集落痕跡として重要な証拠と考える。土器溜りは人による廃棄行動の集積と考えられ、ゴミ処理が現代あるいは近世都市江戸のようにシステム化されていない限り、廃棄物は集落の周辺に投棄されることが一般的であろう。各土器溜りにみられる時期幅は、そのまま集落の存続時期を示すと思われる。

　**墓**（第72図1〜4）　直感的に墓と認められる遺構は、貝谷遺跡（第72図2）・原田遺跡（同図1）などで墓抗と判断できる土坑が検出されているが、山田康弘が墓群として認定した板屋Ⅲ遺跡や下山遺跡の例（山田康弘2008）は円形に近い土坑が含まれており、単体では墓として特定できるのか、筆者には判断できない土坑がある。

　形状から墓抗と判断できる土坑としては、貝谷遺跡の配石墓・土坑墓が挙げられる。これらは第2ハイカ上面で検出され、縄文時代の遺構に間違いなく、周辺の遺構や出土遺物の時期から中津式〜崎ケ鼻2式の時期幅が考えられる。平面形は整った長方形で、配石墓（同図2）は土坑上面を縁取るように礫が配されており、土坑の形態は弥生時代以降の土坑墓によく似ている。貝谷遺跡例が縄文時代における墓抗認定の一つの指標とすると、配石を伴わないが板屋Ⅲ遺跡1・4・7・8・25・29・32（以上第1ハイカで検出）・56号土坑（第2ハイカで検出）なども墓抗と考えられる。これを参考にすると、原田遺跡5・6区SX11・12・14・15・16・17・18

第2節　山陰地方における縄文時代後・晩期の集落景観

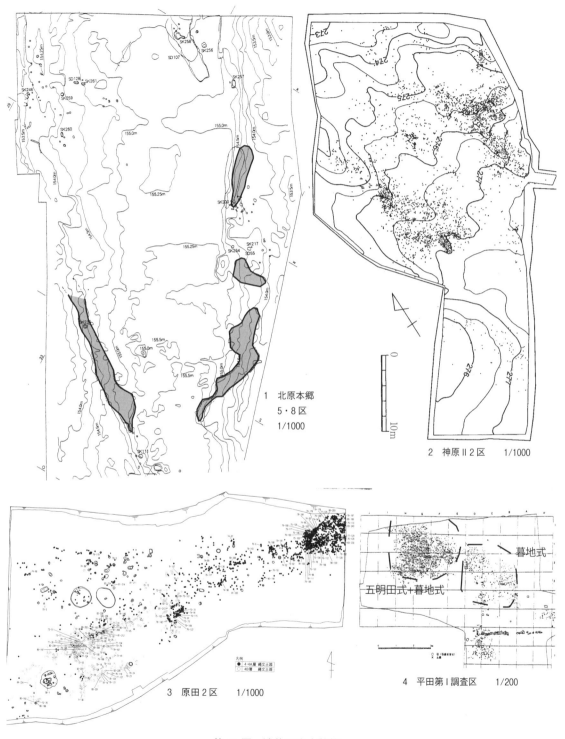

第71図　遺物の出土状態

第3章 山陰地方の縄文集落と生業

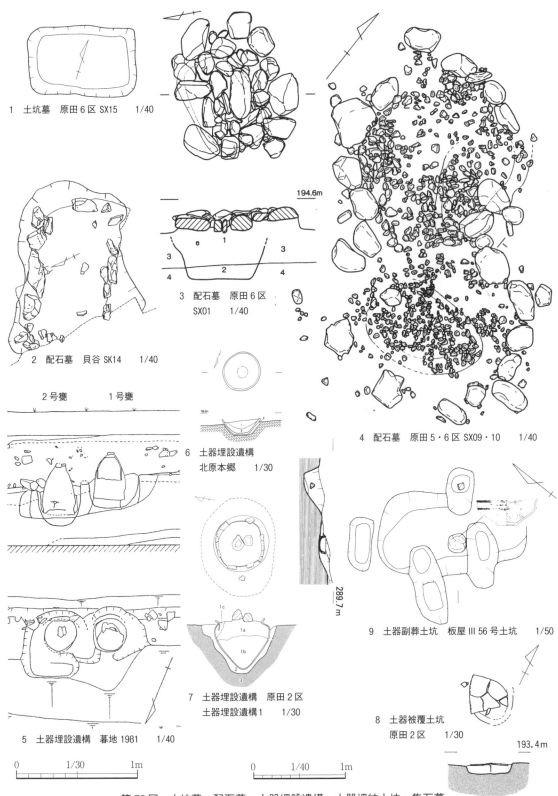

第72図　土坑墓・配石墓・土器埋設遺構・土器埋納土坑・集石墓

のような長方形プランや原田遺跡2区SK83・85・86のような長楕円形プランの土坑も、墓抗と考えて差し支えないと思われる。

尾原地区では黒色土中に楕円形または円形に整然と並べられた石群が検出され、配石遺構または配石墓とされた（同図3・4）。検出数は中期3（原田遺跡5・6区）、後期7（林原遺跡）、晩期25（家ノ後Ⅱ遺跡・原田遺跡2・3・5・6区）、不明22、合計54にのぼる。このうち、下部に土坑を伴っているものが29あり、家ノ後Ⅱ遺跡配石土坑1・2、原田遺跡2区配石墓5、同5・6区SX01（第72図2）・03・08で整った長方形の土坑が、原田遺跡2区配石墓6〜9や同SX09・10（第72図4）などでは楕円形の土坑が伴う。下部土坑は、長軸／短軸比が1.3以上の長方形あるいは長楕円形土坑が約70%を占め、墓抗と考えてよいと思われる[9]。

下部土坑の検出できなかった配石遺構も、本来は土坑を伴っていた可能性がある。原田遺跡5・6区SX03・08などでは、配石から土坑検出面までは40cm以上の高低差がある。掘り込みが浅ければ、土坑底面は黒色土中にとどまっていたはずで、発掘で土坑が検出される可能性は低くなる。よって、配石遺構の大部分は埋葬施設と考えたい。

**土器埋設遺構**（第72図5〜9）　土器1個体分の規模の土坑に埋設されるものを典型的な土器埋設遺構とすると、尾原地区では、後期5、晩期19が検出されている。志津見地区では、板屋Ⅰ遺跡SK09（後期）が唯一の例であるが、これは深鉢の上半を逆位に、下半をその隣に正位に埋置した特異なものである。土坑は埋設土器以上の余地がある。

尾原地区では、後期段階で暮地遺跡に2例（島根・仁多町教委1981）、北原本郷遺跡3区、家ノ後Ⅱ遺跡、平田遺跡に各1例が、晩期段階では原田遺跡に8例、林原遺跡に4例、北原本郷遺跡に2例、家ノ後Ⅱ遺跡に5例が検出されている。晩期の土器埋設遺構は、原田遺跡2区土器埋設遺構3の1例だけが突帯文期で、これ以外はすべて原田式の時期である。大抵は深鉢1個体が正位・逆位・斜位に埋置されているが、原田遺跡3区SX04では深鉢の上に浅鉢が載る形で埋置されていた。ともに正位で、合わせ口にはならないようである。

土器埋設遺構は、墓とされることが多い。土器内部に内容物が残存しない場合がほとんどだが、原田遺跡2区土器埋設遺構1・2・5などでは骨片が含まれる（島根県教委2006a）ので、やはり墓と考えるのが妥当であろう。

ほかに土坑上面が土器片で被覆されたものがある（同図8）。土器はやはり原田式であるが、上述したような土器埋設遺構と区別すべきかもしれない。北原本郷遺跡8区DK1は、30cm大の扁平な石の上に潰れた状態の土器が出土した。写真でみる限りは、完形土器が土圧で潰れた様子ではなく、破片表面を上にして置かれたようにみえる。これらは日常生活に必要な施設とは考えにくく、土坑を密閉するような形状からは埋葬施設の可能性が考えられる。

また、北原本郷遺跡5区SK191・下山遺跡SK85・板屋Ⅲ遺跡56号土坑（同図9）では、土器法量以上の規模の土坑内に完形に近い土器が埋置されている。これらは副葬品と考えられ、土器埋設遺構とみなすべきではないと思われる。ただし、土坑はいずれも墓抗と判断してよい形状である。

尾原地区の事例を見る限りでは、土器埋設遺構は晩期中葉に盛行するらしい。尾原地区での検出数は、県内全検出数の90%以上を占め突出している。それに対し、志津見地区では同時期の遺跡が少なくないにもかかわらず、晩期の土器埋設遺構は検出されていない。志津見地区

は土器埋設遺構が積極的に展開しなかった地域といえる。これは縄文の配石墓が志津見地区に少ないことにも通じる現象である。志津見地区と尾原地区は、直線距離にして約25kmと比較的近接した位置で、地形・自然環境も大きな違いはない。にもかかわらず、墓制に違いが見られるのは興味深いが、本稿ではこれに立ち入る余裕がないので現象面の指摘にとどめる。

　**土　坑**（第73図1・2）　先述のとおり、山田が墓群として認定した下山遺跡は、視覚的に長楕円形と認識できる土坑（長軸／短軸比が1.3以上）16のほかに、円形かそれに近い土坑（同1.2以下）が30検出されている。下山遺跡では、立石遺構の存在や土坑内のリン濃度が高いことなどから、墓として捉えられているが、土坑そのものの形状は貯蔵穴によく似ている（柳浦2004）。円形土坑は志津見・尾原地区で後晩期に合計156が検出されているが、内容物が残存しにくい土壌のため、性格を判断するのは困難である。しかし、検出数が多いことから考えて、集落にとって重要な施設であったと思われる。

　円形土坑で内容物が残存した例としては、家ノ後Ⅱ遺跡1区SK111（第73図1）・112・114でトチノキの種子が[10]、平田遺跡第2調査区C・D-6土坑・D-5土坑、D-6土坑・E-4土坑・E-7土坑で人骨片が出土している。この例をみると、円形土坑は貯蔵穴・墓抗のどちらにも使用されたように思われる。熱田貴保は、礫が詰め込まれた土坑を「集石墓」とし、貯蔵穴の転用墓と考えた（島根県教委2007）。熱田の考えによると、形状が似るにもかかわらず内容物が異なるという家ノ後Ⅱ遺跡例・平田遺跡例の矛盾が解消される。円形土坑は一次的には貯蔵穴として、その後に墓抗として転用された可能性が高いのではなかろうか。

　集石土坑は、土坑内に石が集められたものである。上面に石が集められたものは配石墓とされることがあり、配石墓との区別はあいまいである。石群は土坑上面に集められたもの、底面近くに集められたもの、土坑内いっぱいに石が詰め込まれたものなどがある。集石土坑はほとんどが平面形円形で、楕円形でも長軸／短軸比が1.3未満の円形に近いものが多い。配石墓とされた原田遺跡6区SX09（同図3）も平面形円形の土坑上に配された石群と思われる。断面形

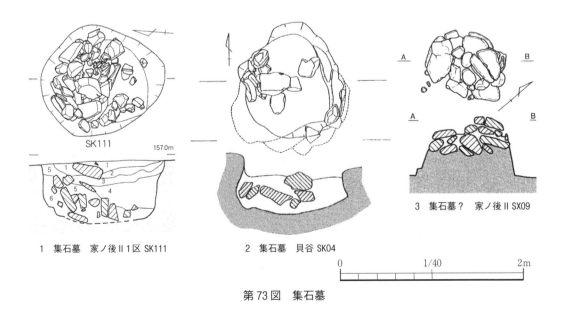

第73図　集石墓

が袋状を呈する貝谷遺跡 SK04（第72図2）は、形状からは貯蔵穴と判断される。ただし、詰め込まれた石群は貯蔵機能に意味があるものとは思えない[11]。やはり二次的に墓抗として転用された可能性が考えられる。以下、熱田に従い、これらを集石墓と呼ぶ。

集石墓は、家ノ後Ⅱ遺跡1区で中期前半に属すものが12、万場Ⅱ遺跡で後期後半に属すものが17検出されており、中期・後期では一般的といえよう。志津見・尾原地区では、中期の土坑は円形集石土坑墓19に対して長方形・長楕円形土坑墓（配石・集石の有無を問わない）は5にとどまるが、後期では長方形・長楕円形土坑墓は63に増加し、後晩期の長方形・長楕円形土坑墓総数は123を数える。この数字からは、中期段階では貯蔵穴等の転用墓が多く、後晩期では転用墓が相対的に少なくなる傾向が指摘できそうである。一方、集石墓の一次的機能を貯蔵とすると、円形土坑は中期以降一貫して設営されていることがわかる。個別集落で貯蔵穴の設営が一般的であったことを示すと思われる。

## 4　個別集落内の遺構配置と居住域

**遺構配置**（第74図）　前節で検討した諸遺構を、①生活関連遺構、②埋葬関連遺構に分類する。①生活関連遺構は、竪穴住居跡・円形土坑（貯蔵穴と見做す）・焼土・土器溜り、②埋葬関連遺構は、土坑墓・配石墓・集石墓・土器埋設遺構、である。集石墓は、一次的には貯蔵穴、二次的には墓抗と考えられるため、文脈によって貯蔵穴・集石墓と使い分ける。

生活の中心であるはずの住居とその周辺の様子がわかる遺跡は、志津見地区では貝谷遺跡（第74図1）・万場Ⅱ遺跡、尾原地区では原田遺跡（同図3）・林原遺跡（同図2）・家ノ後Ⅱ遺跡1区である。これらの遺跡では、竪穴住居跡の周辺に、貯蔵穴などの生活関連遺構と埋葬関連遺構が混在するように分布しており、居住域と墓域の区別は見出せない。

一方、おもに集石墓・配石墓・土器埋設遺構などの埋葬関連遺構が検出されたのは、志津見地区では板屋Ⅲ遺跡・下山遺跡、尾原地区では原田遺跡1区・同3・4区・同5～7区・北原本郷遺跡・家ノ後Ⅱ遺跡2区などがある。これらは一見墓のみが検出されているようにみえるが、原田遺跡5～7区では住居跡床面と認定した硬化面が検出されている。また、板屋Ⅲ遺跡・下山遺跡・原田遺跡1区・同3・4区では焼土が、北原本郷遺跡では土器溜りが検出され、いずれも埋葬関連遺構と同時期と考えてよい生活関連遺構が検出されている。また、集石墓の多くが一次的には貯蔵穴であった可能性を考えると、やはり生活関連遺構と埋葬関連遺構が同居していることになる。家ノ後Ⅱ遺跡2区（島根県教委2005b）の土坑密集状態は、九日田遺跡などの貯蔵穴群在状態に似る（柳浦2004）。

以上から、志津見地区・尾原地区の縄文時代後期の個別集落は、基本的には住居の周囲に貯蔵穴等の生活関連遺構とともに埋葬関連遺構も作られたと考えられる。個別集落それぞれに基本的な施設が付属していたと想定したい。

遺構の分布状況は、岩手県西田遺跡に代表されるような墓域と居住域を整然と区別された様子はうかがえない。集落が散在することによって個別集落の利用可能な土地が確保できたと思われるが、これは土地に余裕があり、各遺構の設営が個別集落居住者に委ねられたため、結果的に無秩序にもみえる遺構配置となったのではなかろうか。

**居住域**　原田遺跡は、約50,000㎡の河岸段丘に立地し、遺跡の範囲は29,800㎡である。後晩

第3章 山陰地方の縄文集落と生業

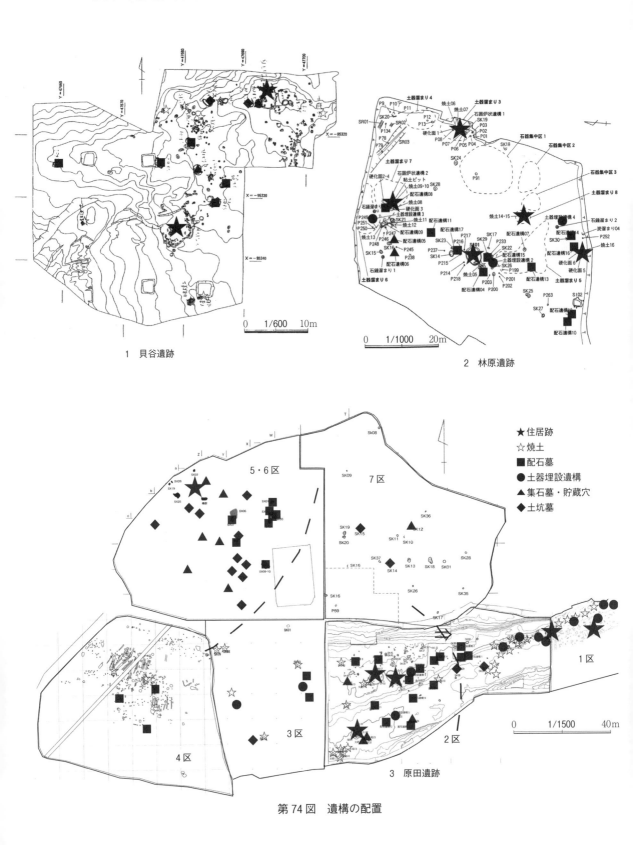

第74図 遺構の配置

期をみると、後期後葉から晩期中葉にかけて主に河岸段丘南半に展開し、おおむね西から東に向けて集落の中心が移動しているようにみえる[12]。土器型式は、①3・4区（沖丈式）→②2・3区（元住吉山Ⅱ式〜後期末晩期初頭）[13]→③1区（原田式）の変遷である。5・6区の遺構群は③より新しい時期が考えられ、1・2区断絶後に別の個別集落が営まれた可能性がある。

　①・②・③の型式が出土した主要な範囲は、おおよそ東西70〜120m、南北40〜70mの範囲で、面積にすれば①が約8,000㎡、②が約6,000㎡、③が約3,000㎡である。①の出土量は少ないので、密に出土した範囲はもう少し狭いかもしれない。利用可能な河岸段丘の面積は約50,000㎡なのに、実際には一時期に6%から16%の利用にとどまっている。

　同様の分析を、北原本郷遺跡・家ノ後Ⅱ遺跡で行う。両遺跡が立地する河岸段丘は約76,000㎡で、そのうち約44,000㎡が遺跡の範囲とされ発掘調査が実施された。北原本郷遺跡と家ノ後Ⅱ遺跡は、若干の盛衰はあるものの暮地式以後2つの個別集落が並存した状況にある。北原本郷遺跡は、①1〜3区（暮地式〜布勢式）→②5・8区（布勢式〜崎ケ鼻1式）→③1〜3区（沖丈式〜権現山（古）・後期末晩期初頭〜原田式・突帯文（新））と推移している。後期土器が密に出土した範囲は、1〜3区で約2,000㎡、5・8区で約5,000㎡、晩期土器が密に出土した範囲は1〜3区で約6,000㎡、5・8区で1,200㎡である。一方、家ノ後Ⅱ遺跡は、①1区（暮地式〜布勢式・崎ケ鼻2式〜権現山式（新））→②2区（権現山式（古）〜突帯文（新））と変遷する。後期土器が密に出土したのは1区約2,000㎡、晩期土器は2区約5,000㎡の範囲で密に出土している。

　以上の分析から、一時期に河岸段丘全面に遺跡が展開する状況はうかがえず、遺跡規模は限定的である。後晩期では10,000㎡未満、おおむね5,000㎡前後が一集落の適正な規模で、これが日常的な居住域ではなかったかと推測する。

　以上の例と同様に、広い面積の河岸段丘に立地しながら、遺跡の範囲が局地的である例は多い。志津見地区八神区域は五明田遺跡・森遺跡が立地する河岸段丘で、90,000㎡以上の広さを有する。五明田遺跡では1990年度調査区と1998年度調査区は約15mの距離だが、前者では五明田式主体、後者では崎ケ鼻1式主体と、時期的に重ならない。また、森遺跡は後期土器の出土が調査区の西部に限られ、この部分と五明田遺跡の距離は約300mである。また、尾原地区・平田遺跡では約80,000㎡の河岸段丘に立地するが、五明田式・暮地式が出土するのは第Ⅰ調査区（調査面積約300㎡）、沖丈式・権現山式が出土するのは約40m離れた第Ⅱ調査区（同約300㎡）に限定される。

　このような遺跡の局地的なあり方は、縄文時代後期・晩期の居住に広い面積を必要としなかったことを示している。本稿で想定した地域集落の住居総数は志津見地区の八神の河岸段丘や尾原地区の平田遺跡がある河岸段丘ひとつに十分収まる数である。集住可能な土地があるにもかかわらず、実際には集中して居住した痕跡が認められないことから、当時の人々が散在的な居住スタイルを採用していたと考えたい。

　なお、山口雄治は山本悦代が津島岡大遺跡で想定した直径300m前後の居住域について、「山陰側ではまず考えられないあり方」と否定的である（山口2008）。しかし、直径300mの空間は面積にして約70,000㎡で、これは志津見・尾原地区の河岸段丘一つの面積である。当地の遺跡は一時期には河岸段丘一つに一集落が存在することが多いと思われ、同一河岸段丘上に二集落が想定できる北原本郷遺跡と家ノ後Ⅱ遺跡の距離は約270mである。筆者は、山本が想定

167

した居住域が当地でも「考えられないあり方」ではないと考える。

**居住の形態**　山田康弘は、当地の縄文時代の居住システムを小規模な集団が季節的に移動している可能性が高いとした（山田康弘2001a）。山田がいうように、中国地方で通年定住を裏付ける証拠はない（山田康弘2002）が、しかし、同様に季節的移住を裏付ける証拠もあるわけではない。

季節的移住は、資源の季節的な集約が存在する場合に例が多いようである（井川1985）。よく知られる北米・カルフォルニア先住民はサケの漁期に季節移住するという（羽生2000）が、山陰地方でこのような特定の季節的資源を見出すことはできない。

筆者は、山陰地方を含めた中国地方の縄文時代後・晩期がコレクター・システムであったとする蓋然性は認めるものの、利用資源を考えると季節的移住を行っていた可能性は低いように思う。ただし、文化的・習慣的に季節的な移住形態を採用していた可能性もなくはないし、山田がいうように事情によって簡単に居住地を変更するケースを否定するつもりはない。季節による定期的な移住に疑問を持つのである。文化的・習慣的な定期的移住であるとするならば、さらに多くの説明が求められよう。現状では、少なくとも筆者が納得できる説明がなされているとは言い難い。消極的な理由ではあるが、従来の説どおり、中国地方の一般的な居住形態は通年定住を想定したい。

## 5　まとめ

志津見・尾原地区の縄文時代後晩期の集落は、山田の言うように小規模だったと思われる。本稿ではこの集落を「個別集落」とよび、複数の個別集落が比較的近接して同時並存し、全体として集落機能を果たしていた（「地域集落」）と想定した。

本稿では、志津見・尾原地区ともに地域集落の規模については言及しなかった。周辺に内容の不詳な遺跡が複数あり、未知の遺跡が存在する可能性が高いことが、おもな理由である。各地区の遺跡分布は、矢野健一が想定した領域（高松・矢野1997）よりも随分狭い範囲だが、詳細に検討すればもっと広い領域設定が可能かもしれない。

個別集落を構成する遺構は、それぞれ住居跡・貯蔵穴・墓など、基本的な集落要素を備えていたと思われる。住居跡などの検出数が少ないのは、発掘技術の問題や後世の災害等によると考えたい。ただし、遺構、とくに土坑の性格についてはさらに検討が必要で、場合によっては特定地点に墓が集約された集団墓の可能性も考えねばならないかもしれない。

個別集落の居住域については、利用可能な面積がありながら、一時期の河岸段丘利用面積が限られることを指摘し、居住域を5,000㎡前後と想定した。住居の数が増えれば当然居住域も広がるだろうが、現状ではこれを大きく上回る様子はうかがえない。

筆者がイメージする当地の縄文集落は、散在している小規模な集落が日常的な生活を個々で送り、地域の祭りなどとくに必要な場合に協業参集する姿である。イノシシ・シカなどの中型獣はともかく、小型獣の狩猟や河川漁労などにはあえて協業を考えなくてもよいと想像している。

遺跡のほぼ全域が発掘調査された志津見・尾原地区の成果をもってしても、未だに縄文時代の全体像が見えてこない。本稿では、かなりの部分、想定あるいは想像を交えて述べてきた。

将来の優良な遺跡の発掘や有効な分析方法の開発によって、本稿の内容が否定されることがないよう祈るところである。なお、本稿で使用した「個別集落」・「地域集落」の用語は、筆者のまったくの造語である。すでに適切な用語があるなら、言い換えてもよい。そのほか、幾多もあろう問題点について、ご指摘いただければ、幸いである。


[註]

(1) 筆者は以前から第1ハイカの下部からは崎ケ鼻2式が出土しないとしていた。しかし、その後再度見直したところ、神原Ⅱ遺跡第145図4・25、第38図19・22～24・第39図1・15・第40図4（島根県教委2000c いずれも第2黒色土出土）などは崎ケ鼻2式の範疇と考えるに至った。崎ケ鼻2式については型式内容があいまいで、別途吟味する必要がある。

(2) 当地の土器は未だに基準があいまいなものがあり、このカウントは絶対的なものではない。とくに晩期については筆者の知識が不足しており、数字が動く可能性が高い。また、後期末と晩期初頭についても分離できないままである。この表の数値は、大まかな傾向を示したものであることを断っておく。

(3) ただし、一集落または一住居跡の生活にどの程度の土器が必要なのか、筆者には判断できていない。本稿では、型式がわかる土器10点以上の遺跡を集落跡の可能性が高いと仮定した。有文土器10点の背後には10倍近い無文土器が控えているはず（島根県教委2006b）で、この程度の土器数ならば一定期間の居住を示していると考えたからである。土器点数で機械的に判断することについての批判は、甘んじて受ける。

(4) 山田康弘の集成（山田康弘2002）とその後に検出された島根県の竪穴住居跡をみると、中国地方では後期段階で平面形円形または楕円形の竪穴住居跡は12棟に対し方形が11棟、晩期段階では円形・楕円形が18棟に対し方形2棟と、晩期では円形・楕円形の竪穴住居跡が卓越している。

(5) 貝谷遺跡2号竪穴住居跡については、発掘直後の現地見学でも複数棟重複を感じさせた。本稿第70図5（島根県教委2002b）の実測図（第13図・写真図版6）を眺めると、まず住居跡東壁と西壁で向きが大きく違うことが確認できる。南壁は「B′」ライン近くで屈曲し、ここより東側は東壁に対して、西側は西壁に対して見た目ほぼ直角に交わっている。これは、2号竪穴住居跡は少なくとも2棟が重複したものと推定される（SI02-1・2）。

さらに、壁際に並べられた石群が問題となる。この石群は、稲田陽介がいうように竪穴住居の壁面強化と評価するのが適当であろう（稲田陽介2007a）。稲田に従うとして、なぜ壁面強化が必要なのだろうか。三瓶角井降下火山灰は非常に硬く締まっており、竪穴住居を築くに当たり壁面保護など不必要と感じさせるほどの硬さである（ただし雨水に弱い）。貝谷遺跡3号竪穴住居跡や五明田遺跡SI01～04（飯南町教委2010）では、同じ三瓶角井降下火山灰を地山としながら壁面強化措置はなされていないことからも、本来は竪穴住居の壁面保護など不必要であったことをうかがわせる。石群はいずれの壁面にも接することなく、石群と壁面の間には黒色土が堆積している（島根県教委2002bの第13図・図版6）。もし石群が竪穴住居築造当初から付属したものとすれば、地山を掘削した後にもっとも強度が強いはずの地山を埋めつつ石を配して住居跡壁面を強化したことになるが、そこまで手間隙をかけたとは思えないし、必要性も感じられない。

筆者は、先行する竪穴住居跡がある程度埋没した後に、新たに竪穴住居を作った結果と考えたい。この場合、先行住居跡の覆土である黒色土が残れば、黒色土の強度は地山より弱い可能性がある。そこで、壁面を強化する必要が生じ、石群を詰め込んだと考える。

第3章　山陰地方の縄文集落と生業

　　以上の考えから、石群を壁面とした住居跡は三瓶角井降下火山灰を地山とした SI02-1・2と別の住居跡（SI02-3）と推測した。SI02-1・2にとって石群は居住の妨げであろうから、SI02-3がもっとも新しいことになる。石群東側が SI02-2東壁に平行し、SI02-2・03の近似性がうかがえることから、SI02-1が SI02-2より新しく考えることもできるが、これについては定かではない。

　　3号竪穴住居跡については、東壁が「Ａ′」ライン北側で向きを変えており、竪穴住居跡としては不自然である。島根県教委2002bの図版8上段の検出状況写真をみると、この住居跡は方形プランの落ち込みが見て取れ、方形の竪穴住居跡と判断されるべきであったと思われる。島根県教委2002bの図版8上段写真では右側（北側）に弧状に土色の違いが見られるが、これも含めて「3号竪穴住居跡」と判断された可能性がある。さらに、平面図では表現されていない段差が本稿第70図の土層図に表れている。「Ａ-Ａ′」ラインでは西側に、「Ｂ-Ｂ′」ラインでは北側に、段差がみられる。この段差が地山に表現されたものであることは、わずかではあるが島根県教委2002bの図版8下段の写真からもうかがうことができ、これらの段差はこの住居跡の壁面である可能性が高い。この段差を壁面とすると、貝谷遺跡3号竪穴住居跡は東西3.2m、南北2.8mの規模が復元できる。

(6)　第8表は山田康弘2002から後晩期を抽出し、その後に検出された島根県内の竪穴住居跡を加えたものである。追加分の基礎的なデータは柳浦2009の第3表に記載している。

(7)　林原遺跡土器溜りは、硬化面・炉跡の組み合わせは、DT3（焼土07-硬化面-石囲炉）・DT7（焼土08・09-硬化面2、焼土10-硬化面4-石囲炉）・DT8（焼土14・15-やや硬化した黒色土）となり、3棟の住居跡が想定される。とくに土器溜り8の底面では、約3m四方の範囲で河床礫が除去された様子が見受けられることから、住居跡の可能性が非常に高い。

(8)　平田遺跡第1調査区（島根・木次町教委1997）では、4箇所に土器集中出土地点があるが、とくに2箇所に著しい。いずれも遺物の分布範囲は局所的で、4m内外の範囲に収まる。部分的な断面図ではあるが、遺物の垂直分布はレンズ状であることから、住居跡に遺物が投棄されたものと考えた。

(9)　少なくとも、貯蔵穴は大部分が円形プランであるので考慮する必要はない（柳浦2004）。長方形プランで土坑長80cm～200cm程度の規模は東日本各地の土坑墓と比較しても、違和感はないのではないと思われる（山田編2008）

(10)　渡辺正巳は、家ノ後II遺跡 SK112・114でのトチノキ種実出土量が少量であることから、外部からの混入と考えている（島根県教委2007a）。

(11)　かつて貯蔵穴の集成を行った際、埋め戻しの可能性を指摘したことがある（柳浦2004）。

(12)　3・4・6区では突帯文土器が出土し、6区の配石墓はこの時期の可能性がある。ただし、原田式と突帯文土器は時期的に連続していないように思う。6区配石墓 SX08など弥生時代前期に繋がるものもあることから、突帯文期は弥生時代との連続を考えたほうがよいかもしれない。

(13)　原田遺跡2区でも原田式は多く出土しているが、原田式の分布の中心は調査区東寄りの1区に近い部分である。また、4区では後期末～原田式は少なく、島根県教委2008掲載の後期末～原田式は3区出土がほとんどである。

## 第3節　中国地方の自然環境と縄文時代の生業

　採集・狩猟が主たる生業だった縄文時代において、人々の生活が地形・気候などの自然条件に左右されたことは容易に想像される。中国地方は本州西半のかなりの部分を占め、地形・気候・動植物相など、地域によってかなりの違いがみられる。環境の違いは、縄文時代の食糧資源を考えるうえで重要なファクターとなろう。
　本節では、対象地域を中国地方に拡げて自然環境の違いを概観し、縄文時代の生業基盤について考えてみたい。縄文時代の自然環境については花粉分析の成果を援用しつつ、利用可能な資源を考察し、そのうえで中国地方における縄文時代の生業を俯瞰しておく。なお、対象地域を拡げるのは、生業関係遺構・遺物の偏在性を確認し、それが各地の環境の違いとどのように関連するのかを検討するためである。また、山陰地方の特質を相対化する狙いもある。

### 1　気候・地形・植物相・動物相

　中国地方は中央に中国山地があり、これを挟んで北が山陰、南が山陽（瀬戸内）と呼ばれる。中国山地の気候への影響は冬季にとくに顕著に表れ、山陰地方では多雨多雪、山陽地方では乾

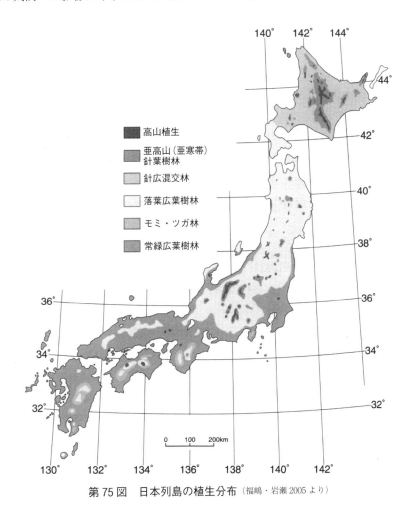

**第75図　日本列島の植生分布**（福嶋・岩瀬 2005 より）

燥気候をもたらしている。

　地形は、中国山地の南側ではなだらかな高原が続き平地にいたるが、北側では急斜面の山地が日本海まで連続する。河川下流域では、岡山平野、福山平野など、瀬戸内側でまとまった平野が形成されているのに対し、山陰側では鳥取平野、米子平野、出雲平野、大田平野、益田平野など、瀬戸内側に比べて面積が狭い平野が飛び地的に形成されている。総じて山陰側では山がちな地形だが、鳥取県西部から中部にかけては大山の裾野が拡がり、なだらかな台地となっている。

　高地以外の植物相は、両地域ともに現在では照葉樹林（常緑広葉樹林）帯に分類されている（第75図　福嶋ほか2005）。現在、瀬戸内地方の山林はコナラが多いように見えるが、これは明治以来の森林伐採により二次植生であるコナラが優勢となっていると考えられる。山陰地方では照葉樹林が多くみられるが、これも二次植生の可能性があるようである。

　近年の動物相でもっとも特徴的なのは、島根県でシカが少ないことである。出雲市大社町を中心とした島根半島西部でシカが生息しているのはよく知られているが、その他の島根県内では明治末年を最後に近年まで生息が確認されなかった（山陰中央新報社1982）。現在では島根県の中国山地でもシカの生活痕跡が認められるが、これは瀬戸内側から越山してきたものと想像される。

## 2　花粉分析

　花粉分析では、縄文時代後期には各地で杉林が形成されたと考えられているが、山陰地方中部域では杉の進出が遅れ、2900yBP年（後期中葉ころか）以降になってようやく杉林が形成されるという（渡邊ほか2002・2003・2008）。渡邊は、鳥取県・大山および島根県・三瓶山の噴火が植生に大きく影響したと考えている。大山山麓では火山灰が、三瓶山山麓から三瓶川下流域にかけて火砕流が厚く堆積しており、これが杉林を形成するのを阻害していたという。

　山陰地方での花粉分析では縄文時代前期以降、照葉樹花粉が大勢を占め、さらに縄文時代の堅果類利用はカシ類が主である。渡邊はスギ花粉が少ない理由を、大山や三瓶山の噴火によって形成された地形が浸食されやすいため植生が極相林にいたらず、二次植生として照葉樹が局所的に繁茂したとみている。カシ類が部分的な植生だったとはいえ、縄文時代の人々にとって十分といえるほどの収穫量があったのであろう。カシ類ドングリの貯蔵穴が多数検出されることは、これを物語っていると思われる。

　花粉分析で注目されるのは、沿岸部でもトチノキの花粉が一定量検出されることである。トチノキの花粉は、縄文時代のみならず弥生時代・古墳時代でも一定の量が検出されている。トチノキは虫媒花のため花粉の重量が重く遠隔地まで拡散しないとされ、自生地以外では花粉比率は少ない。しかし、米子平野・出雲平野・益田平野でもトチノキ花粉は約5％程度検出されることから、縄文時代に沿岸部でもトチノキが自生していたと考えてよい。図鑑によると、現在トチノキの分布は中国山地の高所に限られている（福嶋ほか2005）が、これは古代以来の開発・乱伐採によるものと思われる。

## 3 植物資源と採集

　中国地方の貯蔵穴から出土した堅果類は、カシ類が大多数を占め、瀬戸内地域でアラカシ、山陰地域でアカガシが主体である（柳浦2004）。この違いは、当時の植生の違いが反映されているはずであるが、いずれにしても主な食糧はカシ類ドングリであったと考えてよい。なお、生食可能なイチイガシ・シイは、堅果類のなかでしめる割合はわずかで、生存を維持するための主たる資源にはなっていない。イチイガシが多くを占める九州地方（水ノ江2012）と中国地方では利用堅果類に違いがみられるのは、植生の違いであろうか。

　トチノキは、カシ類に次いで出土量が多い。トチノキはカシ類に比べあく抜きが難しいとされるが、郷路橋遺跡など前期から利用され、後期以降一般的に出土する。アク抜き技術が前期には確立していたと思われるが、赤山陣場遺跡（小川2012）などのような大規模な水場遺構は中国地方では未検出で、今のところ多人数による共同作業であく抜きが行われた形跡はない。トチノキを含め、堅果類のあく抜きは必要に応じて適宜行われたように思われる。

　津島岡大遺跡（岡山大学埋文センター1994）、貝谷遺跡（島根県教委2003a）では、ユリ根と考えられる炭化物が付着した土器が出土している。ユリ根の出土は稀で、ヤマノイモは未だに出土していないが、これら根茎類は縄文時代の重要な食糧だったと推測される。とくに5月から6月が収穫期であるユリ根は、前年採取したドングリの欠乏期に当たることから、重要なデンプン質食糧だった可能性が高い。

　また、土器の付着炭化物として、ニワトコが目久美遺跡（鳥取・米子市教委1986）などで出土している。ニワトコは、酒の原料として知られる漿果類だが、人が生存するうえで必需ではない。ただ、世界の先住民が身の回りの原料で酒を造る記録は多く、縄文時代の饗宴をうかがわせる資料であろう。

　中国地方の西部域では後期中葉から、東部域では晩期中葉から打製石斧が大量に出土するようになる（島根・益田市教委2015・島根県教委2000a・同2006aなど）。九州地方でも打製石斧が増えるのは後期中葉以降（水ノ江2013）で、西部域で増加するのは九州地方の影響が大きいと思われる。東部域で増加時期が遅れるのは、西方からの伝播に時間差があったということだろうか。

　打製石斧の増加は、初期農耕との関連で語られることが多い（平井1987）。しかし、コメそのものの証拠は晩期中葉・前池式が最古（島根県教委1998）で、沢田式以降にコメ・アワ・キビがセットとなって導入された可能性が指摘されている（濱田2013）。九州でも後期にさかのぼる例はないようで、中国地方で一般的に穀類が認められるのは沢田式以降である。打製石斧の流行と稲作農耕とは、少なくとも突帯文以前には関連性は認めがたいと思われる。

　長野県を中心とした中部高地では、中期末に打製石斧が急増する現象があり、今村啓爾はこれを根茎類の採取が流行したと考えた（今村1989b）。中部高地と中国地方では、遺跡数が大きく違うことから同等に扱うことはできないが、中国地方では後期中葉以降、ユリ根などの根茎類の利用が促進された可能性がある。しかし、打製石斧の増加は急激である。それまでも存在したはずの根茎類が、後期中葉になってやっと利用されたとは考えにくいと思われる。晩期の打製石斧には、使用による磨滅が著しいものがよくみられる（島根県教委2000aなど）。この

173

使用痕は、繰り返し土が掘り返されたことを示し、出土数の多さは使用頻度の多さを示している。これらを鑑みると、打製石斧の大量出土は、菜園や雑穀などある程度の植物栽培を考えるべきかもしれない。

なお、山陰地方中部域では、打製石斧が弥生時代前期には激減するという（伊藤徳広の西川津遺跡の分析。伊藤の教示による）。鍬・鋤などの木製耕起具が大陸の影響によって弥生時代に導入されたとするなら、打製石斧は弥生時代的な稲作農耕には適さない道具だったと考えられる。打製石斧を農耕具と解釈するとしても、システイマテイックな弥生時代の稲作農耕とは違う使用状況を想定すべきように思われる。

コメの痕跡は、先述したように前池式にさかのぼる。しかし、コメ痕跡の多くは沢田式以降で、弥生時代的な稲作農耕は突帯文期のある時期から導入されたと考えるのが妥当であろう。アワ・ヒエを含めた穀物の痕跡が認められる時期には、弥生時代・遠賀川式土器が突帯文土器とともに出土することがあり、採集・狩猟社会から農耕社会への転換は、400年程度の比較的長い時間を要したのではなかろうか。

### 4　漁労と狩猟

**貝　塚**　縄文時代の生業を考えるうえで重要なのが貝塚である。中国地方の縄文貝塚は、岡山県倉敷市を中心に分布しているが、それ以外では散在的に確認されているにすぎない（第76図　中四国縄文研究会 2015）。以前から貝塚は太平洋側に多く日本海側に少ないことが指摘されてきたが、これは現状でも変わらず、おそらく将来的にも大きく変わることはないであろう。

太平洋（瀬戸内）側と日本海側のもっとも大きな違いは、沿岸部での干満差の違いである。干潮時に数百m沖合まで拡がる干潟は太平洋側だけにみられる現象で、干満差が最大30cm程度の山陰地方ではけっして見ることができない風景である。時期によって干潟の拡がりは違うだろうが、日々この干潟で食糧が得られることは、人が生存するうえで安心感を与えたことだろう。日常の食糧に関する安心感は、鈴木公雄がオーストラリア先住民を例に述べている

第76図　中国地方の貝塚分布

（鈴木公雄 1989）。

　中国地方の貝塚は、岡山市から広島県福山市にいたる範囲に集中している。ここに拡がっていた旧児島湾は、吉井川・旭川・高梁川の大河川によって流入した土砂により浅瀬が形成され、ここがハイガイなどの生息環境に適したため、豊富な貝類が生息したと思われる。そして浅瀬が干潮時に干潟となり、貝類の採取が容易になって貝塚が多く形成されたと考えられる。

　瀬戸内海が貝塚形成に優位な環境にあったとしても、瀬戸内海沿岸のどこにでも貝塚が形成されたわけではない。兵庫県西部の播磨地域では日笠山貝塚の１所のみ（関西縄文研究会2001）、山口県瀬戸内地域では神田遺跡や潮待貝塚など響灘周辺の２か所にとどまり（中四国縄文研究会 2015）、貝塚は旧児島湾周辺に密集している状況が際立っている。これは、旧児島湾の資源が人を引きつけつつ、社会的集団を形成していった結果だったことを示しているように思われる。

　干満の差がほとんどない日本海側では、貝塚はラグーン縁辺に形成されている。ラグーンではヤマトシジミが大量に発生することから、これを利用したと考えられる。ただし、ラグーンは自然状態では次第に埋没するので、貝類の利用期間は限定される。日本海側の貝塚が少ないのは、このような事情に起因するのではなかろうか。

　冬季の食糧獲得としては、水に浸からずに貝類が採取できる瀬戸内側が優位である。日本海側では干満の差が小さいため、貝類採取には水に浸からざるをえない。冬季に水に浸かるのは生命の生存を危うくするので、これを避けると考えるのが自然であろう。冬季でも水に浸からずに貝類が採取可能な瀬戸内海では、貝類を生存のための保険となっていたのではなかろうか。旧児島湾は、人間が生活するうえで自然条件に恵まれた地域といえよう。

　一方、貝類資源を冬季の保険としえなかった山陰地方では、晩秋から冬季にかけてドングリ以外にこの地域で特筆できる食糧資源は見当たらない。特定の資源が存在しない以上、可能な限りの資源を集めて越冬したと考えざるをえない。貯蔵されたドングリを基軸としながら、多種多様な食糧資源を求めたと想像される。捕獲量が比較的安定的に得られると想像される石ガマ漁（大友 1985）などは、冬季の重要な食糧獲得手段だったと思われる。大規模な集落を形成しなかった中国地方では、このような簡便な漁でも冬季をしのぐ十分な資源が得られたと考えたい。

**漁　労**　漁労活動で誰もが思い浮かべるのは、釣り針による釣り漁である。しかしながら、縄文時代の釣り針の出土例は山陰地方で１点のみ、瀬戸内地方で 24 点にとどまる（田嶋 2007）ことから、釣り漁が安定的に日々の食糧を得る手段とは考えられず、生存のための生業とは考えにくい。釣り針はほとんどが鹿角製なので残存しにくい資料ではあるが、それを考慮しても日常的な食糧資源を得る道具とは考えられない。

　中国地方の釣り針は、多くが長さ 3㎝ ～ 10㎝ 程度の中・大型である（田嶋 2007）。長さ 6㎝以上の大型の釣り針で釣ることができるものは、サメ・マグロなど大型の魚種であろう。釣り針が山陽地域に多いとはいえ、これが日常的な生活を支えた道具とは考えられない。大型魚種釣りなどは、偶然性が高いと考えられるからである。

　大型釣り針による大物漁は日常に必需ではなく、大型獣の狩猟と同様にギャンブル性が高いといえる。言い換えるならば、大物釣り漁は「獲れてもよし・獲れなくてもよし」程度で、リ

ーダーによる「ビッグ・フィッシング」と考えられる。大型魚種の捕獲は、リーダーのステイタスを意味したのではなかろうか。

**落し穴**（第77図）　狩猟に関わる落し穴遺構は、とくに鳥取県西部・中部の大山山麓で多い（中四国縄文研究会2013）。瀬戸内側では、津山市・新見市などの岡山県北部を中心に、広島県東北部（三次市周辺）で比較的多く検出されているが、鳥取県では落し穴数4000以上を数え、全国的にみても突出している状況である（第77図）。以下では、筆者が把握できる範囲で全国の状況と比較してみる。ここであげた数値は、縄文時代以降の落し穴も含み、また各地での集計時期が違うことから、絶対的な比較数値となっていないことを断っておく。

九州地方では、福岡県が1700個超と突出した状況である（九州縄文研究会ほか2004）。大分県・宮崎県・鹿児島県でもそれなりに検出されているものの、それぞれ福岡県の3分の1程度にすぎない。大分県では約80個と少なく、長崎県ではさらに少ない。熊本県は縄文時代の遺跡数が多く、阿蘇山の外輪山は狩猟場として良好と思われるが、落し穴数は80個未満と少ないのは意外である。

四国地方では、落し穴はあまり検出されていない。愛媛県・香川県・徳島県の瀬戸内海側で検出されているが数は少なく、太平洋側の高知県ではほとんど検出されていない（中四国縄文研究会2013）。

近畿地方では、兵庫県（224個）や三重県（115個）でやや多いものの、全体としては検出数が少ない（関西縄文文化研究会2001）。兵庫県では日本海側・瀬戸内沿岸で少なく、ほとんどは瀬戸内側内陸部の西脇市や三田市で検出されている。大阪府では検出例がなく、奈良県・京都府・和歌山県では少数の検出にとどまる。兵庫県瀬戸内内陸部の状況は岡山県北部との関連が予想され、近畿地方の大部分では落し穴による狩猟が不振だったことを示しているのだろうか。なお、愛知県・岐阜県・福井県でも、落し穴はほとんど検出されていない。

東日本の状況は部分的にしか知りえなかったが、おおむね太平洋側で多い傾向がうかがえる（第77図）。静岡県では、三島市・沼津市など県東部で約300の落し穴が確認されている（青嶋2002）。関東地方の集計データは把握できていないが、多摩ニュータウン遺跡群だけで4400以上（佐藤1989）、港北ニュータウン遺跡群を合わせると7000以上（石岡1991）、群馬県で1700以上（石田2004）の落し穴が確認されているという。栃木県・千葉県・茨城県では具体的な数字は把握できなかったが、栃木県登谷遺跡1遺跡だけで200以上が検出されているので、これらの県域にも多数の落し穴が存在するのだろう。いずれにしても、関東地方が有数の落し穴密集地であることに疑いがない。

北陸地方では主な分布域は内陸部で、中部高地では八ヶ岳南西麓・霧ケ峰南麓に800以上が確認されているが、越後平野周辺ではほとんど検出されないという（前田・綿田2012）。富山県でも検出例がないので、北陸地方の沿岸部は落し穴が希薄な地域であろうか。

東北地方では青森県で1800以上、岩手県で2700以上が検出され、青森県東部から岩手県の北上川沿いに集中している状況がうかがえる（大泰司2007）。宮城県・福島県での総数は探すことができなかったが、福島県下ノ平遺跡ほか3遺跡で500を超えているので、両県でも落し穴数は多いのかもしれない。それに対し、秋田県では検出数約220と東日本のなかでは少ない数である。山形県では内陸で検出されているようである（新井2012）。青森県西部でも検出数

第3節 中国地方の自然環境と縄文時代の生業

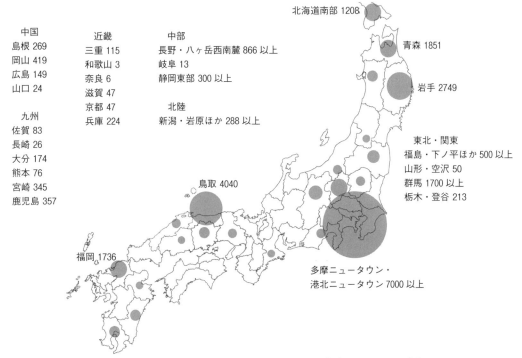

近畿（岐阜含む）は関西縄文研2001、中国は中四国縄文研2013、九州は九州縄文研ほか2004から集計。
北海道・東北北部は大泰司2007、群馬は石田2004、福島・山形は新井2012、栃木は中村2007、多摩・港北ニュータウンは石岡1991、北陸・中部高地は前山・綿田2012、静岡東部は青嶋2000で示された数を参考にした。

第77図　全国の落し穴検出数

が少ないので、東北地方の日本海側は落し穴が少ない地域なのかもしれない。

　以上が、北海道以外の日本列島での落し穴の分布状況概略であるが、関東・東北地方のほかに、鳥取県・福岡県での落し穴数が突出しているのがわかる。とくに鳥取県の4000個以上を数える落し穴数は、全国的にみても上位に位置する数字ある。

　鳥取県西部に位置する大山は中国地方の最高峰で、周辺にはなだらかな裾野が広がる。緩斜面・低丘陵が大きく広がる地形は多摩丘陵に似ているともいえるが、縄文時代の遺跡数は鳥取県が約600（幡中2014a）、東京都が約3900（東京都遺跡データベース）と、両者の差は明らかである。青森県・岩手県・秋田県など、東北諸県が鳥取県と同等とも思えない。同様に、福岡県も東日本各地に比べて縄文遺跡が多いとは思われず、落し穴数だけが突出している状況である。

　大山山麓と多摩ニュータウン遺跡群の落し穴数がほぼ同じということは、猟の方法が同じとするなら、両地域の狩猟延べ回数がほぼ同じと考えることができる。ただし、鳥取県の遺跡数は東京都の約6分の1以下なので、大山山麓での出猟の回数は多摩丘陵周辺の6倍以上あったはずである。鳥取県の遺跡数は、落し穴遺構が主体に検出された遺跡も縄文時代遺跡としてカウントされているので、集落の実態を考えると実際にはそれ以上の出猟回数がなければ両者の差は埋まらない。

　以上の計算は極めて大雑把であるが、大山山麓で狩猟延べ回数が東日本より多かったと考えなければ、遺跡数（≒人口）が少ないながら生産遺構（落し穴）数が多い、という矛盾した状

177

況は理解しがたいのではなかろうか。筆者が考える（柳浦 2014a）以上に、狩猟に対する依存度が高かった可能性も否定できないかもしれない。

集落の項で述べたとおり、中国地方の集落形態は小規模分散型で、大山山麓でも大規模な集落が形成された形跡はない。その縁辺にあった集落が狩猟の場としてより頻繁に利用した結果、多くの落し穴が設営されたものと考える。狩猟の主体は、大山山麓の集落だけでなく、島根県東部など離れた地域からの狩猟遠征も、視野に入れる必要があろう。

四国地方、兵庫県以外の近畿地方、東海地方・中部地方および北陸地方の西部域などでは、落し穴の検出数が著しく少ない。これらの地域では、落し穴を使用しない狩猟方法が主流だったとも考えられるが、今のところ具体的な狩猟の方法について考察する余裕はない。

### 5　まとめ

生業関連の遺物として重要と考えられるのは、打製石斧の問題である。打製石斧は、根茎類の採集用具と考えられ、後期中葉から晩期にかけて増加する。この時期に根茎類利用が急激に増えたとは思われず、また農耕と関連もにわかには信じがたい。打製石斧の増加は、菜園などの初期栽培も視野に入れるべきかもしれないが、現状ではすぐには解決できない問題であろう。

中国地方における縄文時代の生業遺構は、旧児島湾縁辺の貝塚群、大山周辺の落し穴が特徴である。旧児島湾は、貝類が棲息しやすいうえに、干満の差が大きく採取が容易な干潟が拡がる環境にあり、年間を通して貝類を基本資源としえた地域である。このような好条件が、貝塚の形成を促したと考えられる。ただし、同じ瀬戸内海沿岸でありながら隣接する兵庫県播磨地方や広島県西部、山口県では貝塚が少ないので、自然条件だけに貝塚の多寡の原因を求めるわけにはいかない。気候・地形などの自然条件のほか、社会的・文化的要因も考える必要がある。

落し穴は、大山山麓で多数が発見されている。数の上では全国有数を誇るが、その背景となる縄文集落はけっして多いとはいえない。周辺からの狩猟遠征を考えたとしても、突出した落し穴数は筆者の理解を越えている。

山陰地方では、年間を通じて容易に捕獲できる特定の資源は見当たらない。それにもかかわらず、遺跡数は中国地方でも群を抜いており、活発に活動していたことがうかがえる。これは、季節ごとの資源をうまく組み合わせて活用していたようすが想定できるが、どの季節に何を利用していたのか、具体的な生業活動を明らかにしえていない。遺跡から出土する動植物遺存体に注意を払いつつ、縄文時代の気候・植生・棲息生物の復元を行ったうえで、資源の利用サイクルを明らかにする必要がある。


# 第4節　山陰地方を中心とした縄文時代の食糧資源と獲得方法

縄文時代は、採集・狩猟経済と考えられているのは周知のとおりである。ドングリをはじめとした木の実類、山野に生息する鳥獣類、河川・海産の魚介類によって、縄文人の生存が維持

されていたことは、貝塚などから出土した食糧残滓からみても疑問をはさむ余地はない。山陰地方においても、一般的に概説される縄文経済と同調していたはずである。しかし、総延長約2千kmにおよぶ日本列島は一律の植物相・動物相ではなく、地域によって異なった資源を利用していたことは容易に想像できる。本稿の目的は、山陰地方の縄文時代において、何が食糧資源となっていたのか、それをどのように獲得したのか、を明らかにすることである。おもに山陰地方を取り上げるのは、特に山陰地方で産出する資源に基づいた議論がこれまでなされなかったからである。食糧となる資源は前述のとおり地域によって違うはずで、地域の主たる食糧資源を探ることは汎日本的とみられがちな縄文時代の多様性を解明することになると思われる。また、食糧資源の獲得方法について当地の資料に基づいた議論がなされたことはない。研究先進地のモデルをそのまま適用するのではなく、地域に即した検討をすることによって縄文時代の多様性がより鮮明になると考えられる。

　山陰地方でも、これまでに動物遺存体や植物遺存体のデータが蓄積され、貯蔵穴・落し穴などの生業関係遺構が多く検出されている。その成果は、中四国縄文研究会により集成が行われている（中四国縄文研究会 2010・2013）。しかし、これらのデータは個別に報告されるにとどまり、地域の生業全体を見渡した研究は行われていない。縄文人が生活するうえで、各生業は単独で完結することはなく、有機的に関連していたと考えられるので、獲得具・遺構・動物遺存体・植物遺存体の総体から、当地の資源利用状況とその獲得方法について、概観してみたい。

## 1　漁労関係の遺物と漁労の方法

　**漁労具の概要**　島根県・鳥取県では、釣り針や銛などの漁労具はほとんど出土していない。釣り針は小浜洞穴遺跡（柳浦 2012a）の1例のみ（第78図1）で、東日本で発達した鹿角製銛頭は出土せず、また西北九州で流行した結合式釣り針も縄文時代に特定できる資料は今のところ出土していない。鹿角製の漁労具は有機質なので残存しにくい素材であるが、概して釣り漁・銛漁（猟）は低調と考えられる。

　サルガ鼻洞窟遺跡（島根県古代文化センターほか 2005・2009）では、石製銛頭と考えられる石器が3点出土している（第78図4・5）。第78図4は従来石鏃として紹介されてきたが、全長5cm前後と通常の石鏃より大型で、刃部側縁に大きな抉りを持つ特徴がある。この特徴は西北九州の石製銛頭（九州縄文研究会 2009）に酷似しており、銛頭の可能性が高いと思われる。粗く加工された第78図5も大型の刺突具で、銛頭の可能性を考えたい。

　このような銛頭は、山陰地方ではサルガ鼻洞窟遺跡だけで出土している。サルガ鼻洞窟遺跡は、小池原上層式・鐘崎式土器がまとまって出土した遺跡で、九州との関連が強い遺跡かもしれない。この遺跡では、土器とともに九州的な石器が導入された可能性が考えられるが、銛頭が出土した遺跡は少数であることから、山陰地方では銛が発達しないという特徴に変わりはない。

　漁網用の錘と考えられている石錘の出土量は非常に多い。沿岸部の西川津遺跡（島根県教委 1987b）では前期層から141個、山間部の原田遺跡では中期〜後期層で600個以上（島根県教委 2007b）もの石錘が出土している。このほかにも石錘が出土した例は多く、漁網を使った漁は沿岸・山間ともに一般的だったと考えられる。漁網用の浮子と考えられる資料は、目久美遺

第3章 山陰地方の縄文集落と生業

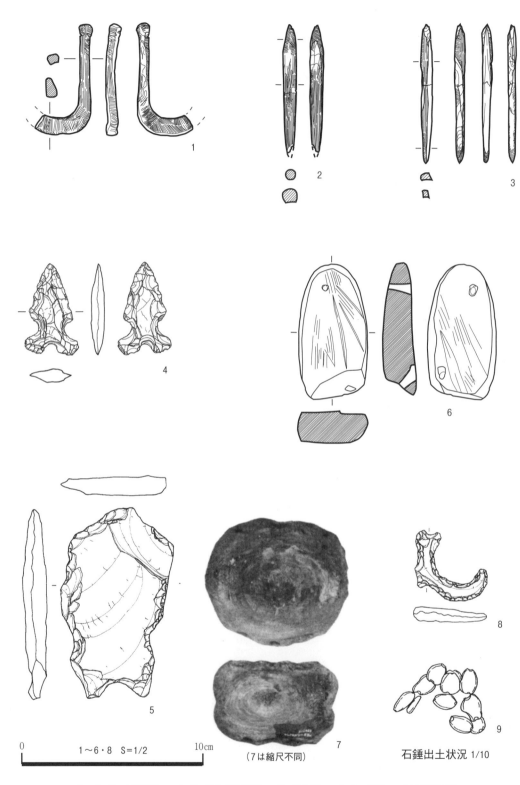

1～3・6 小浜洞穴　4・5 サルガ鼻洞窟　7 目久美　8・9 林原　7は縮尺不同
第78図　山陰地方の漁労具

跡（鳥取・米子市教委 1986）でクジラの椎骨製[1]（第78図7）、小浜洞穴遺跡（柳浦 2012a）で軽石製の浮子（第78図6）が出土している。

またヤス（第78図2・3）は、小浜洞穴遺跡・サルガ鼻洞窟遺跡などでまとまって出土しており、山間部の帝釈峡遺跡群（帝釈峡遺跡群発掘調査団 1976）でも出土している。ヤスはシカの中手骨・中足骨を素材にしたものが多いが、島根大学構内遺跡（島根大学埋文センター 1997）や富繁渡り上がり遺跡（山陰考古学研究集会 2000）では木製のヤスが出土している。これらは、素材が有機物のため出土遺跡は限られるものの、素材が手に入りやすいことを考えると、ヤスは一般的な漁具だったと思われる。

このほか、鉤状の石器（第78図8）が散見される。鉤状の形は「引っ掻ける」行為に適しており、大型魚を引っ掻けて獲る道具の可能性が考えられる。魚を「掻く」漁は、近世にはサケ漁やウナギ漁が行われていたという（秋山・前村 1991）。

**漁網の規模**　林原遺跡（島根県教委 2007）などで石錘が集中出土する例がある（第78図9）。いずれも、石錘が 10〜15 個が集中して出土しており、これが一網に使われる石錘の数と推定できる。50cm の間隔で 15 個の石錘が装着されたと仮定すると、一網は 7.5m の長さとなる。石錘の間隔が狭ければもっと小さな網ということになるが、いずれにしても河川漁労ではこの程度の小規模の網が一般的だったと考えられ、河川を横断して仕掛けられるような大きさではなかったと思われる。

**民俗誌にみる網漁**　民俗学では、原始的網として①「抄網（すくいあみ）」、②「掩網（おおいあみ）」、③「立切網（たちきりあみ）」、④「曳網（ひきあみ）」と分類されている（第79図　秋山・前村 1991）。このうち①は福井県鳥浜貝塚（福井県教委 1987）などで手網枠が出土しており、縄文時代にも一般的に使われていたと考えてよい。②「掩網」は円錐形の枠に張った網を魚の上から被せる漁（「抑網（おしあみ）」など　第79図1）と、投網に分けられる。前者は比較的単純な構造なので、縄文時代に存在した可能性はあるものの、よほど残存状態が良くなければ出土資料の同定は困難であろう。投網は、網と錘で構成されるため縄文時代にも存在したと思われがちだが、投げたときに広がるように編むのは高度な技術が必要と聞く。縄文時代に投網が存在した可能性は低いかもしれない。③「立切網」（第79図2）は、河川や海中に網を固定する漁である。絵図では比較的大型の網が仕掛けられているが、前述のように縄文時代の網は小型と考えられるので、この漁が行われたとしても小型の仕掛けだったと思われる。④「曳網」（第79図3）は、小型の網を少人数で曳く網漁である。縄文時代でも可能な漁と思われる。

③が仕掛けて漁獲を待つ漁に対し、④「曳漁」は積極的に漁獲を狙う漁である。縄文時代の網漁は③の想像復元図をよく見るが、実際には、③と④の併用だったのかもしれない。

**「石カマ」漁[2]**（第80図）　考古学的な証拠としては未発見だが、冬季の漁労方法として縄文時代に存在していた可能性があるものとして、山形県最上川で記録された「かま」漁がある（第80図　秋山・前村 1991）。これは、湖岸・川岸に穴を掘って石を詰め込み、寒気を避けて石積みに寄った魚を捕獲するという原始的な漁である。穴の大きさは半坪（約 1.2m×1.2m）、深さ約 1m 程度だという。漁自体は非常に簡単なものなので、縄文時代にも行われた可能性は高いと思われ、河川跡周辺の土坑に注目する必要がある。

**獲得魚種**（第81図2）　中海沿岸に位置する小浜洞穴遺跡や目久美遺跡で出土した魚骨は、

第3章　山陰地方の縄文集落と生業

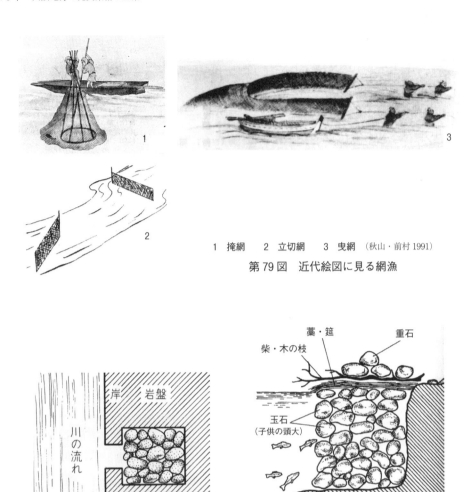

1　掩網　　2　立切網　　3　曳網　（秋山・前村1991）
第79図　近代絵図に見る網漁

第80図　山形県小国川の「かま」（秋山・前村1991）

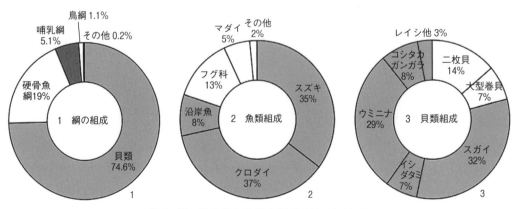

第81図　動物遺存体出土組成（島根・小浜洞穴）

クロダイ、マダイ、スズキ、フグを主体としている（第81図）。一方、佐太講武貝塚（島根・鹿島町教委1994）は、当時は古浦砂丘によって形成されたラグーン縁辺にあり、フナ・コイ・ナマズが主体を占める。出土魚骨からは、佐太講武貝塚は貝塚形成時に淡水に近いラグーンを生活基盤にしていたと考えられる。

　魚骨が出土した遺跡では、いずれも沿岸魚を主な獲得対象としていたことがうかがえる。外海の魚種はマグロやサメが少数出土しているものの、出土数はきわめて少なく、積極的に外海に出漁したとは考えにくい。マグロ・クジラ・イルカなどの海獣や大型魚は、沿岸に寄りついた個体を偶然捕獲したのではなかろうか。

　**貝　類**（第81図3）　小浜洞穴遺跡では35種の貝類が確認されている。大型の貝類は、巻貝（腹足綱）ではアワビ・サザエ・アカニシ・ナガニシ・ツメタガイ、二枚貝（斧足綱）ではサルボウ（通称アカガイ）・バカガイ（通称アオヤギ）・ハマグリなどが多く見られる。小型種では、ウミニナ・コシタカガンガラ・スガイ・レイシガイ（以上巻貝）、カリガネエガイ（二枚貝）などが多数を占める。ほとんどは現在でも食する貝類だが、ナガニシ・ツメタガイ・レイシガイ・カリガネエガイなどは現在食することはほとんどない。食べられるものはすべて利用したのかもしれない。

　山陰地方で貝塚が形成されたのは、佐太講武貝塚（島根・鹿島町教委1994）と島遺跡（鳥取・北条町教委1983）の2遺跡だけである。島遺跡では前期層でマガキなど海水性の貝類が混じるものの、中期ではヤマトシジミを主体とする貝塚を形成している。海岸環境から淡水に近い環境へと変化するに伴って、ヤマトシジミ主体の貝塚が形成されたと考えられる。佐太講武貝塚でも貝塚の主体はヤマトシジミで、汽水湖を積極的に利用していた様子がうかがえる。

## 2　狩猟関係の遺物・遺構と狩猟の方法

　**出土資料の概要**　草創期の尖頭器を除くと、縄文時代の狩猟具は弓矢に限られる。弓の出土は山陰地方では桂見遺跡（鳥取市教委1978）・富繁渡り上がり遺跡（山陰考古学研究集会2000）など少数であるが、石鏃はごく一般的に出土する石器で、縄文時代の主要な狩猟具は弓矢であると考えられる。このほか、棍棒の使用も考えられるが、明らかに棍棒と同定できる資料は出土していない。棍棒はきわめて簡単な加工だったと想定すれば、出土資料では棍棒と断定しにくいのかもしれない。

　イヌは、西川津遺跡・目久美遺跡・島遺跡などで出土している。獣骨が出土した遺跡での出土率は高く、イヌは一般的な家畜だったと考えられる。イヌは猟犬としての機能を持ち、猟犬を利用した狩猟が行われていたと考えられる。

　狩猟に関係した遺構としては落し穴があり、島根県で268、鳥取県で4040が検出されている（中四国縄文研究会2013）。鳥取県では、そのうちの約94％が大山山麓に集中しているのが注目される。落し穴遺構は、単独で検出される場合もあるが、2〜5個が列状に配置されている例が多い（第82図）。複数個が一組として設置された可能性が高いと思われる。

　**狩猟の対象**　動物遺存体は、シカ・イノシシの中型獣のほか、アナグマ・タヌキ・キツネ・ウサギなどの小型獣の骨が出土している。また、目久美遺跡でカワウソなどもわずかながら確認されている。出土資料は、大半がシカ・イノシシだが、これらは骨格が太く頑丈で、残

存する可能性は高い。反対に、小型獣・両生類・鳥類は骨が脆弱で、残存率は低いと思われることから、小型獣・両生類・鳥類は、遺跡から出土した数字以上に捕獲されていた可能性が高い。

　鳥類は、主にカモ科・ウ科が出土しているほか、現在では当地で見られないコウノトリやタンチョウなども捕獲していたようである（鳥取・米子市教委1986）。同一遺跡で留鳥・夏鳥・冬鳥が混在しており、季節性がうかがえる遺跡はない。しかし、鳥類骨を種まで同定できるものは少なく、留鳥・夏鳥・冬鳥の比率を正しく計算することができない。現在の資料からから季節性を知ることは難しいと言わざるをえない。

　**落し穴と狩猟の方法**　落し穴は5個前後が列状に設置されることが多く、これが落し穴猟の設置単位と考えられる。当地の落し穴は、長軸1～1.5m、短軸1.2m、深さ1m前後のものが多く、関東や北海道に比べて規模が小さい。小規模といっても落し穴1個と同等の穴を掘削しようとすれば、筆者の経験では大人2人で5時間は必要である[3]。縄文人は現代人より体力に勝っていたかもしれないが、それにしても設置には相応の労力・時間が必要だったはずである。複数個一組で設置されたのなら、掘削の労力はかなりのものといえる。

　落し穴を、待ち受け猟の罠とし、巡回して掛かった獲物を回収する猟が想定されることがある（今村1983　佐藤宏之1998）。この狩猟方法は、獲物が落し穴に落ちることを期待した、偶然性が高い猟と考えられるが、現代よりも獲物の絶対数が多かったとはいえ、偶然の成果を期待しているのであれば、労力と対価が見合っているとは到底思えない。

　落し穴の対象が、主にシカ・イノシシだったとすれば、深さ1m程度の穴なら簡単に逃げ出してしまうという[4]。この点からも、落し穴が単純な待ち受け猟用だったとは考えにくいよう

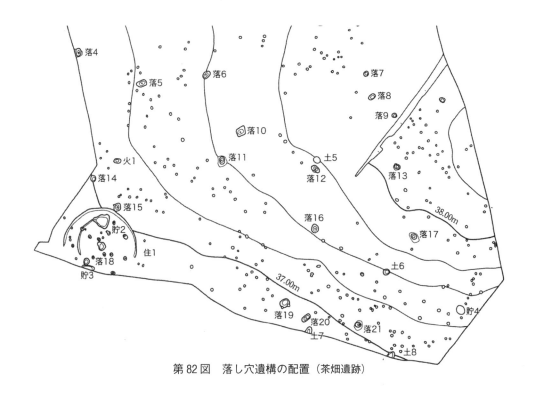

第82図　落し穴遺構の配置（茶畑遺跡）

に思われる。狩猟の方法は、もっと能動的ではなかったろうか。

　ところで、シカ・イノシシ猟は、勢子役の猟師がイヌとともに獲物の探索・追い立てを行い、仕留め役の猟師が逃走方向を予測して捕獲地点で待ち伏せて射撃する、という集団猟が複数記録されている（長谷川1998・2009など）。猟師3～5人、猟犬5頭前後の動員が一般的な事例のようである。この程度の人員ならば、集落数が少ないと考えられる当地でも動員は可能であろう。

　これらの民俗例からは、弓矢が鉄砲に置換している以外は、縄文時代の狩猟方法として適用可能と想像される。狩猟の際には弓矢の命中率が問題になるが、捕獲地点に落し穴を仕掛けたとすると、獲物の動きは止まり、弓矢の命中率は高くなると思われる。弓矢にしても、必ずしも一発で急所を射止めるのではなく、獲物の動きを鈍くするのが主な目的ではなかっただろうか。獲物の動きを止めれば、接近して棍棒などで仕留めることが可能と思われる。落し穴や弓矢は、それぞれが単独で使用されたのではなく、両者を組み合わせた狩猟が行われていた可能性を考えたい。

　前述のように、大山山麓では非常に多くの落し穴が集中しており、この地が猟場として優れていたことを示しているのではなかろうか。ただし、この地に大規模な集落が集中している様子はなく（幡中2012a）、落し穴数だけが突出している状況である。これからは、大山山麓の集落だけでなく周辺地域の集落もこの地での狩猟に参加した可能性があるように思われる。

**小型獣の猟**　アナグマ・タヌキ・ウサギなどの小型獣の狩猟は、弓矢のほか、くくり罠が

1　ワラダを投げる猟師　2　ワラダ
第83図　ワラダ猟（十日町博物館提供）

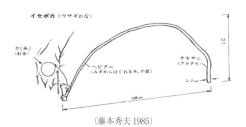

（藤本秀夫1985）
第84図　アイヌのうさぎ罠

使われた可能性がある（第84図）。北海道アイヌや北米・パイユートでは、考古学的に痕跡が残らないような簡便な罠が多用されていた（マーガレット・フィート2000）。パイユートでは、女性が木の実採集のついでに罠に掛かったウサギを回収する様子が記録されているが、彼らにとって罠に掛かった小型獣の回収は木の実採集のような感覚だったのかもしれない。

東北・北陸地方のウサギ猟に、ワラダ猟・ジブタ猟が記録されている（第83図　天野1985）。考古学的な資料としては、同様な資料が秋田県中山遺跡などで出土している（宮下1988）。これは、ワラダ・ジブタを投げることによってタカの鳴き声に似た音を発し、それに怯えたウサギは巣穴に逃げ込み、逃げ場所を特定した猟師がウサギを捕える、という威嚇猟である。島根県でも飯石郡頓原町（現飯南町）で変容した狩猟方法が記録されており（島根・頓原町誌編纂委員会2000）、ワラダ・ジブタ猟は当地でも行われていた可能性がある。

## 3　植物採集関係の遺物・遺構

**収穫具**　植物採集に関係した遺物は、鹿角斧が目久美遺跡で出土しているほか、各地で打製石斧が出土している。これらは根菜類を掘り出す道具と考えられる。ほかに掘り棒が存在した可能性があるが、山陰地方の遺跡で出土した例は今のところない。また、木の実の収穫具としては籠が考えられ、桂見遺跡（鳥取市教委1978）・本高弓ノ木遺跡（鳥取県教育文化財団2013）などで良好な資料が出土している。正福寺遺跡（福岡・久留米市教委2008）では木の実が詰まった状態で籠が出土しているが、当地でも籠は収穫・収納に重要だったと思われる。

**貯蔵穴**　目久美遺跡・三田谷I遺跡（島根県教委2000a）など、島根県8遺跡、鳥取県7遺跡で検出されている。貯蔵された堅果類は、山陰地方ではアカガシが最も多く、トチの実が次ぐ。渋抜きが不要なイチイガシは、三田谷I遺跡で比較的多く出土しているが、一般的な貯蔵物とは言い難い。瀬戸内地方ではアラカシ主体の貯蔵穴が多く、これは山陰地方との環境の違いによると考えられる[5]。クルミは栗谷遺跡（鳥取・福部村教委1989a・b・1990）で多いものの、これ以外では積極的に貯蔵された形跡はない。

貯蔵穴内の貯蔵物は、カシ類ドングリとトチの実が大部分を占める。このうちトチの実は各遺跡で出土しているものの、一遺跡内の特定貯蔵穴に集中して出土する傾向がある。両者が混在する貯蔵穴もあるが、貯蔵穴ごとに貯蔵された主たる木の実に違いが見られ、木の実は種類ごとにまとめて貯蔵された可能性が考えられる。

**可食植物**　青森県三内丸山遺跡で注目されたクリは、山陰地方では3遺跡に止まり、出土数も少ない。クリは野生では群落することが少なく、単木で生育することが多いとされる。花粉分析の結果でもクリ花粉の組成は低く、当地でクリが群落を形成していた可能性は低いと考えられる。クリは、利用はされたものの当地では食糧資源としてさほど重要でなかったと思われ、重要な資源はカシ類ドングリとトチの実だったと考えられる。

現在の当地の植生はシラカシが優先し、トチは山間部のみに分布しているという（福嶋ほか2005）。しかし、現在トチが自生しない沿岸部でも、一定量のトチ花粉が検出されていることから（鳥取・米子市教育文化財団2011ほか）、過去には沿岸部でもトチが自生していた可能性がある。ただし、出土資料をみると、縄文時代にはアカガシ亜属が繁茂していた可能性が高い。

可食植物で注目されるのは、ウバユリ・ジネンジョ（ヤマノイモ）などの根茎類である。こ

れらは有機物のため残存しにくいが、岡山県津島岡大遺跡（岡山大学埋文センター1994）など
で土器に付着したユリ科と推定された根茎が出土している。貝谷遺跡例（島根県教委2003a）も
ユリ根の可能性がある。ウバユリは山陰地方でも一般的にみられる植物で、その球根はデンプ
ン質に富んでいるという（松山1982）。開花前の初夏にウバユリの球根はデンプンをもっとも
蓄えるので、食糧欠乏期の夏季に重要な食糧だったと思われる。鹿角斧などはこれを収穫する
ための道具だったのかもしれない、ジネンジョの出土例はないが、開地に生育するので住居周
縁で容易に採集できる食糧だったと考えられる。ただし、この収穫時期は秋で、カシ類ドング
リやトチの落果時期と重なることから、簡単に収穫できる木の実より重要度は低かったかもし
れない。

目久美遺跡では、内面にニワトコの実が付着した土器が出土している（鳥取・米子市教委
1986）。ニワトコの実は漿果類で、食糧資源としてはさほど重要ではないように思われる。ニ
ワトコは酒の原料とされるが、これから酒が作られたとすれば、当地でも縄文時代に奢侈品が
存在したことになる。

このほか、サンショウ・マタタビ・サルナシ・ヤマブドウ・ヤマモモなどの種子が出土して
いる。いずれも少量で、人の生存を左右するものではないことから、これらも奢侈に利用され
たものと考えられる。

栽培植物は、桂見遺跡でリョクトウ類がまとまって出土しており（鳥取市教委1978）、当地
で豆類の栽培が行われていた可能性がある。ただし、豆類などの栽培植物が縄文時代に重要な
食糧資源であった状況にはない。イネ・アワ・キビの穀類は、目久美遺跡晩期層（鳥取・米子
市教委1986）から出土しているほか、板屋Ⅲ遺跡（島根県教委1998）、森Ⅲ遺跡（濱田2014）で
種子圧痕が確認されている。穀類は板屋Ⅲ遺跡のイネ圧痕を最古（前池式）とするが、それ以
前にさかのぼらないようである。弥生時代への変化の中で導入されたものと考えたい。

## 4　山陰地方における各食糧資源の依存度

山内清男は、河川を遡上するサケ・マスが縄文時代を支えた重要な食糧資源だった、と説く
（山内1964）。いわゆる「サケ・マス論」は、佐々木高明が主張するように現在でも根強い支持
がある（佐々木1991）。能登健は『出雲国風土記』にサケの記事が見られる、斐伊川上流に「鮭
神社」が存在する、福岡県遠賀川で遡上が確認できる、などから、西日本でも縄文時代には多
くのサケが遡上し、サケが重要な越冬食だったとする（能登2011）。

しかし、中国地方では現在でもサケが遡上するものの、それほど一般的ではない。佐々木
高明は、明治43年のサケ・マスの漁獲高を提示している（第85図　佐々木高明1991）。これに
よれば、鳥取県でサケの漁獲がやや多いもののそれ以西ではきわめて少なく、中国地方のサケ
漁獲高は、東北地方の0.07%に過ぎない。サケが東日本で主に遡上した魚種であることは明ら
かである。山内が参照した北米・カルフォルニアでも、サケの遡上は北緯36度30分以北であ
るという（関2007）。この緯度は、日本では茨城県水戸市と石川県金沢市を結んだ線に相当し、
佐々木の提示した漁獲量と符合している。

佐々木が提示した資料によれば、サケに比べてマスは西に分布を広げている。広島県帝釈峡
遺跡群・弘法滝洞窟ではサクラマスが出土しており（石丸2004）、これが中国地方各地で遡上

第3章　山陰地方の縄文集落と生業

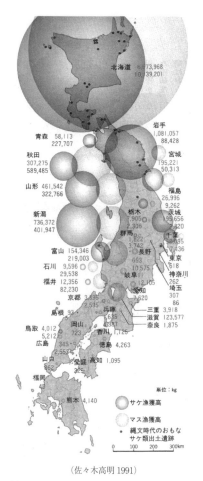

（佐々木高明 1991）

第85図　明治43年のサケ・マス漁獲量

し、縄文時代の食糧となった可能性はある。しかし、中国地方のマス漁獲量は東北地方の0.2％に止まり、量的にみて基幹的な食糧資源とはなりえなかったと思われる。

　中国地方と東北地方では遺跡数に開きがあり、人口も相当な違いがあったと考えられる。小山修三の推定によれば、縄文時代後期では中国地方は約2,400人、東北地方約43,800人の人口である（佐々木高明1991）。先のサケ・マス漁獲量をもとにすると、1人当たりが年間利用可能なサケは、中国地方で約6kg、東北地方で約78kgである。一方、十勝アイヌは年間の食糧を主にサケに依存しており、1世帯（3～4人）当たり200～300尾が消費されるという[6]。一尾3kgと見積もって、一年間サケ・マスに依存しようとすれば、年間一人当たり約200kgが必要という計算になる。佐々木が提示した漁獲量資料と対比すると、北海道（東北と同じ人口とした場合）では受容可能、東北地方では明治期の約2.5倍の漁獲量が必要となる。一方、中国地方では33倍以上の漁獲が必要で、この数字は絶望的といわざるを得ず、中国地方ではサケ・マスに依存していた可能性は低いといえる。

　季節的に回帰・遡上する特定の魚種がないとしても、当地でも魚類が縄文時代の重要資源だったと考えられる。石錘出土量がそれを物語っているといえよう。魚類は居住地周辺で捕獲でき、当地では冬季を含めて通年捕獲できる資源である。特定の魚種に依存することなく、必要に応じて適量捕獲していたと考えたい。

　動物資源については、食糧資源としての依存度は低かったと考えられる。イノシシやシカは動物遺存体として目立つものの、骨格が頑丈なため残りやすいと考えられる。これらは確実に捕獲できるとは限らないので、安定的な食糧とは言い難いように思う。

　山陰地方に限らず、縄文時代の基幹的な食糧資源はドングリと考えられる。ドングリが通年の食糧とされていたのか、あるいは秋から冬季にかけての季節的食糧だったのかについては、いまだに結論が出ていない[7]が、少なくとも越冬に大きく寄与したことに違いないだろう。山陰地方ではアカガシが、瀬戸内地方ではアラカシがその役を担っていたと思われる。これらカシ類は中国地方の里山に一般的に自生する樹木で、各地で群落を形成している。季節になると定期的に着果するこれらの実は、基幹的な食糧資源と考えるにふさわしく、貯蔵穴に残されたドングリはこれを如実に表している[8]。

　北海道・東北地方では、ミズナラなどのドングリとサケ・マスが基幹的な食糧資源となっていた可能性が考えられるが、中国地方ではサケ・マスに相当する特定の資源は見いだせない。

しかし、特定の資源がないとしても、中国地方は東北地方などに比べて温暖な気候であることが、人の生存に優位に働いていたはずである。山陰地方では降雪があるものの、山間部でも積雪が最深 0.5 m 程度で、最高気温が氷点下になることも少ない（気象庁気象統計情報）。人が活動可能な程度の降雪量は獲物の探索を容易にするだろうし、外気が氷点下にならない気候では冬季の漁労が可能だったと思われる。このような自然条件下では、相当量のドングリを貯蔵すれば、越冬の不安は感じなかったのかもしれない。

山陰地方の縄文集落は散在的な集落形態だったと考えられ（柳浦 2009）、中国地方の人口は東日本に比べて少なかったと考えられる。集落が散在的で人口が少ないという状況は、該地の資源を無理なく利用できたはずである。集落規模を拡大せず居住を集約しないという当地の集落形態とすることによって、資源総量とのバランスをとったのでないだろうか。

## 5　まとめ

以上、漁労・狩猟・植物採集の順で山陰地方の生業を概観してきた。獲得の場としては、基本的には居住地周辺を考えているが、大山山麓では落し穴が集中することから、狩猟遠征の可能性も考えられる。大山山麓の狩猟は、生存のための食糧獲得ということ以外に、何らかの意味があるのかもしれない。

本稿では、ドングリ類・魚類を基幹的な食糧資源とし、イノシシ・シカなどの中型獣は食糧資源としての地位は低いと考えた。これは近年の大方の意見と同じである。ただ、東日本で議論になるサケ・マスのような特定の資源は、西日本ではみられない。本稿では西日本が温暖な気候であること、当時の中国地方は人口が少ないと想定されることを理由に、ドングリ以外の越冬用備蓄が不要だったのではないかと考えた。この点については、さらに熟考が必要であろう。

狩猟方法・漁労方法については、異論が多いと思われる。とくに落し穴については、罠猟と考えるのか追い込み猟と考えるのかで狩猟方法の復元が大きく違ってくる。筆者は、落し穴・弓矢・イヌが一体となった狩猟方法を考えたが、これも想像の域をでない。漁労の方法も、当地では釣り漁・銛漁が盛んでなかった蓋然性は高いといえるものの、漁網の使用方法については定置網的な使用方法もあったかもしれない。狩猟・網漁ともに能動的であったはず、という筆者の先験があったことは認めざるを得ない。さらなる議論が必要である。

### ［註］

(1) 米子市教委 1986 では「錘」と報告されているが、重量が軽いことから浮子と考えた。なお、この椎骨製浮子も小浜洞穴の軽石製浮子も完全に浮くことはないと思われるが、下辺に石錘を装着するなら網を上下に広げる役目は果たすと考えられたため、浮子と判断した。

(2) 石カマ漁は、縄文時代の冬季漁労を考えるうえで重要と考えている。中国地方は温暖とはいえ、冬季に水に浸かって漁を行うのは、人命にかかわるので考えにくい。簡便な施設を設けるだけで、水に入ることなく、定期的に漁獲が期待できる石カマ漁は、縄文時代の冬季漁労の方法として有望と思われる。

(3) 落し穴の掘削実験ではないが、筆者は 1980 年ごろに土葬坑の掘削を数回経験したので、ここで記録しておく。実験ではなかったので、正確な記録ではない。一辺 90 cm の座棺を埋葬する

189

ための埋納坑を掘削した体験である。坑の完成形は上縁で一辺 1.2m 程度、深さ 2m 弱だったと思う。掘削には、30〜50代の成人男子2人で午前8時からはじめ、午後2時ないしは3時ごろの埋葬までに完成させた（昼休憩1時間を含む。他に随時休息した）。使用した道具は、鉄製スコップ・同鍬・手箕である。この時の人用は現代サラリーマン2人で、掘削要員の体力・能力は縄文人より劣るだろうが、鉄製の道具を使用したので、道具面では有利だったと考えられる。

(4) シカは約 1.6m、イノシシは約 1m の跳躍能力があるという（河合・林編 2009）。

(5) 佐々木由香氏によると、アカガシと同定されたドングリはイチイガシの可能性も考えられるという。

(6) 以上の数値は、いずれも佐々木高明 1991 による。

(7) 今村啓爾（今村 1989）・水ノ江和同（水ノ江 2007）は備荒用を含めた複数年貯蔵を考えている。柳浦は消極的理由から短期貯蔵を考えた（柳浦 2004）。考古学的な方法ではこの問題は解決しないが、カルフォルニア先住民は不作に備えて1回に2年分のドングリを収穫したという民族誌（関 2007）を参考にすれば、縄文時代に複数年の貯蔵が存在した蓋然性はある。

(8) ドングリに生り年と不作の年があることは承知している。


# 第5節　西日本縄文時代貯蔵穴の基礎的研究


　西日本特有の低湿地で検出される貯蔵穴は貯蔵物が残存していることから、性格を把握しやすい遺構である。西日本の低湿地型貯蔵穴は、岡山県 南 方前池遺跡で 1955 年に発見されて以来、検出例が増え続けており、筆者が知るところでは 82 遺跡にのぼる。

　西日本の貯蔵穴は、縄文時代の食糧事情を直接的に表している遺構である。この実態を把握することは縄文時代の主たる食糧資源が植物資料であったことを明らかにすることと連携しており、これは縄文時代に関する叙述を豊かにする可能性がある。本節では対象地域を西日本全域に拡げ、植物質食糧資源の重要性を述べる。加えて利用された堅果類が地域的な差異があることを明らかにし、山陰地方の特質を明らかにしたい。

　貯蔵穴については、堀越正行（堀越 1975・76・77）・潮見浩（潮見 1977）などの研究をみるようにすでに四半世紀の研究史をもつが、西日本の貯蔵穴については、1990 年代以降やっと盛んに議論されるようになったと思う。坂口隆（坂口 2003）・水ノ江和同（水ノ江 1999）・宮路淳子（宮路 2002）らが議論をリードしており、時期的・地理的傾向が明らかにされている。宮路はさらに踏み込んで縄文時代の社会組織との関わりを論考している。

　一方、1980〜90 年代は東日本の研究者が西日本の低湿地型貯蔵穴について論考することも多かった。貯蔵方法の類型化が試みられた（塚本 1993）り、低湿地での植物質食料の貯蔵を「救荒備蓄用」とした今村啓爾の説（今村 1988a）などが提出された。

　これらは貯蔵穴の本質にせまる論考ではあるが、その後に個々の貯蔵穴に当たって再度検証されたことはなく、妥当性が確認されたわけではない。南方前池遺跡をはじめ残存状況が良好なものでは貯蔵状況の模式図が示されているが、これらが西日本の一般的状況と誤解されているように思われる。

第5節　西日本縄文時代貯蔵穴の基礎的研究

　本節では、できるだけ個々の資料を検討し直すこととし、西日本の貯蔵穴の実態を明らかに
できれば、と思う。さらに貯蔵物・出土樹木・花粉化石を比較することによって、貯蔵堅果類
が遺跡周辺で産出する可能性があるのかどうかを考察してみたい。

## 1　貯蔵穴に関する基礎的な検討

　**立　地**　すでに指摘されているように、西日本の貯蔵穴は水が湧く低湿地に築かれることが
多い。しかしながら、すべての貯蔵穴が低湿地に築かれたのではなく、少数ながら台地に作ら
れたものもある。第11～14表では、台地上に作られたもの（低湿地型以外の立地）を A 類型、
低湿地に作られたものを B 類型と表記した[1]。

　台地型貯蔵穴（A 類型）は、貯蔵物が残らないことが多く、ここに上げたすべてが貯蔵穴で
ある確証はない。確実に堅果類が出土した例は、近畿以西では、神鍋遺跡（前期　関西縄文文
化研究会 2001）・郷路橋遺跡（前期　島根県教委 1991）・井後草里遺跡（後期　鳥取・溝口町教委
1983）・東黒土田遺跡（草創期　水ノ江 1999）などにとどまる。報告例の多くは、断面形がフラ
スコ状ないしは袋状をなすことから貯蔵穴と判断されたようである（兵庫県外野波豆遺跡など
関西縄文文化研究会 2001）。台地型貯蔵穴は、近畿地方に多く分布する。これは、西日本でも東
寄りの地域では土坑の性格を積極的に評価する意識が、西寄りの地域では内容物が残存しない
ため土坑の性格について慎重な態度をとるという意識が、働いていることによる結果かもしれ
ない。

　低湿地型貯蔵穴（B 類型）は西日本全域に分布する[2]が、四国地方と九州南部地方では検出
例が少ない。後期以降に盛行するとされているが、北部九州では、佐賀県東名遺跡（佐賀市教
委 2009）・長崎県伊木力遺跡（同志社大学 1990）・熊本県曽畑遺跡（熊本県教委 1988）・同西岡台
遺跡（熊本・宇土市教委 1985）など、早期・前期段階から群集するものがあり、水ノ江和同は
朝鮮半島からの伝播を考えている（水ノ江 1999）。ただし、鳥浜貝塚（福井県教委 1985）や辻遺
跡（滋賀・関西縄文文化研究会 2001）など北白川下層式に遡る例が近畿地方にあり、低湿地型貯
蔵穴が大陸・朝鮮半島の影響で成立したと断定することは難しい。

　早期に遡る例があるとはいえ、低湿地型貯蔵穴が西日本の後期・晩期に増加することは、低
温地型のうち中期末以前が 14 遺跡に対し、中期末以降が 48 遺跡と、遺跡数の比較からみても
歴然である。今後の調査例が増加しても、大勢は変動しないと思われる。

　貯蔵穴と認識された類例を概観すると、台地型貯蔵穴は中期以前の比較的古い例が多く、山
間部で検出される傾向にある。反対に低湿地型貯蔵穴は後・晩期と新しく、平野部で検出され
る例が多い。しかし、井後草里遺跡（鳥取・溝口町教委 1983）では後期後半の台地型貯蔵穴が、
宮の前遺跡（岡山県教委 1976）では山間部ながら低湿地型貯蔵穴（晩期）が検出されており、
両者は時期的にも地理的にも排他的ではないことがわかる。西日本で台地型貯蔵穴が少ないの
は、要は調査担当者が「土坑」を貯蔵穴と判断するか否か、ということではなかろうか[3]。

　もし台地上の土坑の多くを貯蔵穴と認定するとしたら、低湿地型との機能的な違いを明らか
にする必要がある。

　**形　状**（第 86 図）　平面形は円形または略円形を呈したものばかりで、方形や長方形につく
る貯蔵穴は確認されていない。長径と短径の比は 1.2 以下の値が一般的で、平面形を円形にし

ようという指向がうかがえる。断面形は、底径が口径を大きく上回るか側壁が湾曲する袋状・側壁が垂直に近い円筒状・底部がすぼまる逆台形の、3類に分類した（第86図）。この分類は便宜上の分類で、東日本での分類と一致するものではない。東日本で「フラスコ状」と分類されるものでも、低径が大きく広がるものはすべて「袋状」とした。また、円筒状と逆台形はその境界があいまいなものもある。逆台形は、報告書で「皿形」と表記された、非常に浅いものも含む。

　袋状の土坑は、その特異な形状から貯蔵物が残存しなくても貯蔵穴と判断されることが多い。しかし、この形状の貯蔵穴は西日本では少数派である。形状の特徴から台地型貯蔵穴と認定されたもののほとんどは袋状であるが、袋状で貯蔵物が残存する台地型貯蔵穴は兵庫県神鍋遺跡の1例にとどまる。低湿地型貯蔵穴でも、讃良川遺跡（大阪・寝屋川市1988）のように袋状の貯蔵穴は存在する。しかしながら、北関東でみられるような規格性は認められず、大規模化・群集化の傾向もみられない。他の形状の中で少数混在するのが実状であり、時期的・地理的に有意な相関性はみいだせない。ただし、神鍋遺跡例のように比較的東日本の袋状貯蔵穴に似たものは、東方からの影響も考慮すべきかもしれない。

　西日本の貯蔵穴は、円筒形・逆台形のものが圧倒的に多いが、円筒形の側壁が崩壊したり上部が削平された結果、袋状や逆台形（もしくは皿状）となる可能性もあり、両者の形態分類はさほど有意なものではないようにも思われる。一応、確認できた範囲で貯蔵穴の断面形分類の比率を示すと、袋状70基：円筒状162基：逆台形213基である。

　なお、東日本で貯蔵穴と判断される土坑が西日本では落し穴として認識されることがある。第87図で示した土坑は底面にピットがある貯蔵穴とされ、底面のピットは上屋の主柱穴・埋納施設・水抜き施設などの説があるという（野中1997）。このような土坑は西日本では一般的には落し穴として扱われることが多いと思う。たしかに図のみを見せられたら、落し穴と判断

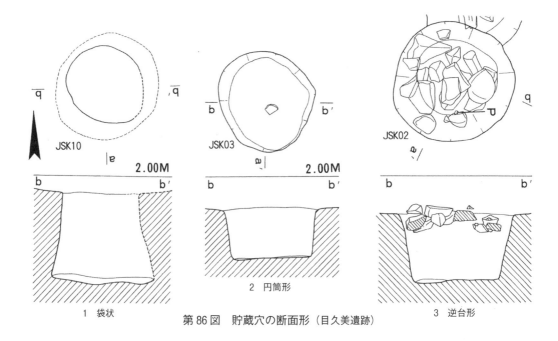

第86図　貯蔵穴の断面形（目久美遺跡）

してしまいそうな土坑である。しかし、福島県中ノ沢A遺跡では底面からクリがまとまって出土しているというから（坂口2003）、このような貯蔵穴が東日本に存在するのは間違いないようである。住居跡に隣接した「陥穴」状の土坑は、貯蔵穴の可能性を考慮する必要があろう[4]。

住居跡に近接した底面にピットがある土坑を貯蔵穴と認めるとしたら、その多くは台地型貯蔵穴と分類されることになる。この場合でも、台地型と低湿地型貯蔵穴の機能的違いが説明されねばならない。

**規　模**　最大は本郷大田下遺跡（奈良・橿原考古学研究所2000）、讃良川遺跡（大阪・寝屋川市1988）、龍頭遺跡（大分県教委1999）などで口径250cm、深さ150cmを超すものがあり、最小は長原遺跡（大阪・関西縄文文化研究所2001）などで口径40cm程度のものがある。もっとも多いのが口径で60〜160cm、深さ20〜90cmの範囲である。規模の面からみると、時期的・地理的な差異はみられない。むしろ、遺跡間の変動が大きいようで、例えば布留遺跡（奈良・関西縄文文化研究会2001）では口径170〜190cmにピークがあるのに対し、近隣の本郷大田下遺跡では口径40〜90cmにピークがある、という具合である。貯蔵穴を設営・管理した集団の要求度の違いであろうか。

低湿地型貯蔵穴には、深さが30cm以下の非常に浅いものが、まま見られる。上部が削平された結果浅くなったものもあろうが、北白川追分町遺跡（京都大学埋文センター1996）のように貯蔵穴の深さは25cmしかないのに、上縁より外側にこぼれるように堅果類が広がっているものもある（第88図）ことから、浅いからといってすべてが削平されたとは限らない。もともと浅く作られたものがあると考えたが妥当であろう。目久美遺跡（鳥取・米子市教委1986）のように一遺跡内の貯蔵穴群に深浅があるなら、浅い貯蔵穴は本来浅く作られた可能性があるのではなかろうか。反対に、佃遺跡（兵庫県教委1998）などのように一遺跡内

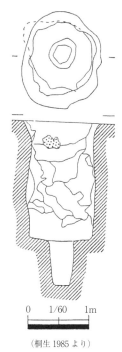

（桐生1985より）
第87図　底面にピットのある貯蔵穴

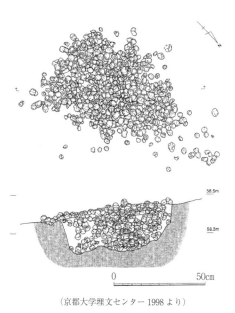

（京都大学埋文センター1998より）
第88図　京都府北白川追分町遺跡SX01の堅果類出土状態

第9表　貯蔵穴出土種子一覧

| 遺跡名 | 時期 | 種別不明ブナ属 | イヌブナ | コナラ | クヌギ | アベマキ | ナラガシワ・アベマキ | コナラ亜属 | イチイガシ | アカガシ | シラカシ | アラカシ | アカガシ亜属 | 種別不明コナラ属 | クリ | スダジイ | コジイ | マテバシイ | トチノキ | オニグルミ | ヒメグルミ | カヤ | アカメガシワ | エゴノキ | ミズキ | イヌガヤ | ヒシ | チャンチンモドキ |
|---|---|---|---|---|---|---|---|---|---|---|---|---|---|---|---|---|---|---|---|---|---|---|---|---|---|---|---|---|
| 森脇 | | | | | | | | | | | | | ●? | | | | | | ● | | | | | | | | | |
| 北仰西海道 | | | × | | | | | | | | | | | | | | | | | | | | | | | | | |
| 正楽寺 | | ●? | | ●? | × | | | | △? | | | | | | | | | | ● | | | △? | | | | | | |
| 穴太 | | | | △? | | | | | ● | | | | | | | | | | ● | △? | | | | | | | | |
| 北白川追分町 | | | | | | | | | | | | | | | | | | | ● | | | | | | | | | |
| 寺界道 | | | | | | | | | | | | | | | | | | | ▲ | | | | | | | | | |
| 本郷太田下 | | | × | △ | × | | | | △ | ● | | | ● | | | | | | ▲ | × | | × | | △? | ▲ | | | |
| 平城京左京三条五坊 | | | | | | | | | | | | | | | ? | | | | | | | | | △ | | | | |
| 三条 | | | | | ● | | | コ亜? | | | | | | | | | ● | | | | | | | | | | | |
| 布留三島 | | | | ● | | | | | | | | | | | | | ● | | | | | | | | | | | |
| 芥川 | | | | | ●? | ○ | | | | | | ● | | △ | ○ | | | | | | | | | | | | | |
| 讃良川 | | | | | | | ○ | | | | | ○ | | | | | | | | | | | | | | | | |
| 長原 | | | | | ▲ | | | | | | | | | △ | | | | | | | | | | | | | | |
| 溝ノ口 | | | | ● | ● | | | | △ | ● | | × | ● | | ●? | | | ▲ | × | | | ●? | | | | | | |
| 楠・荒田 | | | | △ | | | | | △ | | | × | ● | | | | | | | | | | | | | | | |
| 木庄町 | | | | ● | × | | | | ● | | | | ● | △ | | | | | | | | | | | | | | |
| 佃 | | | | △ | ●? | | | | | ● | ○ | | | | | | | | | | | | | | | | | |
| 神鍋山 | | | | | | ○ | | | | | | | | | | | | | | | | ● | | | | | | |
| 南方前池 | | | | ▲ | | | | | ▲ | ● | ● | | ▲? | | | | | | ▲? | ▲ | | ● | | | | | | |
| 津島岡大3次 | | | | ▲ | | | | | ▲ | ● | × | | ● | | | | | | ▲ | △ | | | | | | | | |
| 津島岡大5次 | | | | × | | × | | | △ | | | | △? | | × | | | | △ | | △ | | | | | | | |
| 菅生小襄山 | | | | | | | | | | | | △ | | △? | | △? | △? | | | | | | | | | | | |
| 岩田 | | | | | ▲? | | △ | | ● | ● | | | | ●? | | | △? | △? | ▲ | | | △? | | △? | | | | |
| 大路川 | | | | ▲ | | | | | ● | ● | | | | | | | | | ●? | | | | | | | | | |
| 栗谷 | | | | | × | | | | ▲ | | | | | ▲? | ● | | | ●? | ▲? | | ○ | × | | | | | × | |
| 井後草里 | | | | ○ | | | | | | | | | | ? | × | | | | ● | | | | | | | | | |
| 宇内横平 | | | | ▲ | | | | | ▲ | | | △ | | △ | | | | | | | | | | | | | | |
| 杷杷谷 | | | | △? | ● | | | | ▲ | | | | | | | | | ▲? | | | | | | | | | | |
| 九日田 | | | | ▲? | | | | | ● | ● | | | ● | ? | | | | | ●? | | ▲? | | | | | | | |
| 前田 | | | | | | | | | ▲ | | | | | | | | | | ● | | | | | | | | | |
| 三田谷Ⅰ | | | | ● | | | | | ● | | | | × | | | | | | △? | | | × | | | | | × | |
| 郷路橋 | | | | ● | | | | | ● | | | × | × | | | | | | ● | | | | | | | | | |
| 野多目拍渡 | | | | ● | | | | | ● | | | | ● | | | | | | | | | | | | | | | |
| 伊木力 | | | | ● | ● | | | | ● | | | | | | | | | | | | | | | × | | | △ | △ |
| 坂の下 | | | | ● | | | | | | | | | | | | | | | | | | × | | × | | △ | | |
| 龍頭 | | | | ● | | | | | | | | | | ● | | | | | | | | × | | × | | △ | | × |
| 西岡台 | | | | ● | | | | | | | | | | | | | | | | | | | | | | | | |
| 曽畑 | | | | | | | △? | | | | | | | | | | | | | | | | | | | | | △ |

凡例　●：大多数か１種のみの出土　○：大多数の出土　●：あり　▲：多数を占める　△：わずか　×：少数　？は種が特定できなかったり、数量の記載がなかったりして、確定できないもの

第5節 西日本縄文時代貯蔵穴の基礎的研究

の貯蔵穴群が一様に浅い傾向があるなら、上部が削平された可能性が考えられる。

貯蔵穴の容量については、坂口隆が試算している（坂口2003）。これによると、福岡県野多目拈渡遺跡が平均3.4㎡と最大の容量を誇り、岡山県宮の前遺跡・奈良県布留遺跡で平均1㎡を超える。また、大分県龍頭遺跡で平均0.8㎡と比較的大容量である。しかしながら、西日本の貯蔵穴の多くは0.5㎡以下の容量で、概して小型といわざるをえない。坂口は北部九州で後期から大型化傾向が認められるというが、同表の佐賀県黒丸遺跡では容量が0.4㎡なので、大型化が一般的な傾向とはいいがたいように思う。容量の違いも、遺跡間の変異ではなかろうか。

ところで、坂口の試算では西日本の貯蔵穴容量は0.2㎡から0.5㎡がもっとも多くなっている。0.2㎡＝200ℓという数字は、一石＝約180ℓよりやや多い量である。戦前までドングリ類を常食していた東北地方では、ドングリ8升（約14.4ℓ）で八人家族の3〜4日分の主食となったという（岡恵介1992）。これから試算すると、0.2㎡の貯蔵穴3つに蓄えられたドングリで、8人家族の一冬分の食料となる計算である[5]。

**貯蔵物**（第9表）　低湿地型貯蔵穴は、有機物が残りやすい条件にあるため、貯蔵物が残存する例が多い。貯蔵物が残存した貯蔵穴は、筆者の集計では41遺跡にのぼり、そのうち38遺跡では種同定が行われている。

もっとも多く出土するのはいわゆるドングリである。「ドングリ」と一括される木の実はブナ科の種実で、日本では18種類が自生するという（第89図　松山1982）。遺跡から出土する木の実類は、主にブナ科コナラ亜科コナラ属各種・ブナ科クリ亜科・トチノキ科トチノキ・クルミ科などである。西日本ではコナラ属アカガシ亜属の、いわゆる暖温帯照葉樹林（常緑広葉樹）の種子が圧倒的で[6]、トチノキ・クリなどを主体とする東北日本の冷温帯落葉広葉樹林と対峙する。

水ノ江和同は、縄文時代西日本の植生帯を照葉樹林帯と認めたうえで、利用堅果類に地域差があることを指摘している[7]（水ノ江1999）。水ノ江論文後の資料を追加して、貯蔵穴内出土の植物種子遺体（木本類のみ）をまとめたのが第9表である。これによると、近畿地方では照葉樹（コナラ属アカガシ亜属）を中心に落葉広葉樹（トチノキ・コナラ属コナラ亜属）が中国・九州に比較して多く混じり、瀬戸内地方では照葉樹（コナラ属アカガシ亜属）を中心に落葉広葉樹のトチノキが比較的多く混じる。山陰地方ではアカガシを中心とした照葉樹にトチノキを含み、九州地方では照葉樹のイチイガシが圧倒的に多い、という傾向が見て取れる。

あく抜きの不要なイチイガシは近畿南部・瀬戸内で比較的多く、九州地方で卓越するという特徴がある。それに対し、同様にあく抜きが不要で生食できるクリの出土は西日本全体で4遺跡にとどまり、コジイ・マテバシイは岩田遺跡（山口・潮見1977）など、スダジイは桂見遺跡（鳥取市教委1978）など少数の遺跡で出土しているにすぎない。クリ亜科の利用は、貯蔵穴内の残存物からみるとあまり盛んだったとはいいがたい。ただし、北白川追分町遺跡（京都大学埋文センター1996）・本郷大田下遺跡（奈良・橿原考古学研究所2000）・津島岡大遺跡（岡山大学埋文センター1992など）などではクリ材が一定量出土しているので（第10表）、利用されなかったとは考えにくい。スダジイ・コジイも同様と思われ、クリ亜科の堅果類は貯蔵穴の遺物として残存しにくい状況を想定したい。

195

第3章　山陰地方の縄文集落と生業

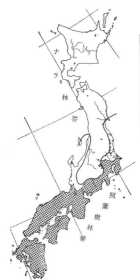

(松山 1982 より)
第 89 図　照葉樹林の分布とブナ科の分類

　クルミ科はオニグルミが5遺跡で出土しているが、栗谷遺跡（鳥取・福部村教委1989など）以外はいずれも主体的な貯蔵物とはいえず、副次的な様相がうかがえる。

　**廃棄の状況**（第90図）　西日本の貯蔵穴は低湿地に立地することが多く、前述のとおり貯蔵物が残存することがよくある。そのためか、「西日本の貯蔵穴は、貯蔵状態のままで検出される」と記述されることがある（今村1988など）。検出された状態が、当時のままの貯蔵状態なのかどうかを検討する。

　報告書で貯蔵穴内の堅果類・土層・その他の遺物について、堆積状況が詳細に記述されている29遺跡を検討する。各報告書の記載をもとにして、貯蔵穴の廃棄状態を以下の2群11類型に分類し、第90図に示した。

Ⅰ群：貯蔵堅果類が集積された状態で検出されたもの。貯蔵中に何らかの事故で廃棄されたか、貯蔵物が利用できるにもかかわらず途中で廃棄されたと思われる。

　a．堅果類が貯蔵穴上部から底面まで、密に詰まった状態のもの。まさに当時の貯蔵状態そのものといえる。

　b．堅果類が貯蔵穴下半部に密に集中し、堅果類直上に閉塞施設を伴うもの。取り残しによるⅡbより堅果類層が厚いが、Ⅱbとの区別は報告書の記載では判断が難しいことがある。そのためⅡbとの区別は主観的である。堅果類が不要となったため廃棄したとも考えられるが、使用中に何らかの事故で埋没した可能性もある。

Ⅱ群：堅果類が取り残された状態と思われるもの。

　a．堅果類はまんべんなく出土するものの、出土状態が散漫なもの。堅果類の取り残しか、下部に残された堅果類が後の土砂の流入などによって撹拌された可能性が想定される。よってこの状態は堅果類が廃棄時の原位置を保っていないと思われる。

　b．堅果類が貯蔵穴底面で出土するもの。堅果類が壁面際に集中するものと、底面中央に集中するものとがあるが、ともに取り残しの状態と思われる。

第5節　西日本縄文時代貯蔵穴の基礎的研究

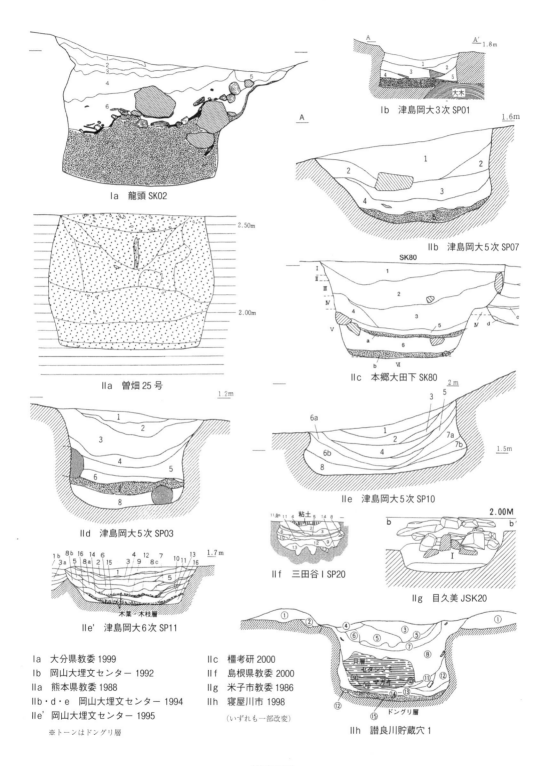

（縮率不同）

第90図　貯蔵穴堅果類出土状況

ｃ．堅果類が、底面と中位層に集中するもの。一度廃棄された貯蔵穴を再利用したものと
　　　　考えられる。この状態の貯蔵穴では中位の堅果類層を境として、上下で壁面の掘り込
　　　　み角度がちがうものがみられることも、貯蔵穴の再利用の根拠と考える。

　　ｄ．堅果類が中位層でまとまって出土するもの。ｃ同様、再利用の貯蔵穴と思われる。中
　　　　位層を挟んで上位と下位で掘り込み角度が違うことがあるのも、ｃと同じ。

　　ｅ．貯蔵物が残存せず、内部が空のもの。単独の検出なら貯蔵穴か否かの判断は困難だ
　　　　が、群集する場合は判断可能。

　　ｅ´．木葉や小枝が薄く堆積するものなど。後述のように、閉塞施設の材料として木葉や小
　　　　枝が利用されることもあるが、その場合は堅果類の直上に敷かれると思われる。この
　　　　類型は堅果類の集積とは無関係に検出された場合で、木葉等は開口のまま廃棄された
　　　　貯蔵穴に流入した自然遺物と考えられる[8]。

　　ｆ．最上層に粘土などが充填されたもの。貯蔵穴としての機能を終え、埋め戻されたと考
　　　　えられる。

　　ｇ．貯蔵穴内の土層が単層または水平堆積で、上面に集石があるもの。墓の転用が考えら
　　　　れるが、実際に人骨が出土した例はない。集石は「危険個所」としての目印の可能性
　　　　もあるか。

　　ｈ．上部層に獣骨や貝が出土するもの。ある程度埋没した後に、廃棄土坑に転用したこと
　　　　が想定できる。最上層に堆積したレンズ状の層に獣骨等が混じることが多いようで
　　　　ある。

　Ⅰ群は使用途中で廃棄されたと考えられるが、出土状況が確認できた貯蔵穴数323基（29遺
跡）のうち27基（0.83%）と少なく、堅果類が貯蔵穴いっぱいに詰まった状態で出土したⅠ群
ａ類は0.25%とさらに少ない。堅果類が部分的に集積状態で出土したⅡ群ｂ〜ｄ類は323基の
うち161基（49.8%）を占める。Ⅱ群ｂ〜ｄ類は貯蔵物の取り残しと考えられ、残存堅果類の利
用価値がなくなったために放棄されたものと思われる。以上から検出された貯蔵穴の大部分は
貯蔵穴としての機能を失って放棄されたものと判断できる。

　このほか、貯蔵穴下部に堅果類が集積し、間層を挟んで上部に閉塞施設が残存するものが想
定できる。貯蔵物と閉塞施設との間に空隙がある場合に廃棄後の土砂流入によってこのような
状態となると考えられる。南方前池遺跡Ｎピット（岡山・山陽町教委1995）がこの例かもしれ
ない。

　Ⅱ群はいずれも貯蔵穴機能を消失した後の状況を示すと思われる。堅果類が出土した貯蔵穴
323基のうち個体数が明らかにされているものは14遺跡151基であるが、堅果類出土数が150
個未満（約200cc、茶碗1杯程度）と少量の貯蔵穴は38基とかなりの数に上る。この程度の出
土量は取り残しの結果と考えられるので、残存貯蔵物が出土しなかった空の状態の貯蔵穴を含
めると全体の約95%が貯蔵機能を消失したものと判断できる。

　Ⅰ群が少なく、Ⅱ群が9割以上を占めるというこの結果は、今村啓爾が低湿地型貯蔵穴を
「救荒備蓄用」とした前提が崩れることになる。今村の「救荒備蓄説」は、低湿地型貯蔵穴の
多くが「貯蔵しっぱなしの貯蔵穴が多い」ので「数年、数十年に一度やってくる飢饉のための
備荒用といった意味あいをもったのではないか」、という文脈である（今村1988）。これを支持

する研究者もいるが（長岡1999）、低湿地型貯蔵穴から出土する堅果類は大部分が「取り残し」と考えられる実態からはかけ離れていると言わざるをえない。

　**閉塞施設**（第91図）　閉塞施設が明確に残っていた例は25基を確認したが、貯蔵穴の多くからは木片や木葉が出土しており、これらが閉塞用として一般的に利用された可能性がある。閉塞の施設は、大きく次の4類に分類できる。

　　　①木材を並べる。（第91図①）
　　　②樹皮で覆う。（第91図②）
　　　③編み物で覆う。
　　　④小枝・木葉で覆う。（第91図④）

　①は龍頭遺跡（大分県教委1999）・本郷大田下遺跡（奈良・橿原考古学研究所2000）で良好な状態で検出されているほか、九日田遺跡（島根・松江市教委2000b）では木板が被せられている。例に挙げたものはいずれも木材を平行に並べて閉塞施設としたものだが、縦横に架された例（龍頭遺跡SK53など）もある。木材は、丸太材・半截材・角材など様々な形状で、これらは併用されるようでいずれかに偏ることはないようである。この閉塞方法は、奈良県から大分県まで広い範囲でみられるが、瀬戸内地方では未検出である。

　②は低湿地型貯蔵穴の最初の発見となった南方前池遺跡Tピット（岡山・山陽町教委1995）が典型である。南方前池遺跡・津島岡大遺跡（岡山大学埋文センター1992）・岩田遺跡（山口・潮見1977）など、中・西部瀬戸内に集中しており、三田谷I遺跡（鳥取県教委2000a）でも検出されている。このほかでは典型例を確認していない。中・西部瀬戸内地域では①類の検出例がないことから、②類はこの地域の特徴というべきかもしれない。

　③は栗谷遺跡で、SK07・17の上部に被いかけられていたという（鳥取・福部村教委1989）。栗谷遺跡ではあたかも現代のゴミ集荷場にネットを被せる状況を想起させる。このような例は栗谷遺跡以外では確認できていないが、貯蔵穴から編み物残欠が出土する例は多く、貯蔵穴の閉塞施設とされた場合があったことは否定できない。

　④の小枝・木葉は閉塞に一般的に使用されるようで、①〜③と併用されることが多いほか、小枝・木葉だけを使用するものもよくある。ただ、小枝・木葉は前述のように自然流入する可能性があり、ただちに閉塞用と考えるのは危険である。①〜③と併用されたり、津島岡大第3次SP01のようにある程度厚さを持って堆積した場合は、閉塞用と判断してよいと思われる。

　これらの材料で貯蔵物を被覆した上に重しとして石が置かれる例があるが、出土した石がすべて重しとは限らないと思われる。すでに述べたとおり、廃棄状態Ia・b類以外は廃棄時に貯蔵穴内は空洞ができていたはずである。その空洞がなくなるまでの土砂の自然堆積時間と有機物である閉塞施設の腐食時間を比較すると、土石流など突発的な事故が起こらない限りは後者の速度が速いのではなかろうか。とすれば、貯蔵穴が完全に埋没する前に、閉塞施設は重し石の重みに耐えかねて破損し、石は内部に転落することが予想される。石が傾斜をもって出土した場合や石群に高低差がある場合は、このような状況が想定できる。

　ところが、目久美遺跡JSK30（第90図IIg・鳥取・米子市教委1986）のように貯蔵物がほとんどないにもかかわらず、貯蔵穴上面に石群が置かれた状態で出土した例がある。石群が貯蔵に伴う重しなら、廃棄状態Ia類以外は上面のみで検出されることはないと考えられる。目久美

第3章 山陰地方の縄文集落と生業

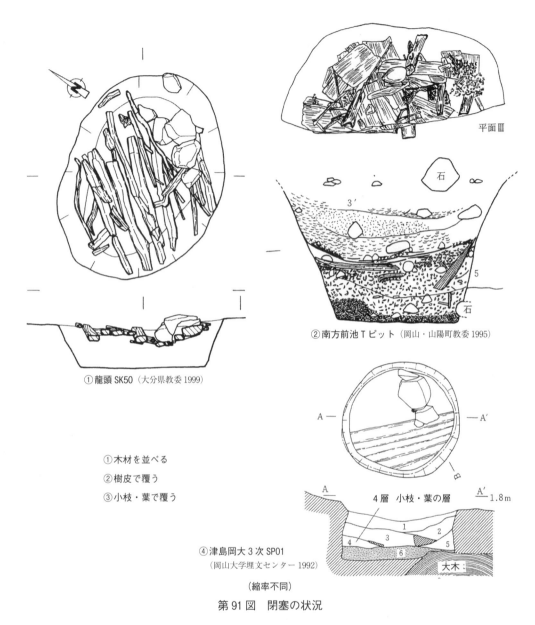

①木材を並べる
②樹皮で覆う
③小枝・葉で覆う

(縮率不同)
第91図 閉塞の状況

遺跡のような例は、貯蔵穴廃棄の際に埋め戻された可能性があり、上部の石は貯蔵には直接関係しないと思われる。

　また、三田谷Ⅰ遺跡（島根県教委2000a）のように最上層に粘土を被覆するものがある（第90図Ⅱf）。周辺の土壌と明らかに違う場合は、人為的に埋められた可能性が高い。粘土の被覆は一見貯蔵穴使用時の閉塞ともみえるが、そうであるなら貯蔵物の廃棄状態はⅠa類のはずである。ところが粘土の被覆と廃棄状態Ⅰa類との相関は認められず、粘土の被覆は貯蔵に関係しないと思われる。これも廃棄時以降の埋め戻しと解釈すべきだろう。

　**貯蔵方法**（第92・93図）　貯蔵方法は、大きく2類に分けられる。
　　①堅果類を容器に入れずに直接収納するもの（底面に小枝・木葉を敷く場合も含む）

200

         a.底面に敷物を敷かず直接堅果類を収納するもの（第92図2～4）
         b.底面に敷物を敷くもの（第92図1・5）
    ②編み物・土器などの容器に入れて収納されるもの（第92図5・6、第93図）
 貯蔵物が残る貯蔵穴のほとんどが①の堅果類を直接収納する方法で、これが一般的な方法だったようである。底面に小枝・木葉を敷くことも多く、曽畑遺跡14号（熊本県教委1988）では編み物が底面に敷かれているが、自然材料の代替として人工物が利用されたもので基本的な貯蔵方法は同じと考えた。
 穴太遺跡貯蔵穴1（滋賀県教委1997b）では、4種類の堅果と木葉が互層に堆積していたとされ（第92図4）、貯蔵方法の代表例の一つにあげられることがある（塚本1993）。しかし、筆者の集成ではこのような出土状況が認められるのは、南方前池遺跡K1ピットが唯一近い例である。穴太遺跡報告書では詳細な記述がなく、堅果と堅果の間にあるという木葉層については一切触れられていない。引用される模式図の出典にたどり着くことができなかったので、図の出所はまったく不明であるが、いずれにしても穴太遺跡例は現状ではイレギュラーといわざるをえない。なお、複数種の堅果がそれぞれ層をなして一つの貯蔵穴に貯蔵されることもほとんど例がない。
 ②類の、容器に入れて収納する例は、津島岡大遺跡（岡山大学埋文センター1994）で土器に収納された例が、曽畑遺跡（熊本県教委1988）・東名遺跡（佐賀市教委2009）・正福寺遺跡（福岡・久留米市教委2008）で編み物に収納された例が報告されている。明らかな土器収納は津島岡大遺跡例（第91図1）だけだが、陽地遺跡SK3（広島・庄原市教委1999）が土器収納の貯蔵穴の可能性がある[9]。陽地遺跡例を土器収納の貯蔵穴に含めるとしても、土器に貯蔵物を収納

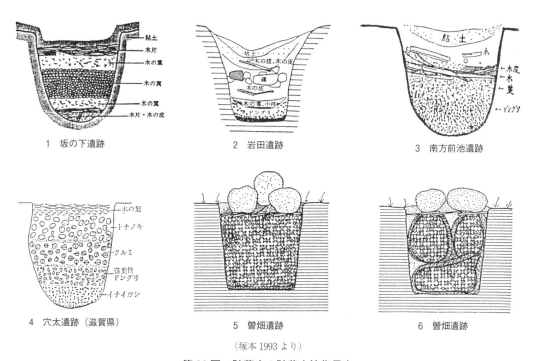

第92図　貯蔵穴の貯蔵方法復元案

第3章　山陰地方の縄文集落と生業

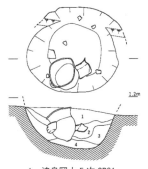
1　津島岡大5次 SP01

2　正福寺
(原資料・久留米市埋蔵文化財センター所蔵)

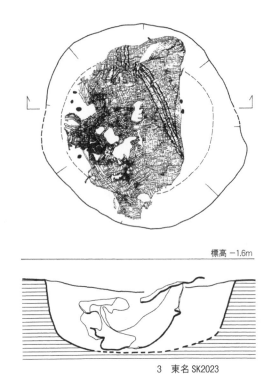
3　東名 SK2023

1　土器貯蔵　　2・3　籠貯蔵
第93図　土器貯蔵と籠貯蔵

する例はきわめて少ないのが現状といえる。なお、貯蔵穴ではよく土器片が出土するが、土器の出土状況はほとんどが破片であり、廃棄状態Ⅱh類に分類される出土である。貯蔵穴内の土器は廃棄土坑に転用されたことに起因する、二次的なものが多いと思われる。

　籠などの編み物に貯蔵物を収納して貯蔵する例は、東名遺跡・正福寺遺跡・曽畑遺跡で良好な資料が得られている（第93図2・3）。とくに正福寺遺跡ではドングリが籠に入れられた状態で出土し注目された。これ以外にも貯蔵穴内から残片を含めて編み物が出土する例は30基にのぼり、低地型貯蔵穴には編み物がつきもの、という感がある。龍頭遺跡では出土状態から編み物が堅果類搬入時に混入したとされ、また栗谷遺跡では広範囲に貯蔵穴を覆っていたというが、そういうことがあったとしても編み物収納は土器収納に比べれば一般的であった蓋然性は高いと思われる。

　**貯蔵穴群の規模と配置**（第94図）　西日本の貯蔵穴は、後期以降群集化が顕著とされる[10]。群集の度合いにより以下のように分類する。

　**群集型**（第94図1）　比較的狭い範囲に密集するもの。検出数が多い遺跡では、ほとんどがこれに相当する。

　**散在型**（第94図2）　調査区内にまばらに分布するもの。

　**単独型**（第94図3）　調査区内に1基のみ検出されたもの。

第5節 西日本縄文時代貯蔵穴の基礎的研究

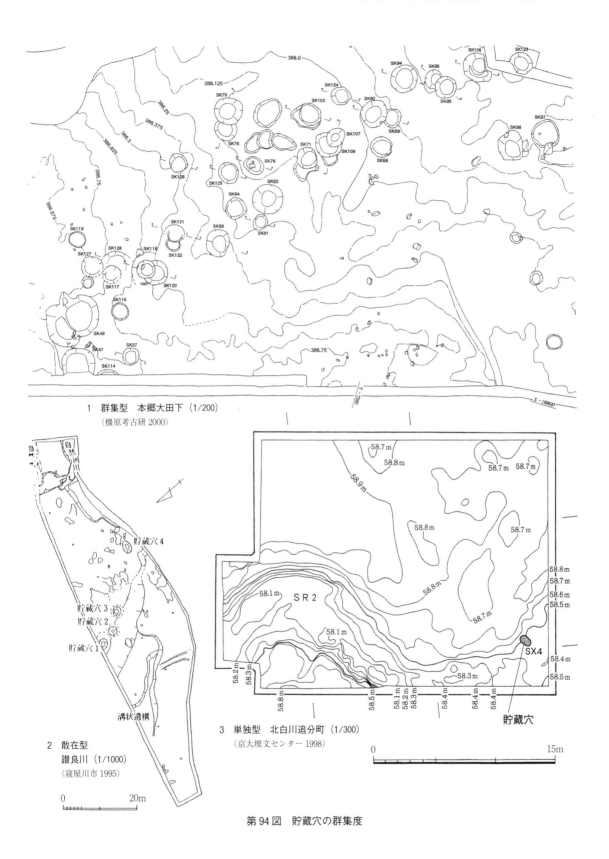

1 群集型 本郷大田下（1/200）
（橿原考古研 2000）

2 散在型 讃良川（1/1000）
（寝屋川市 1995）

3 単独型 北白川追分町（1/300）
（京大埋文センター 1998）

第94図 貯蔵穴の群集度

第3章　山陰地方の縄文集落と生業

　群集型でも分布範囲の外縁に近くなるほど密度は疎になる傾向にあり、散在型は群集型の外縁部分に当たる可能性がないでもない。検出数が10以下の少数の場合は、感覚的に疎らな印象があり、群集型と散在型は主観に左右されることを断っておく。また、調査区の端や小規模な調査区で1つだけ検出される例は、群集型の最端部の可能性も考えられるが、とりあえず単独型と分類した。

　一見して群集することがわかる群集型は、36遺跡を数える。最大数は正楽寺遺跡（第95図1　滋賀・能登川町教委1996）で、南北5m・東西85mの範囲に約130基の貯蔵穴が複雑に重複している。正楽寺遺跡例は別格として、30〜60基程度の検出が一般的である。調査面積が狭いものの、南方前池遺跡（岡山・山陽町教委1995）では10基、岩田遺跡（山口・潮見1977）では33基が検出されている。これらは貯蔵穴群の中心部に調査区が設定されたものと思われる。

　散在型の典型は、穴太遺跡（滋賀県教委1997b）・讃良川遺跡（大阪・寝屋川市1998）である。23遺跡を数える。讃良川遺跡（第94図2）は群の外縁にあたる可能性もあるが、約30mの範囲で貯蔵穴4基が散在している。穴太遺跡では調査区中央で約5mの間隔をもって貯蔵穴2基が検出されているが、周辺にはこれ以外の貯蔵穴はない。貯蔵穴が設営されていない空白部分があるのは明らかで、非群集化が際だっている。

　単独型は、北白川追分町遺跡（京都大学埋文センター1998）を典型とする（第94図3）。20遺跡を数えたが、この中には貯蔵穴周囲に空白部分が広く認められ、周辺に貯蔵穴群が存在したとしても独立性が高いものが認められる。

　従来から知られるように、貯蔵穴の群集化は後期以降顕著であるが、東名遺跡では早期後半に、曽畑遺跡・伊木力遺跡では前期にすでに群集している。群集型で早期に遡るものはいまのところ東名遺跡だけで、前期の群集型は曽畑遺跡・伊木力遺跡など少数にとどまる。

## 2　貯蔵穴出現の契機

　宮路淳子は論文の文意から窺うと、断定を避けているものの、前期以降東北地方から南下した貯蔵穴が後期に至って西日本に伝播したと考えているようである（宮路2002）。一方、水ノ江和同は低地型貯蔵穴の出現を、「一つの可能性として」と断りつつも、朝鮮半島からの伝播を考えている。その根拠は、①古い時期の低地型貯蔵穴が北部九州に集中すること　②傍証として、西北九州では前期に変革が著しく、それは朝鮮半島との関連が考えられることである（水ノ江1999）。

　群集型の分布状況を見る限りでは、水ノ江の考えに有利な状況ではあるが、散在型ではあるものの兵庫県神鍋遺跡や同上ノ山遺跡で早期の貯蔵穴が、福井県鳥浜貝塚・島根県郷路橋遺跡で前期の貯蔵穴が、大阪府讃良川遺跡・鳥取県目久美遺跡・寺の脇遺跡（島根県文化財愛護協会1969）で中期前半の貯蔵穴が存在することから考えて、朝鮮半島からの伝播のみで捉えることは現状では難しいと思われる。

　とはいえ、貯蔵穴が一方的に東方からの伝播だったと断定することもできない。佐賀県東名遺跡・長崎県伊木力遺跡・熊本県曽畑遺跡などの例から見て、早期・前期段階の貯蔵穴は近畿・中国地方より九州地方が優勢だからである。東方からの伝播と捉えるには、早期の貯蔵穴が東方で多く検出され、近畿から中国地方にかけて時期的に順次西方に拡散する状況を示すこ

とが必要であろう。

### 3　集落との関係（第 95 図）

　貯蔵穴が住居跡と一緒に検出された例は、西日本では鳥浜貝塚（福井県教委 1985）・穴太遺跡（滋賀県教委ほか 1997b）・正楽寺遺跡（滋賀・能登川町教委 1996）・佃遺跡（兵庫県教委 1998）・上ノ山遺跡（兵庫・美方町教委 1986）・郷路橋遺跡（島根県教委 1991）などにとどまる。配列にまとまりのないピット群や炉跡を住居の痕跡として拡大解釈するなら、中ノ原遺跡（兵庫・関西縄文文化研究会 2001）・沢田遺跡（岡山県教委 1993c）・同津島岡大遺跡（岡山・山本悦代 2004）も住居に近接した貯蔵穴の例として挙げることができる[11]。

　鳥浜貝塚・穴太遺跡・沢田遺跡・上ノ山遺跡・中ノ原遺跡・郷路橋遺跡では、住居跡から 2 〜10ｍ の位置に近接して設営されているのに対し、正楽寺遺跡では貯蔵穴からもっとも離れている住居跡は約 100ｍ 離れている。正楽寺遺跡では、さらにこれらの竪穴住居跡と貯蔵穴群の間には掘立柱建物跡群があるが、竪穴住居と貯蔵穴群との距離にはかなりの隔絶感がある。佃遺跡でも住居跡と貯蔵穴群は約 20ｍ 離れているが、正楽寺遺跡ほどには両者の隔絶は感じられない。

　西日本では貯蔵穴と住居が一緒に検出されることが少ないという状況は、貯蔵穴（とくに低地型貯蔵穴）は住居域からある程度離れて設営されることが一般的であったことを示す。これは低地型貯蔵穴の設営場所の多くが、居住に適さない立地であることに起因するのではなかろうか。住居跡に近接して設営された上記の貯蔵穴のうち、上ノ山遺跡・中ノ原遺跡・郷路橋遺跡は台地型で、穴太遺跡・佃遺跡・正楽寺遺跡では貯蔵穴群は住居跡より一段低い位置か河道の肩に設営されている。大多数の低地型貯蔵穴が住居跡を伴わない事実は、貯蔵穴設営地として居住に適さない湿潤な場所が選定された結果と考えたい。その場合、西日本の貯蔵穴の多くがなぜ低地型なのか、が再度問われることになるが、これについて筆者は考えがおよばない。

　宮路淳子は、貯蔵穴が集落から離れて設営される場合と近接して設営される場合の違いを、それぞれの管理形態の違いとして考察する[12]（宮路 2002）。しかし、住居跡の検出数・密度が多い東日本とそれに比べ極端に少ない西日本（山田康弘 2002・矢野 2001）を同一視して分析することは難しいのではないか。西日本で貯蔵穴と住居跡が一緒に検出されにくいのは居住に適しているか否かという単純な理由ではないかと思う。

　宮路の論についていえば、居住者が少ない状況では散在する人々が豊富な堅果類を集中管理して再分配するために数km にもおよぶ遠距離移動を行う必要があったのか、疑問である。貯蔵物の利用は、たとえ季節的であったとしても日常的と考えるのが無理がなく、収穫物を獲得するための数km 範囲の活動とは意味が違うように思われる。日常的に活用できる範囲に貯蔵穴が設営されたと考えたほうが自然であろう。

　正楽寺遺跡の住居跡と貯蔵穴群の距離（約 100ｍ）は通常の生活では限界に近い距離で、これが常態的に利用できる範囲ではなかろうか。100ｍ という距離は、細長い調査区であれば、貯蔵穴と住居跡のどちらか一方のみが検出される可能性がある。河川改修や道路建設を原因とする発掘調査が多い西日本では、調査区が線状に設定されることが多く、そのために居住域の全貌が表れにくいのではなかろうか。

第3章 山陰地方の縄文集落と生業

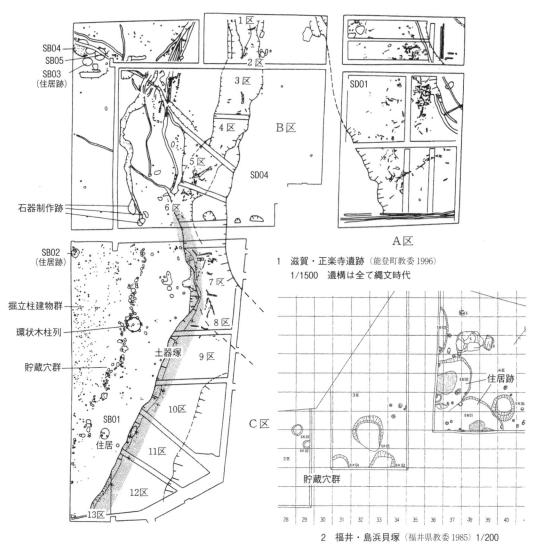

第95図 貯蔵穴と住居跡の同時検出例

## 4 植生との関係

　現在みられる植生、東・北日本の落葉広葉樹林帯と西日本の照葉樹林帯というおおまかな植生帯は、縄文時代前期に成立したとされる（辻2009）。西日本が縄文時代（おもに後晩期）にアカガシ亜属が優占する照葉樹林帯であったことは、貯蔵穴が検出された遺跡での花粉分析結果とよく一致する。

　出土木材の同定結果も、後・晩期では大筋で照葉樹林優勢の状況を示している。樹種鑑定結果が示された7遺跡[13]の樹種は照葉樹・落葉広葉樹・針葉樹あわせて37種（亜属レベルのものも1種と数える）以上になる（第10表）。分析の結果は落葉広葉樹244・照葉樹169・針葉樹82で、実数の上では落葉広葉樹が優勢であるが、落葉広葉樹22種・照葉樹9種・針葉樹6種に分類され、落葉広葉樹は多種が少数存在する状況である。それに対し、照葉樹であるアカ

206

## 第10表　出土木材一覧表

| 遺跡名 | 常緑広葉樹 | | | | | | | | | 落葉広葉樹 | | | | | | | | | | | | | | | | 針葉樹 | | | | | | その他 |
|---|---|---|---|---|---|---|---|---|---|---|---|---|---|---|---|---|---|---|---|---|---|---|---|---|---|---|---|---|---|---|---|---|
| | アカガシ亜属 | シイノキ属 | シキミ | サカキ | ユズリハ? | ヤブツバキ | タブノキ | モチノキ | クスノキ科 | トチノキ | クリ | ブナ属 | コナラ | クヌギ | ケヤキ | エノキ | カエデ属 | コウゾ属 | ヤマグワ | ムクロジ | クマノミズキ | ハゼ | ミズキ属 | オニグルミ | その他落葉広葉樹 | カヤ | イヌガヤ | モミ | スギ | マツ属 | ヒノキ | |
| 北白川追分町試掘 | 9 | 1 | | 3 | | | | | | | | | | | 1 | 4 | 6 | | | 2 | 4 | | | | | | | | | | | 31 |
| 北白川追分町試掘 | 48 | | | | | | | | | | | | | | | | 12 | | | | | | | | | | | | | | | 12 |
| 北白川追分町1979 | 9 | | | 2 | | | | | 1 | 10 | | | | | | | 9 | | 4 | | | | | 1 | 11 | 6 | | | | | | 7 |
| 北白川追分町1983 | 2 | 1 | | | | | | | | 2 | 5 | | | | | | 5 | 1 | 3 | 2 | | | | | 9 | 1 | | | 2 | | 1 | |
| | 14 | | | | | | | | | 0 | | | | | | | 27 | 4 | | | | | | | 1 | 2 | | | | | | |
| | 15 | | | | | | | | | 1 | 1 | | | | | | 10 | 1 | 0 | | | | | | 3 | 7 | 2 | | | | | 11 |
| 穴太 | 15 | | | 2 | | | 1 | 1 | | 2 | | | | | | | 1 | | | | | | | | | 1 | | | | | | 1 |
| 本郷大田下 | 11 | | | 1 | | | | | | | 19 | 2 | | | | | 10 | | 2 | | | | 2 | 2 | 3 | 16 | | 3 | | | | 6 |
| 津島岡大3・5次 | 2 | | | | | | | | | | 1 | | 17 | 2 | | 8 | 4 | | 3 | 6 | | | | | 2 | 7 | | | | 2 | | |
| 三田谷Ⅰ | 4 | 5 | | 4 | | | | | | | | | 2 | | | 1 | | | 1 | | | | | | 6 | 15 | 5 | | | 8 | 1 | 1 |
| 九日田 | 5 | | | | | | | | 1 | 2 | | | | | | | | | | | | | | | | | | 1 | | | | |
| 龍頭 | 7 | | | 2 | | | 1 | 1 | 1 | | | | 1 | | | | | | | 2 | 1 | | | 3 | 4 | 1 | | | | | | 1 |
| 種別合計 | 141 | 5 | 2 | 6 | 5 | 3 | 1 | 2 | 4 | 17 | 26 | 2 | 18 | 4 | 1 | 13 | 84 | 6 | 16 | 11 | 6 | | 2 | 4 | 36 | 48 | 15 | 6 | 9 | 2 | 2 | 69 |
| 合　計 | 169 (1属1亜属7種) | | | | | | | | | 246 (4属18種) | | | | | | | | | | | | | | | | 82 (1属5種) | | | | | | |

ガシ亜属の実数は 150 にのぼる。もし同定された樹種の割合がそのまま森林植生を表すとしたら、縄文時代後・晩期の西日本は森林の約 3 割がアカガシ亜属ということになり、アカガシ亜属を主とした照葉樹林植生が復元できる。照葉樹林帯に落葉広葉樹が一定量数混じっているような状況が自然の状態では一般的と考えるのが妥当であろう[14]。

　一般的に概説される現在の植生と貯蔵穴出土堅果類の種類とは完全には一致しない。トチノキは、おもに冷温広葉樹林帯の沢沿いに生育するという（中川 1991）。現在の冷温落葉広葉樹林帯は、西日本では中国山地・四国山地中央部など標高が高い地域に分布がみられるにすぎない。ところが、日本海・瀬戸内海沿岸部の、暖温帯に属す海岸部の遺跡でトチノキ堅果が出土する例がある。とくに大路川遺跡（鳥取市教委 1976）・栗谷遺跡（鳥取・福部村教委 1989b）・九日田遺跡（島根・松江市教委 2000b）・三田谷Ⅰ遺跡（島根県教委 2000a）では、照葉樹堅果類を主体とする貯蔵穴群のなかに、トチノキ堅果が貯蔵物の主体を占める貯蔵穴がみられ（大路川 7 号竪穴　九日田 SK22　三田谷 SP25・34）、照葉樹堅果類主体の貯蔵穴群にもわずかながらトチノキ堅果が混じる。北白川追分町遺跡（京都大学埋文センター 1998）でもトチノキ堅果のみが貯蔵されている。

　植生分布と貯蔵物の矛盾をどのように考えるのか。渡辺誠は沿岸部住民が山間地への採集遠征をしたと考えているようである（渡辺 1978）。山間地住民との交易結果とみることもできるかもしれないが、積極的に論じられたことはない。

　滋賀県穴太遺跡・京都府北白川追分町遺跡・島根県九日田遺跡では、アカガシ亜属の根株に混じりトチノキの根株が出土している。これらの遺跡ではアカガシ亜属 6〜7 に対し、トチノキ 1 の割合で混交していることになる。前述の 7 遺跡で樹種同定が行われている総数 500 試料に対し、トチノキと同定された試料は 17（約 3.4%）である。

　花粉分析ではトチノキの花粉が出土した縄文時代遺跡は、筆者が確認できただけでも 14 遺

跡ある（1％未満も含む）。滋賀県・奈良県・京都府・大阪府の近畿中・北部と鳥取県・島根県の山陰地方で検出例がある。これらの遺跡ではトチノキ花粉は1％未満から多くて20％を占める。トチノキの花粉が虫媒で飛散範囲が比較的狭いと思われること、トチノキが群生せず単木することが多い（絶対数が少ない）ことを考慮すれば、花粉全体に占めるトチノキ花粉が少量検出されることは理解できるのではなかろうか。

　以上の樹種同定と花粉分析の結果を参考にすると、少なくとも西日本の北側および東部では平野部でもトチノキが自生していた可能性がある[15]。

　一方、アカガシ亜属の花粉は西日本各遺跡で25〜50％の高率を占める。上記の樹種同定の結果もこれを支持している。ただし、花粉分析・樹種同定では亜属レベルまでの分析であり、種までの同定は困難のようである。アカガシ亜属はアカガシ・アラカシ・シラカシ・イチイガシを包括しているが、貯蔵穴から出土した堅果類は本庄町遺跡（兵庫・神戸市教委1990・1995）・三田谷Ⅰ遺跡（島根県教委2000a）など近畿・中国地方の6遺跡でアカガシが卓越している。アカガシは照葉樹林帯の上部帯に分布するとされ（沼田・岩瀬2002）、堀田満の植生分布図では現在の中国地方沿岸部はアカガシの分布範囲に入っていない（堀田1974・75）。しかし、貯蔵穴に残されたアカガシ堅果類の多さを考えれば、縄文時代、とくに後・晩期の近畿・中国地方にはアカガシがごく一般的に存在していたことは否定できないと思われる。

　縄文時代後晩期に近畿・中国地方沿岸部でもトチノキ・アカガシが自生していたとすれば、これらの貯蔵堅果類は集落から遠くに遠征もしくは交易しなくても採集は可能であろう。貯蔵された堅果類は、基本的には集落からあまり遠くないところで産出し、貯蔵穴設営集団によって採集・運搬されたものと考えたい。ちなみに昭和前半期までトチノキ採集をしていた飛騨山村では、集落から直線距離で500ｍ〜2kmの距離（実際の徒歩距離では3km以上）で採集していたという（松山1982）。

## 5　貯蔵期間

　貯蔵期間については、冬季のみの期間限定貯蔵（短期貯蔵説）と通年もしくは備荒用とする長期貯蔵説が対立している。短期貯蔵説は渡辺誠（渡辺1987）が主張しており、長期貯蔵説は備荒用と説く今村啓爾が主張している（今村1988）。ただし、前述のように今村の備荒説は認めがたい。かといって、短期貯蔵に決定的となる考古学的証拠も不十分と言わざるをえない。

　ところで、西日本の縄文時代集落が小規模な現状と1遺跡の群集貯蔵穴数とに不均衡の感が拭えず、頻繁に貯蔵穴を掘り直しているという印象が強い。数戸で構成される集落が毎年か数年おきに数個の貯蔵穴を繰り返し掘り返せば、現象的には多くの貯蔵穴が群集する状態となろう。西日本の群集貯蔵穴は、少数戸からなる集落が繰り返し新たな貯蔵穴を設営した結果と考えたい。

　この考えが正しいとしても、短期貯蔵か長期貯蔵かの問題は解決されない。次の収穫期まで貯蔵穴が機能していたとすれば、通年貯蔵説が成立するからである。通年貯蔵の大きな問題点は、春期に堅果が発芽しないのかどうかという点にある。発芽すれば食料として利用できない。水漬かりならば発芽しないという意見もあるが、完全な水漬かり状態でない低湿地型の貯蔵穴保存で、本当に発芽しないのか、わからない。渡辺がいうように、長期保存を目的とする

ならば、乾燥保存が適しているように思える。

　矢野や山田の研究を参考にすると（矢野2001・山田康弘2002a）、西日本の縄文時代はバイオマスに比して人口が少ないように思われる（西田1985）。このような状態ならば、堅果類貯蔵が冬季に限定されていたとしても、生活にはさほど不都合はないように感じられる。とはいえ、貯蔵期間について述べることができる積極的な根拠があるわけではないので、筆者の短期貯蔵説はあくまで想像にすぎない。


[註]
(1) この分類は、宮路淳子の分類と一致する（宮路淳子2002）が、宮路論文では若干の誤りがあり、筆者の判断で訂正している。そのため、宮路論文末尾の一覧表とは完全には一致しない。なお、筆者の判断は各報告書原典を基本とするが、報告書未刊行のものや入手できなかったものについては速報・既出論文・研究会資料から引用した。

(2) 西日本に低湿地型貯蔵穴が、東日本に台地型貯蔵穴が多いことは、先学により幾度も指摘されてきた。堀越1975・76・77、潮見1977、水ノ江1999、宮路2002、坂口2003など。

(3) 「土坑」の性格は判断が困難な場合が多い。土坑の性格は、具体的には墓・貯蔵穴・落し穴・廃棄土坑・祭祀土坑・粘土採掘坑・鉱物（石器石材など）採掘坑・埋納坑（デポ）・風倒木痕などが考えられる（今村1988）。内部に遺物が残存しない場合、または無遺物で典型的な形状を呈していない場合は、「性格不明土坑」として処理されることがほとんどと思われる。台地型貯蔵穴の立地を考えると、築造当時は貯蔵穴として使用されたとしても、内容物が残存しなかったら、単に「土坑」として報告される可能性が高い。台地上の遺跡で検出された土坑が貯蔵穴と認定することができれば、西日本の縄文時代貯蔵穴の分布は大幅に変更されねばならないだろう。

(4) 底面にピットを設けた土坑で、住居跡または住居域に近接して作られた例は、智頭枕田遺跡（鳥取・智頭町教委2006）、板屋III遺跡（島根県教委1998）、佃遺跡（兵庫県教委1998）などがある。板屋III遺跡、佃遺跡では形状から落し穴としているが、智頭枕田遺跡では貯蔵穴と考えている（木田真氏の教示による）。この他にも例があると思われるが、目にとまったものだけを示す。

　　なお、底面にピットを穿つ土坑は、列状の配置をしている場合、落し穴の可能性が高いと思われる（今村1988）。

(5) 8升／3日×30日＝80升＝8斗＝約144ℓが8人家族の一月分の食料。冬季＝12月〜3月の4月分とすると、8人分の冬季の必要量を8斗×4月＝32斗＝約3.2石＝約576ℓと、計算した。

(6) 沼田・岩瀬2002によれば、照葉樹林帯は上部帯と下部帯に大別され、上部帯にはウラジロガシ・アカガシ・モミがあり、下部帯にはスダジイ・コジイ・アラカシ・ツクバネガシ・イスノキ・タブノキなどがあるという。

(7) 水ノ江によると、近畿地方はクルミ・トチを中心にクヌギ（またはアベマキ）・アカガシ・イチイガシなど、瀬戸内地方東部はアラカシ・アカガシを中心にイチイガシなど、山陰地方はクルミ・トチなど、九州地方ではイチイガシが、それぞれの地域での主要な利用堅果類としている（水ノ江1999）。ただし、アカガシと同定されたものについては、イチイガシの可能性も否定できず、検証が必要という（佐々木由香氏の教示による）。

(8) 開口状態のピットに木葉などが流入することは、筆者が2002年に観察した。

(9) 陽地遺跡の報告書ではSK3の性格を墓と考えているが、山田康弘は中国地方の墓制を検討した論考で墓の可能性が低いことを指摘している（山田康弘2001b）。

（10）どのような状態を「群集」というのか、明確に示されたことはない。筆者も本稿起草にあたって、数値化を試みたが有効な手段を見いだせなかった。これは、調査の面積にばらつきがあるのと、調査区内に空白部分が存在するためである。結局は調査区内でどれだけ貯蔵穴が検出され、それが視覚的に密であるのか、あるいは疎であるのか、という主観的分類にとどまった。

（11）これらは、住居跡と貯蔵穴の設営が同時期である確証はないが、遺構どうしの有機的な関係を重視して生活復元する立場をとり、あえて両者を同時期に存在したものと考えて論を進める。

（12）宮路淳子は、全国の貯蔵穴を分析し、設営立地について集落内または近隣に設営されるもの（Ia〜c）と集落との関係が不明瞭なもの（Ⅱ）に大別した。Ia は住居内に設営、Ib は住居に隣接するもの、Ic は居住区域外の設営（住居から比較的近い）、Ⅱは居住域から離れて設営されるもので、Ia・Ib が個人管理型、Ic と Ⅱが集団管理型とし、西日本では後期に集団管理型（Ic・Ⅱ）へと移行するという（宮路 2002）。

（13）ここでは、京都府北白川追分町遺跡・奈良県本郷大田下遺跡・滋賀県穴太遺跡・岡山県津島岡大遺跡・島根県三田谷Ⅰ遺跡・同九日田遺跡・大分県龍頭遺跡の 4 地域 7 遺跡の樹種同定結果を採用した。

（14）照葉樹が落葉広葉樹に対してどの程度卓越すれば「照葉樹林帯」となるのか、自然科学の概説で記されたものに触れることができなかった。亜属レベルで 3 割という数字が、植物学・森林学でいう「帯」に相当するのかどうか、未確認である。

（15）辻誠一郎・植田弥生・南木睦彦は正楽寺遺跡での分析で、「近江盆地から京都盆地では、少なくとも縄文時代の後半期にはイチイガシとトチノキが共存する森林植生が広く成立していた」という（辻ほか 1996）。

第5節　西日本縄文時代貯蔵穴の基礎的研究

## 第11表　近畿地方貯蔵穴一覧

**福井県**

| | 遺跡名 | 所在地 | 検出数 | 立地 | 時　期 | 型　式 | 群集度 | 備　考 |
|---|---|---|---|---|---|---|---|---|
| 1 | 本郷北 | 勝山市 | 3 | | 前期末 | | | 詳細不明　関西縄文研2001 |
| 2 | 四方谷富伏 | 鯖江市 | 38 | B | 後期後葉 | | 群集 | 関西縄文研2001 |
| 3 | 鳥浜貝塚 | 三方郡三方町 | 5 | B | 前期 | 北白川下層Ⅱa | 散在 | 福井県教委1985 |
| | 合　計 | （3遺跡） | 46 | | | | | |

**三重県**

| | 遺跡名 | 所在地 | 検出数 | 立地 | 時　期 | 型　式 | 群集度 | 備　考 |
|---|---|---|---|---|---|---|---|---|
| 1 | 追上 | 安芸郡安濃町 | 20 | A | 後期 | | 群集 | 関西縄文研2001 |
| 2 | 森脇 | 上野市 | 14 | B | 晩期 | | | 関西縄文研2001 |
| | 合　計 | （2遺跡） | 34 | | | | | |

**滋賀県**

| | 遺跡名 | 所在地 | 検出数 | 立地 | 時　期 | 型　式 | 群集度 | 備　考 |
|---|---|---|---|---|---|---|---|---|
| 1 | 小川原 | 甲良町 | | B | 後期 | 北白川上層2 | | 住居跡検出 |
| 2 | 正楽寺 | 能登川町 | 130 | B | 中期～後期 | | 群集 | 住居跡検出　能登川町教委1996 |
| 3 | 辻 | 栗東町辻 | | | 前期 | 北白川下層Ⅱa | | 貯蔵穴？関西縄文研2001 |
| 4 | 下鈎 | 栗東町下鈎 | 8 | B | 前期後半 | | 散在？ | 住居跡近接　栗東町文化体育振興事業団1991 |
| 5 | 野路岡田 | 草津市野路町 | 2 | B | | | 散在？ | 関西縄文研2001 |
| 6 | 北仰西海道 | 高島郡今津町 | | B | 後晩期 | 滋賀里Ⅰ・Ⅱ | 不明 | |
| 7 | 宮司 | 長浜市宮司町 | | B | 後晩期 | | 不明 | |
| 8 | 穴太 | 大津市穴太町 | 2 | B | 後期後半 | 元住吉山Ⅰ | 散在 | 住居跡近接　滋賀県教委1997 |
| | 合　計 | （8遺跡） | | | | | | |

**京都府**

| | 遺跡名 | 所在地 | 検出数 | 立地 | 時　期 | 型　式 | 群集度 | 備　考 |
|---|---|---|---|---|---|---|---|---|
| 1 | 北白川追分町 | 京都市左京区 | 1 | A | 晩期 | 篠原 | 単独 | 京大埋文センター1998 |
| 2 | 寺界道 | 宇治市 | 2 | B | 晩期後半 | 突帯文 | 散在 | |
| | 合　計 | （2遺跡） | 3 | | | | | |

**奈良県**

| | 遺跡名 | 所在地 | 検出数 | 立地 | 時　期 | 型　式 | 群集度 | 備　考 |
|---|---|---|---|---|---|---|---|---|
| 1 | 平城京左京三条五坊三坪下層 | 奈良市大宮町 | 1 | B | 後期 | 宮滝 | 単独 | 橿原考古研1995 |
| 2 | 三条 | 奈良市三条本町 | 1 | B | 晩期前半以前 | | 単独 | 関西縄文研2001 |
| 3 | 布留・三島 | 天理市三島町 | 7 | B | 晩期前半 | 滋賀里Ⅱ・Ⅲ | 散在 | 埋蔵文化財天理教調査団1989 |
| 4 | 布留・堂垣内 | 天理市布留町 | 3 | B? | 中末～後初 | | 散在 | 住居跡に近接　埋蔵文化財天理教調査団1989 |
| 5 | 箸尾 | 北葛城郡広陵町 | 10 | | 晩期 | | 群集 | 橿原考古研1982 |
| 6 | 狐井 | 香芝市狐井 | 1 | | 前期 | | 単独 | 香芝市教委1997 |
| 7 | 本郷大田下 | 宇陀郡大宇陀町 | 42 | B | 後期中～晩期前半 | | 群集 | 橿原考古研2000 |
| | 合　計 | （7遺跡） | 65 | | | | | |

**大阪府**

| | 遺跡名 | 所在地 | 検出数 | 立地 | 時　期 | 型　式 | 群集度 | 備　考 |
|---|---|---|---|---|---|---|---|---|
| 1 | 芥川 | 高槻市紫町 | 1 | B | 後期中葉 | 北白川上層 | 単独 | 高槻市教委1995 |
| 2 | 讃良川 | 寝屋川市小路 | 4 | B | 中期 | 船元 | 散在 | 寝屋川市1998 |
| 3 | 更良岡山 | 四条畷市岡山 | 1 | B | 中期～後期前半 | | 単独 | 四条畷市教委2000 |
| 4 | 長原 | 大阪市平野区 | 1 | B | 晩期後半 | | 単独 | 住居跡検出 |
| | 合　計 | （4遺跡） | 7 | | | | | |

**和歌山県**

| | 遺跡名 | 所在地 | 検出数 | 立地 | 時　期 | 型　式 | 群集度 | 備　考 |
|---|---|---|---|---|---|---|---|---|
| 1 | 溝ノ口 | 海南市溝ノ口 | 2 | B | 後期 | | 散在 | 住居跡近接　関西縄文研2001 |

第 3 章　山陰地方の縄文集落と生業

**兵庫県**

| | 遺跡名 | 所在地 | 検出数 | 立地 | 時　期 | 型　式 | 群集度 | 備　考 |
|---|---|---|---|---|---|---|---|---|
| 1 | 和知大澤 | 美方郡村岡町 | 1 | A | 早期後半〜前期初頭 | | 不明 | 住居跡近接　関西縄文研 2001 |
| 2 | 上ノ山 | 美方郡美方町 | 1 | A | 早期後半 | | 単独 | 住居跡検出　美方町教委 1986 |
| 3 | 神鍋 | 城崎郡日高町 | 2 | A | 前期 | | 散在 | 住居近接？関西縄文研 2001 |
| 4 | 山宮 | 城崎郡日高町 | | A | 前期 | | 不明 | 貯蔵穴？関西縄文研 2001 |
| 5 | 別宮家野 | 養父郡関宮町 | 1 | A | 早期 | 大川〜神並上層 | 単独 | 貯蔵穴？関西縄文研 2001 |
| 5 | 外野波豆 | 養父郡関宮町 | 3 | A | 前期末〜中期 | | 散在 | 貯蔵穴？関西縄文研 2001 |
| 6 | 外野野 | 養父郡関宮町 | 2 | A | 不明 | | | 陥穴か貯蔵穴　関西縄文研 2001 |
| 7 | 上向田 | 養父郡関宮町 | 1 | A | 中期初頭 | | 単独？ | 関西縄文研 2001 |
| 8 | 中ノ原 | 佐用郡佐用町 | 1 | A | 後期 | 中津式 | 単独？ | 貯蔵穴？炉跡に近接　関西縄文研 2001 |
| 9 | 堀山 | 加西市網引町 | 1 | A | 不明 | | 単独？ | 貯蔵穴？関西縄文研 2001 |
| 10 | 老ノ内 | 津名郡一宮町 | 11 | A | 後期 | 北白川上層式 | 群集 | 貯蔵穴？関西縄文研 2001 |
| 11 | 佃 | 津名郡東浦町 | 18 | B | 後期 | 北白川上層 3〜一乗寺 K | 群集 | 住居に近接　兵庫県教委 1998 |
| | | | 39 | B | 後期 | 元住吉山 I 〜宮滝 | 群集 | |
| 12 | 長坂 | 神戸市西区 | 4 | B? | 後期 | 中期末〜福田 K2 | 散在 | 貯蔵穴？住居に近接　関西縄文研 2001 |
| 13 | 楠・荒田町 3 次 | 神戸市中央区 | 1 | B | 後期 | 宮滝 | 単独 | 神戸市教委 1990 |
| 14 | 楠・荒田町 11 次 | 神戸市中央区 | 4 | B | 後期前半 | 北白川上層 | 散在 | 神戸市教委 1995 |
| 15 | 岡本東 | 神戸市東灘区 | 6 | B? | 後期 | 北白川上層 | 散在 | 関西縄文研 2001 |
| 16 | 本庄町 | 神戸市東灘区 | 6 | B | 後期 | 北白川上層 1 | 散在 | 兵庫県教委 1991 |
| | 合　計 | （16 遺跡） | 102 | | | | | |

第5節　西日本縄文時代貯蔵穴の基礎的研究

## 第12表　中国地方貯蔵穴一覧

岡山県

| | 遺跡名 | 所在地 | 検出数 | 立地 | 時期 | 型式 | 群集度 | 備考 |
|---|---|---|---|---|---|---|---|---|
| 1 | 百間川沢田四元 | 岡山市 | 6 | B | 後期中葉 | 四元 | 散在 | 炉跡に近接　岡山県教委1993 |
| 2 | 津島岡大3・15次 | 岡山市 | 7 | B | 晩期後半 | 突帯文 | 散在? | 住居跡近接?岡大埋文センター1992・98 |
| | 津島岡大5次 | | 10 | B | 後期中葉 | 四元 | 群集? | 岡山大埋文センター1994 |
| | 津島岡大6・9次 | | 21 | B | 後期前半 | | 群集 | 炉跡に近接　岡山大埋文センター1998 |
| 3 | 宮の前 | 落合町 | 41 | B | 晩期 | | 群集 | 岡山県教委1976 |
| 4 | 菅生小学校裏山 | 倉敷市 | 12 | B | 晩期中葉 | 谷尻? | 群集 | 岡山県教委1993 |
| 5 | 舟津原 | 倉敷市 | 3 | B | 晩期中葉 | 舟津原 | 散在 | 岡山県教委1988 |
| 6 | 南方前池 | 山陽町 | 10 | B | 晩期 | 前池 | 群集 | 山陽町教委1995 |
| | 合計 | (6遺跡) | 110 | | | | | |

鳥取県

| | 遺跡名 | 所在地 | 検出数 | 立地 | 時期 | 型式 | 群集度 | 備考 |
|---|---|---|---|---|---|---|---|---|
| 1 | 井後草里 | 日野郡溝口町 | 3 | A | 後期後葉 | 権現山・凹線文 | 散在 | 炉跡に近接　溝口町教委1982 |
| 2 | 栗谷 | 岩美郡福部村 | 37 | B | 後期前葉 | 中津~崎ケ鼻 | 群集 | 福部村教委1989a・b　1990 |
| 3 | 大路川 | 鳥取市米里 | 7 | B | 後期後葉か晩期中葉 | 権現山・凹線文・谷尻? | 群集 | 鳥取市教委1976 |
| 4 | 陰田 | 米子市 | 5 | B | 前~後期 | 西川津・大歳山・船元・島 | 散在? | 米子市教委1984 |
| 5 | 目久美 | 米子市 | 48 | B | 中期 | 船元 | 群集 | 米子市教委1986 |
| 6 | 宇代横平 | 日野郡溝口町 | 1 | B | 晩期後半 | 突帯文 | 単独 | 鳥取県教育文化財団1996 |
| 7 | 枇杷谷 | 西伯郡会見町 | 2 | B | 晩期後半 | 突帯文 | 散在 | 会見町教委1987 |
| | 合計 | (7遺跡) | 103 | | | | | |

島根県

| | 遺跡名 | 所在地 | 検出数 | 立地 | 時期 | 型式 | 群集度 | 備考 |
|---|---|---|---|---|---|---|---|---|
| 1 | 寺の脇 | 松江市手角町 | 1 | B | 中期 | 船元 | 単独 | 島根県文化財愛護協会1969 |
| 2 | 九日田 | 松江市大井町 | 23 | B | 後期初頭 | 中津 | 群集 | 松江市教委2000 |
| 3 | 佐田講武 | 八束郡鹿島町 | 1 | B | 中期 | 里木2? | 単独 | 鹿島町教委1994 |
| 4 | 前田 | 八束郡八雲村 | 25 | B | 晩期 | | 群集 | 八雲村教委2001 |
| 5 | 三田谷I | 出雲市 | 20 | B | 晩期中~後半 | | 群集 | 島根県教委2000 |
| 6 | 郷路橋 | 瑞穂町 | 1 | A | 前期後半 | 月崎下層 | 単独 | 住居跡に近接　島根県教委1991 |
| | 合計 | (6遺跡) | 71 | | | | | |

山口県

| | 遺跡名 | 所在地 | 検出数 | 立地 | 時期 | 型式 | 群集度 | 備考 |
|---|---|---|---|---|---|---|---|---|
| 1 | 岩田 | 熊毛郡平生町 | 33 | B | 晩期前半 | 岩田 | 群集 | 潮見浩1977　平生町教委1974 |
| | 合計 | (1遺跡) | 33 | | | | | |

## 第13表　四国地方貯蔵穴一覧

香川県

| | 遺跡名 | 所在地 | 検出数 | 立地 | 時期 | 型式 | 群集度 | 備考 |
|---|---|---|---|---|---|---|---|---|
| 1 | 須田・中尾瀬 | 詫間町 | 10+α | | | | | 水ノ江教示 |
| | 合計 | (1遺跡) | 10+α | | | | | |

愛媛県

| | 遺跡名 | 所在地 | 検出数 | 立地 | 時期 | 型式 | 群集度 | 備考 |
|---|---|---|---|---|---|---|---|---|
| 1 | 船ヶ谷 | 松山市 | 1 | B | 晩期中葉 | | 単独 | 水ノ江1999 |
| | 合計 | (1遺跡) | 1 | | | | | |

第3章　山陰地方の縄文集落と生業

## 第14表　九州地方貯蔵穴一覧

**福岡県**

| | 遺跡名 | 所在地 | 検出数 | 立地 | 時　期 | 型　式 | 群集度 | 備　考 |
|---|---|---|---|---|---|---|---|---|
| 1 | 野多目拱渡第1次 | 福岡市南区 | 50 | B | 中末～後期初 | | 群集 | 12基を調査　福岡市教委 1983 |
| | 第2次 | 福岡市南区 | 3 | B | 中末～後期初 | | 群集 | 福岡市教委 1986 |
| | 第3次 | 福岡市南区 | 4 | B | 晩期中葉 | | 群集？ | 福岡市教委 1987 |
| | 第4次 | 福岡市南区 | 7 | B | 中末～後期初 | | 群集 | 福岡市教委 1993 |
| | 湯納 | | 2 | B | | | | 福岡市教委 1990 |
| 2 | 正福寺第7次 | 久留米市 | 58 | B | 後期後葉 | 塞ノ神 | 群集 | 久留米市教委 2008 |
| | 合　計 | （2遺跡） | 124 | | | | | |

**佐賀県**

| | 遺跡名 | 所在地 | 検出数 | 立地 | 時　期 | 型　式 | 群集度 | 備　考 |
|---|---|---|---|---|---|---|---|---|
| 1 | 坂の下 | 西松浦郡西有田町 | 21 | B | 後期 | 阿高 | 群集 | 長崎県教委 1971 長崎県立博物館 1975 |
| 2 | 東名 | 佐賀市 | 149 | B | 早期後葉 | 塞ノ神 | 群集 | 佐賀市教委 2009 |
| | 合　計 | （1遺跡） | 170 | | | | | |

**長崎県**

| | 遺跡名 | 所在地 | 検出数 | 立地 | 時　期 | 型　式 | 群集度 | 備　考 |
|---|---|---|---|---|---|---|---|---|
| 1 | 名切 | 壱岐郡郷ノ浦町 | 30 | B | 後期 | 阿高 | 群集 | 長崎県教委 1985 |
| 2 | 中島 | 福江市小泊町 | 12 | B | 後期 | 北久根・鐘崎 | 群集 | 福江市教委 1987 |
| 3 | 黒丸 | 大村市 | 61 | B | 晩期 | 山の寺 | 群集 | 安楽勉 1996 |
| 4 | 伊木力 | 西彼杵郡多良見町 | 22 | B | 前期 | 轟B | 群集 | 長崎県教委 1997 |
| | | | 3 | | 後期 | | 散在 | |
| | 合　計 | （4遺跡） | 128 | | | | | |

**大分県**

| | 遺跡名 | 所在地 | 検出数 | 立地 | 時　期 | 型　式 | 群集度 | 備　考 |
|---|---|---|---|---|---|---|---|---|
| 1 | 龍頭 | 速見郡山香町 | 50 | B | 後期初頭～前葉 | コーゴー松 | 群集 | 大分県教委 1999 |
| | 合　計 | （1遺跡） | 50 | | | | | |

**熊本県**

| | 遺跡名 | 所在地 | 検出数 | 立地 | 時　期 | 型　式 | 群集度 | 備　考 |
|---|---|---|---|---|---|---|---|---|
| 1 | 曽畑 | 宇土市花園町 | 57 | B | 前期 | 曽畑 | 群集 | 熊本県教委 1988 |
| | | | 5 | | 後・晩期 | | 散在 | |
| 2 | 西岡台 | 宇土市新馬町 | 5 | B | 前期 | 轟B・C | 群集 | 宇土市教委 1985 |
| | 黒橋貝塚 | 下益城群城南町 | 6 | B | 中期 | 阿高 | | 熊本県教委 1998 |
| | 合　計 | （2遺跡） | 73 | | | | | |

**鹿児島県**

| | 遺跡名 | 所在地 | 検出数 | 立地 | 時　期 | 型　式 | 群集度 | 備　考 |
|---|---|---|---|---|---|---|---|---|
| | 東黒土田 | | 1 | A | 草創期 | | | 水ノ江 1999 |
| | 上野原 | | | A | 晩期 | | | 坂口 2003 |
| | 上加世田 | | 1 | A | 晩期 | | | 水ノ江 1999 |
| | 合　計 | | 3 | | | | | |

# 第4章　山陰地方の信仰・習俗

## 第1節　西日本の「第二の道具」

縄文時代に、生産・生活に直接関係しない資料が存在することは古くから知られている。小林達雄はこれらを総称して「第二の道具」と呼んだ。土偶に代表される「第二の道具」は、造形的に優れていることもあり、すでに多くの研究がある。

「第二の道具」の優れた造形は東日本でのことであり、西日本では凝った造形はほとんどみられない。とはいえ、「第二の道具」は西日本でも存在し、西日本の縄文社会で一定の役割を果たしたアイテムだといっても間違いなかろう。

西日本の「第二の道具」は、関西縄文化研究会 2010・中四国縄文化研究会 2011・九州縄文化研究会他 2012 で集成された。これにより、西日本全域にわたって「第二の道具」が俯瞰することが可能になった。本稿では、西日本の「第二の道具」を概観して地域的特徴を抽出したい。

### 1　西日本に受容された器種（第15〜18表）

第15〜18表は、関西縄文化研究会 2010・中四国縄文化研究会 2011・九州縄文化研究会他 2012 に基づいて筆者が再集計した。全体の傾向は、九州地方がもっとも出土数が多く、近畿地方がこれに続く。ただし、九州地方では「メンコ」などと呼ばれる土器片加工品と、異形石器・軽石製品などの石製品が全体の約9割を占め総数を上げている。近畿地方では5割超を石棒・石刀類が占めるという特徴がある。

中四国地方も石棒が多くを占めるが、第二の道具全体の出土数が少ないのが特徴である（第16・17表）。異形石器等の石製品が十分に反映されていない可能性があるが、それを考慮しても中四国地方の「第二の道具」は近畿・九州地方に比べて極端に少ない。

第二の道具の代表である土偶・石棒は、一遺跡で多数出土する例がある（第19表）。土偶は橿原遺跡（奈良・橿原考古学研究所 2001）、三万田遺跡（熊本・土偶とその情報研究会 1997）など、石棒は滋賀里遺跡（滋賀・関西縄文文化研究会 2010）などで集中的に出土している。土偶・石棒が多数出土する遺跡は限られ、いずれかが20個以上出土する遺跡は近畿地方で12遺跡、九州地方で7遺跡を数えるにすぎない。一部の遺跡に土偶・石棒が集中することには何らかの意味があるはずであるが、本稿ではこれに言及する余裕がない。なお、尾畑遺跡（大分県教委1995）などでは円盤形石製品が、柊原貝塚（鹿児島・九州縄文研究会ほか 2012）などでは軽石製品が大量に出土している。石製品の大量出土が、土偶・石棒の大量出土と同等の意味を示すのかどうか、筆者には判断できない。限られた遺跡で第二の道具が大量に出土するという現象が各地でみられることを指摘するにとどめる。

中四国地方では三谷遺跡（徳島市教委1997）で石棒が20点、原田遺跡（島根県教委2006aほか）

# 第4章　山陰地方の信仰・習俗

## 第15表　近畿地方の「第二の道具」集計表

| 分類・器種 | 土偶 | 岩偶 | 動物等形象 | 土製品 | | | | 石製品 | | | | | | | 仮面 | |
|---|---|---|---|---|---|---|---|---|---|---|---|---|---|---|---|---|
| | | | | 土版 | 土器片加工品 | 有孔円板 | その他土製品 | 石棒・石刀 | 石冠 | 独鈷石 | 御物石器 | 岩版 | 線刻礫 | その他石製品 | 土製 | 貝製 |
| 福井 | 13 | 0 | 4 | 7 | 0 | 0 | 9 | 82 | 10 | 12 | 4 | 0 | 0 | 6 | 0 | 0 |
| 三重 | 117 | 18 | 0 | 1 | 0 | 0 | 6 | 334 | 6 | 6 | 1 | 0 | 3 | 1 | 1 | 0 |
| 奈良 | 269 | 1 | 6 | 0 | 64 | 0 | 61 | 117 | 5 | 4 | 2 | 1 | 0 | 2 | 0 | 0 |
| 和歌山 | 11 | 2 | 0 | 0 | 0 | 0 | 10 | 83 | 0 | 0 | 1 | 1 | 4 | 0 | 1 | 0 |
| 滋賀 | 37 | 1 | 0 | 0 | 0 | 0 | 8 | 203 | 4 | 3 | 3 | 1 | 0 | 0 | 0 | 0 |
| 京都 | 10 | 0 | 0 | 0 | 0 | 0 | 8 | 62 | 2 | 3 | 0 | 0 | 0 | 1 | 0 | 0 |
| 大阪 | 130 | 0 | 7 | 3 | 1 | 0 | 65 | 236 | 5 | 3 | 1 | 0 | 0 | 1 | 5 | 0 |
| 兵庫 | 21 | 0 | 1 | 0 | 0 | 0 | 0 | 119 | 4 | 3 | 0 | 0 | 0 | 1 | 0 | 0 |
| 計 | 608 | 22 | 18 | 11 | 65 | 0 | 159 | 1236 | 34 | 31 | 12 | 3 | 7 | 11 | 7 | 0 |

## 第16表　中国地方の「第二の道具」集計表

| 分類・器種 | 土偶 | 岩偶 | 動物等形象 | 土製品 | | | | 石製品 | | | | | | | 仮面 | |
|---|---|---|---|---|---|---|---|---|---|---|---|---|---|---|---|---|
| | | | | 土版 | 土器片加工品 | 有孔円板 | その他土製品 | 石棒・石刀 | 石冠 | 独鈷石 | 御物石器 | 岩版 | 線刻礫 | その他石製品 | 土製 | 貝製 |
| 鳥取 | 7 | 3 | 2 | 0 | 0 | 0 | 2 | 28 | 0 | 3 | 0 | 0 | 0 | 0 | 0 | 0 |
| 島根 | 26 | 2 | 0 | 0 | 4 | 15 | 22 | 67 | 3 | 2 | 0 | 0 | 14 | 8 | 0 | 0 |
| 岡山 | 12 | 0 | 7 | 2 | 124 | 1 | 2 | 14 | 1 | 0 | 0 | 0 | 0 | 1 | 0 | 3 |
| 広島 | 3 | 1 | 0 | 0 | 10 | 1 | 0 | 15 | 0 | 1 | 0 | 0 | 0 | 0 | 0 | 2 |
| 山口 | 4 | 2 | 0 | 0 | 0 | 0 | 0 | 0 | 0 | 0 | 0 | 0 | 0 | 1 | 0 | 0 |
| 計 | 52 | 8 | 9 | 2 | 138 | 17 | 26 | 124 | 4 | 6 | 0 | 0 | 14 | 10 | 0 | 5 |

## 第17表　四国地方の「第二の道具」集計表

| 分類・器種 | 土偶 | 岩偶・木偶 | 動物等形象 | 土製品 | | | | 石製品 | | | | | | | 仮面 | |
|---|---|---|---|---|---|---|---|---|---|---|---|---|---|---|---|---|
| | | | | 土版 | 土器片加工品 | 有孔円板 | その他土製品 | 石棒・石刀 | 石冠 | 独鈷石 | 御物石器 | 岩版 | 線刻礫 | その他石製品 | 土製 | 貝製 |
| 徳島 | 0 | 0 | 1 | 0 | 0 | 0 | 67 | 57 | 0 | 0 | 0 | 0 | 0 | 1 | 0 | 2 |
| 愛媛 | 6 | 19 | 0 | 0 | 0 | 0 | 0 | 18 | 0 | 2 | 0 | 0 | 1 | 4 | 0 | 0 |
| 高知 | 5 | 1 | 0 | 0 | 0 | 0 | 0 | 6 | 2 | 0 | 0 | 0 | 1 | 0 | 0 | 0 |
| 計 | 11 | 20 | 1 | 0 | 0 | 0 | 67 | 81 | 2 | 2 | 0 | 0 | 2 | 5 | 1 | 2 |

## 第18表　九州地方の「第二の道具」集計表

| 分類・器種 | 土偶 | 岩偶 | 動物等形象 | 土製品 | | | | 石製品 | | | | | | | | | | | | 仮面 | |
|---|---|---|---|---|---|---|---|---|---|---|---|---|---|---|---|---|---|---|---|---|---|
| | | | | 土版 | 土器片加工品 | 有孔土製円板 | その他土製品 | 石棒・石刀 | 石冠 | 独鈷石 | 御物石器 | 岩版 | 線刻礫 | 円盤形石製品 | 十字形石製品 | 環状石斧 | 異形石器 | 軽石製品 | その他石製品 | 土製 | 貝製 |
| 福岡 | 77 | 0 | 0 | 0 | 1410 | 65 | 24 | 23 | 3 | 0 | 0 | 0 | 1 | 75 | 70 | 3 | 75 | 0 | 9 | 0 | 1 |
| 佐賀 | 9 | 0 | 1 | 0 | 48 | 0 | 4 | 10 | 0 | 1 | 0 | 0 | 0 | 17 | 47 | 1 | 8 | 0 | 17 | 0 | 0 |
| 長崎 | 23 | 2 | 4 | 2 | 107 | 0 | 3 | 2 | 0 | 0 | 0 | 0 | 0 | 23 | 54 | 5 | 26 | 0 | 23 | 0 | 1 |
| 大分 | 62 | 3 | 0 | 1 | 198 | 38 | 4 | 46 | 0 | 1 | 1 | 5 | 7 | 118 | 38 | 5 | 67 | 4 | 2 | 0 | 0 |
| 熊本 | 500 | 4 | 1 | 0 | 29 | 0 | 26 | 50 | 6 | 1 | 0 | 0 | 2 | 83 | 10 | 6 | 4 | 3 | 2 | 0 | 0 |
| 宮崎 | 3 | 8 | 1 | 0 | 662 | 0 | 7 | 47 | 6 | 7 | 0 | 0 | 0 | 64 | 19 | 16 | 171 | 17 | 79 | 1 | 0 |
| 鹿児島 | 4 | 91 | 11 | 0 | 5406 | 2 | 95 | 209 | 16 | 10 | 1 | 5 | 10 | 136 | 18 | 7 | 179 | 3033 | 150 | 1 | 0 |
| 計 | 678 | 108 | 18 | 3 | 7860 | 105 | 163 | 387 | 31 | 20 | 2 | 10 | 20 | 516 | 256 | 38 | 403 | 3057 | 226 | 2 | 2 |

で同 28 点の出土が多い例で、土偶では北原本郷遺跡（島根県教委 2005c ほか）の 4 点が多いほうである。ここでも中四国地方の寡少さが目立つ。

　土偶と石棒の両者が同一遺跡で大量出土する例は、橿原遺跡・天白遺跡（三重県埋文センター 1995）など数遺跡にとどまる。また、他の第二の道具が豊富に共伴した遺跡も少ない。大量に出土する土偶、石棒、その他第二の道具の果たす役割の違いが、出土状況に表れているように思われる。

　土偶（第 96 図）は、かろうじて人体が表現された省略形状が多い。分銅形土偶（同図 7）などはその最たるもので、人形土偶とされる土偶も頭部・手足・乳房が表現されるものの、顔面が表現されないものが多く装飾性に乏しい（同図 2・5・6・7）。近畿地方の土偶は、顔面等が表現されるもの（同図 1）が比較的多いが、これは北陸地方の影響であろうか。奈良県橿原遺跡では頭部が残る土偶で何らかの文様・表現が施されるものは約 6 割にのぼる（奈良・橿原考古学研究所 2011）。中国・四国・九州地方ではこのような土偶は少ないが、熊本県の土偶は口のみが表わされたものを含めると約 6 割の土偶頭部に何らかの表現が加えられているのが特徴である。なお、島根県下山遺跡（同図 13　島根県教委 2002a）の屈折土偶は、東北地方からの搬入品か忠実に模倣したものであろう。

　石棒（第 97 図）は、笠形（同図 1・7）や文様が描かれるもの（同図 2・3・10・11）があるものの、単純な棒状のもの（同図 5）が目立つ。晩期後半には不整形の石棒が増えるようである。石刀は、近畿地方では剣形（同図 4）が多く、九州地方では反りの強い形（同図 12）が特徴的である。中四国地方では明確な石刀は出土していないようで、島根県原田遺跡の断面半円形の石器（同図 6）がこれに相当する可能性がある。

　石冠・独鈷石も、散在的ながらも広範に出土する資料で、これらは西日本に受容された器種と考えてよいと思われる。独鈷石（第 98 図）は、隆帯が付設されるものは兵庫県帝釈寺観音堂遺跡（同図 3）を西限とし、それ以西は広島県大月遺跡（同図 6）のように中央部をくぼませるものである。また、むかい山（同図 9　愛媛県史編纂委 1986）のような簡略形のものもある。

　石冠（第 99 図 1 ～ 10）は、西脇対名夫が第二系統（西脇 2007）とした石棒端部形（同図 4 ～ 8・10）が各地で出土している。東日本でみられる儀器形状は加茂遺跡（同図 5　兵庫・関西縄文研究会 2010）など極めて少なく、ほとんどは頭部がわかる程度の簡単な造形である（同図 6 ～ 8・10）。烏帽子形の石冠（同図 1・2・9）は、近畿地方に散見される。後期後葉以降のものは、中部・近畿地方に分布したものという（西脇 2007）これは中国・四国地方では出土していないが、鹿児島県・宮崎県（同図 9）で飛び地的に出土している。市ノ原遺跡第 4 地点（鹿児島・九州縄文研究会 2012）出土の石冠は晩期とされており、時期的には近畿地方のものと近似している。遠隔地の情報が伝わったのかもしれないが、単純な器形なので自生した可能性も考えられる。

　このほか、出土数が少ないながら、土製・貝製の仮面が各地で出土している（第 102 図 4 ～ 6）。近畿地方に近い地域では土製（第 102 図 4）が、九州に近い地域では貝製（同図 5・6）が多いようである。

　以上の定形的な資料に対して、どのように分類してよいか迷うようなものが多数出土している。土器片加工品や不明土製品・不明石製品などと報告された資料がこれに当たる。

## 第19表　土偶・石棒が多数出土した遺跡

| 県名 | 番号 | 遺跡名 | 土製品 | | | | | | | 石製品 | | | | | | | | 仮面 | | 時期 |
|---|---|---|---|---|---|---|---|---|---|---|---|---|---|---|---|---|---|---|---|---|
| | | | 土偶 | 岩偶 | 動物形土製品 | 土版 | 土器片加工品 | 有孔土製円板 | その他土製品 | 石棒・石刀 | 石冠 | 独鈷石 | 御物石器 | 線刻礫 | 円盤形石製品 | 十字形石器 | その他石製品 | 土製 | 貝製 | |
| **近畿地方** | | | | | | | | | | | | | | | | | | | | |
| 三重 | 1 | 天白 | 75 | 13 | | | | | 1 | 74 | | 2 | | | | | 1 | | | 後期中〜後葉 |
| | 2 | 森添 | 12 | | | | | | | 60 | 3 | | 1 | | | | | | | 後期後半〜晩期 |
| | 3 | 佐八藤波 | 1 | 2 | | | | | 1 | 112 | 2 | | | | | | 1 | | | 後期後葉〜晩期 |
| 奈良 | 4 | 竹内 | 1 | | | | | | | 21 | | | | | | | | | | 後晩期？ |
| | 5 | 橿原 | 196 | | 4 | | | | 60 | 35 | 4 | | 1 | | | | | | | 後期後葉〜晩期後葉 |
| 大阪 | 6 | 長原 | 5 | | | | | | 9 | 25 | | | | | | | | | | 晩期 |
| | 7 | 馬場川 | 67 | | 7 | | 2 | | 51 | 46 | | | | | | | | | | 後期〜晩期 |
| | 8 | 向出 | | | | | | | | 27 | | | | | | | | 1 | | 後期〜晩期 |
| | 9 | 土里 | | | | | | | 5 | 25 | | | | | | | | | | 晩期前半（石器）　土製品は晩期 |
| 滋賀 | 10 | 滋賀里 | 4 | | | | | | 5 | 78 | 1 | | | | | | | | | 晩期 |
| | 11 | 北仰西海道 | 1 | | | | | | 1 | 32 | 1 | | | | | | | | | 後期後葉〜晩期後葉 |
| 兵庫 | 12 | 口酒井 | 4 | | | | | | | 30 | | | | | | | | | | 晩期末 |
| **中国地方** | | | | | | | | | | | | | | | | | | | | |
| 岡山 | 13 | 津雲 | 7 | | | 1 | | | | | | | | | | | | | | 後期〜晩期 |
| 鳥取 | 14 | 智頭枕田 | | | | | | | | 5 | | | | | | | | | | 晩期後葉〜弥生前期 |
| 島根 | 15 | 夫手 | | | | | | | | 5 | | | | | | | | | | 中期後葉〜晩期 |
| | 16 | 原田 | 2 | | 7 | | | | | 28 | | | | 2 | | | | | | 後期中葉〜晩期 |
| **四国地方** | | | | | | | | | | | | | | | | | | | | |
| 徳島 | 17 | 三谷 | | | | 1 | | 2 | 3 | 20 | | | | | | | | | 2 | 晩期末〜弥生前期 |
| | 18 | 矢野 | | | 1 | | | | 3 | 6 | | | | | | | 1 | | 1 | 中期末〜後期初頭 |
| | 19 | 大柿 | | | | | | | | 6 | | | | | | | | | | 晩期後葉 |
| 高知 | 20 | 居徳 | | | | | | | 7 | 5 | 2 | | | | | | | | | 晩期後葉 |
| 愛媛 | 21 | 船ヶ谷 | 3 | 6 | | | | | | | | | | | | | 1 | | | 早期末 |
| | 22 | 上黒岩 | 3 | 13 | | | | | | | | | | | | | | | | 草創期〜早期 |
| **九州地方** | | | | | | | | | | | | | | | | | | | | |
| 大分 | 23 | 尾畑 | 27 | | | 1 | | 2 | 3 | 3 | | | | | 60 | 3 | 8 | | | 後期後半〜晩期 |
| 熊本 | 24 | 三万田 | 55 | | | | | | | | | | | | | | | | | 不明 |
| | 25 | 大久保 | 27 | | | | | | | | | | | | | | | | | 後期後葉〜晩期前葉 |
| | 26 | 上南部 | 108 | 1 | | | | | 7 | 22 | | | | | | 6 | | | | 後期後葉〜晩期前葉 |
| | 27 | 健軍神社周辺 | 44 | | | | | | | 1 | 1 | | | | | | | | | 後期・阿高式 |
| | 28 | 太郎迫 | 59 | | | | | | | 1 | | | | | | | | | | 後期前葉〜晩期初頭 |
| | 29 | 山海道 | 64 | | | | | | | 1 | | | | | | | 1 | | | 後期後葉〜晩期前頭 |

愛媛船ヶ谷の岩偶は木偶を含む

土偶・石棒のいずれかが20個以上出土した遺跡を描出した。ただし、中国・四国地方については5個以上出土した遺跡。

第1節　西日本の「第二の道具」

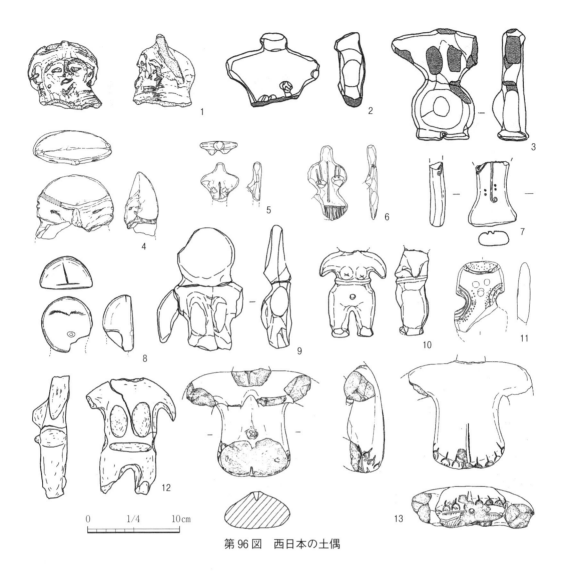

第96図　西日本の土偶

　土器片加工品（第99図11〜22）は土器破損後に破片が加工され、まれに鳥形（同図12）や分銅形（同図16）に作られるが、多くは円形に作り出されている（同図11・18〜21）。中央に円孔を穿つもの（同図21・22）もこれに含める。「土製円板（盤）」とか「メンコ」などと呼ばれているものがこれに相当するが、方形（同図17）や不定形形（同図15）なものもある。九州地方での出土数が目立ち、近畿地方でも奈良県橿原遺跡で64点、中国地方では岡山県久田堀ノ内遺跡（岡山県教委2005a）で85点とまとまって出土した遺跡があるほか、各県で散発的に認められる。多くは後晩期らしいが、押型文土器を使用したもの（同図18）があり、福井洞穴（長崎・九州縄文研究会ほか2010）では草創期の土器を使用したものがあるので、少なくとも九州地方では土器片加工品が古くから存在したと考えられる。器種認定が難しいので、整理の段階で見落とされている可能性があるが、西日本各地に一般的に構成すると思われる。

　土器片加工品以上に注意すべきは、自然礫を利用した石製品である（第101図1〜6）。これらは、節理を絵取ったり、若干整形したりする程度の加工で、報告されたもの以外にも存在す

219

第4章 山陰地方の信仰・習俗

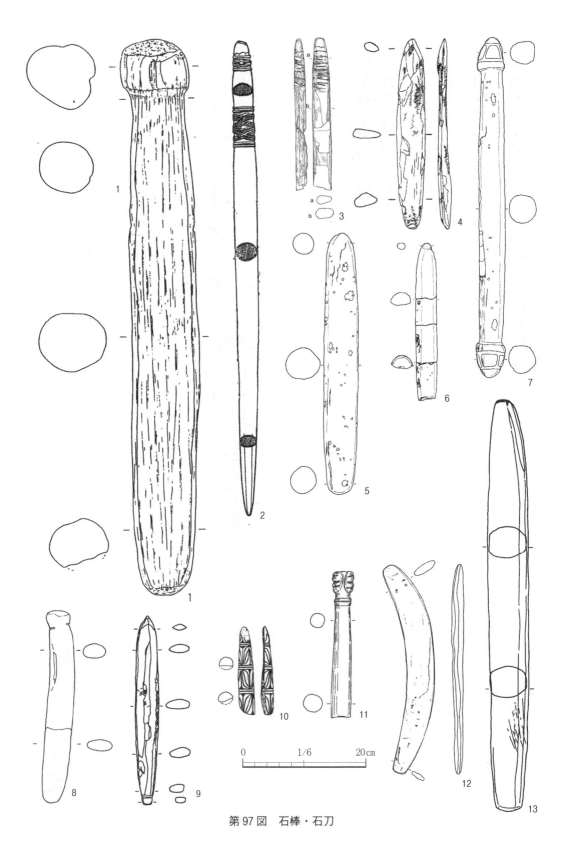

第97図 石棒・石刀

第1節　西日本の「第二の道具」

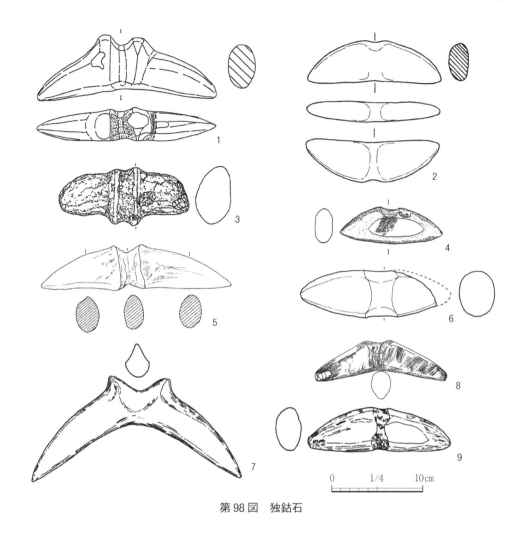

第98図　独鈷石

る可能性がある。筆者が実見した限りでは、表面に節理の痕跡が明瞭なもの（同図1～3など）が好まれているようである。どこにもあるような石材ではあるが、目を引く存在であるので当時の人々が奇異に感じたのかもしれない。

　福岡県・大分県・島根県西端部では、有孔土製円板（第99図23～25）が目を引く。これらは、製作当初から何らかの意図をもって粘土塊から作り出されたものであり、本来形状から離れた土器片加工品とは本質的に違うものである。分布の中心は福岡県・大分県の東北九州地域で、島根県益田市以東では出土していない。島根県では西端部で出土するが、この地域は後期中葉以降、東北九州の土器型式圏に包括される地域である。

　九州地方は、石製品が発達する地域である。九州縄文研究会2012では、異形石器、十字形石器、環状石斧、円盤形石製品、軽石製品などが精神性を示す資料として挙げられている（第101図）。円盤形石製品（同図24～26）はほとんどが打製品だが、径10cm前後にていねいに整形されている。環状石斧の未製品との見解もあるようだが、環状石斧の出土数はさほど多くない。円盤形に整形することに意味があったのではなかろうか。円盤形石製品は九州各地で出土し、尾畑遺跡（大分県教委1995）のように一遺跡で大量に出土することがある。

221

第4章 山陰地方の信仰・習俗

1〜10 石冠  11〜22 土器片加工品  23〜25 有孔土製円盤

第99図 石冠・土器片加工品・有孔土製円盤

第1節 西日本の「第二の道具」

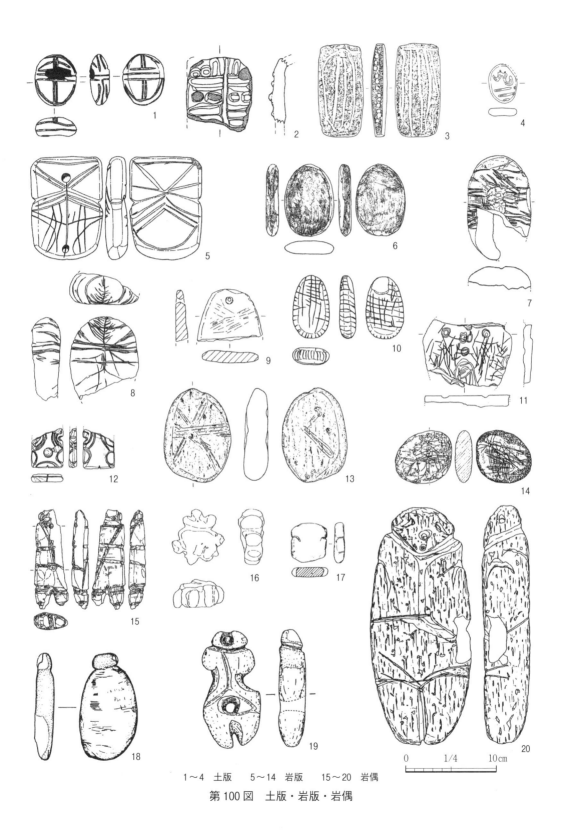

1～4 土版　5～14 岩版　15～20 岩偶
第100図　土版・岩版・岩偶

第4章 山陰地方の信仰・習俗

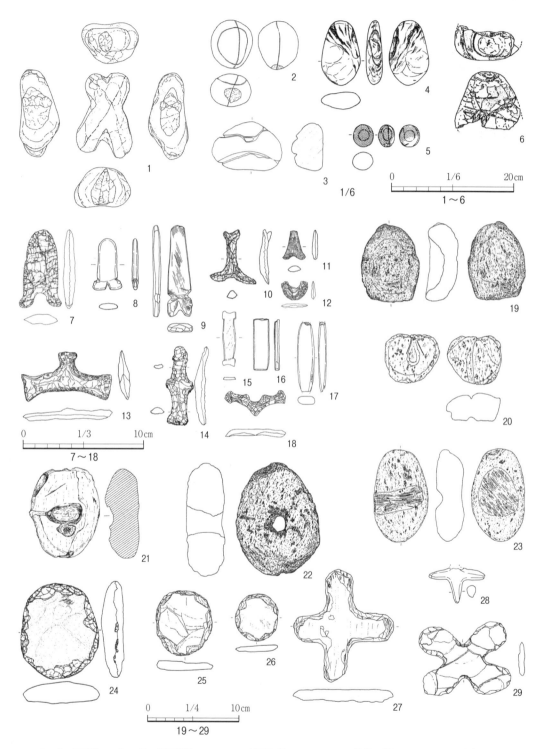

1～6 加工礫　19～23 軽石製品　7～18 異形石器　24～26 円盤状石製品　27～29 十字型石器

第101図　加工礫・軽石製品・異形石器・円盤状石製品・十字形石器

九州地方では、このほかに異形石器（第101図7〜18）、十字形石器（同図27〜29）が精神性遺物としてとりあげられている。ともに打製品が多く、筆者はこれらの大部分が利器ではないかと疑っているが、一部これらを模したと思われる磨製品がある（同図8・9・11・28）。磨製品については利器とは考えにくく、「第二の道具」に含めてよいと考えている。なお、福岡県で「両端抉入石器」（同図15）や「全面磨製石器」（同図16・17）と呼ばれる全面磨製の石製品の一部は、異形石器を模したものと考えられる。

鹿児島県・宮崎県では、軽石製品が多数出土している（第101図19〜23）。多くは一面あるいは二面を大きくくぼませたもので、とくに鹿児島県に多い。これらは、南九州に局地的に流行したものと思われる。

## 2　西日本に伝わらなかった器種

東日本で出土するような装飾的な土版は、西日本ではほとんど出土していない。装飾的土版は、福井・三重・大阪で出土しているが、東日本に隣接した地域で散発的に出土するにとどまり、近畿地方以外の西日本には波及しなかったと考えられる。阿津走り出遺跡（岡山県教委1988）・津雲貝塚（岡山県史編纂委1986）・中津貝塚（同）では、「土版」と報告された土製品がある（第100図3　いずれも後期前葉か）。これらは、粘土塊から作り出されたもので、製作当初からこの形状を作る意図があったと考えられる。この点からは「土版」と呼んでも差し支えないようにも思われるが、東日本の土版とは大きく異なるうえに、時期も違うことから、両者の脈絡を見出すのは困難といわざるを得ない。第100図1〜3に示した土版状の土製品は、滋賀県・大阪府・岡山県で出土したものを図示したが、いずれも後期に帰属すると思われる。これらは、時間的・地理的ともに限定的な資料と考えられる。

なお、小原下遺跡（長崎・九州縄文研究会ほか2012）でも「土版」と称されるものが出土している（第100図4）。これは、図で見る限りは「土版」そのもので、主たる分布域からは全く外れた地域から出土したことになる。これが真正の土版なら、田井原遺跡（大分・九州縄文研究会ほか2012）の御物石器のごとく、遠隔地交流を考えなければならない。

晩期の装飾的岩版も西日本ではほとんど出土していない。ただ、装飾が線刻のものや擦り痕が顕著な、いわゆる「後期岩版類」（長田2007）と考えられるものは多く見られる（第100図5〜14）ので、後期岩版類は広く取り入れられていたと考えられることができる。

岩偶（第100図15〜20）も装飾性に乏しく、岩手県裳綿遺跡のような立像の岩偶はわずかに目久美遺跡（鳥取・米子市教委1986）で立体的な岩偶が1点出土しているにすぎない。ただし、これは小片のため全形や文様をうかがうことはできない。これ以外で岩偶とされたものは、平板で顔面が表現されたものはない。馬取貝塚（同図17　広島県教委1963）のようにわずかに肩が表現されただけのものがほとんどで、近畿・中国・四国地方の岩偶は在地の土偶を模したものかもしれない。九州地方では、鹿児島県を中心に比較的多く出土している（同図19・20）が、南九州で独自に発達したと考えられる。このように、西日本の岩偶は東日本の影響を受けて登場したものではないと思われる。

御物石器（第102図1〜3）は岐阜・北陸地方で発達したとされ、これらに隣接する近畿各県（同図1・2）での出土数は激減する。中国地方では明らかな御物石器の出土例はなく、これが

第4章 山陰地方の信仰・習俗

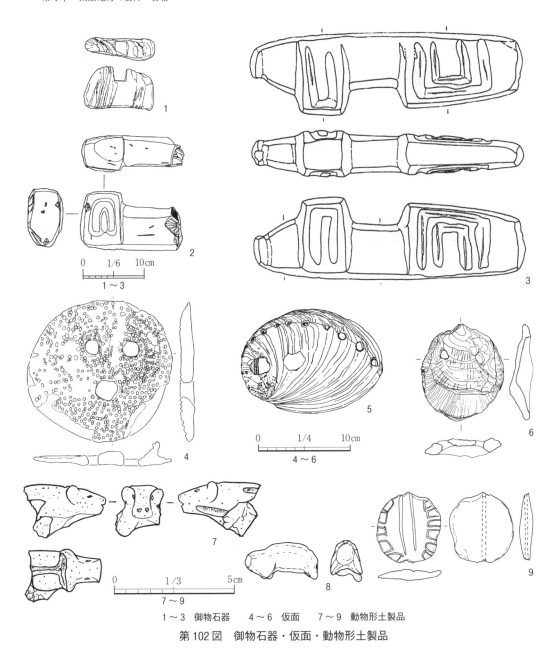

1～3 御物石器　4～6 仮面　7～9 動物形土製品

第102図　御物石器・仮面・動物形土製品

西日本各地に波及したとは考えられない。九州では田井原遺跡例（同図3　大分・九州縄文研究会2010）は客体的と考えるべきで、遠隔地から搬入されたか忠実に模倣された可能性が高い。

### 3　西日本の「第二の道具」の特徴と「改変・再生」観念

　西日本の「第二の道具」の器種構成は、各地とも石棒・石刀類と土偶を基軸とし、散発的ながら石冠・独鈷石・仮面・動物形等土製品も広範に分布するが、御物石器や典型的な岩版・土版・岩偶は波及していない。有孔土製円板は北東九州から島根県西端部に分布し、九州地方では円盤形石製品など石製品が発達する地域である。

226

西日本の「第二の道具」全般の特徴として、装飾性に乏しく、具象表現が少ないことがあげられる。人体を表現したとされる土偶でさえも顔の表現が略されたり、四肢が略されたりするものが多い。橿原型石棒・石刀とされるものには文様が施されるものの、石棒・石刀類全体としては装飾がないものが多数を占める。動物形土製品では、矢野遺跡（第102図9　徳島県教委ほか2003）のように明らかに亀を表現したことがわかるものもあるが、四足獣としかわからないもの（同図8）がほとんどである。宮下貝塚（同図7　長崎・九州縄文研究会ほか2012）のように、イノシシと判別できる例は珍しい。

西日本には、東日本的な晩期の装飾的岩版は存在しないが、後期岩版類は出土している（第100図5～14）。小杉康や大野淳也は、岩版の本質的機能を「改変」と「再生」に求めている（小杉1986　大野2007）。小杉の定義に照らせば、西日本で「線刻礫」と分類されたものの多くは、「岩版」に分類される。これらは、「磨消し」・「線のナゾり」などの変形行為が認められる。線刻文様があるもの以外に磨消しのみが認められる礫があるが、これは「磨石」と分類された可能性がある。これを「岩版」と認めると西日本の岩版は飛躍的に増加すると予想される。磨消しなどの改変行為を一義的、文様を二義的な岩版の要素とするなら、「変形・再生」の観念とそれに伴う行為は、西日本に広く受け入れられていたと思われる。

素材の改変は、石冠や土器片加工品にも通じている。西日本の石冠は、石棒頭部が切断されたものを祖形とした第2系統の石冠（西脇2007）が多く、底面にしばしば擦痕が認められるとされる（第98図8）。石冠は北陸地方のように整ったもの（同図5）は少なく、西日本では形状よりも「擦る（改変）」という機能的な面がより表出している感がある。西日本の「第2の道具」は、「改変・再生」の理念が装飾性・形状に優先されたのではなかろうか。

なお、朝寝鼻貝塚（岡山・加計学園埋蔵文化財調査室1998）では土器内にニホンザル幼獣を、彦崎貝塚（岡山市教委2006）ではイノシシ・シカを収めた埋納坑が発見されている。これらの遺構にも、「再生」を願う当時の観念がうかがうことができよう。


# 第2節　呪術具の素材からみた縄文時代の価値観

縄文時代の信仰関係遺物として、土偶・石棒のほか名称不明の加工品が多数ある。これらは、おそらく護符的な意味を持つ呪術具と考えられる。呪術具とされる資料は、ヒスイなど、奇石を利用したものが取り上げられることが多いが、必ずしも珍しい素材で作られているのではない。とくに珍しくない、またはきれいでもない素材に、縄文人はどのような価値観を見出していたのだろうか？

民族誌からは、採集狩猟民にとって呪術行為が生業行動と同等の価値を有し、彼らが森羅万象に霊的価値を見出している様子を知ることができる。この価値観は、同じ採集・狩猟社会である縄文時代にも適用可能であろう。とすれば、現代人から見て変わり映えがしないものに対しても、縄文人は何らかの霊的価値を見出していた可能性がある。出土した非生業的な資料は、縄文人にとって霊的な価値が存在した、と考えられる。

本稿では、呪術具とされる資料（装飾品を含む）の素材と形状に注目して、縄文人が何に価

第 4 章　山陰地方の信仰・習俗

値を見出したのかを考えてみたい。本稿の対象はおもに中国地方の資料で、土偶・石棒・仮面についてはとりあげない。

## 1　材質の可変性による分類

縄文時代の呪術的資料を見渡すと、(1) 素材の形状を維持するもの　(2) 素材の形状を大きく改変するものがある。(2) は製作者の意志によって創作できるもので、完成形に意味を持たせたと考えられる。一方、(1) は素材形状そのものが重要で、素材を獲得した当初から素材の形状に霊性を見出していたと考えられる。

以上の視点から、以下のように分類する。

(1)　素材の形状を維持するもの（第 103・104 図）

　　A　形状を整えたもの……石製品・石製垂飾など（第 103 図 1 ～ 3）

　　B　素材の特徴を残したもの……自然礫加工品・奇形鹿角・歯牙製垂飾など（第 103 図 4
　　　　～ 12）

(2)　素材形状を大きく改変するもの（第 105 ～ 107 図）

　　A　粘土で製作……土偶　耳栓・円形土製品・動物形土製品など（第 105 図 1 ～ 6）

　　B　土器片の転用……円板・鳥形土製品・分銅形土版など（第 106 図 1 ～ 8）

　　C　石製品……①石棒・岩偶など形を創作するもの　②素材面に文様を創作するもの
　　　　（素材形状より描いた文様に意味を持たせる）（第 106 図 9 ～ 12）

　　D　骨角製・貝製装飾品……鹿角製腰飾り・腕飾（ベンケイガイ　イノシシ犬歯）・貝輪・笄
　　　　（鹿角・シカ中足か中手骨）など（第 107 図 1 ～ 12）

## 2　分類の実例と考察

### (1)　素材の形状を維持するもの

**A　形状を整えたもの**　石製品の多くが、これに含まれる。

**石製品**（第 103・104 図）　原田遺跡（第 103 図 1　島根県教委 2006a）・板屋Ⅲ遺跡（同図 2　島根県教委 1998）の岩版は、扁平な形状で全面研磨された石製品である。前者は後期中葉から晩期後葉で、後者は晩期中葉の可能性がある。平面形は整った形で、非常にていねいに作り出されている。ともに下半は欠損しており、本来は同図 2 が方形、同図 1 が楕円形または釣鐘形の平面形だったと考えられる。2 の表面にはわずかな起伏が観察され、1 の表面には粗い削り痕が残っている。側縁に比べて、表面の仕上げはやや雑な印象である。なお、2 は角の部分に切れ込みを入れ、装飾的な効果を上げている。

これらの特徴は一様に扁平な形状にあるが、2 の表面のわずかな起伏は、素材本来の形状を示していると思われる。素材は 2 が半花崗岩、1 が凝灰岩で、ともに板状に剥離できる石材ではなく、素材獲得段階から扁平な形状だった可能性が高い。馬取遺跡（同図 3　広島県教委 1963）は岩偶とされるが、これに類するものかもしれない。

素材となっている凝灰岩・半花崗岩は、当地では一般的な岩石で、ヒスイなどのようにきれいな色をしているわけではない。石材そのものに価値を見出したとは考えにくく、扁平な形状に価値を感じたように思われる。

228

第 2 節　呪術具の素材からみた縄文時代の価値観

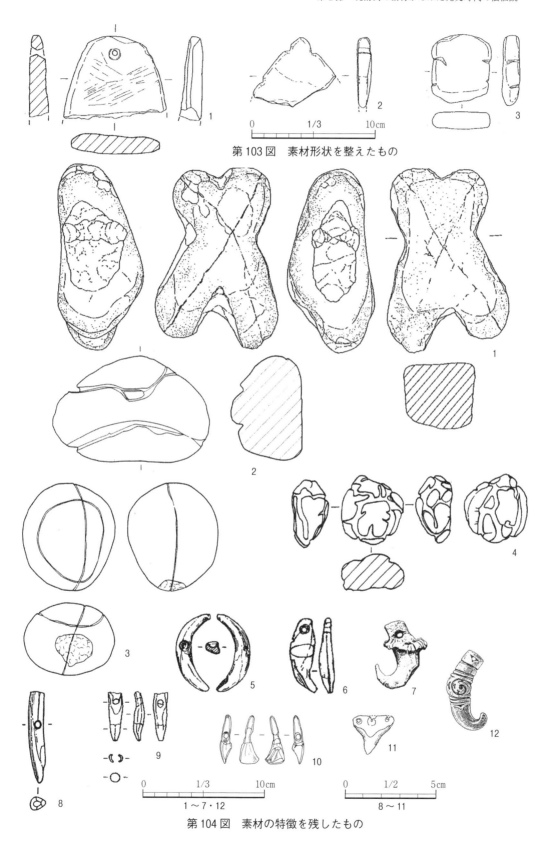

第103図　素材形状を整えたもの

第104図　素材の特徴を残したもの

229

第4章　山陰地方の信仰・習俗

**B　素材の特徴をそのまま残したもの**　自然礫加工品・歯牙製垂飾・奇形鹿角など。

**自然礫加工品**（第104図1～4）　下山遺跡（島根県教委2002a）のX字状石製品（第104図1）は、側縁を若干加工して「X」の形状を強調している。表面には、黒色の節理が平面形と同様に「X」字状に見られる。大陰遺跡（島根・津和町教委2010）の石製品（同図2・3）や森Ⅱ遺跡（同図4　島根・飯南町教委2009）は、節理（石の目）に沿って沈線を追刻している。大蔭遺跡は後期中葉～後葉、下山遺跡は後期初頭～前葉、森Ⅱ遺跡は晩期である。

これらは、いずれも自然礫の形状がそのまま残されており、加工は部分的にとどめるに過ぎない。素材は自然礫ではあるが、このような礫を探そうとしても容易に入手できるものではない。素材がもつ形状・節理の特異さに惹かれたと考えられる。

**歯牙製垂飾**（第104図5・6・8～11）　イノシシ犬歯（第104図5）・クマ犬歯（同図6）・オオカミ犬歯・サメの歯（同11）などは、「力の象徴」と説明されることが多い。しかし動物の歯牙製垂飾は、クマなどのような猛獣ばかりではなく、シカ（同図10）・サル・イルカ類（同9）など、おとなしい動物の歯牙製垂飾が散見され、ヒトの歯の垂飾もある。また、利用された歯牙は、犬歯ばかりでなく切歯（同図8・イノシシ　同図10・シカ）や臼歯も利用されており、縄文人が犬歯に執着していたのではないように思われる。

イノシシ犬歯は、中四国地方で見る限りは完形で利用されることは少なく、分割して利用されることが多い。これは、西北九州などでは結合式釣り針のアグとして加工されることがあり、生産用具としても使用されていることは明らかである。イノシシ犬歯そのものが、特別視されることはなかったと考えられる。

歯牙は、生体では歯冠部だけが見えているため、日常的には歯根部を見ることはない。普段は見ることができない歯牙の全体形状に、価値を感じたのではないだろうか。

**奇形鹿角**（第104図7・12）　中四国地方では出土していないが、東日本では奇形鹿角を使用した装飾品は多いという。これらは奇形の形状を残して作られている。鹿角は装飾品の素材として使用されることが多いが、そのほとんどは分割されたりして素材形状をとどめない形で使用されており、正常な鹿角は道具の素材として捉えられていた可能性がある。

奇形鹿角は通常では見なれない形状である。普段は観察できない特殊な形状に、縄文人は呪術的な価値を見出したのではないだろうか。


**(2)　素材形状を大きく改変するもの**

**A　粘土で製作するもの**（第105図1～6）　土偶・耳栓・垂飾のほか、動物形土製品、有孔円形土製品、楕円形・円形土製品などがある。

布勢第1遺跡（鳥取県教育文化財団1981）の垂飾（第105図2）は、やや上位の部分を突帯状に作り出し、さらに上方に孔を穿っている。下半には縄文が施されていることから、縄文後期の所産と思われる。石棒に似た形状だが、全長4cmと小型で、石棒を模したものかどうかは不明である。

阿津走出遺跡（岡山県教委1988b）では平面形長方形の土製品が出土している（同図1）。沈線内連続刺突文が見られることから、後期中葉の所産と思われる。土版と表記されることが多いが、これは長軸方向に穿孔されており、垂飾の可能性がある。

第 2 節　呪術具の素材からみた縄文時代の価値観

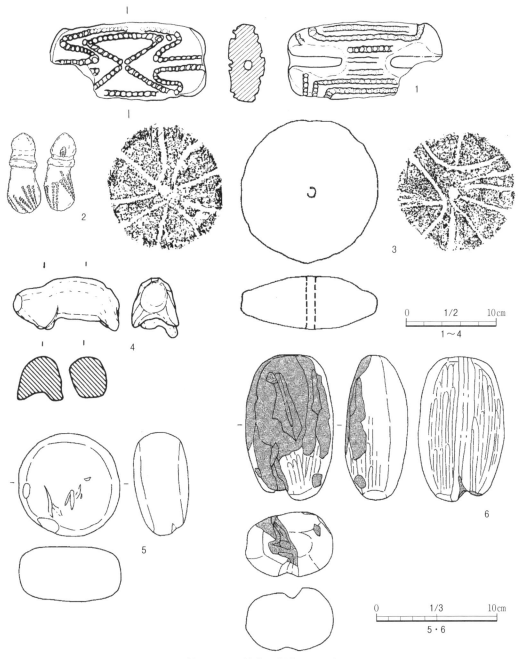

第 105 図　粘土で製作されたもの

　動物形土製品は、四足獣（同図 4　イノシシか？）・カメなどがあり、ほかにヘビが土器の突起に表現されている。動物形土製品は、造形度の違いはあるものの、東日本で表現された動物形のほぼすべてと対応しているようである。
　有孔円形土製品（同図 3）は、おもに島根県西部以西で出土している。平面形が円形を呈する厚みのある土製品で、中央には孔が穿たれている。いずれも焼成前に穿孔されたもので、製作当初から孔が空いた完成形が設計されていたと考えられる。文様が施されるものでは、重弧

231

第4章　山陰地方の信仰・習俗

文が描かれるものが多い。この文様は、反対面にかけて一周するように描かれており、側面からみると同心円状の文様である。全周を回る文様は、大蔭遺跡（島根・津和野町教委2010）の石製品（第104図2・3）にもみられるが、両者に関係があるかどうかは不明である。

楕円形・円形土製品（第105図5・6）は、北原本郷遺跡（島根県教委2005c）で出土している。これらはほぼ同様な大きさの磨石1個とともに並べた状態で出土しており、出土状態からは儀式的な様相がうかがえる。

具象化しない土製品は、正円形や整った楕円形を作り出すことが多い。これは、自然界には存在しない、「整った形状」を創作することに意味を持たせたのではないかと思われる。

**B　土器片の転用**（第106図1〜8）　土器片を転用して、鳥形（同図1・2）・円板（同図5）・その他（同図6〜8）などが作られている。

鳥形土製品（第106図1・2）は、粘土から作り上げるか土器破片を整形するかの違いがあるものの、Aで挙げた動物形土製品と同様に動物に対する観念が表れたものと考えることができ、本質的にはA動物形土製品と変わらないと思われる。偶発的に土器が壊れ、そこで発生したいくつかの土器片が鳥の形に似ていたため、この土製品作成に至ったと想像する。意図せず表れた形状に、縄文人が何かを感じたと思いたい。図示したものは晩期であるという。

円形土製品（同図5）は、土器片の周囲を打ち欠きや研磨で整形したものである。円形に形を整えることに、意味があったのではないかと考える。

同様な資料について、皮なめしなど実生活で使用された結果の形状、と考え方もあるというが、道具として使用したならば形状は必ずしも円形を指向することなく、バリエーションが生じると思われる。また、ミガキ用の道具として使用されたのであれば、研磨部分端部に稜が残るものがあると思われる。これらの痕跡がみられない土製品は、形状を整えることに一義的な意味があったと思われる。滴形の4や楕円形の3も、偶然生じたとは思えないほど整った形をしており、意図的なものを感じる。5は晩期、3・4は後期初頭である。

瀬戸内地方では、分銅形の土製品が特徴的である（同図6・7）。側縁を磨いたものがあり、明らかに形状を整えようとしている。これも、意図的にこの形状を求めた結果と考えたい。6・7は後期初頭である。

以上の円板・土製品は、自然界にない形状である。縄文人が、身辺に存在しない形状を、意図的に作り出そうとしていたように思われる。

**C　石製品**（第106図9〜12）　岩偶（第106図9）など目的形状を作り出すものと、岩版（同図10〜12）など文様に意味を持たせたと思われるものがある。

岩偶は土偶を模したとされる。目久美遺跡（鳥取・米子市教委1986）出土の岩偶（同図9）は左足部分のみが残存するが、かなり忠実に作られている。これも土偶を模しているとするなら、このような土偶は中国地方の伝統にはなく、東日本の立体土偶に出自を求めざるをえない。鳥取県では、晩期に東日本系の土器や立体土偶が複数出土しており、晩期は東日本との交流が活発だった時期と考えられる。9も、このような社会情勢のもとに導入されたと思われる。

第106図10〜12は岩版と考えた。10は浅い線刻が複数回彫り込まれている。11・12は、礫の表面に格子状の文様が描かれている。12は厚みのある整った楕円形をし、文様は深く彫りこまれている。11は扁平で礫の素材形状を残している。文様の掘り込みは浅く、12に比べ

第2節 呪術具の素材からみた縄文時代の価値観

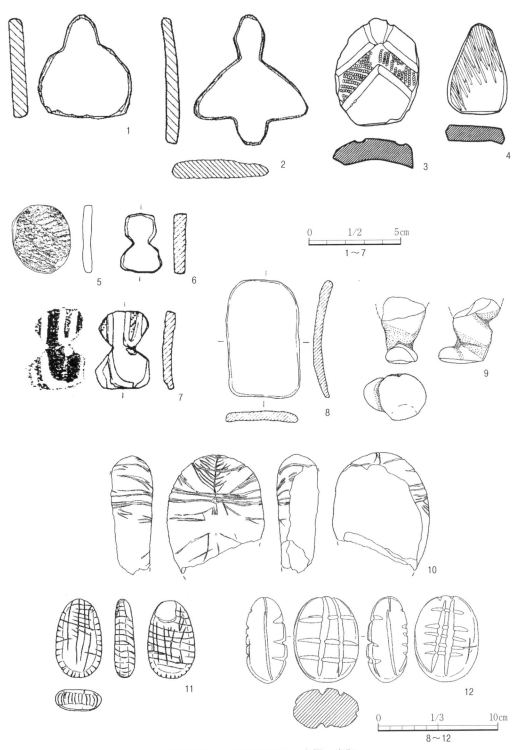

第106図 土器片の転用・岩偶・岩版

第 4 章　山陰地方の信仰・習俗

て雑な印象である。11 は晩期中葉の可能性があり、10 は後期から晩期の層位で出土している。

このほか、意匠不明な線刻が施されるものがあるが、砥石などの生活用具と弁別する必要がある。岩版は、東日本では芸術性の高いもののほか、擦痕・施文が繰り返されるものが出土している（長田 2007）。10〜12 などは後者に通じるものがある。

### D　骨角製・貝製装飾品（第 107 図）

**骨角製装飾品**（第 107 図 5〜7）　骨角製装飾品には、腰飾り（第 107 図 5）・笄・管状垂飾（同図 6・7）・垂飾などがある。多くは鹿角製だが、四肢骨製素材も利用されている。津雲貝塚腰飾り（同図 5　京都帝国大学 1920）のように、分岐する形状には鹿角が利用される。笄には、鹿角製のほか、鳥浜遺跡などに四肢骨の関節部分を利用したものもある。管状垂飾（同図 6・7）は四肢骨を利用して作られている。

イノシシ犬歯は、中四国地方で見る限りは、完形で利用されることは少なく、分割して利用されることが多いように思う。これは、腕飾（同図 4）や垂飾として利用されたり、結合式釣り針のアグ部分に使われている。イノシシ犬歯自体は、おもに素材として扱われていたと思われる。

骨角製装飾品は、素材が大きく改変されることが多いので、前述のように鹿角・骨・イノシシ犬歯自体に呪術的な意味はないように思われる。

**貝製装飾品**（第 107 図 1〜3・8〜12）　サルボウ製の貝輪（第 107 図 1）には素材面がよく残るものが多いが、ベンケイガイ（同図 2・3）は内面鋸歯まで消し去るものもある。このほかの貝製垂飾は素材の形状を残すものは少なく、貝輪・垂飾は素材自体に呪術的な意味はないと思われる。

イモガイ科・タカラガイ科の貝は、首飾りなどに使用されている（同図 8〜12）。これらの貝は、海岸部だけでなく山間部の帝釈峡遺跡群でも利用されていることから、縄文人にとって価値の高いものだったと考えられる。

イモガイ科の貝は、殻長部分を切り取って穿孔しているものが多い（同図 8〜10）。殻長部上面から穿孔するものが多く、殻頂部の螺旋を見せようとしているらしい。螺旋・同心円文様は耳栓に描かれるものがあり、イモガイ科殻長部を模した可能性がある。螺旋文様または同心円文様は、自然界には巻貝以外に存在しないことから、これに霊性を見出したと思われる。殻長が比較的平板なイモガイ科は、螺旋・同心円文様を利用するのに素材として重宝だったのかもしれない。

タカラガイ科の貝玉（同図 11・12）は、背面を削り取って殻口部を装飾品としていることを考えると、縄文人にとっては殻口部が重要だったと思われる。タカラガイ科の殻口部は、女性器に似ており、縄文人はタカラガイ科の殻口部をこれに見立てたと考えれば、タカラガイ科の貝こそ多産・豊穣のシンボルだったのではなかろうか。

## 3　まとめ

縄文時代の呪術的資料の共通項としては、「非日常的（身の回りであまりみない）≒超自然的」というキーワードが抽出できる。素材の如何にかかわらず、日常的には観察できないもの（正円形・正楕円形・螺旋・同心円などの幾何学形状・意匠、均質な扁平形状、変わった節理、奇形鹿角

第 2 節　呪術具の素材からみた縄文時代の価値観

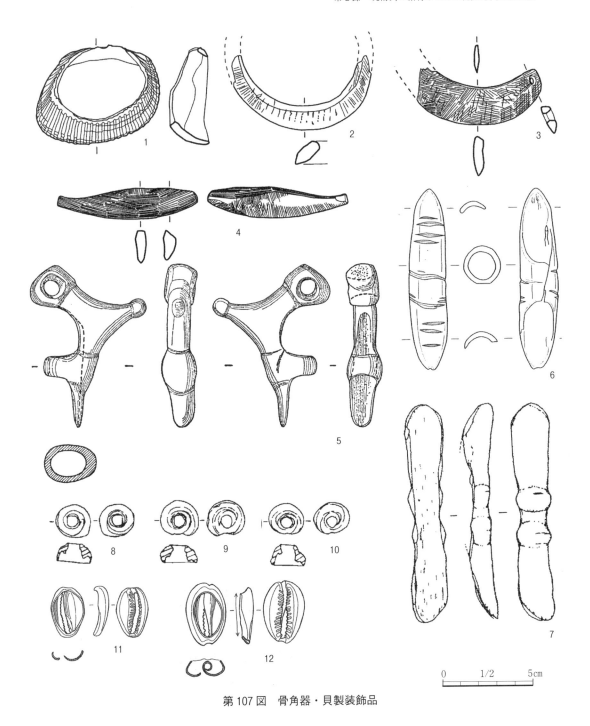

第 107 図　骨角器・貝製装飾品

など）が「超自然」的に映ったのではないか。自然物でありながら、普段見慣れないものを「超自然」ととらえたと思われる。

　加工物については、円形・楕円形をはじめとして、自然界に存在しない形状を求めた可能性がある。これらについても、「超自然」という形状に霊的・呪術的価値を覚えたのではなかろうか。

第4章　山陰地方の信仰・習俗

## 第3節　山陰地方の岩版類

　山陰地方で出土数が多い資料に「線刻礫」とされた石製品がある。第1節で述べたように、これは長田友也や大野淳也がいう「岩版」と呼ぶのが適当と思われる。近年、島根県大田市古屋敷遺跡（島根県教委2017a・b・c）で同様の資料が大量に出土したことにより、岩版出土数は山陰地方中部域が西日本でも突出した状況にあり、もはや無視できない存在である。本節では古屋敷遺跡の岩版類を紹介たうえで、山陰地方の岩版類について検討する。

### 1　古屋敷遺跡の岩版類（第108図）

　古屋敷遺跡の岩版類は、現在報告されたものだけでも60点に上る。これから報告されるものや未報告のものを含めると100点近くあると思われる。これらはいずれも白色系の軟質・軽量の凝灰岩製で、①線刻が施されるもの（凹点が併用されるものを含む　第108図1・2・4・5）、②凹点と擦痕が施されるもの（同図6〜9）、③擦痕のみ確認できるもの（同図3・10〜14）などである。①・②の凹点は径が大きく浅くくぼむものが多く、回転作用によるもの（同図4・7）と敲打によるもの（同図6・8）がある。③は全面ていねいな研磨痕がみられる整った形のもの（同図3・11）や一部だけに擦痕が認められるもの（同図10・12〜13）があり、後者が多いようである。ほかに同一材質の未使用品も多数出土しているが、近隣の河川ではこのような石材は見られないというので、この石材が選択的に使用されたと考えて間違いない。岩版類の出土層位は主に晩期中葉・原田式から晩期後葉・突帯文期に集中しており、後期末〜晩期初頭の層および弥生時代層ではほとんど出土していない。このことから、晩期中葉から晩期後半に主たる使用時期が絞られる。

　青森県を発生源とした岩版類は、太平洋側に分岐しながら日本海側を南下するという（長田2007）。富山県桜町遺跡はその経路の延長上にある。北陸地方に伝播した後に、さらに西日本方面と東海地方方面に経路が分岐するようだが、北陸地方に伝播した時点ですでに多くが稀文化しており（大野淳也2007）、稀文化したものが西日本に伝わったようである。

　岩版の西日本への波及は近畿地方で後期中葉、中国地方・九州地方で後期後半という（大野淳也2007）。大野の集成（第110図）によると、中国地方の日本海側では京都府桑飼下遺跡と島根県原田遺跡の2遺跡の2例の例示にとどまり、鳥取県では確認されていない。今後出土する可能性はないではないが、現状では西日本への伝播は飛び石的である。なお、大野の集成では大阪府・兵庫県南部・広島県の東部、岡山県は未確認となっている。中・東部瀬戸内地方には伝播しなかったのであろうか。なお、瀬戸内地方で岩版と認定されたのは山口県岩田遺跡であるが、これはかなり整った形状の岩版である。

　古屋敷遺跡の岩版類は、白色系軟質石材を利用している、凹点を多用する、擦痕が顕著、不定型なものが多い、という点で桜町遺跡の岩版類とよく似ている。また、稀文化という点では三重県天白遺跡（関西縄文文化研究会2010）のあり方と似ている。古屋敷遺跡や天白遺跡の出土状況は、桑飼下遺跡や穴太遺跡など、近畿地方の整った形の岩版が少数出土する状況と異なっている。古屋敷遺跡や天白遺跡は、稀文化、石材の類似、上述の①〜③の特徴の類似、京都府から鳥取県の日本海側で出土例が少ない、などを考えると、北陸地方から直接伝播した可能

236

第3節　山陰地方の岩版類

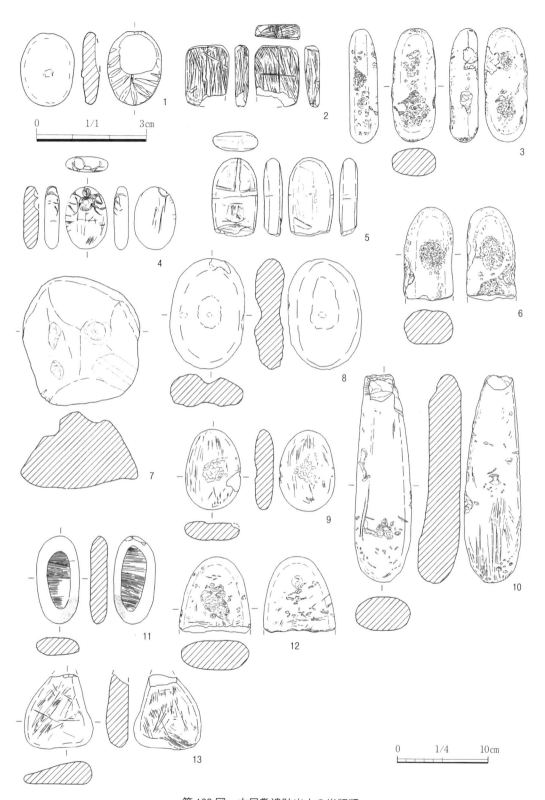

第108図　古屋敷遺跡出土の岩版類

性を考えたい。

## 2 山陰地方の岩版類（第109図）

　山陰地方の岩版類として、原田遺跡（第109図1　島根県教委2006a）や中原遺跡（同図2　島根県教委1999a）で出土した石製品がこれに相当すると考える。原田遺跡は色調が淡黄色を呈すものの軟質の石材が使われ、文様も北陸地方の岩版類に似ている。一方、中原遺跡は暗灰色の硬質な川原石が使用され、線刻は格子状である。このような線刻文様は北陸地方や東北地方の岩版にはなく、同様な線刻は島根県浜子遺跡（同図3　深田2008）にみられるだけである。中原遺跡の線刻文様は格子状に意識的に付けられ、浜子遺跡でそれが強調されて深く彫り込まれている。両者ともに硬質な石材が使用されていることを併せて考えると、古屋敷遺跡に伝わった岩版類が周辺に拡散して変容したものと考えることができる。ただ、中原遺跡の岩版は磨消しと線刻が繰り返されており（同図5）、岩版類としての本質は忠実に守られているといってよい。それに対して浜子遺跡では線刻のナゾリはみられるが磨消しの痕跡はみられない。浜子遺跡の所在地（第110図）は島根県西端部で、中原遺跡とかなり離れているので「形」だけが真似られたのであろうか。

　鳥取県の状況を注視しなければならないが、少なくとも山陰中部域での岩版類の受容は古屋敷遺跡が中核となっていたと様子がうかがえる。前述のとおり、青森県を発生源とした岩版類が北陸地方を経由して晩期中葉に山陰地方中部域に受容されたと考えられる。これが受容された背景は、縄文社会に通底した「改変・再生」の観念に求められる。軟質石材が多用されたのは、これらの石材が目に見えて変形し文様が容易に施される様を「再生」と見たからではないだろうか（小杉1986）。

　古屋敷遺跡の出土状況から考えると、山陰地方中部域の岩版類祭祀は晩期中葉に受容されている。前述したように「再生」観念は人間の初源的な観念と思われるが、晩期以前に岩版類が多用されている様子はうかがえない。それでは晩期以前の「再生」観念はどのように表現されているのだろうか。参考になるのは岡山県彦崎貝塚・同朝寝鼻貝塚の動物骨埋納遺構（田嶋2011）である。前者は前期後葉、後者は中期末・後期初頭の時期で、岩版類が出現する以前の祭祀行為がわかる例である。これらは獲得した動物に対して再度の狩猟機会と成果を期待した祭祀行為と解釈され、狩猟行為という特定の事象・行為を祈ったものと考えられる。それに対して岩版類は、線刻した文様を擦り消し繰り返し線刻することによって、「再生」を祈ったと思われる。後者は「生」―「死」―「再生」のすべての事象に対応できるので、「再生」観念が抽象化・一般化されているといえる。つまり、後期までは事象個別に「再生」を祈っていたが、晩期にいたると「再生」の対象が一般化された可能性が考えられるのである。

　「再生」観念が縄文社会に通底していたとすれば、それを具現する岩版類が山陰地方中部域以外の中国地方で受容されなかったのはなぜだろうか。「再生」観念は祖霊信仰のように人間が初源的に持ちうる観念と考えられ、中国地方でも例外ではなかったはずである。岡山県彦崎貝塚や同朝寝鼻貝塚の動物骨埋納遺構などは、まさに動物資源の再生を祈る祭儀をうかがわせ、特定事象の再生を祈る祭儀といえる。これに対し、岩版類にみえる「再生」は抽象化・一般化された「再生」観念とみなすことができ、特定の事象を対象にした祭儀とは性質が違うと

第3節　山陰地方の岩版類

1　原田　　2　中原　　3　浜子　　4　1の磨消し・ナゾリ　　5　2の磨消し・ナゾリ
第109図　山陰地方の岩版類

第110図　岩版類出土遺跡（大野2007に追加）

第4章　山陰地方の信仰・習俗

考えられる。岩版類が少ないことを理由に瀬戸内地方や近畿地方で「再生」観念が抽象化・一般化されなかったと考えることはできず、残存しにくい素材を利用するなど岩版とは別の形で表現されていたと考えざるをえない。


# 第4節　山陰地方における祭儀の痕跡

　山陰地方をはじめ西日本では、環状列石や環状木柱列などの大規模な祭儀施設は存在しない。しかしながら「第二の道具」は西日本にも存在するので、祭儀の場があったはずである。本節では、山陰地方の縄文遺跡で検出された遺構を見渡し、祭儀の痕跡を探りたい。

## 1　地床炉（第111図1）

　古屋敷遺跡では報告されただけでも216もの地床炉が検出された。今後報告される地床炉を含めると総数300を超えるという。これは晩期中葉・原田式から後葉・突帯文期にかけて形成されたものだが、累積とはいえ日常の調理にこれほどの地床炉が必要だったとは思えない。

　竪穴住居跡が検出された遺跡をみると、住居周辺に地床炉が集中することはないようである。勝負遺跡（島根県教委2007d）、智頭枕田遺跡（鳥取・智頭町教委2006）などでは炉跡の検出数は少なく、地床炉が比較的まとまって検出された貝谷遺跡（島根県教委2002b）、原田遺跡（島根県教委2006a）などでも住居跡から離れた場所に地床炉がある。このことから、日常的な調理にはさほど多くの炉を必要とせず、また炉の位置を頻繁に移動させることはなかったと判断される。

　地床炉は、火を炊いた痕跡であることに間違いない。火を炊く行為は、調理あるいは堅果類のアク抜きがもっとも考えられる作業候補だろう。このうち堅果類については、西日本では貯蔵穴から必要量を適宜取り出して利用していたと考えられ、筆者は散在する人々が共同で集中加工するとは考えていない。日々の調理にしても、上述のように住居周辺で集約的な調理が行われていた様子はうかがえないので、少なくとも後・晩期では家族単位で調理が行われたと思われる。

　筆者は、集中する火使用の場面を祭儀に伴う饗宴の準備と考えたい。祭儀に饗宴が伴うことはすでに指摘されており（川島2008）、その準備に調理が必要となる。祭儀を行うために人々が集合すれば、それに伴う饗宴のために大量に料理を作る必要がある。この時、同時に複数個所で調理しなければならない状況となり、地床炉が集中的に設営されることになると考えられる。古屋敷遺跡で多数検出された地床炉は、このような祭儀準備のための調理痕跡ではなかろうか。

　古屋敷遺跡では住居跡状の遺構が3か所検出されているが、一時期にすると山陰中部域の他の集落遺跡と変わりない集落規模である。それにもかかわらず多数の地床炉が存在するのは、この地に周辺から人々が参集し飲食したことに起因すると思われる。周辺には、同時期の遺跡として千後田遺跡・善興寺橋遺跡・川向遺跡が存在する。これらの遺跡の住民が祭儀のたびに古屋敷遺跡に集合し、饗宴を行っていたと想定ができよう。

第4節 山陰地方における祭儀の痕跡

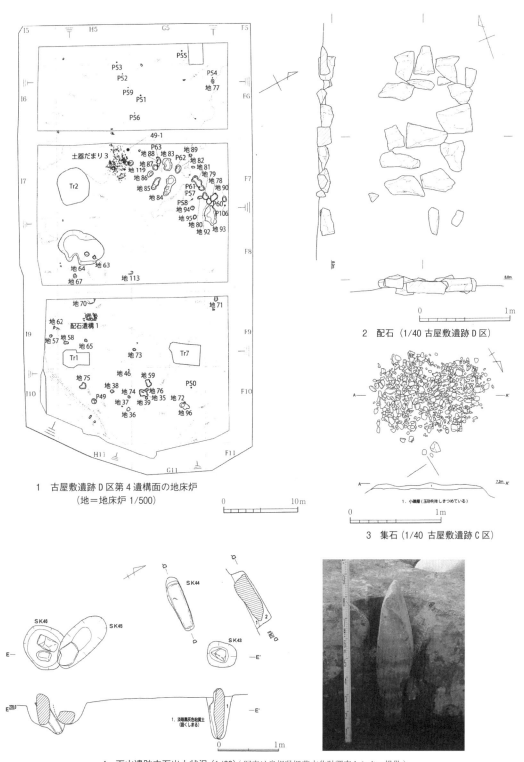

1 古屋敷遺跡D区第4遺構面の地床炉（地＝地床炉 1/500）
2 配石（1/40 古屋敷遺跡D区）
3 集石（1/40 古屋敷遺跡C区）
4 下山遺跡立石出土状況（1/60）（写真は島根県埋蔵文化財調査センター提供）

第111図　地床炉・配石・集石・立石

第 4 章　山陰地方の信仰・習俗

　地床炉が多数検出された遺跡として、下山遺跡（後期前葉　島根県教委 2002a）、原田遺跡（晩期　島根県教委 2006a）などがある。下山遺跡では土壙墓群周辺に、原田遺跡では土器埋設遺構周辺に地床炉が集中しており、（本書第 74 図 3）埋葬遺構の周辺で祭儀が執り行われたと考えられる（幡中 2011）。ここでも、祭儀に伴う饗宴の風景が想定でき、集中した地床炉は祭儀に伴う饗宴をうかがわせる痕跡と考えられる。

### 2　立石・配石・集石（第 111 図 2〜4）

　儀礼に関わる遺構として、立石（第 111 図 4）・配石（同図 2）・集石（同図 4）がある。立石は下山遺跡、蔵小路西遺跡（晩期 島根県教委 1999c）など検出例は限られるが、配石は松ヶ坪遺跡（鳥取・倉吉市史編纂委 1996）、原田遺跡（島根県教委 2007b）、水田ノ上遺跡（島根・匹見町教委 1991b）など、晩期を中心として山陰地方全域で検出されている。配石は、下部に土坑を有すものは墓として認定されるが、下部に土坑を伴わないものは祭儀に関わる遺構と考えられる。また、古屋敷遺跡では下部に土坑を伴わない小礫を集積した遺構が検出されている。

　立石・配石・集石は標石の役割を果たすと思われるが、現在に伝わる民俗例では荒神・塚などそれ自身が信仰の対象となっている場合も多い。荒神や塚などは稲作導入後の信仰だが、山頂でケルンがいつの間にか形成されるように、要所に石を集める・積むという行為は人間が誰でも持ちうる心情かもしれない。とすれば、祭儀の場に石が集められ、それ自身が信仰の対象となった可能性は十分ある。

　下山遺跡の立石（第 111 図）は全長約 80cm の大型の柱状を呈しており、一人では樹立することが困難である。これの樹立には数人による共同作業が必要で、このように樹立された立石は共同の祭儀の場であった可能性が高い。配石・集石は個々には個人で設営可能だが、一遺跡に複数設置されていることを考えるとやはり共同祭儀の場と考えてよいと思われる。

　このように、立石・配石・集石は共同の祭儀モニュメントと捉えられるが、これらは環状列石のように大規模な構成を採っていない。これは設営する集団が小規模だったためと考えられる。これら山陰地方のモニュメントが示す祭儀は、数家族が集合して行われる祭儀ではなかったかと思われ、集落が小規模に展開した当地の集落構造では祭儀モニュメントも大規模になりえなかったと考えられる。

# 終章　山陰地方の領域形成と縄文文化

　本書では、研究史に続き、山陰地方の縄文土器（第2章）、集落・生業（第3章）、信仰（第4章）と、個別のテーマについて述べてきた。これらを総合的にみた場合、縄文時代において「山陰地方」という地理的区分はどれだけ有効だろうか。もし有効な区分ならば、それはいつごろから発生したものであろうか。

　従来の縄文研究では、山陰地方は近畿・中国地方の一部として付け加えられていた。この範囲では同質あるいは均質な社会・文化として包括されてきた経緯がある（鎌木1965など）。発掘調査が進み、検討資料が飛躍的に増加した現在、山陰地方のすべてが近畿・中国地方全域と同質・均質であったか、という検討が必要と思われる。

　本書の記述を終えるに当たって、中国地方に内包する地域的な特性を弁別し、山陰地方の縄文文化がどのように位置づけられるのか、考えてみたい。


## 第1節　土器型式圏の変遷と領域の形成

　第2章でみたように、早期末以降、山陰地方の縄文土器は繰り返し地域性が強い型式が出現してきた。前期前葉の西川津式は分布を拡張する傾向にあり、前期後葉の月崎下層式・彦崎Z1式は排他的な傾向にあるが、後期初頭以降は広域性を維持したまま、小土器型式圏を形成している。現象的には広域型式と地域型式が繰り返し出現するものの、中期以前と後期以降の地域型式は、同質にみることはできないと考えられる。以下では縄文土器各型式の分布状況のもとに型式圏の変遷を整理し、遺跡の分布状況を重ねたうえで中国地方に内包する領域について考察する。

### 1　土器型式圏の変遷

　**①草創期〜早期前半**（第112図①）　散漫な分布である。草創期の土器は、只野原遺跡（広島県教育事業団2013）で隆起線文土器が数点出土しているにすぎないが、尖頭器は中国地方全域で出土している。尖頭器はとくに大山山麓に集中する傾向にある。神宮寺式は取木遺跡（鳥取・倉吉市教委1984）などで少数出土している。無文土器は中国地方では瀬戸内地方を中心に島根県東部以西で出土するものの、山陰地方では西端部以外は散発的な出土にとどまり、まとまって出土するのは、早稲田山遺跡（広島県1979）など、瀬戸内地方に限られる。

　**②早期中葉**（第112図②）　黄島式に至って、土器が比較的安定的に出土するようになるが、その後の高山寺式は遺跡数が減じ、穂谷式ではさらに遺跡数が減じる（矢野2016）。

　**③早期末〜前期前葉**（第112図③）　この時期は、山陰地方中部域を中心に展開している。主たる分布域は山陰地方中部域で、新しい段階では恩原遺跡（岡山大学1996）や帝釈峡遺跡群

終章　山陰地方の領域形成と縄文文化

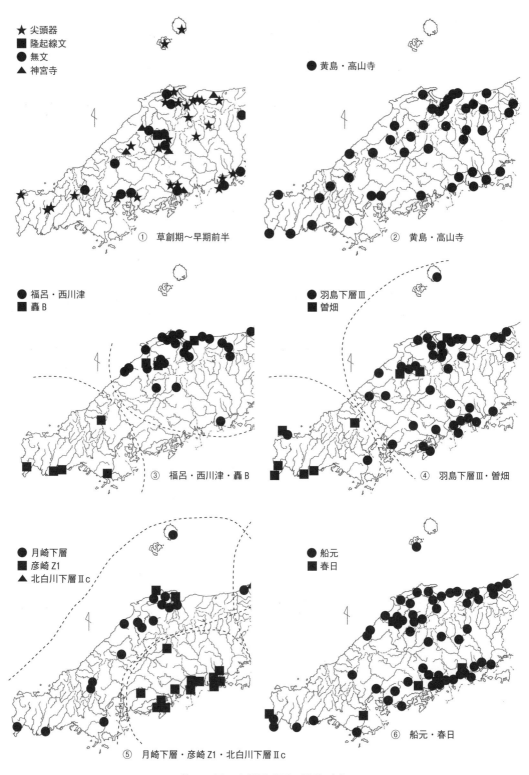

第112図　土器型式圏の推移（1）

第1節　土器型式圏の変遷と領域の形成

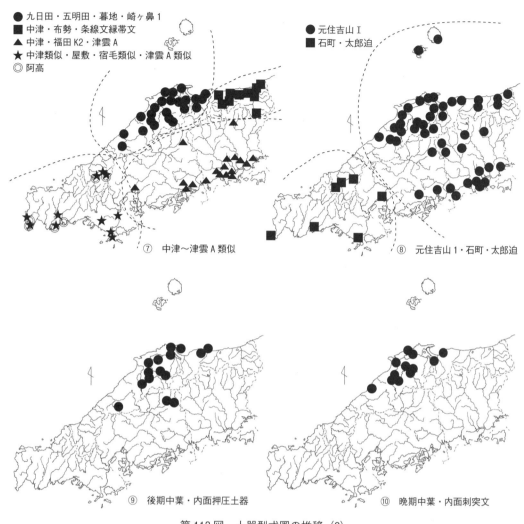

第113図　土器型式圏の推移 (2)

（帝釈峡遺跡群 1977）など中国山地を越え、遠くは志高遺跡（京都府埋文センター 1989）など近畿地方の日本海側まで分布するが、瀬戸内地方沿岸部では島地貝塚（岡山県教委 1974）など少数にとどまる。

　この時期、島根県西端部・山口県域では轟B式が主体的に分布するようである。轟B式は鮒ヶ口遺跡（鳥取・淀江町教委 1981）など山陰地方中部域にも流入しているが、あくまでも客体的な出土状況である。

　④**前期中葉**（第112図④）　羽島下層Ⅱ式、同Ⅲ式（北白川下層Ⅰ式）、磯の森式（北白川下層Ⅱa・b式）は、中国地方の大部分を覆っている。これらは細部に差異があるもの（網谷 2003）の広域土器型式として近畿地方と中国地方に拡がっている。ただし、島根県西端部・山口県域は曽畑式が優勢で、轟B式以来の分布を保っている。

　⑤**前期後葉**（第112図⑤）　中国地方では北白川下層Ⅱc式の時期に、突如として系譜を異にする土器型式が登場する。瀬戸内地方の彦崎Z1式・山陰地方の月崎下層式である。彦崎Z1

245

終章　山陰地方の領域形成と縄文文化

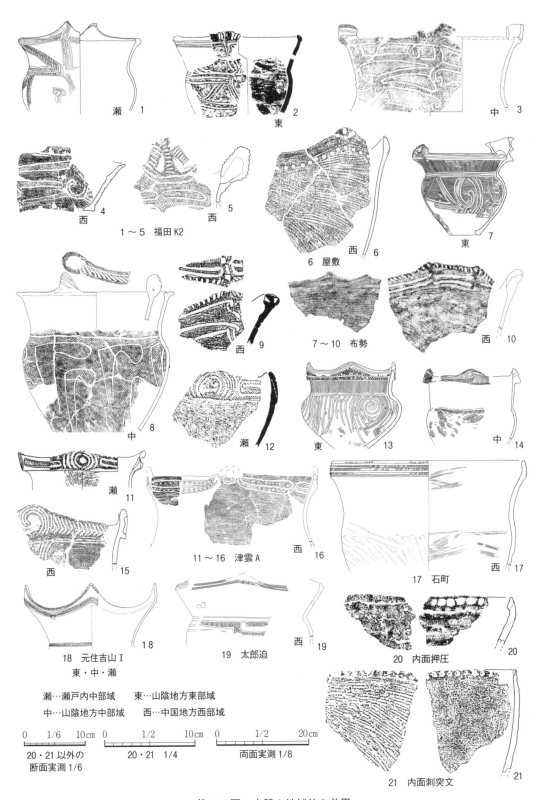

第114図　土器の地域的な差異

式と月崎下層式は条痕の有無や器壁の厚さで区別されるが、両者の親縁性は極めて高く、彦崎Z1式は月崎下層式から派生したと考えられ、母体は同祖と考えてよい。

　月崎下層式は江口貝塚（愛媛大学1993）や羽田遺跡（大分・国東町教委1990）など、愛媛県や大分県東部から山陰中部域にかけて分布し、彦崎Z1式は岡山県沿岸部を中心とした分布である（田嶋2006）。月崎下層式・彦崎Z1式ともに同時期の近畿地方、九州地方の型式組列に乗らない独自型式で、一時的に近畿地方・九州地方との関係が断絶したと考えられ、域内で完結できる状況にあった。このような自己完結的な状況は彦崎Z2式（北白川下層Ⅲ式）以降崩れ、以後は再び近畿地方の型式圏に包括される。

　⑥**前期後葉〜中期前半**（第112図⑥）　瀬戸内中部では前期末に田井式、山陰地方では中期前葉に波子式という地域色の強い土器群がみられるものの、おおむね近畿地方の北白川下層Ⅲ式（彦崎Z2式）〜船元Ⅲ式の変遷と同調している。とくに鷹島式から船元Ⅱ式にかけては、まったく同一といってよいほど各地の土器は酷似している。

　⑦**後期初頭〜前葉**（第113図⑦）　大きくみると中国地方の東半は近畿系の土器型式圏、同西半は近畿系・九州系・在地系が混在する折衷的な土器型式圏である。中国地方の東西では土器の様相が大きく異なり、型式境界が島根県西端部から広島県西部に引けそうである。

　島根県西端部や山口県域の中国地方西半では、中津式・福田K2式類似土器（第114図4）のほか、宿毛式など四国地方西部の影響を受けた土器（同図5）が拡がっている。また、中村友博が「屋敷式」と呼んだ独特の土器群が存在する（中村友博2005　以下、屋敷タイプと呼ぶ）。屋敷タイプは口縁部が肥厚する稀文の土器（同図6）で、本州西端部から九州東部に分布する地域性の強い土器である。ただし屋敷タイプは単独で出土することなく、中津式から福田K2式にかけての土器と出土することが多いという（幡中2015）ので、屋敷タイプは該期型式を組成する一形式ととらえるべきであろう。島根県西端を含めた本州西端部の後期初頭は、中津式類似・福田K2式類似・宿毛式類似、・屋敷タイプが混在して変遷するという、複雑な様相がみられる。

　東半では、次の縁帯文期には津雲A式が一帯に分布するが、細部に差異がみられ、小土器型式圏が維持されている。津雲A式は比較的斉一的な土器群であるが、中部瀬戸内では主文に円形文と従文に方形区画文（第114図11・12）が、山陰中部域では主文を入り組み文・従文を一条の沈線文（同図14）、山陰東部域では依然細密条痕が施される（同図13）、という違いがみられる。

　西半地域では津雲A式類似土器（第114図15・16）とともに九州地方の鐘崎式が分布する。西半地域の状況は、喜時雨遺跡（島根・津和野町教委1996）、横樋遺跡（山口県2000）などで鐘崎式がほぼ単純に出土している。ただし、山崎遺跡（島根・益田市教委2015）などでは津雲A式類似土器と鐘崎式の出土数は拮抗しているので、鐘崎式だけが分布するわけではないようである。山崎遺跡の事例は、この時期に九州系の型式が東に拡大しつつある状況を示しているといえよう。

　⑧**後期中葉**（第113図⑧）　中国地方を二分した広域土器型式圏は後期中葉の段階でより鮮明となる。東半では元住吉山Ⅰ式（第114図18）が、西半では石町式（同図17）・太郎迫式（同図19）が分布し、両者が対峙している。元住吉山Ⅰ式は、山陰地方では権現山式、瀬戸内地

方では彦崎 K2 式と呼ばれるが、型式内容に差異はみられないことから同一型式とみなして
よい。

　この現象だけをみると②・④・⑥同様に広域土器型式圏が繰り返し出現したようにみえる
が、この時期の粗製土器では山陰地方中部域で口縁内面を押圧する粗製土器（第 114 図 20　第
113 図⑨）や粗雑な調整痕が明瞭に残ったりするなど、細部・工具原体のレベルで地域的な違
いが認められる。したがって、この時期の広域土器型式圏も⑦と同様、小地域圏を内包した状
態が継続していると考えたい。

　**⑨晩期中葉**（第 113 図⑩）　後期末から晩期初頭については様相がはっきりしないが、晩期
中葉に至って滋賀里Ⅲ a 式・篠原式に類似した資料が増加する。篠原式の段階では山陰地方中
部域で口縁内面に刺突文（第 114 図 21）が、東部瀬戸内地方では頸・胴部の爪形文が特徴的で
ある。東部瀬戸内地方では丹尻式として型式設定され（平井 1996）、山陰地方中部域では原田
式が定着しつつある（岡田・千 2006）。

　中国地方の土器型式圏は、おおむね以上のような変遷をたどる。土器型式は広域土器型式圏
と小土器型式圏が繰り返し形成されるが、中期以前と後期以後ではその内容が違うことを指摘
したい。後期以後の広域土器型式圏は複数の小土器型式圏を内包しており、この状況は晩期ま
でほぼ固定している。小土器型式圏は、遅くとも後期初頭には形成されていたと考えられる。

## 2　遺跡の推移と集団領域の形成

　幡中光輔によって、2014 年までに知られた山陰地方の縄文時代遺跡の総数と、時期別の変遷
が明らかにされた（幡中 2014a）。遺跡数の時期別変遷は、岡山県（平井 1987）、関西地方（瀬口
2003）ではすでに示されており、幡中 2014a により山陰地方と諸地域との比較が可能になった。
遺跡数の推移と分布から、中国地方内部の領域を検討する。

　**遺跡数の推移**（第 115 図）　遺跡数の動向を島根・鳥取（幡中 2014a）・岡山（平井 1987）でみ
ることにする（第 115 図 2・3）。岡山・鳥取では早期中葉に遺跡数が多く、この時期の遺跡は
岡山県では島嶼部と蒜山原周辺に、鳥取県では大山山麓に集中している。前期中葉から中期中
葉にかけては、岡山県・鳥取県・島根県では若干の増減があるが、比較的安定的に推移してい
る。中期末から後期前葉にかけて、いずれの地域でも遺跡は急増するが、以後は減少に転じ、
晩期後葉で再度急増する。

　早期中葉に岡山・鳥取県域で遺跡数が突出しているが、集落が安定して規模を拡大したと考
えるより、この時期は集落の流動性が高いことを示しているように思われる（矢野 2016）。両
地域で遺跡数が突出しているのは、この範囲で移動が繰り返されたために結果的に遺跡数が多
くなったのであろう。また、広島県帝釈峡遺跡群（帝釈峡調査団 1976）でもこの時期に多数の
遺跡が存在することから、山間地域も早期中葉のおもな活動域と考えられる。

　島根・鳥取では、前期前葉に遺跡数のピークがみられる。この時期、鳥取県西部から島根県
東部にかけて西川津式の中核的な分布域であることが遺跡数に反映されていると思われる。瀬
戸内地方では、西川津式の古い段階（西川津 A 式）がほとんど出土せず、恩原遺跡（岡山大学
1996）など、新しい段階（西川津 B 式）になって出土するようになる。この状況は、前期前葉

に山陰地方中部域に集中した遺跡が、前期中葉に瀬戸内地域に拡散したことを示しているように思われる。

中期後葉から後期前葉の遺跡増は、近畿地方の滋賀県域と同じ傾向を示している（第115図1）。矢野は中部高地で中期末に最大化した人口が後期初頭に近畿地方東部に流入した結果と考えている（矢野2004）。これが正しければ、中国地方の遺跡増加もこれに連動している可能性がある。

後期初頭にピークを迎えた遺跡数は、次第に減じて晩期前葉にもっとも少なくなる。この状況は近畿・中国地方にみられる一般的な状況である。矢野が言うように後期初頭に東日本から人口流入があったとすれば、その影響は近畿地方のみならず中国地方にも及んだと考えらえるが、これ以後に遺跡数が減少する現象は、これらの地域では後期初頭に飽和状態に近かったことを示しているのではなかろうか。

後期の遺跡減少は緩やかに進行しており、この間の現象は人口の自然減と推測される。後期末・滋賀里Ⅰ式と晩期初頭・滋賀里Ⅱ式の識別が難しく、編年次第では遺跡数が変動する可能性はあるが、この時期に遺跡形成が低調だったことは変わらないだろう。ただし、晩期前葉の遺跡数は後期

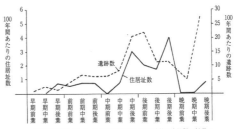

1 滋賀県における100年間あたりの住居址数と遺跡数の推移（矢野2004）

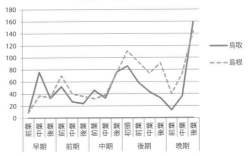

2 鳥取県・島根県の遺跡数の推移（幡中2014）

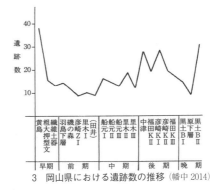

3 岡山県における遺跡数の推移（幡中2014）

第115図　滋賀県・岡山県・鳥取県・島根県の遺跡数の推移

より減少したとはいえ、各県域とも前期中葉から中期中葉の遺跡数とほぼ同じ水準にある。前期中葉〜中期中葉・晩期前葉のあり方が、採集・狩猟経済では無理なく集落の維持が可能な状況を示しているように感じられる。

以上のように、山陰地方で前期前半にみられた遺跡の集中は、前期後葉に瀬戸内地方に拡散して中国地方全体が平準化した。以後中期中葉まで微増傾向にあったが、中期後葉から後期初頭にかけて急増する。これは東方からの人口流入が中国地方にも及んだ結果と考えられる。その後遺跡数は減じるが、中期後葉の増加に対して減じ方は緩やかである。晩期前葉の遺跡数は中期中葉と同じ水準に戻ることから、後期中葉から後葉の動向は人口の自然減による現象で、地域の受容力に適した本来の姿に回帰したと解釈したい。

なお、島根県では後期後葉に遺跡数が増加している。これは西端部で遺跡が増加したのが反映された結果である。島根県西端部では、後期中葉から九州地方の影響が強くなる（柳浦

2015)ことから、この時期に九州方面から人口流入があった可能性が考えられる。

**遺跡の分布**（第116図）　平井1987・山口2008・幡中2014a などで集成された遺跡の分布をみると、遺跡が集中する箇所が各地で見られる。時期によって違いがあるものの、第116図に示した地域に遺跡が集中していることは従前からいわれてきたとおりである。

山陰地方の沿岸部では、島根県東部から鳥取県鳥取市にかけて連綿と遺跡が分布しているが、概略すると松江東部〜米子平野（第116図3）・倉吉平野（同図2）・鳥取平野（同図1）の縁辺に集約されよう。東に隣接する兵庫県の日本海側では、岸田川・矢田川・竹野川など河口部に点在するにとどまり（平田2003）、鳥取市以西の遺跡のまとまりとは隔絶感がある。地形的にも鳥取県東端から兵庫県北部の海岸線は急峻なリアス式海岸で、この間が現在の県境となっているのも頷ける。

瀬戸内地方中部域の沿岸では、岡山県岡山市から広島県福山市にかけて、とくに遺跡が集中している（同図10）。岡山県東部から兵庫県姫路市付近にいたる間と広島県松永湾から広島湾にいたる間は遺跡数が少なく（平井1987・平田2003・山口2008）、瀬戸内地方中部域では旧児島湾沿岸でおもに遺跡が展開したことは明らかである。岡山県備前市と広島県尾道市の付近は丘陵が海岸まで迫っており、これが地形的な境界となっているといえよう。

瀬戸内西部沿岸では、熊毛半島（同図13）・宇部市（同図14）・下関市（同図15）周辺で遺跡が集中している（小南2010）。この地域では、神田遺跡・岩田遺跡・月崎遺跡・田ノ浦遺跡など重要な遺跡が散見されるが、遺跡数は山陰東部や瀬戸内中部に比べると多くない。

山間部に目を転じると、岡山県津山盆地（同図8）などの大きな盆地や、広島県帝釈峡遺跡

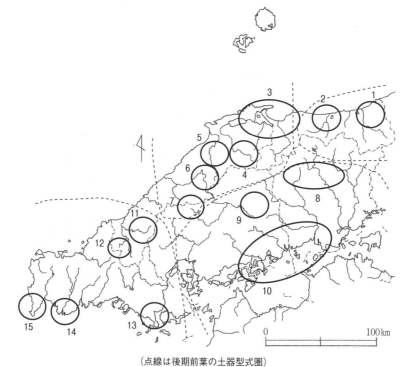

（点線は後期前葉の土器型式圏）
第116図　中国地方の遺跡集中か所

群（同図9）、島根県斐伊川中・上流域（同図4）、同神戸川上流域（同図5）、同江の川上流域（同図6・7）、同高津川上流域（同図11・12）など、中規模以上の河川流域に遺跡のまとまりがみられる。

以上のような遺跡集中地域では、遺跡が複数型式にわたって継続したり、数型式をおいて回帰したりする例が多く認められる。遺跡の集中傾向は、前期以降顕著にみられるようになる。これは人々が地域に定着する過程を示すと考えられ、後期にいたって定着度は高まるという見解（幡中2014a）は首肯できる。幡中が示した後期の地域性は筆者が現在感じる生活圏と似ており、縄文時代後期に小地域性≒領域が成立していたと思われる。

## 3　領域の境界

これまで再三述べたとおり、島根県浜田市付近と広島県西部を結んだ線が近畿系と九州系の土器型式圏の境界となっている。とくに後期段階では両者の境界は明瞭である。遺跡分布でいえば、島根県浜田市周辺は縄文遺跡の分布が少なく、広島県西部もやはり遺跡が疎らな地域である。遺跡の分布状況からは、この線が境界といってふさわしいといえる。この線以西の本州西端域では後期前葉までは九州系・近畿系・在地系の土器が混在する折衷的な様相を示しているが、中葉以降九州系の土器型式が席巻し近畿系・九州系が対峙しているようにみえる。

土器型式圏の境界が領域・文化の境界と同じなのか、という問題はいつも議論になるが、土器型式の異同は当時の人々の親縁性を示していると思われる。接触する機会が多い集団間では土器情報の共有・交換が行われやすく、逆に接触する機会がなければ土器型式を同じくすることはないはずである。集団間の接触により情報の共有が行われ、集団間に親縁性が生まれる。その親縁性の連鎖が型式圏として表れている、と筆者は理解したい。つまり後期中葉でいえば、現在の島根県江の川上流域（第116図6・7付近）に住んだ縄文人は東方に親縁性を感じ、島根県高津川上流域（同図11・12）に住んだ縄文人は西方に同類を求めていた、ということになる。

型式圏≒「領域」という観点から、後期の段階で中国地方東半に3つの小領域を抽出した（第113図⑦）。この小領域は、後期初頭から前葉にもっとも顕著に表れている。これらの範囲は広域土器型式圏よりも頻繁に他の集団と接触する機会が多いと考えられ、日常的な生活範囲に近かったと思われる。この小領域内では気候・風土が同じであり、沿岸部と山間部の違いはあっても仲間意識は共有されていたのではないだろうか。

中国地方で早期中葉から中期にかけてほぼ同じ型式内容であることは、矢野が説くようにこの間が流動性が高い社会であったと考えられる（矢野2016）。流動性が高い社会では、小地域圏は形成されにくいように思われる。一方、後期から晩期にかけては小地域性が維持・継続している。後期以後は広域性、小地域性ともにかなり固定化した様子がうかがえることから、地域社会がこの時期には形成されていたと考えられる。

中国地方を縦断する中国山地は、縄文時代にも小領域間の南北の障壁となっている可能性がある。それに対して東西は河川など自然条件によって領域境界が形成されていないようである。山陰地方では、現在の島根県東部から鳥取県東部にかけての沿岸部に数珠つなぎのように遺跡が連続し、島根県西部や瀬戸内地方西部でみられた遺跡分布の空隙はみられない。山陰地

方中部域と同東部域の間には目立った自然の障壁はなく、両者の交流は他地域より頻繁だったのかもしれない。東部域・中部域の土器に共通した要素が多いのは、交流の頻度を表わしていると考えられる。

中国山地が障壁となっていたものの、山陰地方と瀬戸内地方に交流があったことは、香川県産サヌカイトが後期に山陰地方に広く流通していたことからも明らかである（竹広 2014）。接触頻度の違いはあっても、隣接する小地域間の交流は頻繁に行われていたと考えるべきであろう。周辺集団との連携があったからこそ、地域的に変容しつつも全体としては同質な広域土器型式圏が形成・維持されたと考えられよう。

## 第2節　生業に関する地域的差異

中国地方の生業面で特筆されるのは、鳥取県・大山山麓の落し穴と岡山県・旧児島湾の貝塚である。大山山麓で検出された落し穴数は、西日本各地のみならず東北地方各県を凌いでいる（第 117 図）。また、旧児島湾沿岸の貝塚は、仙台湾・東京湾ほどではないにせよ、九州地方の有明湾と並んで西日本屈指の貝塚密集地帯と呼んでよい。西日本を見渡しても、大山山麓と旧児島湾沿岸は特異な地域といえよう。このほか、漁労関係では島根県東部の石錘出土数が中国地方他地域を大きく凌いでいる。

旧児島湾沿岸の貝塚群は、大きな干満差によって出現する干潟が、貝塚の形成に大きく関わっていたと考えられる。それに対して、山陰地方の貝塚はラグーン縁辺に築かれているが、ラグーンそのものは数千年で埋没する運命にあるので、これにばかりに頼れないという事情が山陰地方にあったと思われる。瀬戸内海での好条件が、食糧資源を貝類に求めたといってよい。

島根県東部の中海沿岸（鳥取県目久美遺跡、陰田第 7 遺跡を含む）および斐伊川・神戸川上流域では、石錘の出土数が特に多い（第 118 図）。石錘自体は、前期以降中国地方の各遺跡で一般的に出土する資料だが、一遺跡で 100 個近く出土する遺跡はこの地域以外では鳥取県栗谷遺跡・山口県岩田遺跡・岡山県阿津走出遺跡に限られる（中四国縄文研究会 2003）。石錘は漁網錘以外の使用方法が疑われているが、石錘の多くはやはり漁網錘として使用された可能性が高い。とすれば、島根県東部の斐伊川・神戸川流域と中海沿岸では、内湾および河川漁労の漁法として網漁が主に行われていたと考えられる。中海沿岸と同じ内湾である旧児島湾でも、網漁を主体としてよさそうに思うが、遠浅で広大な干潟では積極的に網を使わなくてもよかったのかもしれない。

大山山麓は広い裾野を有し、なだらかな地形が落し穴猟に適していた可能性がある。同じ山陰地方でも、島根県では頂部幅の狭い丘陵が八つ手状に伸びる起伏の比較的大きい地形が多く、広い範囲に展開する余地はない。地形と落し穴数は相関していると考えてよいだろう。落し穴猟の地形的な優位さは、岡山県で津山盆地、広島県で三次盆地という、山間地でもなだらかな地形に落し穴が集中していることからもわかる。また、渡邊正巳がいうようにこの地が当時疎林状態であったとしたら（渡邊ほか 2003）、シカやイノシシが集まりやすい環境にあったといえよう（河合ほか 2009））。このように、大山山麓は狩猟に有利な条件がそろっていたと考

第2節 生業に関する地域的差異

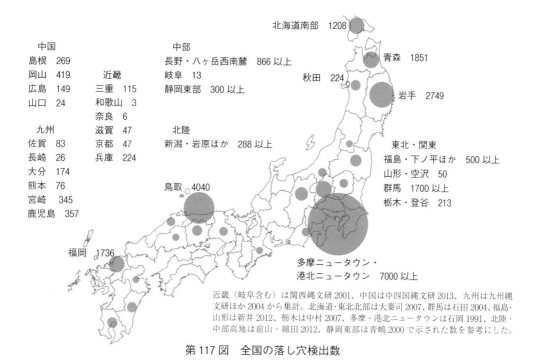

第117図 全国の落し穴検出数

近畿（岐阜含む）は関西縄文研2001、中国は中四国縄文研2013、九州は九州縄文研ほか2004から集計。北海道・東北北部は大秦司2007、群馬は石田2004、福島・山形は新井2012、栃木は中村2007、多摩・港北ニュータウンは石岡1991、北陸・中部高地は前山・綿田2012、静岡東部は青嶋2000で示された数を参考にした。

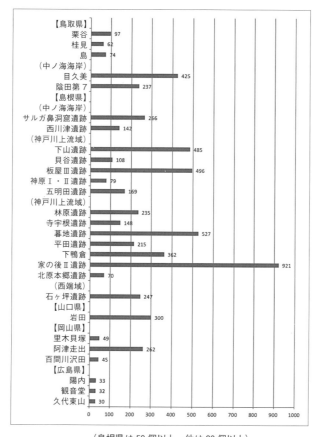

（島根県は50個以上、他は30個以上）

第118図 石鏃多数出土の遺跡

終章　山陰地方の領域形成と縄文文化

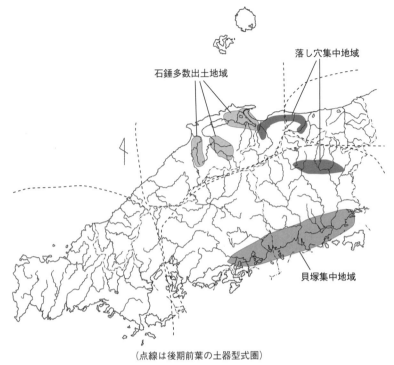

(点線は後期前葉の土器型式圏)
第119図　落し穴・石錘・貝塚集中地域

えることができる。

　落し穴・貝塚・石錘の集中地域を図示すると、第119図のようになる。生業に関しては、自然条件によって獲得資源が異なることは当然であろう。旧児島湾沿岸の貝塚、大山山麓の落し穴、島根県東部の網漁は、地域の自然環境に適した生業形態を表わしていると思われる。大山山麓の落し穴は草創期以降、瀬戸内海の貝塚は早期以降、島根県東部の石錘使用は前期以降に顕著となる。前項で述べたように中期以前に人的な流動性が高かったとしても、それぞれの居住地の環境に応じて資源を獲得したと思われる。前期以降、地域への定着度が高まるにつれて、生業面でも地域的差異が顕著になったのではなかろうか。

　ただし、おもな狩猟対象のシカ・イノシシ、漁労対象のマダイ・クロダイ・スズキ（河川ではコイ・フナ・ナマズ）などは、中国地方全域で捕獲可能な種類（石丸2008）である。捕獲量の違いはあろうが、これらの動物・魚類は実際に各地で捕獲されているにもかかわらず、落し穴・石錘の使用量に著しい地域的偏りがみられるのはなぜなのだろうか。落し穴については上述のように環境によって説明もできようが、石錘については合理的な説明をすることができない。石錘の漁網用以外の使用方法を含めて、検討すべき課題である。

## 第3節　山陰地方と瀬戸内地方の「第二の道具」

　西日本の「第二の道具」を俯瞰すると、石冠・独鈷石・御物石器などのうち造形に凝った石

254

製品は近畿地方に偏在している。これは近畿地方が東日本に隣接した地域であることに起因していると考えられる。それに対し、九州地方では、円盤形石製品・十字型石器・異形石器など、東日本とは異なる石製品が発達する地域である。「第二の道具」で西日本と東日本が共有するのは、土偶・石棒・石冠・独鈷石に限られるが、このうち石冠と独鈷石は広範に出土するものの、出土数はわずかである。東日本で発達した造形美に優れた「第二の道具」は、基本的には西日本では作られなかったと考えてよい。このことは西日本で環状列石や環状木柱列など、巨大モニュメントが造営されなかったことと符合している。

　西日本の「第二の道具」は、中期以前が首飾りや垂飾など装身具を中心としているのに対し、後期以降は土偶など装身具以外の器種が増加する。祭祀・儀礼に関しても後期が転換点となっている可能性が高い。これは、人々の地域への定着度と関わると思われ、人々が祭祀・儀礼に傾斜していく契機となったと考えられる。

　山陰地方を含めた中国地方は、「第二の道具」が質・量ともにあまり発達しなかった地域である。山田康弘は、中国地方で「第二の道具」が発達しなかった理由を、居住の散漫さに求めている（山田康弘2017）。縄文時代における呪術・儀礼の発達について、山田は東日本の縄文時代では人口が密集したストレスの多い状態であり、問題解決のために呪術・儀礼が活用され、「第二の道具」を発達させたと説明する。それに対して中国地方での散在的な集落では東日本のような問題が起こりにくく、過度に呪術・儀礼に「頼る必要がなかった」、という（山田康弘2017）。

　山田のこのような説明は重要と思われる。これにより西日本で「第二の道具」が造形的に優れず、数的にも東日本におよばない事情がうまく理解できる。また、九州地方で「第二の道具」が中国地方より多いのも、遺跡数の違いをもとに説明できよう。

　全体的には装飾性に乏しいとはいえ、瀬戸内地方では動物形土製品や鹿角製腰飾りなど比較的装飾・造形に富んだ資料が出土している。とくに津雲貝塚（京都帝国大学1921）、中津貝塚（中四国縄文研究会2011）の骨角製装飾品や百間川沢田遺跡の刀形骨角器（岡山県教委1997）は、東日本の腰飾りと比べても遜色ない優品である。対して、山陰地方では鹿角分枝を素材とし、穿孔と研磨が施されているにすぎない（本書附編Ⅱ）。山陰地方での腰飾りは、サルガ鼻洞窟遺跡出土品1点（第124図4）のみなので、これが代表例となるかどうか不安ではあるが、現状では山陰地方でより装飾性が乏しい様相がうかがえる。このほか、文様が施された土製品や石棒も瀬戸内地方に多く、「第二の道具」に関しては山陰地方に比べて瀬戸内地方がより装飾性が高いといえる。

　「第二の道具」が山陰地方で装飾性に乏しく、瀬戸内地方では相対的に豊かであるという現象も、同様に人口の密集度の違いであろうか。筆者は包含層を中心とする遺跡と生業活動を示す貝塚とを比較する方法を知らないため積極的に主張することはできないが、貝塚は一定期間継続的に貝殻が廃棄された場所であることを鑑みると、累積にせよ旧児島湾の貝塚集中は山陰地方に比べてある程度人口が密集した状況にあるように思われる。貝塚と包含層を主体とした遺跡とを客観的に比較することができれば、さらに議論を深化させることが可能となる。

　山陰地方で今後注意すべき「第二の道具」として、線刻礫と分類された資料がある（第120図）。これは、長田友也が「後期岩版類」としたものである（長田2007）。大野淳也は全国的な

終章　山陰地方の領域形成と縄文文化

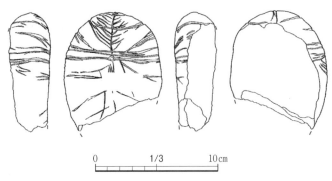

第120図　原田遺跡出土の線刻礫（岩版）

集成のなかで、島根県原田遺跡出土の線刻礫を同類としてとりあげている（大野2007）。このような資料は、島根県古屋敷遺跡（晩期）で類似した資料が多数出土し（島根県教委2017a・b・c）、もはや客体的とはいえない状況にある。古屋敷遺跡出土資料も含めて、これまで線刻礫として紹介された資料は、線刻と磨り消しが繰り返し行われている。この点でも大野が紹介した東北・北陸地方の岩版類と山陰地方中部域の類似品は似ており、また両者ともに白色系の砂岩質で、視覚的にもよく似ているらしい（山田康弘2017）。これらがすべて北陸・東北地方の岩版類と同じ系譜かどうか、島根県東部に飛び地的に流入しているのか、あるいは日本海側に連綿と分布しているのか、九州から伝播した可能性はないのか、など検討課題は多いが、少なくとも山陰地方中部域で類似品が主要な「第二の道具」となっていた可能性がある。大野の分布図では近畿・中国地方は希薄な出土状況で、とくに大阪湾から瀬戸内地方中部域では皆無である。瀬戸内地方にはこのような岩版類が伝わらなかったであろうか。

　線刻と磨り消しが繰り返し行われていることを、小杉康は再生観念が表現されているという（小杉1986）。山田康弘は、別に「再生・循環の円環的死生観」（山田康弘2015）と呼んでいる。類似の資料が大分県釘野千軒遺跡（九州縄文研究会ほか2012）などで出土していることを考慮すると、再生観念は縄文時代の列島各地で通底していた観念だった可能性がある。瀬戸内地方に類似品がないのは、別の形で再生観念が表現されていたのかもしれない。

## 第4節　総　括

　当然のことではあるが、山陰地方の縄文文化は汎列島的に展開した縄文文化に包括される。同じ縄文文化でも列島の東西では様相が大きく違い、列島西半でも、たとえば近畿地方と九州地方、というように、地域的な違いがある。このように縄文文化を分割していくと、どこまで分割できるのだろうか。分割できたとして、その要因および意味は何か。本書では、このような問題意識を持ちつつ稿を進めた。

　当初から、筆者に「山陰地方と瀬戸内地方の縄文文化が同じであるはずがない」という先験があったことは否定しない。同時に、「中国山地が障壁になっていたに違いない」という先験もあった。しかしながら、稿を終えて思うのは、中国山地が縄文時代にどれだけの障壁となり

えたのだろうか、という疑問である。地域差の抽出がもっとも容易な土器でさえ、さほど大きな差異とは言い難く、地形的な違いほどには考古学的資料の違いはないと思われた。生業や信仰資料を含めても、近畿地方から中国地方の東半にかけてはかなり均質な内容といえよう。中国山地を越えるのはそれなりの労苦はあったろうが、現在の人間が思うほどには縄文人の障壁とはなっていなかったと考えるのがよいかもしれない。

それに対して、東西の領域境界には目立った自然の障壁はない。中国地方随一の大河川・江の川が障壁となりうる可能性はあるが、中国山地以上に障壁となったとは思えない。地形・植生・気候がほぼ同じ条件にもかかわらず、後期の時点で江の川のやや西が、近畿・中国地方と九州地方の縄文文化の境界となっているのである。これはもはや、人間側の事情と考えざるをえない。

大きくいえば、中国地方の東半は各時期を通じて近畿地方と同じ文化内容といえる。これは先学の意見と変わりないが、内部に3つの小領域を内包することが確認できる。この小領域が実際の生活圏に近い範囲と考えられる。風土が同じ地域において、接触機会が多い範囲内で領域を共有することは、理解しやすい現象であろう。むしろ、部分的にせよ、生活領域外の集団と広域に情報を共有できる仕組みを、筆者は十分に理解できない。矢野健一は、婚姻により広域土器型式圏を維持する仕組みを説明している（矢野2016）が、今後そのようなことも視野に入れて考察すべきかもしれない。

ただ、生業や「第二の道具」の様相は、土器から分析した小領域と重なる部分が多く、それぞれが無関係に機能していたとは考えられない。本書で取りあげた土器型式圏・生業・「第二の道具」は、それぞれが有機的な関係をもち、地域的な特徴として表現されていると考えられる。山陰地方の大部分は近畿地方の縄文文化に包括されるものの、その内部に地域的な文化領域を形成していたといえよう。この領域形成は縄文時代後期には成立していたと思われるが、中期末までに該地で人々の定着が進んだことによって領域が固定化されていったと考えている。

中国地方の集落研究について、第1章第2節で遺跡動態の分析が有効であることを述べた。実際にこの手法で集落研究は成果を上げてきた（高橋護1965、山口2008、幡中2014a・c）が、この方法では性格が違う遺跡を同等に扱うため、居住実態が明確にできないという弱点があり、集落研究としては限界があるといわざるをえない。そのため人口の密集度などの問題は上述のように感覚的なものにとどまる。生業遺構を居住実態に変換する方法があれば参考にしたいところであるが、筆者は今のところそのような方法論に接していない。

集落・生業・信仰等の各論はそれぞれに重要なテーマであるが、その一方で各テーマを横断するような議論が求められていると思う。各テーマにまたがった議論は中国地方ではあまり行われてこなかったが、個々のテーマを深化させるとともに、それぞれのテーマが同じステージで議論・統合できるような方法論の開発が必要となろう。

# 附編Ⅰ　島根県・小浜洞穴遺跡出土の抜歯人骨と炭素・窒素同位体比分析

　2005年に島根県が寄贈を受けた、故・佐々木謙採集資料に1点、抜歯人骨が混在していた。これは、小浜洞窟遺跡出土品としてまとめられ、「KOHAMA」と注記されていたことから、松江市美保関町森山・小浜洞穴遺跡から出土したと考えられる。これについて、山田康弘氏から意見をいただいた。本稿は、山田氏の見解を柳浦がまとめたものである。

　抜歯人骨は、サルガ鼻洞窟遺跡で抜歯人骨が出土したとされる（山陰中央新報社1978）が、資料の所在は不明で検証することができない。本例は現時点において山陰地方で唯一検証可能な抜歯人骨である。これについてはすでに紹介している（柳浦2014c）が、当地の縄文時代を知るうえで重要な資料と考えられることから再度紹介する。

　この人骨（第121図1・2）は、下顎骨左半、ほぼ2分の1が残存しているが、間接部端部が若干欠損している。また、第2小臼歯と第3大臼歯は完全に脱落し、歯槽が現れている。18歳以上の男性人骨であるが、咬耗が進んでいないので20歳代前半と考えられる。

　抜歯対象は、切歯・犬歯・第1臼歯で、4I2C+P1型の抜歯形態である。第1臼歯（P1）は、時間をおいて抜歯されたようである。このような抜歯形態は、岡山県に多く見られるという。

　このほか、上顎右大臼歯が抜歯人骨と同じ箱に入れられて保管されていた（第121図3・4）。M1・M2と歯板の一部が残存している。P2とM3は脱落し、歯槽が現れている。これも18歳以上と考えられるが、上記の下顎骨とは歯の咬耗度が違うことから、別個体の可能性があるという。

## 1　炭素・窒素同位体比分析

　抜歯がみられる下顎骨は、米田穣氏によって放射性炭素年代測定と炭素・窒素同位体比分析が行われている（米田ほか2014）。測定年代は、IntCal13では2959-2850calBP年（95.4％）、Marine13では2675-2443 calBP年（95.4％）の年代が得られた。これらの年代は、縄文時代晩期中葉または終末に相当し、この抜歯人骨が縄文時代に属する可能性は高いと思われる。山陰地方でも瀬戸内地方と同様な風習が存在したことを示す好例となろう。なお、小浜洞穴遺跡では縄文時代中期末から弥生時代中期の土器が出土しており、縄文後期中葉、晩期中葉にピークがある（柳浦2012a）。

　炭素・窒素同位体比分析では、海産物の摂取が多いと推定された（第122図）。人骨の年齢が20歳代前半の若年と推定されるので、山間部で育った人物が沿岸部に移動したとすれば、第122図の下位にプロットされるはずである。よって、この抜歯人骨は、沿岸部で育った人物だった可能性が高いと思われる。

　なお、米田氏らによって西川津遺跡出土土器（早期末～前期前葉）に付着した炭化物について炭素・窒素同位体比分析が行われている（米田ほか2014）。その結果を第123図に示す。いずれの試料も図の左側に分布しており、淡水魚や陸生植物が主たる食糧だった可能性が高い。

附編I　島根県・小浜洞穴遺跡出土の抜歯人骨と炭素・窒素同位体比分析

この分析結果は、西川津遺跡が当時の宍道湖の縁辺に接していたという遺跡立地とよく整合している。

## 2　小　結

小浜洞穴遺跡出土の抜歯人骨は、冒頭で述べたとおり、現在では山陰地方で検証可能な唯一の資料である。1点だけのため、親族関係などの分析を行うことはできないが、今後新たな資料が出土した場合には重要な比較資料となるはずである。これにより、全国にみられる抜歯風習が山陰地方でも縄文時代に存在していたことが明らかになった、という点を重視したい。

炭素・窒素同位体分析からは、小浜洞穴遺跡出土抜歯人骨が沿岸部を中心に生活していたことをうかがわせる。縄文時代後晩期の定着・定住を想定している筆者には都合よい結果である。しかし、沿岸部と山間部を定期的もしくは頻繁に移動を繰り返した人骨の炭素・窒素同位体比の領域は第122図のどこの位置にあるのか、という疑問が残る。もし、中間の位置にプロットされる例が複数存在するなら、海岸部と山間部の頻繁な移動と考えてよいのか、という基本的な問題についても、筆者は知識を持ちえない。すでに論じられていることかもしれないが、筆者の疑問解決のために今後も米田の分析成果を注視したい。

西川津遺跡出土の土器付着炭化物の炭素・窒素同位体比は、前述のとおり遺跡立地とよく整合している。しかし、同時に出土した魚骨はスズキ・クロダイ・フグなど、汽水域でも塩分濃度が高い魚種ばかり（井上貴央1987）で、コイ・フナ・ナマズなどの淡水魚は報告されていない。スズキやクロダイなどが淡水魚領域に含まれるのかどうか検討する必要があるが、炭素・窒素同位体分析のとおり淡水魚を多く利用していたとするなら、遺存体にも現れてよいはずである。スズキはかなり淡水域まで生息するので、これが炭素・窒素同位体比に反映されたということであろうか。コイ・フナ・ナマズなどの淡水性魚骨が同定から漏れている可能性もあるので、動物考古学の面からも再検証が必要であろう。

第20表　炭素・窒素同位体比分析資料のリスト

| 資料名（注記等） | 資料ID | 種　別 | 備　考 |
|---|---|---|---|
| 西川津 101125 | S-51 | 土器付着炭化物 | 縄文前期・西川津式 |
| 西川津 101208 | S-52 | 土器付着炭化物 | 縄文前期 |
| 西川津 101214a | S-53 | 土器付着炭化物 | 縄文前期・西川津式 |
| 西川津 10120 ? | S-54 | 土器付着炭化物 | 縄文前期 |
| 西川津 101214b | S-55 | 土器付着炭化物 | 縄文前期 |
| 西川津 101005 | S-56 | 土器付着炭化物 | 縄文前期 |
| 西川津実測番号 48（120924） | S-57 | 土器付着炭化物 | 縄文早期末・西川津式 |
| 小浜洞穴人骨 | S-58 | 人骨 | 抜歯人骨・縄文晩期 |

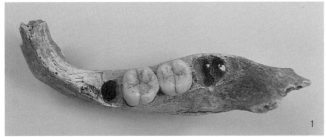

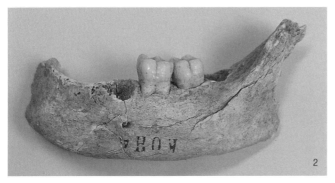
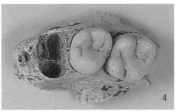

1 抜歯人骨（左下顎 上面）
2 同（側面）
3 右上顎大臼歯（M1・M2）
4 同下面

第121図 小浜洞穴遺跡出土の人骨

第21表 小浜洞穴遺跡出土抜歯人骨計測表（単位cm）

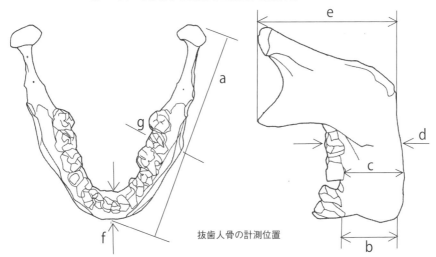

抜歯人骨の計測位置

| 下顎骨 | a（側面長） | b（I1付近の歯板高） | c（P1付近の歯板高） | d（M2付近の高さ） | e（後位高） | f（I1付近の歯板厚） | g（M2付近の歯板厚） |
|---|---|---|---|---|---|---|---|
| | 9.06 | 2.3 | 2.56 | 3.25 | 3.97 | 0.97 | 1.97 |

| 下顎骨の歯 | M1 | M2 |
|---|---|---|
| | 1.3 × 1.4 | 1.01 × 1.01 |

| 上顎 | 残存長 | 残存幅 | M1 | M2 |
|---|---|---|---|---|
| | 3.92 | 2.51 | 1.15 × 1.03 | 1.15 × 1.11 |

歯の計測は、前の数字が歯板長軸方向、後の数字がそれに直交する方向の計測値

附編Ⅰ　島根県・小浜洞穴遺跡出土の抜歯人骨と炭素・窒素同位体比分析

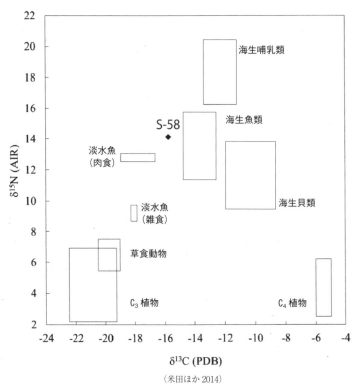

（米田ほか 2014）

第 122 図　小浜洞穴遺跡出土抜歯人骨（S-58）コラーゲンと食料資源（濃縮補正）の炭素・窒素同位体比比較

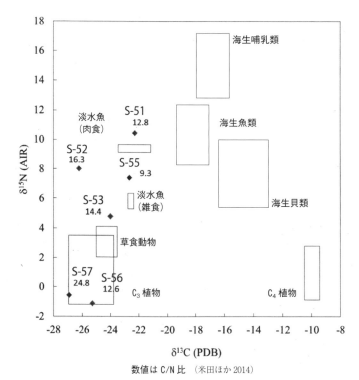

数値は C/N 比　（米田ほか 2014）

第 123 図　西川津遺跡土器付着炭化物（S-51〜57）の炭素・窒素同位体比

# 附編Ⅱ　山陰地方出土の骨角製装飾

　サルガ鼻洞窟遺跡は島根県松江市美保関町森山に所在する。1937年に小林行雄・佐々木謙によって報告（小林・佐々木1937）され、佐々木はその後も発掘を続けた。佐々木の調査成果は、島根県古代文化センターほか2005・2009に報告されたが、この時点では骨角器のほとんどが所在不明であった。その後改めて点検したところ、佐々木が実測した資料（島根県古代文化センターほか2009の第29図）のほとんどが発見された。この中には、山陰地方で唯一となる腰飾りが含まれている。

　西川津遺跡海崎地区は松江市西川津町海崎に所在し、1983～1985年にわたって島根県教育委員会によって発掘調査が実施され、縄文時代に関係する資料は1987年と1985年に調査報告書が刊行されている（島根県教委1987b・1989）。弥生時代の層の下位からは縄文時代前期・後期・晩期の遺物が出土している。縄文時代の土器とともに豊富な動物遺存体が出土しており、これらは島根県教委1987bで報告されている。近年に至り、掲載されなかった資料の中にイノシシ犬歯製の骨角器が存在することが判明した。

　山陰地方において骨角器資料は希少であることから、関連資料も含めて、ここで紹介しておく。第124図に示したイノシシ犬歯製装飾品各図の配置は、自然面が残る面（外面）を上に置き、分割した面（内面）を下に置いた。上面および下面の図は、上面を上に、下面を下に配置した。第125図は、出典のとおりの配置である。

## 1　西川津遺跡海崎地区出土資料（第124図1・2）

　イノシシ犬歯製の磨製品である。湾曲が強く手の甲にちょうど収まることから腕飾と考えたが、孔がみられないため別器種の可能性もある。ともに「西川津遺跡　C-1区　縄文層　青灰色砂礫層851105」のラベルが入った袋に入れられていた。調査時の土層図原図を確認したところ、注記にある「青灰色砂礫層」は報告書Ⅴ第2図（島根県教委1989）の「7層（縄文後期層）」の一部と考えられる。これらは、原材料を長軸方向に半截した後、さらに短くした素材を利用して作られている。縁辺にも研磨痕が認められることから、成品と考えた。両者とも先端（遠位）近くの部位と判断したが不確実である。

　第124図1は、歯根側が欠損している。全長9.1cm、最大幅2cm、厚さ0.4～0.9cmを測る。先端（遠位）では上下面ともに原材料の素材面が残っているものの、上下面の大部分は分割面端部と考えられ全体としては原材料原形を保っていない部分が多いと思われる。内面と下面には研磨痕が明瞭に残されているが、内面の研磨は粗く、分割の際に生じた稜を消し去るに至っていない。なお、上下面と内面との境界は分割によって生じた稜線が丸くなるよう仕上げられている。外面は光沢があるものの研磨は行われていない。

　第124図2は両端が欠損するが、外面側でみた場合右端上部の縁辺が研磨されて下向していることから、ほぼ完形と思われた。現状で全長7.3cm、左端幅1.3cm、最大幅2.4cm、厚さ0.3

附編Ⅱ　山陰地方出土の骨角製装飾

～0.4cmを測る。上面・下面には素材面が観察され、上下については原材料の形状が大きく改変されることがなかったと思われる。外面は素材面をそのまま残し研磨痕がみられないが、内面には粗い研磨痕が全面に観察できる。内面の研磨は不徹底で、分割した際に生じた破面が部分的に残っている。上面・下面にも研磨が施され、端部は分割によって生じた稜線が研磨され丸く仕上げられている。外面には光沢がある。

### 2　サルガ鼻洞窟遺跡出土資料（第124図3～5）

イノシシ犬歯分割素材（腕飾素材か）、鹿角製垂飾（腰飾りの可能性あり）、サメ牙製垂飾が島根県古代文化センター2009以後に確認された。

第124図3はイノシシ犬歯を原材料として半截したもので、同図1・2のような装飾品素材の可能性が考えられる。全長12.3cm、最大幅2.1cm、厚さ0.4～1cmを測る。全面に光沢が著しいが、これは佐々木謙が何かの用剤を塗布したものと思われる。佐々木による「崎Ⅰ後」の注記があり、「第1洞窟後期層出土」の意と思われる。外面は素材面が、内面は分割面がそのまま残り、研磨等の加工は観察できない。外面は凹凸が顕著である。分割面先端（遠位）付近が打点と思われ（▼印）、歯根に近い部分ではわずかに破断螺旋がみられる。分割面打点近くには下位から小さな剥離が2か所みられる。これは分割時に生じた余分を除去した痕跡と考えられる。

第124図4は、鹿角製垂飾（腰飾り？）である。佐々木謙による『出雲崎ヶ鼻洞窟　記録』昭和27年5月3日Aに「骨製腰飾り？が表層から出土した」（小林・佐々木1937の第5層に相当）との内容の記述があり（島根県古代文化センターほか2005）、2がこの記述の資料とすれば後期包含層から出土したことになる。全体に上部が幅広、下位が先細となる円錐形を呈し、全体形が直線に近くなるほど加工されている。全長9.4cm、最大幅1.7cm、同厚さ2cm、頂部の幅0.8cm、同厚さ0.5cm、下端幅0.9cm、同厚さ1cmを測る。最大径は中央のやや上位に位置する。最大径より上位は平坦に加工されるが、その他の部分では断面形は円形である。頂部には径0.6mmの円孔が穿たれ、最頂部は平面形方形を呈す。下部は欠損し、円孔付近の平坦面、最大径以下ともにていねいに調整され、研磨痕が観察される。最大径以下の側面には素材面がわずかに観察されることから、最大径以下は素材の形状が大きく改変されていないと思われるが、原材料は鹿角枝部と判断されるにとどまる。

第124図5は、サメ歯製の垂飾である。歯根部の一部が欠損しているが、ほぼ完形である。全長1.2cm、最大幅1.1cm、最大厚0.5cmを測る。歯根部に2か所径1mm強の円孔が穿たれ、右面の歯根部中央には垂下する沈線文が施されている。歯根端部や歯冠境界は研磨によって丸みを帯び、右面歯根部には縦位に研磨痕が観察できる。歯冠部は光沢があるが、研磨痕などは確認できない。

金子浩昌はこれをアオザメと同定し、所属時期を後期としている（金子1963　金子・忍坂1986）。佐々木謙の『出雲崎ヶ鼻洞窟　記録』にはこの資料についての記述がなく、これを整理しようとしたと思われる『崎ヶ鼻洞窟』に略図が掲載されているだけで、時期・層位に関する情報は皆無である。金子は、金子1963の資料調査時に佐々木から時期情報を聞き取りしたと思われる。

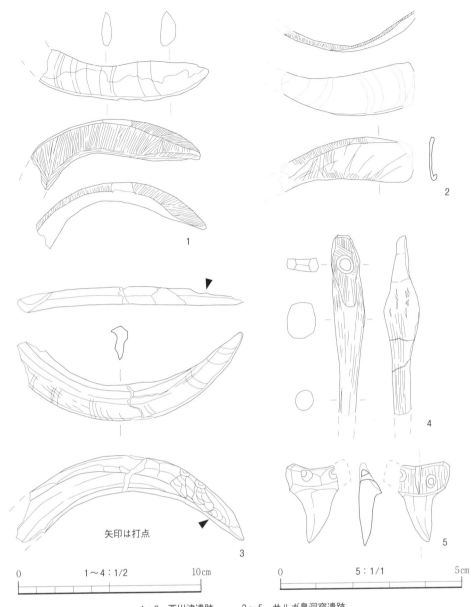

第 124 図　西川津遺跡、サルガ鼻洞窟遺跡出土骨角製装飾

## 3　山陰地方出土の骨角製装飾品（第 125 図）

　山陰地方で出土した貝輪以外の骨角製装飾品を第 125 図に集めた。
　第 125 図 1〜4 は島根県松江市・小浜洞穴遺跡出土で、腕飾と考えられる（柳浦 2012a）。同図 1 はベンケイガイ製で、端部に円孔が穿たれ全面ていねいに研磨されている。同図 2 はフネガイ科の貝が利用されている。縁辺が加工研磨され、外面には放射肋を残している。同図 3・4 はイノシシ犬歯が利用され、原材料を半截後に同図 3 は両面に、同図 4 は内面に研磨が施されている。同図 1・4 の一端に孔が穿たれているが、ほかに孔は穿たれていない。形状から腕

附編Ⅱ　山陰地方出土の骨角製装飾

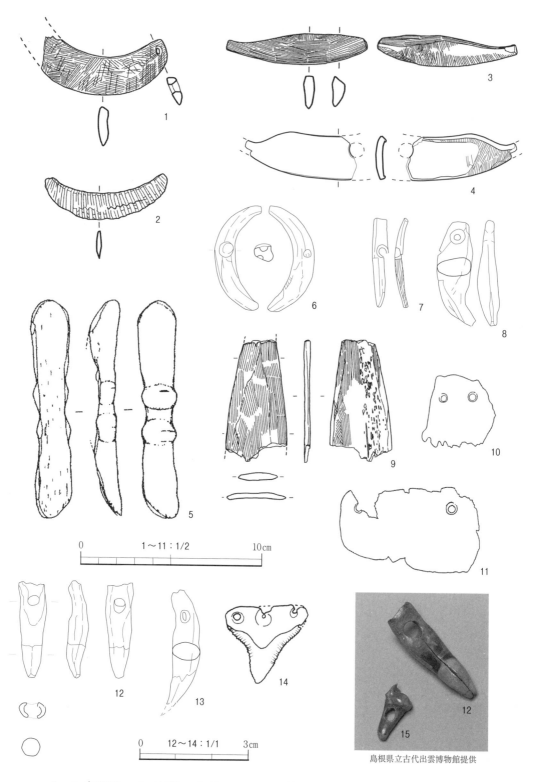

1〜4　小浜洞穴　　5　目久美　　6・7・11・13　サルガ鼻洞窟　　8〜10・12　佐太講武　　14　栗谷

第125図　山陰地方の骨角製装飾

飾と考えた。第124図1・2もこれと同種と思われる。後晩期の可能性が高い。島根県教育庁
埋蔵文化財調査センター保管。

第125図5は鳥取県米子市目久美遺跡出土で、中央に長軸に直交して2条の隆帯が陽刻され
た管状垂飾である。図示したもののほかに1点、同様な垂飾が出土している。井上貴央の同定
では「鹿角？」としている。厚さは2mm未満と非常に薄く作られており、シカ中足骨・中手骨
でも製作は可能と思われるが、素材面が残っていないので同定は難しい。前期層からの出土で
ある。米子市教育委員会保管（鳥取・米子市教委1986）。

第125図6・7・11・13は島根県松江市・サルガ鼻洞窟遺跡出土（小林行雄・佐々木謙1937）
とされるが、いずれも資料の所在は不明である。同図6はイノシシ犬歯製の垂飾未製品であ
る。整った三日月形をしており、中央には両面から孔が穿たれているが、未貫通のまま製作を
終えている。断面形を見る限りでは、原材料は分割されていないようにみえ、原形に近い形状
が保たれているのかもしれない。平面形状が整っていることから、加工は主に歯根部が整形さ
れたと推察される。後期包含層出土という。

第125図7は、イノシシ切歯製と思われる垂飾である。歯根部に近い部位に孔が開けられて
いるが、孔の一部は上面縁辺まで達しており、孔自体の平面形は半円形を呈している。上面に
は研磨痕が表現されているので、上部（平面形右側）は本来の形状に近いかもしれないが、図
でみる限りは一部が欠損しているようにみえる。後期包含層出土と思われる。

第125図13は哺乳鋼犬歯製の垂飾で、歯根部に孔が穿たれている。佐々木は「狼？」と記
述している（佐々木謙1954）が、直良信夫や金子浩昌の報告には記載がないことから、動物考
古学の専門家による同定ではないようである。大きさからみるとイヌの可能性がある。後期包
含層出土と思われる。

第125図8～10・12・15は島根県松江市・佐太講武貝塚出土である（島根・鹿島町教委1994）。
同図8・10以外の同定は内山純三によるもので、前期後葉～末の貝層から出土している。同
図8はツキノワグマ犬歯製の垂飾で、歯根部に穿孔がみられる。同定者は不明だが、金子ほか
1986の44ページ表のツキノワグマ項に1点と記載があるのはこれと考えてよく、金子浩昌が
これを調査した可能性がある。

第125図12はイルカ歯牙製の垂飾である。歯根部は折られたと思われ、その後に孔が穿た
れているようにみえる。鹿島町教委1994では「コブダイ」とされているが、誤記載であろう。

第125図9は、鹿角を板状に加工したものである。垂飾と考えたが、両端が欠損しているた
め器種が特定できない。両面ともに比較的ていねいな研磨が施され、外面の素材面は残ってい
ない。

第125図14は鳥取県鳥取市栗谷遺跡出土で、サメ歯牙製の垂飾である（鳥取・福部村教委
1989b）。第124図5と形状がよく似るが、歯根部中央に円孔をもう一つ加えており、垂下する
沈線文は施されていない。これは、井上貴生によりメジロザメの歯牙と同定され（鳥取・福部
村教委1989b）、後期に属するとされる。

第125図10・11は、ヒトの頭骨片を利用した垂飾である。小片保が同定したとされる。同
図10は佐太講武貝塚、同図11はサルガ鼻洞窟遺跡出土で、ともに2個の孔が穿たれている。
1986年時点では、ヒトの頭骨製垂飾は全国でこの2点のみという（金子・忍坂1986）。10は

267

附編Ⅱ　山陰地方出土の骨角製装飾

### 第 22 表　山陰地方出土骨角製装飾品一覧

| 遺跡名 | 挿図番号 | 器種 | 原材料 | 時期 | 全長 | 最大幅 | 厚さ | 備考 | 図出典 |
|---|---|---|---|---|---|---|---|---|---|
| 西川津 | 第 121 図 1 | 腕飾 | イノシシ犬歯 | 後期？ | 9.2 | 2.1 | 0.4 | 内面研磨 | 筆者実測 |
| 西川津 | 第 121 図 2 | 腕飾 | イノシシ犬歯 | 後期？ | 7.3 | 2.4 | 0.3 | 内面研磨 | 筆者実測 |
| サルガ鼻洞窟 | 第 121 図 3 | 骨角器素材 | イノシシ犬歯 | 後期？ | 12.3 | 2.1 | 1 | 半截 | 筆者実測 |
| サルガ鼻洞窟 | 第 121 図 4 | 垂飾（腰飾り？） | 鹿角 | 後期？ | 9.4 | 1.9 | 0.8〜1.7 | 頂部板状 | 筆者実測 |
| サルガ鼻洞窟 | 第 121 図 5 | 垂飾 | アオザメ歯 | 後期？ | 1.1 | 1.5 | 0.5 | 垂下沈線 | 筆者実測 |
| 小浜洞穴 | 第 122 図 1 | 腕飾 | ベンケイガイ | 後晩期？ | 7.3 | 2.1 | 0.6 | 両面研磨 | 柳浦 2012a |
| 小浜洞穴 | 第 122 図 2 | 腕飾 | フネガイ科 | 後晩期？ | 6.7 | 1.4 | 0.3 | 縁辺加工 | 柳浦 2012a |
| 小浜洞穴 | 第 122 図 3 | 腕飾 | イノシシ犬歯 | 後晩期？ | 7.6 | 1.6 | 0.6 | 両面研磨 | 柳浦 2012a |
| 小浜洞穴 | 第 122 図 4 | 腕飾 | イノシシ犬歯 | 後晩期？ | 5.4 | 2.3 | 0.3 | 一端に孔 | 柳浦 2012a |
| 目久美 | 第 122 図 5 | 管状垂飾 | 鹿角？ | 前期 | 11.7 | 2.1 | 1.5 | 非常に薄い | 鳥取・米子市教委 1986 |
| サルガ鼻洞窟 | 第 122 図 6 | 垂飾未製品 | イノシシ犬歯 | 後期 | 5.5 | 1.1 | 0.9 | 両面穿孔（未貫通） | 小林・佐々木 1937 |
| サルガ鼻洞窟 | 第 122 図 7 | 垂飾 | イノシシ切歯？ | 後期 | 4.8 | 0.9 | 0.4 | | 小林・佐々木 1937 |
| 佐太講武貝塚 | 第 122 図 8 | 垂飾 | ツキノワグマ犬歯 | 前期？ | 5.3 | 1.8 | 1 | | 島根・講武村誌刊行会 1955 |
| 佐太講武貝塚 | 第 122 図 9 | 垂飾？ | 鹿角 | 前期 | 6.2 | 3.4 | 0.4 | | 島根・鹿島町教委 1994 |
| 佐太講武貝塚 | 第 122 図 10 | 垂飾 | ヒト頭骨 | 前期？ | 4.1 | 3.8 | ？ | 孔 2 か所 | 金子・忍坂 1986 |
| サルガ鼻洞窟 | 第 122 図 11 | 垂飾 | ヒト頭骨 | 後期？ | 7.6 | 4.6 | ？ | 孔 2 か所 | 金子・忍坂 1986 |
| 佐太講武貝塚 | 第 122 図 12 | 垂飾 | イルカ？歯 | 前期 | 2.6 | 0.8 | 0.5 | | 島根・鹿島町教委 1994 |
| サルガ鼻洞窟 | 第 122 図 13 | 垂飾 | イヌ？犬歯 | 後期？ | 3.1 | 0.8 | 0.4 | | 佐々木謙 1954 |
| 栗谷 | 第 122 図 14 | 垂飾 | メジロザメ歯 | 後期 | 2.1 | 2.3 | ？ | | 鳥取・福部村教委 1989b |

前期、11 は後期の可能性がある。

　このほか図示できなかったが、佐太講武貝塚（島根・鹿島町教委 1994）でサル臼歯製垂飾（左M2　第 125 図 15）、イノシシ肩甲骨製垂飾、イノシシ犬歯半截品が出土している[1]。いずれも前期後葉〜末と思われる。サル臼歯製垂飾は、半截された素材の歯根部に孔が穿たれている。イノシシ肩甲骨製垂飾は、関節付近を削除し整形したもので、関節に近い部位に孔が穿たれている。イノシシ犬歯半截品は、第 124 図 3 とよく似ており、これを骨角器素材にしようとした意図がうかがえる。

［註］
(1)　イノシシ肩甲骨製垂飾、同犬歯半截品は、島根・鹿島町教委 1994 の写真図版 5・7 に、サル臼歯製垂飾は島根県古代出雲歴史博物館 2013 の 67-4 に写真が掲載されている。

［参考文献］

本書で参考にした文献について、最初に論文・書籍・集成資料を
編著者の五十音順に、次に発掘調査報告書等を県別にまとめた。

## 【論文・書籍・集成資料】

### 【あ行】

青嶋邦夫　2002「縄文時代における陥し穴について～愛鷹山麓・箱根山西麓の遺跡から～」『研究紀
　　　要　第9号』静岡県埋蔵文化財調査研究所

赤澤　威　1969「縄文貝塚産魚類の体長組成並びに先史漁撈学的意味－縄文貝塚民の漁撈活動の復元
　　　に関する一試論―」『人類学雑誌　第77巻第4号』日本人類学会

秋山高志・前村松夫　1991「漁村に生きる人々」『図録　山漁村生活史事典　普及版』柏書房

麻生　優　1984『泉福寺洞穴の発掘記録』長崎県佐世保市教育委員会

麻生　優　1985「層位論」『岩波講座　日本考古学1　研究の方法』岩波書店

足立克己　1987「山陰地方における縄文後期前―中葉土器について」『東アジアの考古と歴史　中　岡
　　　崎敬先生退官記念論集』同朋社

阿部　永監修　2008『日本の哺乳類　改訂2版』東海大学出版会

天羽利夫　1965「亀ヶ岡文化における土版・岩版の研究」『史学　第37巻第4号』三田史学会

天野　武　1985「積雪地帯の野ウサギ威嚇猟」『日本歴史民俗文化体系13　技術と民俗（上）』小学館

網谷克彦　1981「鳥浜貝塚出土縄文時代前期土器の研究(1)」『鳥浜貝塚―縄文前期を主とする低湿地
　　　遺跡の調査2』福井県教育委員会

網谷克彦　1982「北白川下層式土器」『縄文文化の研究3　縄文土器Ⅰ』雄山閣出版

網谷克彦　1989「北白川下層式土器様式」『縄文土器大観1』小学館

網谷克彦　2003「山陰地方中央部における北白川下層系土器の編年学的研究」『立命館大学考古学論集
　　　Ⅲ-1　家根祥多さん追悼論集』立命館大学考古論集刊行会

網谷克彦　2004「帝釈峡遺跡群に磯ノ森式は存在するか―帝釈峡遺跡群における北白川下層式系土器
　　　の再検討―」『帝釈峡遺跡群発掘調査室年報ⅩⅦ』広島大学大学院文学研究科帝釈峡遺跡群発
　　　掘調査室

新井達哉　2012「東北南部の縄文集落の生活と生業」『縄文集落の多様性Ⅲ　生活・生業』雄山閣

荒巻　実・設楽博己　1985「有髯土偶小考」『考古学雑誌　第71巻第1号』日本考古学会

安楽　勉　1996「長崎県下の堅果類貯蔵施設」『考古学ジャーナル405』

安楽　勉　1985「西海・五島列島をめぐる漁労活動」『季刊考古学　第11号』

井川史子　1985「狩猟史へのアプローチ」『歴史公論　第11巻5号　狩猟民の世界』雄山閣出版

池上啓介　1933「土版岩版の研究―特に土版岩版の形式及び分布状態に就いて」『上代文化　第10号』
　　　國学院大学上代文化研究会

池葉須藤樹　1971『岡山県児島郡灘崎町彦崎貝塚調査報告』私家版

石岡憲雄　1991「「Tピット」」について（試論）『埼玉考古学論集　設立10周年記念論文集』財団法
　　　人埼玉県埋蔵文化財調査事業団

石田　真　2004「群馬県北西部における陥し穴の構築時期をめぐって―長野原町の事例を中心として
　　　―」『研究紀要22』財団法人群馬県埋蔵文化財調査事業団

石野博信　1979『縄文時代の兵庫』兵庫考古研究会

石丸恵理子　2004「帝釈峡弘法滝洞窟遺跡G-3区出土の動物遺存体」『帝釈峡遺跡群発掘調査室年報ⅩⅦ』

広島大学文学部帝釈峡遺跡群発掘調査室

石丸恵理子　2006「上帝釈地域における動物遺体の様相」『帝釈峡遺跡群発掘調査室年報XX』

石丸恵理子　2008「動物遺存体からみた縄文集落」『考古学研究会第12回シンポジウム資料』

泉　拓良　1979「西日本の縄文土器」『世界陶磁全集1』小学館

泉　拓良　1980「北白川上層式土器の細分」『京都大学構内遺跡調査研究年報昭和54年度』京都大学
　　　　埋蔵文化財研究センター

泉　拓良　1982「西日本縄文土器再考―近畿地方縄文中期後半を中心に―」『考古学論考　小林行雄博
　　　　士古希記念論文集』平凡社

泉　拓良　1984「近畿地方の土器」『縄文文化の研究4　縄文土器II』雄山閣出版

泉　拓良　1985a「縄文集落の地域的特質―近畿地方の事例研究―」『講座考古地理学　第4巻　村落
　　　　と開発』学生社

泉　拓良　1985b「縄文人のマツリとその終焉」『図説　発掘が語る日本史　第4巻　近畿編』新人物
　　　　往来社

泉　拓良　1985c「北白川追分町出土遺跡の縄文土器　中期末縄文土器の分析」『京都大学埋蔵文化財
　　　　調査報告III―北白川追分町縄文遺跡の調査―』京都大学埋蔵文化財研究センター

泉　拓良　1988a「船元・里木式土器様式」『縄文土器大観3　中期II』小学館

泉　拓良　1988b「咲畑・醍醐式土器様式」『縄文土器大観3　中期II』小学館

泉　拓良　1989a「縁帯文土器様式」『縄文土器大観4』小学館

泉　拓良　1989b『福田貝塚資料　山内清男考古資料2』奈良国立文化財研究所

泉　拓良　1990「関西地方中期最終末の土器群」『調査研究集録第7冊　称名寺式土器に関する交流研
　　　　究会の記録』横浜市埋蔵文化財センター

泉　拓良　1994「大歳山式土器」『日本土器事典』雄山閣出版

泉　拓良・玉田芳英　1987「文様帯系統論―縁帯文土器―」『季刊考古学　第17号』

磯前順一・後藤信祐　2014「縄文の儀礼」『講座　日本の考古学4　縄文時代　下』青木書店

磯前順一・斎藤和子　1999「遺物研究　岩版・土版」『縄文時代第10号　第4分冊』縄文時代文化研
　　　　究会

伊藤正人　2010「土偶」『縄文時代の精神文化』関西縄文文化研究会

稲田孝司　1983「西日本の縄文時代落し穴猟」『論苑　考古学』天山舎

稲田陽介　2005a「山陰地方における縄文時代前期の石器製作技術構造」『島根考古学会誌　第22集』
　　　　島根考古学会

稲田陽介　2005b「山陰地方における打製石斧の基礎的研究」『縄文時代晩期の山陰地方』中四国縄文
　　　　研究会

稲田陽介　2006「山陰地方における縄文時代早期の石器製作技術構造」『島根考古学会誌　第23集』
　　　　島根考古学会

稲田陽介　2007a「林原遺跡から見た山陰縄文後期集落の一様相」『林原遺跡　尾原ダム建設に伴う埋
　　　　蔵文化財発掘調査報告書11』島根県教育委員会

稲田陽介　2007b「山陰地方における縄文時代後期の石器製作技術構造」『島根考古学会誌　第24集』
　　　　島根考古学会

稲田陽介　2008「山陰地方における石棒の基礎的研究」『島根考古学会誌　第25集』

稲田陽介　2011「2010年の島根県における考古学の動向　縄文時代」『島根考古学会誌　第27集』島
　　　　根考古学会

稲野彰子　1983「岩版」『縄文文化の研究9　縄文人の精神文化』

稲葉明彦・河瀬正利　1979「帝釈馬渡岩陰出土の貝製品」『帝釈峡遺跡群調査室年報II』

参考文献

今村啓爾　1977「称名寺式土器の研究」『考古学雑誌』第63巻1・2号

今村啓爾　1983「陥穴」『縄文文化の研究2』雄山閣出版

今村啓爾　1988「土坑性格論」『論争・学説　日本の考古学　第2巻　先土器・縄文時代』雄山閣出版

今村啓爾　1989「群集貯蔵穴と打製石斧」『考古学と民族誌　渡辺仁教授古希記念論文集』六興出版

今村啓爾　2013「縄文時代研究史」『講座　日本の考古学3　縄文時代（上）』青木書店

井上貴央　1986「目久美遺跡より検出された動物遺存体」『目久美遺跡』鳥取県米子市教育委員会

井上智博　1991「西日本における縄文前期初頭の土器様相―中国地方を中心として―」『考古学研究150号』考古学研究会

井上智博　1994「月崎下層式土器」『縄文時代研究事典』東京堂出版

井上智博　1996「山陰・西川津式土器の土器型式構造と恩原2遺跡土器群のしめる位置」『恩原2遺跡』岡山大学考古学研究室

井上繭子　1993「西日本の土偶―主にその分類と系統について―」『古文化談叢　第29集』九州古文化研究会

植田文雄　1990「今安楽寺遺跡縄文後期土器の検討」『今安楽寺遺跡』能登川町埋蔵文化財調査報告書第17集

植木　弘　1999「遺物研究　土偶（機能論・用途論）」『縄文時代第10号　第4分冊』縄文時代文化研究会

植木　弘・植木智子　1988「土偶の誕生と終焉」『古代史復元3　縄文人の道具』講談社

ウェンデル・H・オズワルド（加藤晋平・禿仁志訳）　1983『食糧獲得の技術誌』法政大学出版局

上山春平編　1969『照葉樹林文化―日本文化の深層―（中公新書201）』中央公論社

上山春平編　1976『続・照葉樹林文化（中公新書438）』中央公論社

梅原末治　1922『鳥取懸史蹟勝地調査報告第一冊』鳥取懸

江坂輝弥　1960『土偶』校倉書房

江坂輝弥　1964『日本原始美術　第2巻　土偶・装身具』講談社

E・S・モース　1979『大森貝塚』（近藤義郎・佐原眞訳1979）岩波文庫

江藤正澄　1898「奇品冠石考」『東京人類学雑誌　第13巻第149号』東京人類学会

会下和宏　2010「海況変遷と遺跡群③　宍道湖・中海」『縄文時代の考古学4　人と動物の関わりあい』同成社

エルマン・R・サーヴィス（蒲生正男訳）　1972『現代文化人類学2　狩猟民』鹿島出版会

エルマン・R・サーヴィス（増田義郎訳）　1991『民族の世界』講談社学術文庫

小江義夫　1956「滋賀県番の面遺跡縄文式住居遺跡」『京都學藝大学学報A　№9』京都學藝大学

大下　明　1997「2.石器および石製品　石棒」『見蔵岡遺跡　その2』兵庫県竹野町教育委員会

大下　明　2010「大型石棒」『縄文時代の精神文化』関西縄文文化研究会

大竹憲治　1989『考古学ライブラリー53　骨角器』ニュー・サイエンス社

大友義助　1985「小国川のかま漁法」『日本民俗文化体系　第13巻 技術と民俗（上）＝海と山の生活技術誌＝』小学館

大野延太郎　1898「岩盤モ土偶ニ関係アリ」『東京人類学雑誌　第13巻第144号』東京人類学会

大野延太郎　1901「石器時代土偶系統品と紋様の變化に就いて」『東京人類学雑誌　第17巻第188号』東京人類学会

大野延太郎　1908「石剣の形式に就いて」『東京人類学雑誌　第23巻第263号』東京人類学会

大野延太郎　1910「土偶の形式分類に就いて」『東京人類学雑誌　第26巻第296号』東京人類学会

大野延太郎　1925『遺跡遺物より観たる日本先住民の研究』磯部甲陽堂

大野　薫　2001「近畿・中国・四国地方における聚落変遷の画期と研究の現状」『縄文時代集落研究の

現段階』縄文時代文化研究会

大野　薫　2005「西日本における縄文土偶の変遷」『西日本縄文文化の特徴』関西縄文文化研究会・中
　　　四国縄文研究会・九州縄文研究会

大野　薫　2013「列島西部における縄文後期土偶の重層的展開」『第10回土偶研究会奈良県大会資料』
　　　土偶研究会

大野淳也　2007「北陸地方における岩版類について—桜町遺跡出土品を中心に」『富山県小矢部市　桜
　　　町遺跡発掘調査報告書　縄文時代総括編』富山県小矢部市教育委員会

大泰司統　2007「北日本の陥し穴猟」『縄文時代の研究5　なりわい　食糧生産の技術』同成社

大林太良　1971「縄文時代の社会組織」『季刊人類学　第2巻第2号』京都大学人類学研究会

大山　柏　1927「打製石斧　神奈川県下新磯村字勝坂遺物包含地調査報告」『史前学研究会小報』史前
　　　学会

大山　柏　1929「動物の研究」『史前学雑誌　第1巻第1号』史前学会

岡　恵介　1992「岩手のシタミと冬越し」『木の実の文化誌』（朝日選書459）

岡田憲一　2000「西日本縄文後期後葉土器編年序論—向出遺跡出土土器の研究—」『向出遺跡』大阪
　　　府文化財調査研究センター

岡田憲一　2008「凹線文土器（宮滝式・元住吉山II式土器）」『総覧縄文土器』アム・プロモーション

岡田憲一・千　羨幸　2006「二重口縁土器と孔列土器」『古文化談叢　第55号』九州古文化研究会

岡崎　敬　1971「日本考古学の方法」『古代の日本　第9巻　研究資料』角川書店

岡崎晋明　1992「近畿地方の後・晩期の土偶」『龍谷史壇　第99・100合併号』龍谷大学

岡本孝之　1999「遺物研究　石冠・石鋸・鰹節形石器」『縄文時代第10号　第4分冊』縄文時代文化
　　　研究会

小川岳人　2012「関東地方の縄文集落と貝塚」『縄文集落の多様性III　生活・生業』雄山閣

大給　尹　1934「日本石器時代陸産動物質食糧—特に狩猟による食糧—」『史前学雑誌　第6巻第1号』

長田友也　2007「後期岩版類」『縄文時代の考古学11　心と信仰』同成社

小都　隆　1996「縄文時代　中国・四国　波子式」『日本土器事典』雄山閣出版

小野美代子　1999「遺物研究　土偶（総論）」『縄文時代　第10号　第4分冊』縄文時代文化研究会

及川　穣・隅田祥光・稲田陽介・伊藤徳広・今田賢治・川井優也・河内俊介・角原寛俊・藤川　翔・
　　　川島行彦　2014「島根県隠岐諸島黒曜石原産地の踏査報告」『島根考古学会誌　第31集』島
　　　根考古学会

及川　穣・隅田祥光・池谷信之・稲田陽介・今田賢治・川井優也・河内俊介・竹内　健・角原寛俊・
　　　藤川　翔・高村優花・灘　友佳・藤原　唯　2015「島根県隠岐諸島黒曜石原産地の調査報告」
　　　『島根考古学会誌　第32集』島根考古学会

及川　穣・稲田陽介・隅田祥光・灘　友佳・藤原　唯・望月　暁・梶浦由佳・田原弘章・松尾真理帆
　　　2016「島根県隠岐諸島黒曜石原産地の調査報告(2)—西ノ島町美田小向遺跡の試掘調査—」『島
　　　根考古学会誌　第33集』島根考古学会


【か行】

賀川光夫　1966「縄文時代の農耕」『考古学ジャーナル№2』ニュー・サイエンス社

角田徳幸　2009「火山噴火と遺跡群①—島根県三瓶火山によって埋没した遺跡群—」『縄文時代の考古
　　　学3　縄文時代の古生態系』同成社

片岡　肇　1983「近畿地方の土偶」『角田文衞博士古希記念　古文化叢論』角田文衞先生古希記念事業
　　　会

金子浩昌　1963「美保湾・中ノ海の石器時代漁撈」『考古学研究　第10巻第1号』考古学研究会

金子浩昌　1983「狩猟　狩猟対象と技術」『縄文文化の研究　第2巻　生業』雄山閣出版

金子浩昌　1984『貝塚の獣骨の知識　人と動物とのかかわり　考古学シリーズ10』東京美術

金子浩昌・忍坂成視　1986『骨角器の研究Ⅰ・Ⅱ』慶友社

金子浩昌・西村正衛　1956「千葉県香取郡大倉南貝塚」『古代　第21・22合併号』早稲田大学考古学会

鎌木義昌　1965「縄文文化の概観」『日本の考古学Ⅱ　縄文時代』河出書房新社

鎌木義昌　1969「縄文前期文化　西日本」『新版考古学講座3　先史文化』雄山閣出版

鎌木義昌・木村幹夫　1956「各地域の縄文式土器　中国」『日本考古学講座3　縄文文化』河出書房

鎌木義昌・高橋　護　1965「縄文文化の発展と地域性　瀬戸内」『日本の考古学Ⅱ　縄文時代』河出書房新社

鎌木義昌・芹沢長介　1965「長崎県福井岩陰―第1次調査の概要―」『考古学集刊　第3巻第1号』東京考古学会

神村　透　1977「ワラビにも注意を―縄文時代の食糧として―」『ドルメン13号　特集・縄文時代の栽培・採集植物』JICC出版局

川島尚宗　2008「霞ヶ浦周辺地域の縄文後・晩期遺跡と「環状盛土遺構」」『物質文化85』物質文化研究会

河瀬正利　2006『吉備の縄文貝塚　吉備考古ライブラリー』吉備人出版

河合雅雄・林良博編著　2009『動物たちの反乱』PHPサイエンス・ワールド新書

関西縄文文化研究会　2001『関西縄文時代の生業関係遺構』

関西縄文文化研究会　2006『関西縄文人の生業と環境』

関西縄文文化研究会　2010『縄文時代の精神文化』

関西大学・島根大学共同隠岐調査会編　1963『隠岐』

神田孝平　1886『日本大古石器考』叢書閣

岸上鎌吉　1911「日本先史時代の漁業」『東京帝国大学農学部紀要　第2巻第7号』

喜田貞吉　1926「奥羽地方に於けるアイヌ族の大陸交通は既に先秦時代にあるか」『民族　第1巻第2号』

木村剛朗　1987『四万十川流域の縄文文化研究』幡多埋蔵文化財研究所

桐生直彦　1985「東京都における縄文時代の袋状土坑」『東京考古3号』

九州縄文研究会　2000『九州の縄文住居　第10回九州縄文研究会福岡大会』

九州縄文研究会・南九州縄文研究会　2004『九州における縄文時代のおとし穴状遺構』

九州縄文研究会・南九州縄文研究会　2009『九州における縄文時代の漁労具』

九州縄文研究会・南九州縄文研究会　2012『縄文時代における九州の精神文化』

九州縄文研究会　2014『第24回九州縄文研究会大分大会　九州における縄文時代早期末～前期前葉の土器様相』

久保譲二朗　1987「鳥取県下における後期前葉から中葉にかけての縄文土器の変遷について」『森藤第1・第2遺跡発掘調査報告書』鳥取県東伯町教育委員会

久保譲二朗　1991「鳥取県出土の押型紋土器の様相」『鳥取県立博物館研究報告28』

倉光清六　1932a「縄文式土器を発見せる伯耆地方の弥生式遺跡について（西伯郡大道原遺跡）」『考古学雑誌　第22巻第4号』

倉光清六　1932b「縄文式土器を出せる伯耆の遺跡（八橋町岩本遺跡）」『考古学雑誌　第22巻第10号』

黒尾和久　2009「集落遺跡の形成過程―「環状集落」の形成プロセス―」『縄文時代の考古学　第8巻　生活空間』同成社

桒畑光博　2008「轟式土器」『総覧縄文土器』アム・プロモーション

小池裕子　1979「関東地方の貝塚遺跡における貝類採取に季節性と貝層の堆積速度」『第四紀研究　第

17巻第4号』第四紀研究会

甲野　勇　1928「日本石器時代土偶概説」『日本原始工藝概説』工芸美術研究会

甲野　勇　1929「未開人の身体装飾」『史前学会パンフレット3』史前学会

小金井良精　1923「日本石器時代の埋葬状態」『人類学雑誌　第38巻第1号』東京人類学会

幸泉満夫　2001「西日本縄文後期土器組成論―瀬戸内地方における沈線文系に関する研究―」『考古学研究　第48巻3号』

粉川昭平　1979「展望　生活・環境　縄文時代の栽培植物」『考古学と自然科学　第12号』

国分直一　1955「栗と芋」『薩南民俗　第7号』

児玉大成　2001「縄文時代後期前半の岩版類と大型配石遺構」『南北海道考古学情報交換会20周年記念論集』南北海道考古学情報交換会

小杉　康　1986「千葉県江原大遺跡及び雨滝遺跡出土の亀形土製品―所謂亀形土製品、土版、岩版の型式学的研究と用途問題―素描」『明治大学博物館　館報No.2』明治大学博物館

小杉　康　1991「大歳山式土器の基礎的な理解に向けて―三矢田遺跡第V群土器―」『真光寺・広袴遺跡群VI―遺物・考察編―』鶴川第二地区遺跡調査会（東京都町田市）

後藤和民　1982「集落　縄文集落の概念」『縄文文化の研究　第3巻　社会・文化』雄山閣出版

後藤守一　1940「上古時代の住居（上・中・下）」『人類学・先史学講座　第15・16・17巻』雄山閣

後藤守一　1956「縄文時代の衣・食・住」『日本考古学講座　第3巻　縄文文化』河出書房

後藤信祐　1999「遺物研究　石棒・石剣・石刀」『縄文時代　第10号第4分冊』縄文時代文化研究会

後藤信祐　2007「刀剣形石製品」『縄文時代の考古学11　心と信仰』同成社

小林謙一　1993「縄文遺跡における廃棄行為復元の試み―住居覆土中一括遺存遺物及び炉体土器の接合関係―」『異貌　第13号』共同体研究会

小林青樹　2000「縄文時代早期末葉から前期前葉土器群に関する問題―「福呂式土器の設定と編年的位置づけ」『福呂遺跡1』岡山大学埋蔵文化財調査研究センター

小林青樹編　2000『縄文・弥生移行期の石製呪術具1』

小林青樹編　2001『縄文・弥生移行期の石製呪術具2』

小林達雄　1977『日本原始美術体系1』講談社

小林達雄　1980「縄文時代の集落」『国史学　第111・112号合併号』国史学界

小林達雄　1983「総論―縄文経済―」『縄文文化の研究2　生業』雄山閣出版

小林達雄　1988「男と女」『古代史復元3　縄文人の道具』講談社

小林達雄　1996『縄文人の世界　朝日選書557』朝日新聞社

小林正史　1992「煮沸実験に基づく先史時代調理法の研究」『北陸古代土器研究　第2号』北陸古代土器研究会

小林行雄・佐々木謙　1937「出雲國森山村崎ヶ鼻洞窟及び権現山洞窟遺跡―中海沿岸縄文式文化の研究1―」『考古学　第8巻10号』

小南裕一　2010「山口県における縄文集落の動向」『遺構から見た中四国地方の縄文集落像　第21回中四国縄文研究会　島根大会　発表資料集』中四国縄文研究会

小山修三　1984『縄文時代』（中公新書）中央公論社

## 【さ行】

坂口　隆　2003『縄文時代貯蔵穴の研究』未完成考古学叢書5

酒詰仲男　1961『日本縄文石器時代食糧総説』日本科学社

酒詰仲男・石部正志　1959「島根県菱根遺跡発掘報告」『出雲古文化調査団報告』同志社大学

佐々木謙　1954「出雲・崎ヶ鼻洞窟遺跡」『佐々木古代文化研究室月報　ひすい7』佐々木古代文化研

究室

佐々木謙　1985「縄文時代」『淀江町誌』鳥取県淀江町

佐々木高明　1991『日本の歴史①　日本史誕生』集英社

佐々木藤雄　1993「和島集落論と考古学の新しい流れ―漂流する縄文時代集落論―」『異貌　第13号』共同体研究会

佐藤伝蔵　1896「日本石器時代石棒頭部彫刻考」『東京人類学雑誌　第11巻第118号』東京人類学会

佐藤宏之　1989「陥し穴猟と縄文時代の狩猟社会」『考古学と民族誌　渡辺仁教授古希記念論文集』六興出版九州縄文研究会

佐藤宏之　1998「陥し穴猟の土俗考古学」『縄文式生活構造』同成社

佐藤宏之　2004「日本列島の陥し穴」『九州における縄文時代のおとし穴状遺構』南九州縄文研究会

佐藤宏之　2007「縄文時代の狩猟・漁撈技術」『縄文時代の考古学5　なりわい』同成社

山陰考古学研究集会　2000『第28回山陰考古学研究集会　山陰の縄文時代遺跡』

山陰中央新報社　1982『島根県大百科事典』

C・S・クーン（平野温美・鳴島史之訳）　2008『世界の狩猟民』法政大学出版局

潮見　浩　1960「山口県岩田遺跡出土縄文時代遺物の研究」『広島大学文学部紀要18』

潮見　浩　1968『宇部の遺跡』山口県宇部市

潮見　浩　1977「縄文時代の食用植物―堅果類の貯蔵庫群を中心として―」『考古論集　慶祝松崎寿和先生六十三歳論文集』松崎寿和先生退官記念事業会

潮見　浩　1980「本州西端域の縄文前期土器」『鏡山猛先生古希記念古文化論攷』

潮見　浩　1999『帝釈峡遺跡群　吉備考古ライブラリー3』吉備人出版

潮見　浩・間壁忠彦　1965「縄文文化の発展と地域性　山陰・中国山地」『日本の考古学Ⅱ　縄文時代』河出書房新社

設楽博己　1996「副葬される土偶」『共同研究　死者儀礼と死の観念　国立歴史民俗博物館研究報告　第68集』国立歴史民俗博物館

島津義昭　1989「黒色磨研土器様式」『縄文土器大観4』小学館

島根県古代文化センター　2014『山陰地方の縄文社会』

島根県立古代出雲歴史博物館　2013『山陰の黎明　縄文のムラと暮らし』（展示図録）

白井光太郎　1886「貝塚より出し土偶の考」『人類学会報告　第1号』人類学会

宍道正年　1974『島根県の縄文土器集成Ⅰ』自費出版

宍道正年　1980「島根県の縄文土器の研究―編年を中心として―」『松江考古　第3号』松江考古学談話会

宍道正年　1986「島根県の縄文土器研究の諸問題」『山陰考古学の諸問題』

杉山寿栄男　1928『日本原始工藝』工芸美術研究会

杉原清一　1981「仁多・暮地遺跡」『島根県埋蔵文化財発掘調査報告書Ⅷ』島根県教育委員会

鈴木克彦　1980「岩版・土版の研究序説」『調査研究年報（1979年度）』青森県立郷土館

鈴木公雄　1989『貝塚の考古学　UP考古学選書（5）』東京大学出版会

鈴木正博　1989「安行式土偶研究の基礎」『古代　第87号』早稲田大学考古学会

鈴木正博　1993「荒海貝塚研究と大阪湾「スティング」風に」『利根川　14』利根川同人会

鈴木正博　1995「「土偶インダストリー」論から観た堀之内2式土偶―土偶の編年的な位置は土器から、土偶間の動特性は土偶から―」『茨城県考古学協会誌　第7号』

鈴木徳雄　1993「称名寺式の変化と中津式―型式間交渉の一過程―」『縄文時代　第3号』縄文時代文化研究会

鈴木素行　2007「石棒」『縄文時代の考古学11　心と信仰』同成社

参考文献

関　俊彦　2007『カルフォルニア先住民の文化領域』六一書房

瀬口慎司　2003「関西地方における集団規模の推移」『関西縄文時代の集落・墓地と生業』六一書房

芹沢長介　1956「縄文文化」『日本考古学講座　第3巻　縄文文化』河出書房

【た行】

帝釈峡遺跡群発掘調査団　1976『帝釈峡遺跡群』亜紀書房

高橋信武　1989「轟式再考」『考古学雑誌　第75巻第1号』日本考古学会

高橋　護　1965「縄文時代における集落分布について」『考古学研究　第12号』考古学研究会

高橋　護　2001「西日本における縄文時代の生業と集落」『島根考古学会誌　第18集』

高松龍暉・矢野健一　1997「縄文集落の定住性と定着性―兵庫県養父郡八木川上・中流域における事例研究―」『考古学研究　第44巻第3号』考古学研究会

竹広文明　1994「月崎下層式土器」『日本土器事典』雄山閣出版

竹広文明　2003『サヌカイトと先史社会』渓水社

竹広文明　2014「石器製作・石材利用からみた山陰地域社会の展開」『山陰地方の縄文社会』島根県古代文化センター

田嶋正憲　2006「縄文土器の特徴」『彦崎貝塚―範囲確認調査―』岡山市教育委員会

田嶋正憲　2007「瀬戸内地方における縄文時代の釣針について」『彦崎貝塚2』岡山市教育委員会

田嶋正憲　2011「山陽地域における精神文化」『中国地方縄文時代の精神文化』中四国縄文研究会

田中正太郎　1899「飛騨の石冠について」『東京人類学雑誌　第14巻第156号』東京人類学会

田中良之　1982「曽畑式土器の展開」『末盧国』六興出版

谷川（大場）磐雄　1923「石器時代宗教思想の一端（二）」『考古学雑誌　第13巻第5号』考古学会

谷川（大場）磐雄　1926「土偶に関する二・三の考察」『國學院雑誌　第32巻第5号』

谷口康浩　1998「縄文時代集落論の争点」『國學院大学考古学資料館紀要　第14輯』

谷口康浩　1999「集落・領域研究」『縄文時代　第10号第3分冊』縄文時代文化研究会

谷口康浩　2009「縄文時代の生活空間―「集落論」から「景観の考古学」へ」『縄文時代の考古学　第8巻　生活空間』同成社

玉田芳英　1989「中津・福田KII式土器様式」『縄文土器大観4』小学館

玉田芳英　1990「中津式土器」『特集　称名寺式土器に関する交流研究会の記録調査研究集録　第7冊』横浜市埋蔵文化財センター

千葉　豊　1989「縁帯文系土器群の成立と展開―西日本縄文後期前半期の地域相―」『史林　第72巻6号』

千葉　豊　1990「近畿北部・山陰東部の成立期縁帯文土器」『小森岡遺跡』兵庫県竹野町教育委員会

千葉　豊　1992「西日本縄文後期土器の二三の問題―瀬戸内地方を中心とした研究の現状と課題―」『古代吉備　第14集』古代吉備研究会

千葉　豊　1995「福田K2式再論」『古代吉備　第17集』古代吉備研究会

千葉　豊　1997「福田K2式と宿毛式・序論―型式弁別の視点について―」『古代吉備　第19集』古代吉備研究会

千葉　豊　2001「沖丈遺跡出土縄文土器の編年的意義―崎が鼻式と「権現式」のあいだ」『沖丈遺跡』島根県邑智町教育委員会

千葉　豊　2013「地域の様相　中国・四国」『講座　日本の考古学3　縄文時代　上』青木書店

千葉　豊　2014「縄文後期土器研究の現状と課題―山陰地方の前半期を中心に―」『山陰地方の縄文社会』島根県古代文化センター

千葉　豊・曽根　茂　2008「型式論の可能性―福田K2式を素材として―」『縄文時代　第19号』縄

文時代文化研究会

中四国縄文研究会　1993『中・四国中期縄文土器集成』

中四国縄文研究会　2001『三瓶山周辺の縄文遺跡』

中四国縄文研究会　2003『中四国地域における縄文時代石器の実相』

中四国縄文研究会　2008『中四国における縄文後期の地域社会の展開』

中四国縄文研究会　2010『遺構から見た中四国地方の縄文集落像』

中四国縄文研究会　2011『中国地方縄文時代の精神文化』

中四国縄文研究会　2013『中四国地方における縄文時代の落し穴』

中四国縄文研究会　2015『中四国の縄文貝塚』

塚本師也　1993「食糧貯蔵」『季刊考古学　第44号』雄山閣出版

辻誠一郎　2009「縄文時代の植生史」『縄文時代の考古学3　大地と森の中で』同成社

辻誠一郎・植田弥生・南木睦彦　1996「正楽寺遺跡の植物遺体群と古植生・堆積環境」『正楽寺遺跡』
　　　　滋賀県能登川町教育委員会

辻　秀子　1983「植物利用　可食植物の概観」『縄文文化の研究　第2巻　生業』雄山閣出版

坪井清足　1962「縄文文化論」『日本歴史　原始および古代1』岩波書店

坪井正五郎　1896「日本石器時代人民の口邊装飾」『東洋学芸雑誌　第13巻第174号』東洋学芸社

坪井正五郎　1899「コロボックルの宗教的遺物」『東洋学芸雑誌　第16巻第209号』東洋学芸社

勅使河原彰　1989「縄文集落をめぐる諸問題」『歴史評論№466』歴史科学評議会

土井義夫　1985「縄文時代集落論の原則的問題—集落遺跡の二つのあり方をめぐって—」『東京考古
　　　　第3号』東京考古談話会

土井義夫・黒尾和久　1992「縄文時代前期前葉の居住形態—多摩丘陵の事例を中心として—」『武
　　　　蔵野の考古学　吉田格先生古希記念論文集』吉田格先生古希記念論文集刊行会

東京帝国大学　1927『日本石器時代遺物発見地名表（第5版）』岡書院

土偶とその情報研究会　1997〜2002『土偶研究の地平1〜4』勉誠出版

鳥取県埋蔵文化財センター　1988『旧石器・縄文時代の鳥取県』

戸沢充則編　1994『縄文時代研究事典』東京堂出版

冨井　眞　1998「北白川追分町遺跡出土の縄文土器—北白川C式の成立を考える—」『京都大学構内遺
　　　　跡調査研究年報1994年度』京都大学埋蔵文化財研究センター

冨井　眞　1999「福田K2式　雑談」『海が好きだ　藤城泰氏追悼文集』

冨井　眞　2000「西日本縄文後期初頭土器の再編へ—山陰地方西部からの問題提起—」『考古学研究
　　　　第47第1号』

冨井　眞　2001「西日本縄文土器としての並木式土器の評価—阿高式・中津式との関係—」『古文化談
　　　　叢　第47号』

冨井　眞　2005「遺構一括出土の縄文土器の位置づけ」『長縄手遺跡』岡山県教育委員会

冨井　眞　2008「北白川C式土器」『総覧　縄文土器』アム・プロモーション

富岡直人　2002「瀬戸内の先史時代生業の論点と課題」『第13回中四国縄文研究会資料』

富岡直人・石丸恵理子　2008「彦崎貝塚出土の動物遺存体」『彦崎貝塚3』岡山市教育委員会

富田紘一　1981「三万田式土器」『縄文文化の研究』雄山閣出版

鳥居龍蔵　1922「日本石器時代民衆の女神信仰」『人類学雑誌　第37巻第11号』東京人類学会

鳥居龍蔵　1926『先史時代の上伊那』信濃教育界伊那部会


【な行】

直良信夫　1937「崎ヶ鼻第一洞窟及び権現山洞窟の自然遺物」『考古学　第10巻第10号』

参考文献

直良信夫　1938「史前日本人の食糧文化」『人類学・先史学講座　第1・2・3巻』雄山閣

直良信夫　1939「出雲国森山村崎ヶ鼻第一洞窟出土遺物　自然遺物について」『考古学雑誌　第29巻　第8号』

中尾佐助　1966『栽培植物と農耕の起源』（岩波新書）岩波書店

中尾佐助　1967「農業起源論」『自然‐生態学的研究』中央公論社

長井数秋　1988「北四国地方の縄文土器集成（Ⅱ）―前期縄文土器を中心として―」『愛媛考古学10』

長井数秋　1994『愛媛の考古学』愛媛叢書刊行会

長岡史起　1999「遺構研究　貯蔵穴」『縄文時代10号』縄文時代文化研究会

中川重年　1991『日本の樹木　上・下』小学館

中越利夫　1985「帝釈峡遺跡群出土の前期土器の研究（1）」『広島大学文学部帝釈峡遺跡群発掘調査室年報Ⅷ』

中越利夫　1997「洞窟・岩陰遺跡の利用状況―帝釈峡名越岩陰の場合―」『広島大学文学部帝釈峡遺跡群発掘調査室年報Ⅻ』広島大学帝釈峡遺跡群発掘調査室

長崎元廣　1999「生業研究　縄文時代農耕論」『縄文時代　第10号』縄文時代文化研究会

中沢道彦　2005「山陰地方における縄文時代の植物質食糧―栽培植物の問題を中心に―」『縄文時代晩期の山陰地方』中四国縄文研究会

中沢道彦・丑野毅　1998「レプリカ法による縄文時代晩期土器の籾状圧痕の観察」『縄文時代　第9号』縄文時代文化研究会

長沢宏明　1994「時代別・食文化を探る　縄文時代」『山梨県考古学協会15周年記念シンポジウム　食べ物の考古学―食文化のルーツを探る―』

長沢宏昌・山本直人　1999「生業研究　総論」『縄文時代　第10号』縄文時代文化研究会

中島栄一　1983「石冠・土冠」『縄文文化の研究9　縄文人の精神文化』雄山閣出版

永峰光一　1977『日本原始美術体系3　土偶・埴輪』講談社

中村唯史　2014「縄文時代の島根県の古地形と三瓶火山の活動の影響」『山陰地方の縄文社会』島根県古代文化センター

中村友博　2005「屋敷式土器について」『やまぐち学の構築』創刊号　山口大学研究推進体構築プロジェクト

中村信博　2007「関東地方の陥し穴猟」『縄文時代の研究5　なりわい　食糧生産の技術』同成社

中村　豊　2001a「近畿・瀬戸内地方における石棒の終焉―縄文から弥生へ―」『縄文・弥生移行期の石製呪術具3』

中村　豊　2001b「四国地方における縄文時代集落の諸様相」『列島における縄文時代集落の諸様相』

中村　豊　2007「縄文―弥生移行期の大型石棒」『縄文時代の考古学11　心と信仰』同成社

中村　豊　2014「中四国地域における縄文時代精神文化について―大型石棒・刀剣形石製品を中心に―」『山陰地方の縄文社会』島根県古代文化センター

中村善則　1986「播磨大歳山遺跡1―縄文土器―」『神戸市立博物館研究紀要　第3号』

中村　愿　1982「曽畑式土器」『縄文文化の研究3　縄文土器Ⅰ』

中谷治宇二郎　1929『日本石器時代提要』岡書院

新津　健　1985「石剣考―中部・関東地方を中心とした出土状況から―」『研究紀要　第2号』山梨県立考古博物館・山梨県埋蔵文化財センター

西田正規　1985「縄文時代の環境」『岩波講座　日本考古学2　人間と環境』岩波書店

西田正規　1989『縄文時代の生態史観』UP考古学選書13　東京大学出版会

西田正規　2007『人類史のなかの定住革命』講談社学術文庫（初出1986『定住革命』新曜社）

西田泰民　2012「炭化物の生成実験2」『新潟県立歴史博物館研究紀要　第13号』

西本豊弘　2010「縄文時代の調理法」『事典　人と動物の考古学』吉川弘文館

西脇対名夫　1991「青竜刀形石器ノート」『北海道考古学　第 27 輯』北海道考古学会

西脇対名夫　1998「石剣ノート」『北方の考古学　野村崇先生還暦記念論集』野村崇先生還暦記念論集
　　　　刊行委員会

西脇対名夫　2007「石冠とその類品」『縄文時代の考古学 11　心と信仰』同成社

日本考古学協会山梨大会実行委員会　1984『縄文集落の変遷』

丹羽祐一　1989「凹線文系土器様式」『縄文土器大観 4』小学館

沼田　眞・岩瀬　徹　2002『図説　日本の植生』講談社学術文庫

野津左馬之助　1921『島根懸史一』島根県内務部

能登　健　2011『列島の考古学　縄文時代』河出書房新社

野村　崇　1978「北部日本における縄文晩期の石刀について」『北海道開拓記念館研究年報　第 6 号』

野中和夫　1997「フラスコ形土坑の終焉」『土曜考古　第 21 号』


【は行】

橋口尚武　1983「植物利用　調理」『縄文文化の研究　第 2 巻　生業』雄山閣出版

橋本　正　1976「御物石器論」『大境　第 6 号』富山考古学会

長谷川豊　1996「縄文時代におけるイノシシ猟の技術的基盤についての研究」『動物考古学　第 6 号』

長谷川豊　1998「縄文時代におけるイノシシ猟の技術的基盤についての研究 (3)」『静岡考古学研究
　　　　No. 30』

長谷川豊　2006「縄文時代の多雪地帯におけるシカ猟・イノシシ猟」『往還する考古学』

長谷川豊　2009「考古学研究者が体験したシカ猟」『地域と学史の考古学』

長谷部言人　1924「日本石器時代の猿について」『人類学雑誌　第 39 巻第 4・5・6 号』東京人類学会

畠山　剛　1997『新版　縄文人の末裔たち　ヒエと木の実の生活史』彩流社

幡中光輔　2010「大型石棒から小型石棒へ—近畿地方における石棒祭祀の転換と社会背景—」『縄文時
　　　　代の精神文化』関西縄文文化研究会

幡中光輔　2011「山陰地域における葬祭空間の成立と展開」『中四国地方縄文時代の精神文化』中四国
　　　　縄文研究会

幡中光輔　2012a「鳥取県における縄文時代遺跡と遺跡群分析の一試論」『古代文化研究　第 20 号』島
　　　　根県古代文化センター

幡中光輔　2012b「山陰地域の中期末土器考—中期末から後期初頭への系譜的検討—」『島根考古学会
　　　　誌　第 29 集』島根考古学会

幡中光輔　2014a「縄文時代の集団領域と地域社会の輪郭—山陰地方の遺跡動態から集団領域を読み解
　　　　く—」『山陰地方の縄文社会』島根県古代文化センター

幡中光輔　2014b「自然災害と地域社会の定着性—三瓶山の噴火からみた縄文社会—」『山陰地方の縄
　　　　文社会』島根県古代文化センター

幡中光輔　2014c「山陰地方の縄文時代遺跡データベースと型式別遺跡数の推移」『山陰地方の縄文社
　　　　会』島根県古代文化センター

幡中光輔　2015「山崎遺跡における後期初頭から後期前葉の土器様相」『山崎遺跡』島根県益田市教育
　　　　委員会

八田洋章　2002『雑木林に出かけよう　ドングリのなる木のツリーウォッチング 朝日選書 709』　朝日
　　　　新聞社

羽生淳子　2000「縄文時代の定住度（上・下）」『古代文化　第 52 巻 2・4 号』古代学協会

濱田竜彦　2000「因幡・伯耆地域の凸帯文土器と遠賀川式土器」『突帯文と遠賀川』土器持寄会

濱田竜彦　2008「中国地方東部の凸帯文土器と地域性」『古代文化　第60巻第3号』古代学協会

濱田竜彦　2013「山陰地方の突帯文土器と種実圧痕」『レプリカ法の開発は何を明らかにしたのか　日本列島における農耕の伝播と受容の研究への実践』明治大学日本先史文化研究所

濱田竜彦　2013「レプリカ法調査と森Ⅲ遺跡の種実圧痕」『山陰の黎明』（展示図録）島根県立古代出雲歴史博物館

濱田竜彦　2014「島根県森Ⅲ遺跡の突帯文土器と遠賀川式土器」『山陰地方の縄文社会』島根県古代文化センター

浜野美代子　1990「縄文土偶の基礎研究」『古代　第90号』早稲田大学考古学会

浜野美代子　1992「土偶の破損」『研究紀要　第9号』埼玉県埋蔵文化財調査事業団

春成秀爾　1969「中・四国地方縄文時代晩期の歴史的位置」『考古学研究　第15巻第3号』考古学研究会

春成秀爾　1984「縄文晩期文化　西日本」『新版考古学講座3　先史文化』雄山閣出版

林　謙作　1971「宮城県浅部貝塚出土の動物遺体」『物質文化17』物質文化研究会

林　謙作　1972「「農耕文化」はどこまでさかのぼるのか」『考古学ジャーナル№73』ニュー・サイエンス社

林　謙作　1994「縄紋時代史23　縄紋人の集落 (3)」『季刊考古学　第49号』雄山閣出版

林　潤也　2002「北久根山式土器を巡る諸問題」『四国と周辺の考古学』犬飼徹夫先生古希記念論集刊行会

平井　勝　1987「縄文時代」『岡山県の考古学』吉川弘文館

平井　勝　1993「縄文後期・四元式の提唱─彦崎K2式に先行する土器群について─」『古代吉備　第15集』

平井　勝　1996「瀬戸内地域における突帯文土器の出現と展開」『古代吉備第18集』古代吉備研究会

平田朋子　2003「縄文遺跡の動向─遺跡立地からみた兵庫県の縄文遺跡─」『関西縄文時代の集落・墓地と生業』六一書房

廣瀬雄一　2014a「嘉瀬川ダムの調査成果」『第24回九州縄文研究会大分大会　九州における縄文時代早期末～前期前葉の土器様相』

廣瀬雄一　2014b「北部九州地域における轟式土器の成立と展開」『研究紀要　第20集』佐賀県名護屋城博物館

深田　浩　2002「中国地方の土偶について」『下山遺跡 (2)　縄文時代遺構の調査─』島根県教育委員会

深田　浩　2008「島根県の縄文時代祭祀遺物集成」『古代文化研究　第16号』島根県古代文化センター

深田　浩　2014「中国地方の縄文時代祭祀遺物集成」『山陰地方の縄文社会』島根県古代文化センター

福嶋　司・岩瀬徹編　2005『図説　日本の植生』朝倉書店

藤田憲司・間壁葭子・間壁忠彦　1975「羽島貝塚の資料」『倉敷考古館研究集報　第11号』倉敷考古館

藤沼邦彦　1979「土偶」『世界当時全集1　日本原始』小学館

藤本英夫　1985「アイヌの狩り（弓矢とわな）」『日本民俗文化体系　第13巻　技術と民俗（上）＝海と山の生活技術誌＝』小学館

藤森栄一　1950「日本原始陸耕の諸問題─日本中期縄文時代の一生産形態について─」『歴史評論№22』歴史科学協議会

藤森栄一　1963「縄文中期文化の構成─日本石器時代研究の諸問題2─」『考古学研究　第9巻第4号』考古学研究会

藤森栄一　1965「立石・石棒と特殊遺構」『井戸尻─長野県富士見町における中期縄文時代遺跡群の研究─』中央公論美術出版

藤森栄一　1966「縄文人と土偶」『日本美術工芸　第334号』

堀田　満　1974『カラー自然ガイド　野山の木Ⅰ』保育社

堀越正行　1975～77「小竪穴考（1）～（4）」『史館　5～9号』

## 【ま行】

前島高雄　1978「黒島浜遺跡」『山口県先史時代表採遺物集成ならびに編年的研究』周陽考古学研究所

前田光雄　1994「宿毛式　その特質」『研究紀要　第1号』高知県埋蔵文化財調査センター

前山精明・綿田弘実　2012「北陸・中央高地の生活・生業施設の変遷」『縄文集落の多様性Ⅲ　生活・生業』雄山閣

間壁忠彦・間壁葭子　1971『里木貝塚　倉敷考古館研究集報7』倉敷考古館

間壁忠彦・潮見　浩　1965「縄文文化の発展と地域性　山陰・中国山地」『日本の考古学Ⅱ　縄文時代』河出書房新社

マーガレット・フィート（熊崎保訳）　2000『アメリカ・インデイアンの世界―生活と知恵―』雄山閣出版

松井　章　1985「「サケ・マス論」の評価と今後の展望」『考古学研究　第31巻第4号』考古学研究会

松岡　史・森醇一朗　1981「西唐津海底遺跡の縄文土器」『考古学ジャーナル188号』

松崎寿和編　1999『帝釈峡遺跡群　吉備考古ライブラリー3』吉備人出版

松崎寿和他　1963「松永市馬取貝塚調査報告」『広島県文化財報告　第4集』広島県教育委員会

松崎寿和・間壁忠彦　1969「縄文後期文化　西日本」『新版考古学講座3　先史文化』雄山閣出版

松永幸男　1989「九州磨消縄文系様式」『縄文土器大観4』小学館

松本彦七郎　1917「獺沢貝塚の猪及び鹿」『動物学雑誌　343号』日本動物学会

松山利夫　1982『木の実　ものと人間の文化史47』法政大学出版局

水野正好　1969「縄文集落復元への基礎的操作」『古代文化　第21巻第3・4号』古代学協会

水野正好　1974「土偶祭式の復元」『信濃　第26巻第4号』信濃史学会

水ノ江和同　1987「西北九州における曽畑式土器の諸様相」『同志社大学考古学シリーズⅢ　考古学と地域文化』森浩一編

水ノ江和同　1988「曽畑式土器の出現―東アジアにおける先史時代の交流」『古代学研究　第117号』古代学研究会

水ノ江和同　1990「西北九州の曽畑式土器」『伊木力遺跡』同志社大学文学部文化学科

水ノ江和同　1992a「小池原上層式・下層式土器に関する諸問題―福岡県築上郡太平村所在、土佐井遺跡出土土器の位置付け―」『古文化談叢　第27集』

水ノ江和同　1992b「書評『轟B式土器』に関する3篇の論文」『考古学研究　第38巻4号』考古学研究会

水ノ江和同　1999「西日本の縄紋時代貯蔵穴―低湿地型貯蔵穴を中心に―」『同志社大学考古学シリーズⅦ』

水ノ江和同　2007「低湿地型貯蔵穴」『縄文時代の考古学5　なりわい』同成社

水ノ江和同　2009「九州地方の縄文集落と「縄文文化」」『縄文集落の多様性Ⅰ　集落の変遷と地域性』雄山閣

水ノ江和同　2012『九州縄文文化の研究―九州からみた縄文文化の枠組み―』雄山閣

水ノ江和同　2013「北部九州」『講座日本の考古学　3縄文時代　上』青木書店

三森定男　1938「先史時代の西部日本」『人類学先史学講座1・2』雄山閣

南方前池遺跡発掘調査団　1969「岡山県山陽町南方前池遺跡―縄文式末期の貯蔵庫発見」『私たちの考古学』7　考古学研究会

宮内克己　1980「九州縄文時代土偶の研究」『九州考古学　第55号』九州考古学会

参考文献

宮坂英弌　1946「尖石先史聚落址の研究（概報）―日本石器時代中部山岳地帯文化―」『諏訪史談会会報　第3号』諏訪史談会

宮坂英弌　1957『尖石』長野県茅野町教育委員会

宮坂光昭　1965「縄文中期における宗教的遺物の推移―八ヶ岳山麓の住居址内を中心として―」『信濃　第17巻第5号』信濃史学会

宮路淳子　2002「縄文時代の貯蔵穴」『古代文化54-3』古代学協会

宮下健司　1988「縄文世界を動かす道具」『古代史復元3　縄文人の道具』講談社

宮本一夫　1987「近畿・中国地方における縄文前期初頭の土器細分」『京都大学構内遺跡調査研究年報　昭和59年度』京都大学埋蔵文化財研究センター

宮本一夫　1989a「轟式土器様式」『縄文土器大観1』小学館

宮本一夫　1989b「轟B式の再検討」『肥後考古　第7号』肥後考古学会

宮本一夫　1993「瀬戸内の縄文時代前期の地域様相―江口貝塚の事例を中心に―」『斎灘・燧灘の考古学』愛媛県大西町

宮本一夫　2000「縄文農耕と縄文社会」『古代史の論点1　環境と食糧生産』小学館

森　浩一編　1985『日本民俗文化体系13　技術と民俗（上）』小学館

森下哲也　1996「鳥取県の縄文時代住居址―後期・晩期を中心に―」『考古学の諸相―坂詰秀一先生還暦記念論文集―』坂詰秀一先生還暦記念会

守屋豊人　1994「穂谷式土器」『縄文時代研究事典』東京堂出版

【や行】

柳浦俊一　1994「島根県の縄文時代後期中葉～晩期土器の概要」『島根考古学会誌　第11集』島根考古学会

柳浦俊一　1996「島根県津和野町大蔭遺跡出土遺物について（1)」『島根考古学会誌　第13集』島根考古学会

柳浦俊一　2000a「山陰地方縄文時代後期初頭～中葉の土器編年―中津・福田K2式・縁帯文土器群の地域編年―」『島根考古学会誌　第17集』島根考古学会

柳浦俊一　2000b「山陰地方における福田K2式併行の土器群」『古代吉備　第22集』古代吉備研究会

柳浦俊一　2001「山陰地方における縄文前期土器の地域編年」『島根考古学会誌　第18集』

柳浦俊一　2003「山陰中部域における縄文時代後期土器の地域性―とくに「中津式」の小地域性について―」『立命館大学考古学論集Ⅲ』立命館大学考古学論集刊行会

柳浦俊一　2004「西日本縄文時代貯蔵穴の基礎的研究」『島根考古学会誌　第20・21集合併号』　島根考古学会

柳浦俊一　2007「山陰地方の縄文早期土器～高田遺跡出土資料の紹介と編年の現状」『島根考古学会誌　第24集』島根考古学会

柳浦俊一　2009「山陰地方における縄文時代後・晩期の集落景観」『考古学と地域文化』一山典還暦記念論集刊行会

柳浦俊一　2010「各地域の土器編年　山陰」『西日本の縄文土器』真陽社

柳浦俊一　2012a「松江市美保関町・小浜洞穴遺跡の出土遺物」『古代文化研究　第20号』島根県古代文化センター

柳浦俊一　2012b「中国・四国地方の縄文集落の生活と生業」『縄文集落の多様性Ⅲ』雄山閣

柳浦俊一　2014a「縄文時代における山陰地方の食糧獲得」『山陰地方の縄文社会』島根県古代文化センター

柳浦俊一　2014b「呪術具の素材からみた縄文時代の価値観」『山陰地方の縄文社会』島根県古代文化

センター

柳浦俊一　2014c「小浜洞穴遺跡出土人骨」『山陰地方の縄文社会』島根県古代文化センター

柳浦俊一　2015「山崎遺跡発掘の成果と意義」『山崎遺跡』島根県益田市教育委員会

柳浦俊一　2016a「山陰地方縄文前期・西川津式の展開―押引き・刺突文土器を中心とした分析―」『古文化談叢　第75集』九州古文化研究会

柳浦俊一　2016b「山陰地方中部域における縄文時代中期末～後期初頭土器の変遷　―北浦松ノ木遺跡出土縄文土器の意義―」『北浦松ノ木遺跡』松江市教育委員会・公益財団法人松江市スポーツ振興財団

柳浦俊一・米森恭子　2001「隠岐郡西郷町宮尾遺跡出土の縄文土器について」『島根考古学会誌　第18集』

安田喜憲　1982「縄文時代の環境　気候変動」『縄文文化の研究1　縄文人とその環境』雄山閣出版

矢野健一　1991「縄文土器の変遷　①縄文時代早・前期の土器」『先史時代の北白川』京都大学文学部博物館

矢野健一　1993「縄文時代中期後葉の瀬戸内地方」『江口貝塚Ⅰ―縄文前中期編―』愛媛県波方町教育委員会・愛媛大学考古学研究室

矢野健一　1994「北白川C式併行期の瀬戸内地方の土器」『古代吉備　第16集』

矢野健一　2001「西日本の縄文集落」『立命館大学考古学論集Ⅱ』

矢野健一　2002「中国地方における縄文時代早期末前期初頭の土器編年」『環瀬戸内海の考古学』

矢野健一　2004「西日本における縄文時代住居跡数の増減」『文化の多様性と比較考古学』考古学研究会

矢野健一　2010「縄文文化の東と西」『縄文時代の考古学Ⅰ　縄文文化の輪郭』

矢野健一　2016『土器編年にみる西日本の縄文社会』同成社

家根祥多　1994「篠原式の提唱」『縄文晩期前葉―中葉の広域編年　平成4年度科学久研究費補助（総合A）研究成果報告書』

山口雄治　2008「中国地方縄文時代中・後期の居住形態」『考古学研究　第54巻4号』考古学研究会

山崎順子　1999「飯石郡頓原町五明田遺跡発掘調査概報」『島根考古学会誌　第16集』

山崎純男　1988「西北九州漁労文化の特性―石製離銛頭（石鋸）を中心に―」『季刊考古学　第25号』雄山閣出版

山下勝利　2008「清水ノ上Ⅱ式・上の坊式土器」『総覧縄文土器』アム・プロモーション

山田克己　1980「出雲の縄文前期土器―竹ノ花遺跡出土の土器を中心に―」『えとのす16』

山田康弘　2000「山陰地方における列状配置墓域の展開」『島根考古学会誌　第17集』島根考古学会

山田康弘　2001a「中国地方における縄文時代集落の諸様相」『列島における縄文時代集落の諸様相』縄文時代文化研究会

山田康弘　2001b「中国地方の土器埋設遺構」『島根考古学会誌　第18集』島根考古学会

山田康弘　2001c「山陰地方における縄文時代遺跡研究の展望―島根県を中心に―」『島根考古学会誌　第18集』島根考古学会

山田康弘　2002「中国地方の縄文集落」『島根考古学会誌　第19集』島根考古学会

山田康弘　2004「島根県における縄文時代石器の様相―石器組成を中心に―」『島根考古学会誌　第20・21集合併号』島根考古学会

山田康弘　2008「葬送と地域社会」『第19回中四国縄文研究会　中四国における縄文時代後期の地域社会の展開　発表資料集』

山田康弘　2015『つくられた縄文時代　日本文化の源像を探る』新潮社

山田康弘　2017「縄文時代研究からみた古屋敷遺跡」『季刊文化財　第141号』島根県文化財愛護協会

山内清男　1930「「所謂亀ヶ岡式土器の分布」云々に関する追加一」『考古学　第1巻第4号』

山内清男　1932「日本遠古の文化」『ドルメン　第1巻第4〜9号』岡書院

山内清男　1937a「縄文土器型式の大別と細別」『先史考古学　第1巻第1号』

山内清男　1937b「日本に於ける農業の起源」『歴史公論　第6巻第1号』雄山閣

山内清男　1964『日本の原始美術1　縄文式土器』講談社

山本一朗編　1978『山口県先史時代表採遺物集成ならびに編年的研究』周陽考古学研究所

山本悦代　2004「縄文時代後期の集落構造とその推移」『紀要2003』岡山大学埋蔵文化財調査研究センター

山本　清　1961「西山陰の縄文文化」『山陰文化研究所紀要　第1号』島根大学

山本　清　1967a「山陰地方の洞穴遺跡」『日本の洞穴遺跡』平凡社

山本　清　1967b「美保関町サルガ鼻・権現山洞窟住居跡について」『島根県文化財調査報告書3』島根県教育委員会

山本　清編　1978『さんいん古代史の周辺（上）』山陰中央新報社

山本　清　1995『遺跡と歩んだ70年　古代出雲の考古学』ハーベスト出版

山本暉久　1979「石棒祭祀の変遷（上）（下）」『古代文化　第31巻第11・12号』古代学協会

山本暉久　1983「石棒」『縄文文化の研究9』雄山閣出版

山本直人　1995「縄文時代における野生根茎類食糧化の基礎的研究」『名古屋大学文学部研究論集122　史学41』名古屋大学文学部

山本直人　2007「縄文時代の植物利用技術」『縄文時代の考古学5　なりわい』同成社

八幡一郎　1933「石刀の分布」『人類学雑誌　第48巻第4号』東京人類学会

八幡一郎　1935「日本石器時代文化」『日本民族』人類学会

八幡一郎　1939「日本先史人の信仰の問題」『人類学・先史学講座　第13巻』雄山閣

横澤　滋　2014「九州東部における轟B式後半段階の様相」『第24回九州縄文研究会大分大会　九州における縄文時代早期末〜前期前葉の土器様相』九州縄文研究会

湯浅利彦　2009「徳島県域における縄文時代住居遺構の様相」『考古学と地域文化』一山典還暦記念論集刊行会

吉崎昌一　1992「古代雑穀の検出―考古植物学的調査の展開―」『考古学ジャーナルNo. 255』ニュー・サイエンス社

吉田富夫　1940「石冠考」『考古学　第11巻第4号』

米田　穣・尾嵜大真・大森貴之・小林紘一・伊藤　茂　2014「小浜洞穴遺跡出土人骨の炭素・窒素同位体比と放射性炭素年代」『山陰地方の縄文社会』島根県古代文化センター


【ら行】

リー、ド・ヴォエ　1968『Man the hunter』


【わ行】

和島誠一　1948「原始聚落の構成」『日本歴史学講座　第1巻』学生書房

和島誠一・岡本勇　1958「南堀貝塚と原始聚落」『横浜市史　第1巻』横浜市

渡邊正巳　2002「山陰中央部における縄文時代の花粉組成変遷」『野尻湖ナウマンゾウ博物館研究報告　第10号』

渡邊正巳・佐伯純也・平木裕子　2003「目久美遺跡発掘調査における花粉層序の成果」『鳥取地質学会誌　第7号』

渡邊正巳・石賀裕明　2008「島根県西部益田平野における過去6400年間の環境変遷」『植生史研究第16巻第1号』

渡辺　誠　1968「日本列島の土器出現の背景をめぐって」『古代文化　第20巻第8・9号』古代学協会

渡辺　誠　1972『縄文時代の漁業』雄山閣出版

渡辺　誠　1975『縄文時代の植物食』雄山閣出版

渡辺　誠　1978a「桂見遺跡をめぐる諸問題」『桂見遺跡発掘調査報告書』鳥取市教育委員会

渡辺　誠　1978b「縄文時代の食糧」『歴史公論　第5巻第2号』雄山閣出版

渡辺　誠　1979「古代遺跡出土のトチの実」『古代学論集』古代学協会

渡辺　誠　1981「トチのコザワシ」『物質文化36』物質文化研究会

渡辺　誠　1983「トチの実食用化の上限について」『角田文衞先生古希記念　古代学叢論』角田文衞先生古希記念事業会

渡辺　誠　1987「縄文時代の植物質食糧・ドングリ類」『考古学ジャーナル第279号』ニュー・サイエンス

渡辺　誠　1989「トチのコザワシ」『名古屋大学文学部研究論集104　史学35』名古屋大学文学部

渡辺　誠　1990「縄文時代の食べ物」『食の科学150』


## 【発掘調査報告書・県史・市町村史誌等】

県別にまとめ、西から順に配置した。各県内の記載は、最初に都道府県とその関係団体を、次に県庁所在地とその関連団体をまとめ、その後に市町村を五十音順に記載した。また、大学・研究機関発行の報告は、遺跡の所在県に置いた。（　）内は遺跡の所在府県・遺跡名。


### 【長崎県】

長崎県教育委員会　1985『名切遺跡』

長崎県教育委員会　1995『原始・古代の長崎県』

長崎県教育委員会　1997『伊木力遺跡Ⅱ』

福江市教育委員会　1987『中島遺跡』

同志社大学文学部文化学科　1990『伊木力遺跡』


### 【佐賀県】

佐賀県教育委員会　1969『西有田町縄文遺跡』

佐賀県教育委員会　1971『坂の下縄文遺跡　第二次発掘調査』

佐賀県立博物館　1975『坂の下遺跡の研究』

佐賀市教育委員会　2009『東名遺跡群Ⅱ』

唐津市教育委員会　1982『菜畑遺跡』


### 【福岡県】

福岡県教育委員会　1995『新延貝塚』

福岡市教育委員会　1983『野多目拈渡遺跡』

福岡市教育委員会　1986『野多目拈渡遺跡Ⅱ』

福岡市教育委員会　1987『野多目拈渡遺跡Ⅲ』

福岡市教育委員会　1990『湯納遺跡―第9次調査―』

福岡市教育委員会　1993『野多目拈渡遺跡4』

鞍手町埋蔵文化財調査会　1980『新延貝塚』

参考文献

久留米市教育委員会　2008『正福寺遺跡―第7次調査―　遺構編』

【熊本県】

熊本県教育委員会　1988『曽畑』

熊本県教育委員会　1998『黒橋貝塚』

五和町教育委員会　2000『一尾貝塚』

宇土市教育委員会　1985『西岡台貝塚』

【大分県】

大分県教育委員会　1993『宇佐別府道路・日出ジャンクション関係埋蔵文化財発掘調査報告書』「エゴ
　　　　ノクチ遺跡」

大分県教育委員会　1995「尾畑遺跡」『一般国道10号宇佐道路埋蔵文化財発掘調査報告書(3)』

大分県教育委員会　1998『かわじ池遺跡』

大分県教育委員会　1999『龍頭遺跡』

国東町教育委員会　1990『羽田遺跡（Ⅰ地区）』

【山口県】

山口県教育委員会　1995『上原田遺跡』

山口県埋蔵文化財センター　1999『吉永遺跡（Ⅲ―東地区)』

山口県埋蔵文化財センター　2004『郷遺跡』

山口県埋蔵文化財センター　2007『田ノ浦遺跡―平成17・18年度調査―』

山口県埋蔵文化財センター　2011『田ノ浦遺跡Ⅱ―平成20・21年度調査―』

山口県　2000『山口県史　資料編考古1』

宇部市教育委員会　1968『宇部の遺跡』

平生町教育委員会　1974『岩田遺跡』

【広島県】

広島県教育委員会　1963「松永市馬取遺跡調査報告」『広島県文化財調査報告 第4集』

広島県教育委員会・財団法人広島県埋蔵文化財調査センター　1981『松ヶ迫遺跡群発掘調査報告』

(財)広島県教育事業団　2013『只野原1号遺跡　只野原2号遺跡　只野原3号遺跡　中国横断自動車
　　　　道尾道松江線建設に伴う埋蔵文化財発掘調査報告書(23)』

広島県　1979『広島県史　考古編』

広島県立歴史民俗資料館　1984『江の川の漁労』

福山市教育委員会ほか　1976『洗谷貝塚』

庄原市教育委員会　1999『陽内遺跡』

広島大学帝釈峡遺跡群発掘調査室　1986『広島大学帝釈峡遺跡群発掘調査室年報Ⅸ』

広島大学帝釈峡遺跡群発掘調査室　1995『広島大学帝釈峡遺跡群発掘調査室年報Ⅹ』

広島大学帝釈峡遺跡群発掘調査室　1996『広島大学帝釈峡遺跡群発掘調査室年報Ⅺ』

広島大学帝釈峡遺跡群発掘調査室　1997『広島大学帝釈峡遺跡群発掘調査室年報Ⅻ』

広島大学埋蔵文化財調査室　2004『広島大学東広島キャンパス埋蔵文化財発掘調査報告書Ⅱ―ガガラ
　　　　地区の調査―』

広島大学埋蔵文化財調査室　2007『広島大学東広島キャンパス埋蔵文化財発掘調査報告書Ⅳ』

帝釈峡遺跡群発掘調査団　1976『帝釈峡遺跡群』亜紀書房

【岡山県】

岡山県教育委員会　1976「宮の前遺跡」『中国縦貫自動車道建設に伴う発掘調査7』

岡山県教育委員会　1978「佐藤遺跡」『中国縦貫自動車道建設に伴う発掘調査13』

岡山県教育委員会　1985『百間川沢田遺跡2・百間川長谷遺跡』

岡山県教育委員会　1993a「菅生小学校裏山遺跡」『山陽自動車道建設に伴う発掘調査5』

岡山県教育委員会　1993b「矢部奥田遺跡」『山陽自動車道建設に伴う発掘調査6』

岡山県教育委員会　1993c『百間川沢田遺跡3』

岡山県教育委員会　1995「中山西遺跡」『中国横断自動車道建設に伴う発掘調査2』

岡山県文化財保護協会　1996『南溝手遺跡』

岡山県教育委員会　1997『百間川沢田遺跡4』

岡山県教育委員会　1997b『吉野口遺跡』

岡山県教育委員会　1998『大田茶屋遺跡2　大田障子遺跡　大田松山久保遺跡　大田大正平遺跡　大田
　　　奥西田遺跡』

岡山県教育委員会　1988a「舟津原遺跡の調査」『本州四国連絡橋陸上ルート建設に伴う発掘調査Ⅱ』

岡山県教育委員会　1988b「阿津走出遺跡の調査」『本州四国連絡橋陸上ルート建設に伴う発掘調査Ⅱ』

岡山県教育委員会　1999a『田益田中（国立岡山病院）遺跡』

岡山県教育委員会　1999b『旦山遺跡　惣台遺跡　野辺張遺跡　先旦山遺跡　旦山古墳群　奥田古墳群　水神ヶ
　　　峪遺跡』

岡山県教育委員会　2002『立石遺跡　大開遺跡　六番丁遺跡　九番丁遺跡』

岡山県教育委員会　2004『久田原遺跡　久田原古墳群』

岡山県教育委員会　2005a『久田堀ノ内遺跡』

岡山県文化財保護協会　2005b『長縄手遺跡』

岡山県史編纂委員　1986『岡山県史　考古資料』

岡山市教育委員会　2006『彦崎貝塚―範囲確認調査―』

岡山市教育委員会　2007『彦崎貝塚2』

岡山市教育委員会　2008『彦崎貝塚3』

倉敷市埋蔵文化財センター　1999『船倉貝塚』

山陽町教育委員会　1995『南方前池遺跡』

岡山大学埋蔵文化財調査研究センター　1992『津島岡大遺跡3―第3次調査―』

岡山大学埋蔵文化財調査研究センター　1994『津島岡大遺跡4　第5次調査』

岡山大学埋蔵文化財調査研究センター　1995『津島岡大遺跡6―第6・7次調査』

岡山大学埋蔵文化財調査研究センター　1998『津島岡大遺跡10―第9次調査』

岡山大学埋蔵文化財調査研究センター　2000『福呂遺跡1―第1・2次調査―』

岡山大学埋蔵文化財調査研究センター　2003『津島岡大遺跡12』

岡山大学埋蔵文化財調査研究センター　2004『津島岡大遺跡14』

岡山大学埋蔵文化財調査研究センター　2005『津島岡大遺跡16』

岡山大学考古学研究室　1996『恩原2遺跡』

倉敷考古館　1971『里木貝塚　倉敷考古館研究集報7』


【島根県】

島根県教育委員会　1979『タテチョウ遺跡発掘調査報告書』島根県教育委員会』

島根県教育委員会　1983「才の峠遺跡」『国道9号線バイパス建設予定地内埋蔵文化財発掘調査報告
　　　書Ⅳ』

参考文献

島根県教育委員会　1984『高広遺跡発掘調査報告書』

島根県教育委員会　1985a『日脚遺跡』

島根県教育委員会　1985b「岩塚Ⅱ遺跡」『中国横断自動車道建設に伴う埋蔵文化財発掘調査報告書Ⅱ』

島根県教育委員会　1987a　「仁摩：坂灘遺跡」『島根県埋蔵文化財調査報告書　第ⅩⅢ集』

島根県教育委員会　1987b『西川津遺跡発掘調査報告書Ⅲ（海崎地区1）』

島根県教育委員会　1989『西川津遺跡発掘調査報告書Ⅴ（海崎地区3）』

島根県教育委員会　1990『タテチョウ遺跡発掘調査報告書Ⅲ』

島根県教育委員会　1991a「郷路橋遺跡」『中国横断自動車道広島浜田線建設予定地内埋蔵文化財発掘
　　　調査報告書Ⅲ』

島根県教育委員会　1991b『堀田上・今佐屋山・米屋山遺跡の調査 主要地方道浜田八重可部線特殊改
　　　良工事に伴う埋蔵文化財発掘調査報告書』

島根県教育委員会　1994『森遺跡・板屋Ⅰ遺跡・森脇山城跡・阿丹谷辻堂跡　志津見ダム建設予定地
　　　内埋蔵文化財調査報告書2』

島根県教育委員会　1995「島田黒谷Ⅰ遺跡」『オノ神遺跡・普請場遺跡・島田黒谷Ⅰ遺跡』

島根県教育委員会　1997『渋山池遺跡 一般国道9号（安来道路）建設予定地内埋蔵文化財発掘調査報
　　　告書 西地区Ⅶ』

島根県教育委員会　1998『板屋Ⅲ遺跡 志津見ダム建設予定地内埋蔵文化財発掘調査報告書5』

島根県教育委員会　1999a『中原遺跡 志津見ダム建設予定地内埋蔵文化財発掘調査報告書6』

島根県教育委員会　1999b『三田谷1遺跡　1』

島根県教育委員会　1999c『蔵小路西遺跡』

島根県教育委員会　2000a『三田谷Ⅰ遺跡（vol.2）　斐伊川放水路建設予定地内埋蔵文化財発掘調査報告
　　　書10』

島根県教育委員会　2000b『三田谷Ⅲ遺跡』

島根県教育委員会　2000c『神原Ⅰ遺跡・神原Ⅱ遺跡　志津見ダム建設に伴う埋蔵文化財発掘調査報告
　　　書8』

島根県教育委員会　2000d『三田谷Ⅰ遺跡（vol.3）　斐伊川放水路建設予定地内埋蔵文化財発掘調査報
　　　告書9』

島根県教育委員会　2001『西川津遺跡Ⅷ』

島根県教育委員会　2002a『下山遺跡　志津見ダム建設予定地内埋蔵文化財調査報告書12』

島根県教育委員会　2002b『貝谷遺跡　志津見ダム建設に伴う埋蔵文化財発掘調査報告書16』

島根県教育委員会　2002c『小丸遺跡　志津見ダム建設に伴う埋蔵文化財発掘調査報告書14』

島根県教育委員会　2003a『貝谷遺跡（2）　丸山金屋子遺跡』

島根県教育委員会　2003b『神原Ⅱ遺跡（3）　志津見ダム建設予定地内埋蔵文化財調査報告書18』

島根県教育委員会　2003c『板屋Ⅲ遺跡（2）　志津見ダム建設予定地内埋蔵文化財調査報告書20』

島根県教育委員会　2003d『尾白Ⅰ遺跡・尾白Ⅱ遺跡・家ノ脇Ⅱ遺跡3区・川平Ⅰ遺跡　尾原ダム建設に
　　　伴う埋蔵文化財発掘調査報告書1』

島根県教育委員会　2003e『家の後Ⅰ遺跡　垣ノ内遺跡　尾原ダム建設に伴う埋蔵文化財発掘調査報告
　　　書2』

島根県教育委員会　2004a『槇ヶ峠遺跡　尾原ダム建設に伴う埋蔵文化財発掘調査報告書3』

島根県教育委員会　2004b『家ノ脇Ⅱ遺跡・原田遺跡1区・前田遺跡4区　尾原ダム建設に伴う埋蔵文
　　　化財発掘調査報告書4』

島根県教育委員会　2005a『前田遺跡（2）・下布施氏館跡・原田遺跡1区（分析編）　尾原ダム建設に
　　　伴う埋蔵文化財発掘調査報告書5』

島根県教育委員会　2005b『家ノ脇遺跡・家ノ後Ⅱ遺跡1〔2区〕　尾原ダム建設に伴う埋蔵文化財発掘調査報告書6』

島根県教育委員会　2005c『北原本郷遺跡1-1～3・6区の調査　尾原ダム建設に伴う埋蔵文化財発掘調査報告書7』

島根県教育委員会　2005d『前田遺跡(2)・下布施氏館跡・原田遺跡Ⅰ区(分析編)尾原ダム建設に伴う埋蔵文化財発掘調査報告書5』

島根県教育委員会　2006a『原田遺跡(2)―2区の調査―　尾原ダム建設予定地内埋蔵文化財発掘調査報告書8』

島根県教育委員会　2006b「面白谷遺跡」『県道浜乃木湯町線(湯町工区)建設に伴う埋蔵文化財発掘調査報告書』

島根県教育委員会　2007a『家ノ後Ⅱ遺跡2〔1区〕・北原本郷遺跡2〔4・5・7～9区〕　尾原ダム建設に伴う埋蔵文化財発掘調査報告書9』

島根県教育委員会　2007b『原田遺跡(3)―5～7区の調査―　尾原ダム建設に伴う埋蔵文化財発掘調査報告書10』

島根県教育委員会　2007c『林原遺跡　尾原ダム建設予定地内埋蔵文化財発掘調査報告書11』

島根県教育委員会　2007d『南外2号墳・勝負遺跡』

島根県教育委員会　2008『原田遺跡(4)〔3・4・8・9区〕　尾原ダム建設に伴う埋蔵文化財発掘調査報告書12』

島根県教育委員会　2010『志谷Ⅲ遺跡　安神本遺跡』

島根県教育委員会　2017a『古屋敷遺跡A・E区』

島根県教育委員会　2017b『古屋敷遺跡D区』

島根県教育委員会　2017c『古屋敷遺跡C・F・H・I区』

島根県立古代出雲歴史博物館　2013『山陰の黎明　縄文のムラと暮らし』

島根県古代文化センター・埋蔵文化財調査センター　2005『崎ヶ鼻洞窟遺跡　佐々木謙・寄贈資料』

島根県古代文化センター・埋蔵文化財調査センター　2009『サルガ鼻洞窟遺跡・権現山洞窟遺跡』

島根県古代文化センター　2014『山陰地方の縄文社会』

島根県文化財愛護協会　1969『寺ノ脇遺跡』

松江市教育委員会　2000a『夫手遺跡発掘調査報告書』

松江市教育委員会　2000b『九日田遺跡発掘調査報告書』島根県松江市教育委員会

松江市教育委員会・(財)松江市スポーツ振興財団　2016『北浦松ノ木遺跡発掘調査報告書』

飯南町教育委員会　2007『万場Ⅱ遺跡　中山間地域圃場整備工事予定地内埋蔵文化財発掘調査報告書』

飯南町教育委員会　2009『森Ⅱ遺跡　森Ⅲ遺跡　森Ⅳ遺跡　森Ⅵ遺跡』

飯南町教育委員会　2010『五明田遺跡(Ⅲ)』

出雲市教育委員会　1996『上長浜貝塚』

出雲市教育委員会　2005『築山遺跡Ⅰ』

邑智町教育委員会　2001『沖丈遺跡』

奥出雲町教育委員会　2008『寺宇根遺跡』

鹿島町教育委員会　1993『佐太講武貝塚発掘調査報告書』

鹿島町教育委員会　1994『佐太講武貝塚発掘調査報告書2』

鹿島町教育委員会　1997『佐太講武貝塚　主要地方道松江美保関線交通安全基盤施設整備工事に伴う調査』

木次町教育委員会　1997『平田遺跡』

木次町教育委員会　2000『平田遺跡第Ⅲ調査区　斐伊川広域一般河川改修工事予定地内埋蔵文化財発

掘調査報告書』

江津市教育委員会・浜田市教育委員会　1988『大平山遺跡群調査報告書』

佐田町教育委員会　1998『上組団地茶屋谷遺跡発掘調査報告書』

津和野町教育委員会　1996『喜時雨地区埋蔵文化財試掘調査報告書Ⅰ』

津和野町教育委員会　2010『大蔭遺跡　第1・2・4・6・7・8次調査』

頓原町教育委員会　1991『五明田遺跡』

頓原町教育委員会　1992『五明田遺跡発掘調査報告書』

頓原町誌編纂委員会　2000『頓原町誌　民俗・文化』

仁多町教育委員会　1990『下鴨倉遺跡（第二次発掘調査報告)』

仁多町教育委員会　2004『墓地遺跡　尾原ダム建設予定地内埋蔵文化財発掘調査報告書Ⅲ』

斐川町教育委員会　1998『上ヶ谷遺跡発掘調査報告書』

斐川町教育委員会　2001『杉沢Ⅲ・堀切Ⅰ・三井Ⅱ遺跡発掘調査報告書』

益田市教育委員会　1981『安富王子台遺跡発掘調査概報』

益田市教育委員会　2007a『広戸A遺跡発掘調査報告書』

益田市教育委員会　2007b『広戸B遺跡発掘調査報告書』

益田市教育委員会　2015『山崎遺跡』

三刀屋町教育委員会　1979『京田遺跡―発掘調査概報―』

匹見町教育委員会　1987『新槙原遺跡発掘調査報告書』

匹見町教育委員会　1990『石ヶ坪遺跡』

匹見町教育委員会　1991a『匹見町内遺跡詳細分布調査報告書Ⅳ』

匹見町教育委員会　1991b『水田ノ上A遺跡・長グロ遺跡・下正ノ田遺跡』

匹見町教育委員会　1993『ヨレ遺跡　イセ遺跡　筆田遺跡』

匹見町教育委員会　1997『田中ノ尻遺跡』

匹見町教育委員会　1999『中ノ坪遺跡』

匹見町教育委員会　2000a『石ケ坪A遺跡』

匹見町教育委員会　2000b『五百田遺跡』

匹見町教育委員会　2003「沖ノ原遺跡」『匹見町内遺跡詳細分布調査報告書ⅩⅤ』

八雲村教育委員会　2001『前田遺跡（第Ⅱ調査区)』

島根大学埋蔵文化財調査研究センター　1995『島根大学構内遺跡（橋縄手地区）発掘報告書1』

島根大学埋蔵文化財研究センター　1997『島根大学構内遺跡第1次調査（橋縄手地区1)』

講武村誌刊行会　1955『講武村誌』


【鳥取県】

鳥取県教育委員会　1967～1978『青木遺跡発掘調査報告書Ⅰ・Ⅱ・Ⅲ』

鳥取県教育委員会　1992『東桂見遺跡試掘調査報告書』

鳥取県教育委員会　2013『高住平田遺跡Ⅱ』

鳥取県埋蔵文化財センター　1988『旧石器・縄文時代の鳥取県』

鳥取県埋蔵文化財センター　2013『下市築地ノ峰東通第2遺跡』

財団法人鳥取県教育文化財団　1984『久古第3遺跡・貝田原遺跡・林ヶ原遺跡発掘調査報告書』

財団法人鳥取県教育文化財団　1985『上福万遺跡・日下遺跡・石州府第1遺跡・石州府古墳群　中国
　　　横断自動車道岡山・米子線建設工事に伴う埋蔵文化財発掘調査報告書』

財団法人鳥取県教育文化財団　1986『上福万遺跡Ⅱ』

財団法人鳥取県教育文化財団　1994『泉中峰・泉前田遺跡』

財団法人鳥取県教育文化財団　1995『百塚第 7 遺跡』鳥取県教育文化財団

財団法人鳥取県教育文化財団　1996a『桂見遺跡―八ツ割地区・堤谷東地区堤谷西地・桂見―』

財団法人鳥取県教育文化財団　1996b『鶴田荒神ノ峰遺跡　鶴田堤ケ谷遺跡　宇代横平遺跡　宇代寺中
　　　　遺跡』

財団法人鳥取県教育文化財団　1999『上菅荒神遺跡』

財団法人鳥取県教育文化財団　2004a『中尾第 1 遺跡』

財団法人鳥取県教育文化財団　2004b『茶畑遺跡群』

財団法人鳥取県教育文化財団　2005a『名和飛田遺跡』

財団法人鳥取県教育文化財団　2005b『化粧川遺跡』

財団法人鳥取県教育文化財団　2013『本高弓ノ木遺跡』

鳥取市教育委員会　1976『松田谷遺跡Ⅱ　大路川遺跡 調査概報』

鳥取市教育委員会　1978『桂見遺跡発掘調査報告書』

鳥取市教育委員会　1981『布勢遺跡発掘調査報告書』

会見町教育委員会　1987『枇杷谷遺跡発掘調査報告書』

倉吉市　1996『新編　倉吉市史』

倉吉市教育委員会　1984『取木・一反田遺跡発掘調査報告書』

佐治村教育委員会　1990『佐治村内遺跡発掘調査報告書』

智頭町教育委員会　2006『智頭枕田遺跡Ⅰ』

東伯町教育委員会　1980『大法 3 号墳発掘調査報告書』

名和町教育委員会　1981「大塚遺跡」『名和遺跡群発掘調査報告書』

北条町教育委員会　1983『島遺跡発掘調査報告書第 1 集』

北条町教育委員会　1998『島遺跡発掘調査報告書第 2 集』

福部村教育委員会　1989a『栗谷遺跡発掘調査報告書Ⅰ』

福部村教育委員会　1989b『栗谷遺跡発掘調査報告書Ⅱ』

福部村教育委員会　1990『栗谷遺跡発掘調査報告書Ⅲ』

溝口町教育委員会　1982『上中ノ原・井後草里遺跡　発掘調査報告書』

溝口町教育委員会　1989『長山馬籠遺跡』

溝口町教育委員会　1990『代遺跡』

淀江町教育委員会　1981『宇田川』

米子市教育委員会　1984『陰田』

米子市教育委員会　1986『目久美遺跡』

米子市教育委員会　1990『喜多原第 4 遺跡発掘調査報告書』

財団法人米子市教育文化事業団　2007『目久美遺跡Ⅻ』

財団法人米子市教育文化事業団　2011『目久美遺跡（第 16 次～第 18 次調査）』

岡山大学埋蔵文化財調査研究センター　2000『福呂遺跡』


**【愛媛県】**

愛媛県教育委員会　1982『愛媛県総合運動公園関係埋蔵文化財調査報告書Ⅱ』

財団法人愛媛県埋蔵文化財調査センター　1999『馬島亀ヶ浦遺跡』

財団法人愛媛県埋蔵文化財調査センター　2001『犬除遺跡第 2 次調査』

愛媛県史編さん委員会　1986『愛媛県史　資料編　考古』

一本松町教育委員会　1994『茶堂Ⅱ遺跡発掘調査報告書』

大三島町教育委員会　1985『大見遺跡』

参考文献

久万町教育委員会　1990『宮ノ前・菅生台遺跡』
城川町教育委員会　1975『城川の遺跡』
岩谷遺跡発掘調査団　1979『岩谷遺跡』
愛媛大学考古学研究室　1993『江口貝塚Ⅰ―縄文前中期編―』
国立歴史民俗学博物館　2009『愛媛県上黒岩遺跡の研究』

【香川県】
香川県教育委員会　1983『新編香川叢書』
香川県埋蔵文化財センター　1999『六つ目遺跡』

【徳島】
徳島県教育委員会・（財）徳島県埋蔵文化財センター　1999『庄遺跡 大蔵省蔵本団地宿舎新営工事（第
　　　　Ⅲ期工事）関連埋蔵文化財発掘調査報告Ⅲ』
徳島県教育委員会・（財）徳島県埋蔵文化財センター　2003『矢野遺跡Ⅱ』
徳島県教育委員会　2008『宮ノ本遺跡Ⅰ　大原遺跡　庄境遺跡』
徳島市教育委員会　1997『三谷遺跡』
三加茂町教育委員会・同志社大学文学部　1999『加茂谷川岩陰遺跡群』

【高知県】
高知県教育委員会　1991『十川駄馬崎遺跡発掘調査報告書―第4次発掘調査概要報告―』
高知県教育委員会　1983『飼古屋岩陰遺跡発掘調査報告書』
高知県埋蔵文化財センター　2001　『奥谷南遺跡Ⅲ』
香北町教育委員会　2005『刈谷我野遺跡Ⅰ』
十和村教育委員会　1996『十川駄馬崎遺跡発掘調査報告書―第5次発掘調査概要報告―』
本山町教育委員会　2000『松ノ木遺跡Ⅴ』

【兵庫県】
兵庫県教育委員会　1985『丁・柳ケ瀬遺跡発掘調査報告書』
兵庫県教育委員会　1988『八木西宮遺跡・大山丸遺跡』
兵庫県教育委員会　1991a『杉ヶ沢遺跡』
兵庫県教育委員会　1991b『本庄町遺跡』
兵庫県教育委員会　1998『佃遺跡発掘調査報告書』
神戸市教育委員会　1990『楠・荒田町遺跡Ⅲ』
神戸市教育委員会　1995『平成4年度神戸市埋蔵文化財年報』
神戸市教育委員会　1997『平成9年度神戸市埋蔵文化財年報』
関宮町教育委員会　1990『小路頃オノ木遺跡発掘調査報告書』
竹野町教育委員会　1997『見蔵岡　その二』
八鹿町教育委員会　1988『八木西宮遺跡・大山田遺跡』
美方町教育委員会　1986『上ノ山遺跡』

【大阪府】
高槻市教育委員会　1995『芥川遺跡発掘調査報告書』
寝屋川市　1998『寝屋川市史　第1巻』

**【和歌山県】**

海南市教育委員会　1987『溝ノ口遺跡Ⅱ』

**【京都】**

財団法人京都府埋蔵文化財調査研究センター　1989『京都府遺跡調査報告書　第12冊　志高遺跡』

京都帝国大学文学部考古学研究室　1920『京都帝国大学文学部考古学研究報告　第5冊　備中国津雲
　　　貝塚発掘報告　肥後轟貝塚発掘報告』

京都帝国大学文学部考古学研究室　1921『京都帝国大学文学部考古学研究報告　第6冊　薩摩国指宿
　　　郡指宿遺物包含層調査報告』

京都大学埋蔵文化財研究センター　1985『京都大学埋蔵文化財調査報告Ⅲ—北白川追分町縄文遺跡の
　　　調査—』

京都大学埋蔵文化財研究センター　1998『京都大学構内遺跡調査研究年報1994年度』

京都大学大学院文学研究科考古学研究室　2013『一乗寺向畑遺跡出土　縄文時代資料—資料編—』

京都大学大学院文学研究科考古学研究室　2014『一乗寺向畑遺跡出土　縄文時代資料—考察編—』

**【奈良県】**

奈良国立文化財研究所 1989『福田貝塚資料　山内清男考古資料2』

奈良県立橿原考古学研究所　1995「奈良市平城京1995年度調査概報」『奈良県遺跡調査報告1995年度』

奈良県立橿原考古学研究所　2000『本郷大田下遺跡—縄文時代貯蔵穴群の調査—』

奈良県立橿原考古学研究所　2011『重要文化財　橿原遺跡出土品の研究』

埋蔵文化財天理教調査団　1989『奈良県天理市布留遺跡三島（木寺）地区・豊田（三反田）地区発掘
　　　調査報告』

**【滋賀県】**

滋賀県教育委員会　1984『粟津貝塚湖底遺跡』

滋賀県教育委員会・財団法人滋賀県文化財保護協会　1997a『粟津湖底第3貝塚（粟津湖底遺跡Ⅰ）』

滋賀県教育委員会・財団法人滋賀県文化財保護協会　1997b『穴太遺跡発掘調査報告書Ⅱ』

滋賀県教育委員会・財団法人滋賀県文化財保護協会　1999『上出A遺跡（蛇砂川地点）』

能登川町教育委員会　1990『今安楽寺遺跡』

能登川町教育委員会　1996『正楽寺遺跡』

栗東町教育委員会　1997『栗東町埋蔵文化財発掘調査1994年度年報』

**【三重県】**

三重県埋蔵文化財センター　1995『天白遺跡』

三重県埋蔵文化財センター　1997『新徳寺遺跡』三重県埋蔵文化財センター

**【福井県】**

福井県教育委員会　1979『鳥浜貝塚—縄文前期を主とする低湿地遺跡の調査1』

福井県教育委員会　1985『鳥浜貝塚—縄文前期を主とする低湿地遺跡の調査5—』

福井県教育委員会　1987『鳥浜貝塚—1980〜1985年度調査のまとめ』

［挿図出典］

第1図　著者作成

第2図　山内 1932　鎌木・木村 1956

第3図　1…山本清 1961　2…間壁・潮見 1965　3…鎌木 1965

第4図　1…宍道 1974　2…柳浦 2001　3…柳浦 2010

第5図　柳浦 2001

第6図　1（西川津）…島根県教委 1989　2〜5（長山馬籠）…鳥取・溝口町教委 1989

第7図　1〜9（西川津）…島根県教委 1987b　10〜13（目久美）…鳥取・米子市教委 1986

第8図　1〜5・7〜19（西川津）…島根県教委 1987b　6（目久美）…鳥取・米子市教委 1986

第9図　1〜7（西川津）…島根県教委 1987b　8（島大構内）…島根大学埋蔵文化財調査研究センター 1995　9〜12（目久美）…鳥取・米子市教委 1986

第10図　1・2・4〜9（目久美）…鳥取・米子市教委 1986　3（夫手）…島根・松江市教委 2000a

第11図　1・2（目久美）…鳥取・米子市教委 1986　3・4・7（夫手）…鳥取・松江市教委 2000a　5（島大構内）…鳥取・島根大学埋蔵文化財調査研究センター 1995　6（郷路橋）…島根県教委 1991　8・9・11〜14（島根・宮尾）…柳浦・米森 2001　10（佐太講武貝塚）…鳥取・鹿島町教委 1994

第12図　1（下山）…島根県教委 2002a　2〜5（下鴨倉）…島根・仁多町教委 1990　6〜8・10・11（宮尾）…柳浦・米森 2001　9（目久美）…鳥取・米子市教委 1986　12（栗谷）…鳥取・福部村教委 1989b

第13図　1・4（目久美）…鳥取・米子市教委 1986　2・3（陰田）…鳥取・米子市教委 1984　6（下鴨倉）…島根・仁多町教委 1990　5・7（島大構内）…島根大学埋蔵文化財調査研究センター 1995

第14図　1・4〜6・8〜10（中ノ坪）…島根・匹見町教委 1999　2（田中ノ尻）…島根・匹見町教委 1997　3・13・14・16〜18（下鴨倉）…島根・仁多町教委 1990　7（鮴ヶ口）…鳥取・淀江町委員 1981　11・12・15（板屋Ⅲ）…島根県教委 1998

第15図　1（目久美）…鳥取・米子市教委 1986　2〜6・9〜15（郷路橋）…島根県教委 1991　7（陰田）…鳥取・米子市教委 1984　8（中ノ坪）…島根・匹見町教委 1999

第16図　1〜4（郷路橋）…島根県教委 1991　5（下山）…島根県教委 2002a　6〜8（中ノ坪）…島根・匹見町教委 1999

第17図　1・3（西川津）…島根県教委 1987b　2（目久美）…鳥取・米子市教委 1986

第18図　1〜4（西川津）…島根県教委 1987b　5（目久美）…鳥取・米子市教委 1986

第19図　1・3・4（名和飛田）…財団法人鳥取県教育文化財団 2005　2（鳥取・福呂）…岡山大学埋蔵文化財研究センター 2000　5（西川津）…島根県教委 1987b　6（西川津）…島根県教委 2001

第20図　1・3（目久美）…鳥取・（財）米子市教育文化事業団 2007　2（下市築地ノ峰東通第2遺跡…鳥取県埋蔵文化財センター 2013　5（鳥取・富繁渡り上り）…山陰考古学研究集会 2000　4・6・7・9・10（西川津）…島根県教委 1987b　8（名和飛田）…財団法人鳥取県教育文化財団 2005　11（陰田）…鳥取・米子市教委 1984

第21図　1（北原本郷）…島根県教委 2005c　2〜6（西川津）…島根県教委 1987b

第22図　1（鳥取・福呂）…岡山大学埋蔵文化財調査研究センター 2000　2（名和飛田）…財団法人鳥取県教育文化財団 2005　3・4・6〜8（西川津）…島根県教委 1987b　5（目久美）…鳥取・財団法人米子市教育文化財団 2007

第23図　1〜4・6〜8・10（西川津）…島根県教委 1987b　5・9（北原本郷）…島根県教委 2005c

第24図　1〜7・9・11〜14・16・18・21〜26（西川津）…島根県教委 1987　8・10（後谷）…宍道 1974

　　　　　　15・17・19（目久美）…鳥取・米子市教委1986　20（志高）…財団法人京都府埋文センター

　　　　　　1989　27（目久美）…財団法人米子市教育文化事業団2007

第25図　1・3〜8（西川津）…島根県教委1987b　2（名和飛田）…（財）鳥取県教育文化財団2005

第26図　1〜3・5・12（西川津）…島根県教委1987b　4（陰田）…鳥取・米子市教委1984　6（島根・

　　　　　　後谷）…宍道1974　7（志高）…（財）京都府埋文センター1989　8・11（目久美）…鳥取・米

　　　　　　子市教委1986　10（目久美）…鳥取・（財）米子市教育文化事業団2007　9（西川津）…島根県

　　　　　　教委2001

第27図　1・3（目久美）…鳥取・（財）米子市教育文化事業団2007　2（下山築地ノ峯東通第2）…鳥取

　　　　　　県埋蔵文化財センター2013　4・5・7・9・11・13〜17・20・22〜24・28・29・32〜35・39・

　　　　　　40（西川津）…島根県教委1987b　6・36（西川津）…島根県教委2001　8（富繁渡り上り）…

　　　　　　山陰考古学研究集会2000　10・18（陰田）…鳥取・米子市教委1984　12（名和飛田）…（財）

　　　　　　鳥取県教育文化財団2005　19・25（北原本郷）…島根県教委2005c　21（鳥取・後谷）…宍道

　　　　　　1974　26・30・31・37（目久美）…鳥取・米子市教委1986　27（志高）…（財）京都府埋文セ

　　　　　　ンター1989　3・38（目久美）…（財）米子市教育文化事業団2007　36（西川津）…島根県教

　　　　　　委2001

第28図　1（広島帝釈弘法滝）…中越1985　2（名和飛田）…（財）鳥取県教育文化財団2005　3（西川津）

　　　　　　…島根県教委1987b　4・7（九郎）…広瀬2014a　5（かわじ池）…横澤2014

第29図　1（広島帝釈弘法滝）　2・5・10・15・16（同観音堂）…中越1985　3（同新免手入）…網谷

　　　　　　2004　6〜8・11（島根・竹ノ花）…山田1980　9・12〜14（目久美）…鳥取・米子市教委

　　　　　　1986

第30図　1〜9（サルガ鼻）…島根県古代文化センターほか2005

第31図　1（高住平田）…鳥取県教委2013　2（北浦松ノ木）…島根・松江市教委ほか2016

第32図　1・3・4（里木）…岡山・倉敷考古館1971　2（栗谷）…鳥取・福部村教委1990

第33図　1〜8（北浦松ノ木）…島根・松江市教委ほか2016

第34図　1・2・17・26（家ノ後Ⅱ）…島根県教委2007a　3〜10・13・14・18・22（垣ノ内）…島根県

　　　　　　教委2003e　11・29（目久美）…鳥取・米子市教委1986　12・28（貝谷）…島根県教委2002b

　　　　　　15（志谷Ⅲ）…島根県教委2010　16・19・20・25・27（原田）…島根県教委2007b　21（陰田）

　　　　　　…鳥取・米子市教委1984

第35図　1〜3（北浦松ノ木）…島根・松江市教委ほか2016　4（島根・小浜）…柳浦2012a　5（夫

　　　　　　手）…島根・松江市教委2000　6（島根・龍ノ駒）…宍道1974　7・10（貝谷）…島根県教委

　　　　　　2002b　8（垣ノ内）…島根県教委2003e　9（家ノ後Ⅱ）…島根県教委2007a　11（滋賀・星

　　　　　　田　模式図）…泉拓良1985c　12（林ヶ原）…鳥取県教育文化財団1984

第36図　1・2・5・6・8・10・11・16（家ノ後Ⅱ）…島根県教委2007a　3・4・18（志谷Ⅲ）…島根県

　　　　　　教委2010　7（夫手）…島根・松江市教委2000a　9（オノ峠）…島根県教委1983　14・19・

　　　　　　21・22（貝谷）…島根県教委2002b　15・25（神原Ⅱ）…島根県教委2000c　17（垣ノ内）…

　　　　　　島根県教委2003e　20（五明田）…島根・頓原町教委1992　23（原田）…島根県教委2007b

　　　　　　24（五明田）…島根・頓原町教委1991

第37図　1・9（神原Ⅱ）…島根県教委2000c　2（上ヶ谷）…島根・斐川町教委1998（幡中2012bより

　　　　　　転用）　3・10・16（貝谷）…島根県教委2002b　4（志谷Ⅲ）…島根県教委2010　5〜7・11・

　　　　　　17（家ノ後Ⅱ）…島根県教委2007a　8・12（島田黒島Ⅰ）…島根県教委1995　13（原田）…島

　　　　　　根県教委2007b　14・15（三井Ⅱ）…島根・斐川町教委2001

第38図　1・3・6〜9・12・13・15（栗谷）…鳥取・福部村教委1990　2・4・5・10・11・14（智頭枕

　　　　　　田）…鳥取・智頭町教委2006　16・17（栗谷）…鳥取・福部村教委1989b　20（栗谷）…鳥取・

挿図出典

福部村教委 1989a　18・19・21・22（鳥）…鳥取・北条町教委 1983

第39図　1・8・11・12・14～16・18～22（桂見）…（財）鳥取県教育文化財団 1996a　2（森藤第2）・6・7・24（布勢）…鳥取・久保 1987　3～5（栗谷）…鳥取・福部村教委 1989a　9・10・23・25（栗谷）…鳥取・福部村教委 1990　13・17（栗谷）…鳥取・福部村教委 1989b

第40図　1～8・13～15（桂見）…（財）鳥取県教育文化財団 199a6　9～12・16・17・19・21・22・24・26～30・33～36（鳥）…鳥取・北条町教委 1983　18・20・23・25・31・32・37～44（鳥）…鳥取・北条町教委 1998

第41図　1・3・5・8・11・13（貝谷）…島根・島根県教委 2002b　2（目久美）…鳥取・米子市教委 1986　4・6・7（九日田）…島根・松江市教委 2000b　9（築廻）…島根県教委 2002a　10・12（志谷Ⅲ）…島根県教委 2010　14（築山）…島根・出雲市教委 2005　15・17・19・21～23（五明田）…島根・頓原町教委 1991　16・18（平田）…島根・木次町教委 1997　20（下山）…島根県教委 2002a

第42図　1・5・6・8・12・14（暮地）…島根・仁多町教委 2004　2・7・11・13・16・17（平田）…島根・木次町教委 1997　3・9（北原本郷）…島根県教委 2005c　4・23（下山）…島根県教委 2002a　10・15（西川津）…島根県教委 1989　19（都橋）…足立 1987　20・24～28（林原）…島根県教委 2007c　18・21・22（家ノ後Ⅰ）…島根県教委 2003e

第43図　1～3・6～8・12・14・17・20・25（サルガ鼻）…島根県古代文化センターほか 2009　4・5（五明田）…島根・飯南町教委 2010　9（北原本郷）…島根県教委 2007a　10・13・18・21・24（林原）…島根県教委 2007c　11・22・23（貝谷）…島根県教委 2002b　15（板屋Ⅲ）…島根県教委 1998　16（下山）…島根県教委 2002a　19（西川津）…島根県教委 1989

第44図　1・3・7・31・37（沖丈）…島根・邑智町教委 2001　2・10・16・18・20（佐太講武）…島根・鹿島町教委 1997　4・5・23・25・28～30・32・33（家ノ後Ⅱ）…島根県教委 2007a　6・11・21（西川津）…島根県教委 1989　8・19（三田谷Ⅲ）…島根県教委 2000b　9・12・13・14・17（神原Ⅰ）…島根県教委 2000c　15（板屋Ⅲ）…島根県教委 1998　26・27・36（平田）…島根・木次町教委 1997　22・24・35（原田）…島根県教委 2006a　34（下鴨倉）…島根・仁多町教委 1990

第45図　1・19・33（下鴨倉）…島根・仁多町教委 1990　2・3・6・8～10・12・14・15・17・20・41（森）…島根県教委 1994　4・11（下山）…島根県教委 2002a　5・13（平田）…島根・木次町教委 1997　7・16・21・22・24～31・36・39・40（原田）…島根県教委 2006a　18（佐太講武）…島根・鹿島町教委 1997　23（タテチョウ）…島根県教委 1990　32・34・35・37・38（万場Ⅱ）…島根・飯南町教委 2007　42・43（島根・梁瀬）…柳浦 1994

第46図　1～5・7～15・24（石ヶ坪）…島根・匹見町教委 1990　27・29・30（島根・石ヶ坪）…足立 1987　6・16・17・19・23・28（山崎）…島根・益田市教委 2015　18（広戸Ａ）…島根・益田市教委 2007a　20～22（広戸Ｂ）…島根・益田市教委 2007b　25・26（五百田）…島根・匹見町教委 2000b

第47図　1～6（広戸Ｂ）…島根・益田市教委 2007b　7～15・18～21・23・24（山崎）…島根・益田市教委 2015　16（島根・イセ）…足立 1987　17（イセ）…島根・匹見町教委 1993　22（イセ）…島根・匹見町教委 1991

第48図　1～7・9・11～14・16・17・20・21・23・24・32～34（島根・山崎）…益田市教委 2015　8・15・22（イセ）…島根・匹見町教委 1993　8・10（イセ）…島根・匹見町教委 1991　18・19（喜時雨）…島根・津和野町教委 1996　25～31・35～37（大蔭）…島根・津和野町教委 2010

第49図　1・2・4～7・9・16・17・26～28・30～33・35・37・39・41～43・45～47・49（山崎）…島根・益田市教委 2015　3・8・10～15・18～25・29・34・36・38（島根・大蔭）…津和野町教委

　　　　2010　40・44・48（島根・大蔭）…柳浦 1996

第 50 図　1・2（桂見）…（財）鳥取県教育文化財団 1996a　3（下鴨倉）…島根・仁多町教委 1990　4〜
　　　　10・14（板屋Ⅲ）…島根県教委 1998　11（目久美）…鳥取・米子市教委 1986　12（佐太講武）
　　　　…島根・鹿島町教委 1997　13（原田）…島根県教委 2006a　15・18・19・22（ヨレ）…島根・
　　　　匹見町教委 1993　16・21（大蔭）…島根・津和野町教委 2010　17・20（安富王子台）…島根・
　　　　益田市教委 1981

第 51 図　1・2・9・12・13（貝谷）…島根県教委 2002b　3（三田谷Ⅲ）…島根県教委 2000b　4（目久美）
　　　　…鳥取・米子市教委 1986　5・6・8（九日田）…島根・松江市教委 2000b　7（島根・竜ノ駒）
　　　　…宍道正年 1974　10・11（五明田）…島根・頓原町教委 1992

第 52 図　1〜11…玉田芳英 1989

第 53 図　1・2（目久美）…鳥取・米子市教委 1986　3・7・8（桂見）…鳥取市教委 1978　4〜6（栗谷）
　　　　…鳥取・福部村教委 1990　9（タテチョウ）…島根県教委 1990　10（陰田第7）…鳥取・米子
　　　　市教委 1984

第 54 図　1（林ヶ原）…鳥取県教育文化財団 1984　2・4・6〜8・10・19・20・22（桂見）…鳥取市教委
　　　　1978　3・5・9・11・12・14・15・18・21・23（栗谷）…鳥取・福部村教委 1990　13・24（夫
　　　　手）…島根・松江市教委 2000a　16（島根・竜ノ駒）…宍道 1974　17（葛谷）…鳥取・佐治村
　　　　教委 1990　25（島根・竜ノ駒）…山本清 1961　26（東桂見）…鳥取県教委 1992

第 55 図　1・5・6・10・11・14・23（桂見）…鳥取市教委 1978　2（オノ峠）…島根県教委 1983　3・7・8・
　　　　12・13・16・17・20・21・27・28・32・36〜38（貝谷）…島根県教委 2002b　4（夫手）…島根・
　　　　松江市教委 2000a　9・15・22（栗谷）…鳥取・福部村教委 1990　18・19・24・29〜31・33・
　　　　39・40（神原Ⅱ）…島根県教委 2000c　25・26・34・35・41・42（五明田）…島根・頓原町教
　　　　委 1992

第 56 図　1〜7（岡山・里木貝塚）…矢野健一 1993　8〜10（矢部奥田）…岡山県教委 1993b

第 57 図　1・7・8（桂見）…鳥取市教委 1978　2〜4（神原Ⅱ）…島根県教委 2000c　5・9（貝谷）…島根
　　　　県教委 2002b　6（丁・柳ケ瀬）…兵庫県教委 1985　10（九日田）…島根・松江市教委 2000b

第 58 図　1〜7（五明田）…島根・頓原町教委 1991

第 59 図　1〜9（平田）…島根・木次町教委 1997

第 60 図　1〜8（三田谷Ⅰ）…島根県教委 1999b　9・10（島）…鳥取・北条町教委 1983

第 61 図　1〜6（暮地）…島根・仁多町教委 2004

第 62 図　1・4・6（平田）…島根・木次町教委 1997　2・3・5・8・9（岡山・福田貝塚）…奈良国立文
　　　　化財研究所 1989　7（島）…鳥取・北条町教委 1983

第 63 図　1（島）…鳥取・北条町教委 1983　2（小路頃オノ木）…兵庫・関宮町教委 1990　4・6（岡山・
　　　　福田貝塚）…奈良国立文化財研究所 1989　3・5（三田谷Ⅰ）…島根県教委 1999b

第 64 図　1（奥谷南）…高知県埋蔵文化財センター 1999　2（取木）…鳥取・倉吉市教委 1984　3（大田
　　　　西奥田）…岡山県史編纂委員会 1986　4（中山西）…岡山県教委 1995　5（愛媛・土壇原）…長
　　　　井 1994　6（長山馬籠）…鳥取・溝口町教委 1989　7（中ノ坪）…島根・匹見町教委 1999　8（茶
　　　　堂Ⅱ）…愛媛・一本松町教委 1994　9（智頭枕田）…鳥取・智頭町教委 2006　10（面白谷）…
　　　　島根県教委 2006b　11（長縄手）…岡山県文化財保護協会 2005b　12（津田峰）…鳥取・森下
　　　　1996　13（大塚）…鳥取・名和町教委 1981　14（佐藤）…岡山県教委 1978　15（宮ノ前・菅
　　　　生台）…愛媛・久万町教委 1990　16（五明田）…島根・飯南町教委 2010　17（岩谷）…愛媛・
　　　　岩谷遺跡発掘調査団 1979　18（久古第3）…（財）鳥取県教育文化財団 1984　19（吉野口）…
　　　　岡山県教委 1997

第 65 図　1（西ガガラ）…広島大学埋蔵文化財調査室 2004　2・3（竹田）…岡山県史編纂委員会 1986

挿図出典

　　　　　4（代）…鳥取・溝口町教委1990　5（立石）…岡山県教委2002　6（板屋Ⅲ）…島根県教委
　　　　　1998　7（吉永）…山口県埋蔵文化財センター1999　8（喜多原）…鳥取・米子市教委1990　9
　　　　　（広島・帝釈峡名越）…中越1997

第66図　1（刈谷我野）…高知・香北町教委2005　2（取木）…鳥取・倉吉市教委1984　3・6（林原）…
　　　　　島根県教委2007c　4（南方前池）…岡山・山陽町教委1995　5（津島岡大）…岡山大学埋蔵文
　　　　　化財調査研究センター1994　7（洗谷）…広島・福山市教委ほか1976　8（林ヶ原）…（財）鳥
　　　　　取県教育文化財団1984　9～12（茶畑第1）…（財）鳥取県教育文化財団2004b

第67図　著者作成

第68図　著者作成

第69図　著者作成

第70図　1（家ノ後Ⅱ）…島根県教委2007a　2（五明田）…島根・飯南町教委2010　3（万場Ⅱ）…島根・
　　　　　飯南町教委2007　4・5（貝谷）…島根県教委2002b　6（原田）…島根県教委2006a

第71図　1（北原本郷）…島根県教委2007a　2（神原Ⅱ）…2000c　3（原田）…島根県教委2006a　4（平
　　　　　田）…島根・木次町教委1997

第72図　1・3・4（原田）…島根県教委2007b　2（貝谷）…島根県教委2002b　5（島根・暮地）…杉原
　　　　　1981　6（北原本郷）…島根県教委2007a　7・8（原田）…2006a　9（板屋Ⅲ）…島根県教委
　　　　　1998

第73図　1・3（家ノ後Ⅱ）…島根県教委2007a　2（貝谷）…島根県教委2002b

第74図　1（貝谷）…島根県教委2002b　2（林原）…島根県教委2007c　3（原田）…島根県教委2005a・
　　　　　2006a・2007b・2008の合成

第75図　福嶋・岩瀬2005

第76図　中四国縄文研究会2015のデータをもとに著者作成

第77図　青嶋2000、新井2012、石田2004、石岡1991、大泰司2007、中村信博2007、前山・綿田
　　　　　2012、関西縄文文化研究会2001、九州縄文研究会ほか2004、中四国縄文研究会2013のデー
　　　　　タをもとに著者作成

第78図　1～3・6（島根・小浜洞穴）…柳浦2012a　4（サルガ鼻）…島根県古代文化センターほか
　　　　　2009　5（サルガ鼻）…島根県古代文化センターほか2005　7（目久美）…鳥取・米子市教委
　　　　　1986　8・9（林原）…島根県教委2007c

第79図　1～3…秋山・前村1991

第80図　大友1985

第81図　柳浦2012a

第82図　（財）鳥取県教育文化財団2004b

第83図　1・2…新潟県十日町市博物館提供

第84図　藤本英夫1985

第85図　佐々木高明1991

第86図　1～3（目久美）…鳥取・米子市教委1986

第87図　桐生1985

第88図　（京都・北白川追分町）…京都大学埋蔵文化財研究センター1998

第89図　松山利夫1982

第90図　Ⅰa（大分・龍頭）…大分県教委1999　Ⅰb（津島岡大）…岡山大学埋蔵文化財調査研究セン
　　　　　ター1992　Ⅱa（曽畑）…熊本県教委1988　Ⅱb・Ⅱd・e（津島岡大）…岡山大学埋蔵文化財
　　　　　調査研究センター1994　Ⅱc（奈良・本郷大田下）…橿原考古学研究所2000　Ⅱe'（津島岡大）
　　　　　…岡山大学埋蔵文化財調査研究センター1995　Ⅱf（三田谷Ⅰ）…島根・島根県教委2000a

Ⅱg（目久美）…鳥取・米子市教委 1986　Ⅱh（大阪・讃良川）…寝屋川市 1998

第 91 図　①（龍頭）…大分県教委 1999　②（南方前池）…岡山・山陽町教委 1995　③（津島岡大）…岡山大学埋蔵文化財調査研究センター 1992

第 92 図　1〜6…塚本師也 1993

第 93 図　1（津島岡大）…岡山大学埋蔵文化財調査研究センター 1994　2（正福寺）…福岡・久留米市教委所蔵　3（東名）…佐賀市教委 2009

第 94 図　1（本郷大田下）…奈良・橿原考古学研究所 2000　2（讃良川）…大阪・寝屋川市 1998　3（北白川追分町）…京都大学埋蔵文化財研究センター 1998

第 95 図　1（正楽寺）…滋賀・能登川町教委 1996　2（鳥浜）…福井県教委 1985

第 96 図　1（大阪・目垣）　2・3（大阪・馬場川）…関西縄文文化研究会 2010　4（岡山・津雲貝塚）　6（広島・下迫）…深田 2014　5（島根・林原）…島根県教委 2007a　7（島根・北原本郷）…島根県教委 2007a　8（大分・宮地前）　9（大分・石原貝塚）　10（大分・天神面）　11（福岡・原井三ツ江）12（宮崎・陣内）…九州縄文研究会ほか 2012　13（島根・下山）…島根県教委 2002a

第 97 図　1（三重・里）　2（三重・宮山？）　4（滋賀・志那湖底）…関西縄文文化研究会 2010　3（奈良・橿原）…奈良県立橿原考古学研究所 2011　5（島根・六重）…稲田陽介 2008　6（島根・原田）…島根県教委 2006a　7（鳥取・印賀）　8（徳島・大里浜崎）…中四国縄文研究会 2011　9（大分・美ヶ原）　10（鹿児島・仁田川）　12（宮崎・平畑）　13（大分・釘野千軒）…九州縄文研究会ほか 2012　11（宮崎・陣内）…水ノ江 2012

第 98 図　1（奈良・高井）　2（奈良・下深川）　3（兵庫・帝釈観音堂）…関西縄文文化研究会 2010　4（愛媛・むかい山）　5（広島・大月）　6（鳥取・島）…中四国縄文研究会 2011　7（鹿児島・出口）8（鹿児島・榎坂水流）　9（鹿児島・鞍谷）…九州縄文研究会ほか 2012

第 99 図　1（三重・佐八藤波）　2（大阪・更岡山）　3（滋賀・滋賀里）　4（京都・伊賀寺）　5（兵庫・加茂）…関西縄文文化研究会 2010　6（島根・沖ノ原）…島根・匹見町教委 2003　7（広島・上山手廃寺）…中四国縄文研究会 2011　8（島根・三田谷Ⅰ）…島根県教委 2000d　9（宮崎・宮ノ東）　10（福岡・隈・西小田）　18・20（大分・野首第1）　19（大分・竹ノ内）　21（宮崎・平畑）　22（宮崎・清武上猪ノ原）　24・25（大原D）…九州縄文研究会ほか 2012　11（岡山・広江浜）　15〜17（広島・宇治島北の浜）…中四国縄文研究会 2011　12・23（島根・ヨレ）…島根・匹見町教委 1993　13・14（島根・五明田）…島根・頓原町教委 1991

第 100 図　1（滋賀・後川）　2（大阪・馬場川）　5（京都・桑飼下）　6（奈良・上島野）　7（三重・天白）15（三重・佐八藤波）…関西縄文文化研究会 2010　3（岡山・津雲貝塚）…岡山県史編纂委員会 1986　4（長崎・吉田貝塚）　11・12（大分・釘野千軒）　13（鹿児島・柊原貝塚）　14（福岡・日佐）　18（長崎・黒丸）　19（鹿児島・上加世田）　20（宮崎・竹ノ内）…九州縄文研究会ほか 2012　8（島根・原田）…島根県教委 2006a　9（島根・板屋Ⅲ）…島根県教委 1998　10（島根・中原）…島根県教委 1999a　16（島根・貝谷）…島根県教委 2003a　17 広島・馬取…中四国縄文研究会 2011

第 101 図　1（島根・下山）…島根県教委 2002a　2・3（島根・大薗）…島根・津和野町教委 2010　4（宮崎・柊原貝塚）　5（宮崎・本野原）　6（佐賀・久保泉丸山）　7（福岡・柏原）　8（福岡・和泉）　9（鹿児島・上野原）　10（宮崎・白ヶ野第2・第3）　11（長崎・茶園）　12・16（福岡・クリナラ）13（福岡・入道町）　14・28（福岡・大原D）　15（福岡・周船寺）　17（福岡・向谷北）18（福岡・上唐原了清）　19〜23（鹿児島・柊原）　24（宮崎・坂平）　25・26（福岡・権現塚北）　27（長崎・大野原）…九州縄文研究会ほか 2012

第 102 図　1（滋賀・正楽寺）　2（和歌山・小川）…関西縄文文化研究会 2010　3（大分・田井原）　7（長崎・宮下貝塚）…九州縄文研究会ほか 2012　4・9（徳島・矢野）…徳島県教委ほか 2012　5（広

挿図出典

島・帝釈峡豊松堂面)…中四国縄文研究会 2011　8（岡山・阿津走出)…岡山県教委 1988

第 103 図　1（原田)…島根県教委 2006a　2（板屋Ⅲ)…島根県教委 1998　3（馬取貝塚)…広島・松崎
　　　　　寿和ほか 1963

第 104 図　1（下山)…島根県教委 2002a　2・3（大蔵)…島根・津和野町教委 2010　4（森)…島根・飯
　　　　　南町教委 2009　5（島根・サルガ鼻)…小林行雄ほか 1937　6・9（佐太講武)…島根・鹿島町
　　　　　教委 1994　7・12…金子浩昌・忍坂成視 1986　8（岩下洞穴)…長崎県教委 1995　10（一尾貝塚)
　　　　　…熊本・五和町教委 2000　11（栗谷)…鳥取・福部村教委 1989b

第 105 図　1・4（阿津走出)…岡山県教委 1988b　2（鳥取・布勢第 1)…1981　3（ヨレ)…島根・匹見
　　　　　町教委 1993　5・6（北原本郷)…島根県教委 2005c

第 106 図　1・2（ヨレ)…島根・匹見町教委 1993　3・4（五明田)…島根・頓原町教委 1991　5（板屋Ⅲ)
　　　　　…島根県教委 1998　6〜8（宇治北の浜)…広島・中四国縄文研究会 2011　9（目久美)…鳥取・
　　　　　米子市教委 1986　10（原田)…島根県教委 2006a　11（島根・中原)…島根県教委 1999a　12
　　　　　（浜子)…深田 2008

第 107 図　1〜4（島根・小浜洞穴)…柳浦 2012a　5（岡山・津雲貝塚)…金子・忍坂 1986　6（広島・
　　　　　帝釈峡猿穴岩陰)…石丸恵理子 2008　7（鳥取・目久美)…鳥取・米子市教委 1986　8〜10（広
　　　　　島・帝釈峡弘法滝洞窟)…広島大学帝釈峡調査室 1996　11・12（愛媛・上黒岩洞窟)…国立
　　　　　歴史民俗博物館 2009

第 108 図　1・2・3・4・6・8〜13…島根県教委 2017c　5・7…島根県教委 2017b

第 109 図　1（原田)…島根県教委 2006a　2（中原)…島根県教委 1999a　3（浜子)…深田 2008　4（原田)
　　　　　5（中原)…著者撮影

第 110 図　大野淳也 2007 に加筆

第 111 図　1・2（古屋敷)…島根県教委 2017b　3（古屋敷)…島根県教委 2017c　4（下山)…島根県教
　　　　　委 2002a

第 112 図　著者作成

第 113 図　著者作成

第 114 図　1（岡山・福田貝塚)…奈良国立文化財研究所 1989　2（島)…鳥取・北条町教委 1996　3（暮地)
　　　　　…島根・仁多町教委 2004　4・6（広戸 B)…島根・益田市教委 2007b　5・10・15・16・19（山
　　　　　崎)…島根・益田市教委 2015　7・13（桂見)…鳥取・財団法人鳥取県教育文化財団 1996a　8（島
　　　　　根・垣ノ内)…島根県教委 2003e　9（島根・石ヶ坪)…足立 1987　11・12（田益田中)…岡
　　　　　山県教委 1999　14（サルガ鼻洞窟)…島根県古代文化センターほか 2009　17（大蔵)…津和
　　　　　野町教委 2010　18（原田)…島根県教委 2006a　20（林原)…島根県教委 2007c　21（西川津)
　　　　　…島根県教委 1989

第 115 図　1…矢野 2004　2…幡中 2014a のデータを参考に作成　3…平井 1987

第 116 図　著者作成

第 117 図　第 77 図と同じ

第 118 図　中四国縄文研究会 2003 のデータを参考に著者作成

第 119 図　著者作成

第 120 図　（原田)…島根県教委 2006a

第 121 図　著者撮影（原資料・島根県埋蔵文化財調査センター所蔵)

第 122 図　米田　穣ほか 2014

第 123 図　米田　穣ほか 2014

第 124 図　1〜5　著者実測

第 125 図　1〜4（島根・小浜洞穴)…柳浦 2012a　5（鳥取・目久美)…鳥取・米子市教委 1986　6・7（島

根・サルガ鼻洞窟)…小林・佐々木1937を再トレース　8・10（島根・佐太講武）　11（サルガ鼻洞窟)…金子・忍沢1986　9・12（同)…島根・鹿島町教委1994　14（鳥取・栗谷)…鳥取・福部村教委1989b

# あとがき

　本書作成の直接の発端は、2014 年夏、京都府舞鶴市で開催された関西縄文文化研究会例会で、立命館大学文学部・矢野健一教授から本書作成を勧められたことに始まる。その時は「今までに発表した論文を集めればいいのだろう」と軽く考えていたが、実際の作成に当たり先生に相談することが多く、お手間をずいぶん取ってしまった、と反省するところである。

　実は矢野先生にお話をいただく以前から、京都大学文化財総合研究センター・千葉豊准教授からこれまで書き留めたものを 1 冊にするように、と強く勧めていただいていた。当初は逡巡していたが、先生の再三再四のお勧めに、私が今までに書いてきたものを 1 冊まとめることに何らかの意味があるのかもしれない、と次第に考えるようになった。

　このような時に、矢野先生からのお誘いがあった。お二人からの勧めがなかったら、本書を作ろうという気にはならなかったと思う。お二人のありがたい勧めに、まず御礼せねばならない。

　京都大学大学院総合生存学館特定教授・泉拓良先生には、ご多忙の中、本書のために序文を寄せていただいた。厚かましいお願いであったが、快く引き受けていただいた。まことに感謝する次第である。

　本書の各章各節は、構成上新たに起稿したものもあるが、大部分は以前に発表したものを修正・加筆している。本書の構成と各論文の初出年を以下に記す。
　　序　章　　　　　本書の目的と山陰地方における縄文研究の意義（新稿）
　　第 1 章　　　　　山陰地方の縄文研究史概略（新稿）
　　第 2 章第 1 節　山陰地方における縄文前期土器の地域編年（2001 を修正）
　　　　　第 2 節　山陰地方縄文前期・西川津式の展開（2016a を修正）
　　　　　第 3 節　山陰地方の里木Ⅱ・Ⅲ式と中期末の土器（2016b に加筆）
　　　　　第 4 節　山陰地方における縄文後期土器の概要（2010 を改筆）
　　　　　第 5 節　山陰中部域における後期・中津式土器の地域性（2003 を修正）
　　　　　第 6 節　山陰地方における福田 K2 式並行の土器群（2000b を修正）
　　第 3 章第 1 節　中四国地方の生業概観（2012b を修正）
　　　　　第 2 節　山陰地方における縄文時代後・晩期の集落景観（2009 を修正）
　　　　　第 3 節　中国地方の自然環境と縄文時代の生業（新稿）
　　　　　第 4 節　山陰地方を中心とした縄文時代の食糧資源と獲得方法（2014a を修正）
　　　　　第 5 節　西日本縄文時代貯蔵穴の基礎的研究（2004 を修正）
　　第 4 章第 1 節　西日本の「第二の道具」（新稿）
　　　　　第 2 節　呪術具の素材からみた縄文時代の価値観（2014b を修正）
　　　　　第 3 節　山陰地方の岩版類（新稿）

あとがき

　　　第 4 節　　山陰地方における祭儀の痕跡（新稿）
　終　章　　　　山陰地方の領域形成と縄文文化（新稿）
　附編 I　　　　島根県・小浜洞穴遺跡出土の抜歯人骨と炭素・窒素同位体比分析
　　　　　　　　（2014c を修正・加筆）
　附編 II　　　　山陰地方出土の骨角製装飾（新稿）

　序章と第 1 章は、本書に合わせて執筆した。第 2 章は発表後の資料の増加を考慮して、適宜修正を加えた。第 2 節で西川津式を再考したことにより、第 1 節の内容を若干変更している。第 3 節については、柳浦 2016b 発表後に船元 III・IV 式について疑問が生じたため、この部分については現在筆者が思うところを述べた。

　第 4 節は柳浦 2010 がベースとなっている。柳浦 2010 は刊行年が 2010 年だが、原稿の受理は 2002 年であった。柳浦 2010 は柳浦 2000a を元にして若干の修正を加えたもので、実際には現在から 15 年も前の論稿である。これ以後、資料は著しく増加し、山陰地方を一律にみることができなくなったため、後期土器を再度検討する必要が生じてきた。少なくとも後期段階では、山陰地方を東部域・中部域・西部域に分けるべきとの考えから、本書ではこの地域区分ごとに土器編年を再編した。第 5 節・第 6 節は、旧稿とほとんど内容に変更はないが、五明田式（旧稿・中津 III 式）・暮地式（同・島式）と型式名を変更した点が大きな違いである。旧稿作成当時は、暮地遺跡の発掘調査（島根・仁多町教委 2004）が行われる前で、福田 K2 式併行期の新しい段階が不明瞭であった。暮地遺跡で該期の良好な資料が得られたことにより、山陰地方中部域の独自性がより明確になり、地域に即した型式名の設定が必要と思われた。五明田式も、山陰地方中部域を中心に分布している状況が旧稿以後いっそう明確になってきた。「五明田式」という型式名は、西日本で定着しつつあり、その後の状況を鑑みても型式名を変更するのが妥当と考えられた。第 2 章第 4 節から第 6 節にかけての型式名の変更は、以上の事情による。

　第 3 章第 3 節・第 4 章第 1・3・4 節は本書に合わせて稿を起こした。第 3 章第 3 節は、中国地方における山陰地方の風土を明確にする必要があると考えたため、自然環境の違いと縄文遺跡との関わりを中心に考察した。第 4 章第 1 節は、「第二の道具」を汎西日本で俯瞰するための基礎作業である。中国地方ではこの種の資料が少ないため、西日本全域を見渡す必要を感じた。同章第 3 節では山陰地方で近年急増した岩版類を取り上げ、同章第 4 節では考古学的な痕跡としてなにを祭儀と認識すべきかを考察した。これは注意喚起の狙いもある。

　これ以外の第 3 章・第 4 章各節については、内容に大幅な変更はない。これらが比較的近年に発表したこともあるが、当地では遺構の検出が少ないこと、島根県の志津見ダム・尾原ダム関連遺跡の報告が 2008 年に出そろい、以後に大きな発見・発掘がほとんどなくなったことが大きな要因である。資料の大きな増加が見込めない現在、新たな視点による分析・検証が必要となろう。新たな視点ということでは、力量の不足を感じざるをえない。

　終章は、第 2 章から第 4 章を総合して主に山陰地方の地域性について述べた。文化の諸要素を改めて地図にプロットすることにより、ここで述べた地域性を可視化することができたと思う。ただし、これは筆者の深層心理がバイアスとなって表れている可能性も否定できない。精度を高めて再度検証する必要を感じている。

附編Ⅰ・Ⅱは、今後の研究で重要と考えた資料について紹介した。附編Ⅰは既に資料紹介をしているが、米田ほか2014の成果も併せて再度資料紹介した。現在確認できる唯一の抜歯人骨ということだけでなく、炭素・窒素同位体比の分析結果は当地の縄文研究を行う上できわめて重要なデータとなろう。附編Ⅱは、埋没していた資料を掘り起したものである。山陰地方では骨角製装飾品の類例が少なく、1点でも多くの資料公開が必要と考えている。これらを広く知られてほしいとの考えから、本書に掲載した。

　自身の執筆履歴を振り返ると、土器編年、生業関係、集落関係、信仰遺物関係と研究が推移していることに気付く。この傾向は私だけのことではないようで、同様に研究姿勢が推移している他の研究者も多く見受けられる。自身の「縄文時代像（観）」を構築しようとすると、研究がこのように変遷するのも無理ないことであろう。ただし、現在土器編年ほかの問題に興味がなくなったのではない。個々の問題は解決されているとはいえず、個別的な研究は継続されるべきである。

　私の場合、研究の大きな転機となったのは、2013年に古代出雲歴史博物館で開催された企画展「山陰の黎明～縄文のムラと暮らし」を担当したことである。この展示の事前研究として、2010年から2013年にかけて計6回にわたり島根県古代文化センター主催でテーマ研究「縄文時代における山陰地域社会の展開」が行われた。この研究会では、泉拓良・竹広文明・千葉豊・中野萌・中村豊・濱田竜彦・山田康弘・幡中光輔の先生方を中心に、山陰地方の縄文時代について議論した。この研究会を担当した私の目標は、「山陰地方の縄文時代像の構築」であった。この研究会での議論で、私が考える山陰地方の縄文時代像が他の先生方に許容される範囲であることが確認できた。また、同時に私の誤った認識や視野の狭さが自覚でき、私個人としても実りの多い研究会であった。この研究会の成果は、本書にも随所に反映されている。参加いただいた諸先生に改めて御礼申し上げる。

　研究会・展示作業を通して、最後まで扱いに困ったのが「信仰」の問題であった。「第二の道具」とされた遺物は、少ないとはいえ山陰地方でもそれなりに出土しているが、これを一般観覧者にどのように見せるのか、何を伝えるのか、悩んだ末に結局はこの部分は「並べるだけ」の展示となってしまった。しかしながら、この時に中国地方をはじめとして各地の「第二の道具」を同時に観察できることができ、これ以後「第二の道具」について考えるきっかけとなったといってよい。この展示で思ったことはテーマ研究報告書『山陰の縄文社会』（島根県古代文化センター2014）で発表し、本書第4章第2節でも述べた。当初はこれを文章化してもよいものかと迷ったが、近江貝塚研究会で発表する機会を与えられ、長田友也氏に文章化を勧めていただいた。長田氏の勧めがなかったら、信仰の関係について勉強することはなかったかもしれない。この分野では私の研究歴は浅く不勉強であるが、縄文時代の信仰については避けて通れない問題である。今後研鑽を重ねたいと思う。

　私は、國學院大学文学部史学科で考古学を学んだが、当初から縄文研究を目指したわけではない。私が縄文研究をしていることを知った同窓生の間では「柳浦が縄文に転向した」と話題になったらしい。

あとがき

　私が縄文時代について勉強を始めたのは、1990年からである。この年に開催された第1回中四国縄文研究会の参加が私を縄文研究に向かわせる契機となったと断言してよい。この時、西日本の縄文土器編年を再編しようとする新しい潮流を感じるとともに、「このままでは島根県が取り残される」という焦燥感を感じたことを覚えている。この時期に島根県では、西川津遺跡や五明田遺跡など、良好な資料群が出現しはじめていた。宍道1980などそれまでの土器編年では対応が難しくなっていたが、これを再編しようとする動きは島根県内にはなく、発掘調査報告書の作成に当たって担当者が困惑することは明らかだった。島根県の研究を、少なくとも中国地方各県と同等に引き上げることが急務と思われたのである。

　このような事情で縄文研究を始めたわけだが、初期の中四国縄文研究会を主導した千葉豊・矢野健一ほかの諸先生と知見を得たのは、実際に研究するうえでたいへん貴重であった。とくにこのお二人には、ことあるごとに教えを乞うた。その後、京都縄文文化研究会、近江貝塚研究会、関西縄文文化研究会などの研究会にも参加するようになり、さらに多くの研究者と知り合うことができた。どの研究会でも、浅学の新参者に対して親切に教えていただいたことが、研究を今まで続けられた源になっている。泉拓良先生、故・家根祥多先生、故・河瀬正利先生、故・平井勝氏をはじめとして、網谷克彦、冨井眞、鈴木康二、瀬口眞司、小島孝修、水ノ江和同、大野薫、岡田憲一、木下哲夫ほか多くの方々の教示が、私の知識の根源となっているといって過言ではない。また、富岡直人先生には動物考古学の基礎を教えていただいた。岡山理科大学での経験は、骨角器や貝殻による施文原体を観察する視点を得ることができた。

　本書は、以上の方々に支えられて出版にいたったというべきである。國學院大學時代に考古学の基礎を教えていただいた故・乙益重隆先生、その後の縄文研究を行ううえでご教示いただいた上記ほかの諸先生・諸氏、さらに本書完成に向けて叱咤激励していただいた幡中光輔氏・岩本真美氏には、深く感謝したいと思うが、言葉を尽くせないもどかしがある。

　また、本書作成のため、島根県教育庁埋蔵文化財調査センターの同僚諸氏には少なからず迷惑をかけた。本書完成に臨んで、改めてお詫びする次第である。

　最後に、株式会社雄山閣の桑門智亜紀氏、児玉有平氏には、適切な助言をいただくとともに、再三にわたる大幅な訂正・修正にもかかわらず編集作業を進めていただいた。末尾ながら、感謝申し上げます。


　　　2017年4月25日


　　　　　　　　　　　　　　　　　　　　　　　　　柳浦　俊一

■著者紹介

## 柳浦俊一 （やぎうら　しゅんいち）

1956 年　島根県松江市生まれ
1975 年　國學院大學文学部史学科入学
1979 年　國學院大學文学部史学科卒業（考古学専攻）
1980 年　財団法人島根県教育文化財団職員に採用
1989 年　島根県教育委員会職員に採用
2017 年　定年退職
現　在　島根県教育庁埋蔵文化財調査センター嘱託

〈主要論文等〉
2000 年「山陰地方における福田 K2 式併行の土器群」『古代吉備第 22 集』古代吉備研究会
2003 年「山陰中部域における縄文時代後期土器の地域性―とくに「中津式」の小地域性について―」『立命館大学考古学論集 Ⅲ』立命館大学考古学論集刊行会
2004 年「西日本縄文時代貯蔵穴の基礎的研究」『島根考古学会誌第 20・21 集合併号』島根考古学会
2009 年「山陰地方における縄文時代後・晩期の集落景観」『考古学と地域文化』一山典還暦記念論集刊行会
2010 年「各地域の土器編年 山陰」『西日本の縄文土器』真陽社
2012 年「松江市美保関町・小浜洞穴遺跡の出土遺物」『古代文化研究第 20 号』島根県古代文化センター
2012 年「中国・四国地方の縄文集落の生活と生業」『縄文集落の多様性Ⅲ』雄山閣
2014 年『山陰地方の縄文社会』（共著）島根県古代文化センター
2016 年「山陰地方縄文前期・西川津式の展開―押引き・刺突文土器を中心とした分析―」『古文化談叢 第 75 集』九州古文化研究会

---

2017 年 5 月 25 日　初版発行　　　　　　　　　　　　　　　　　《検印省略》

## 山陰地方における縄文文化の研究

---

著　者　柳浦俊一
発行者　宮田哲男
発行所　株式会社 雄山閣
　　　　東京都千代田区富士見 2-6-9
　　　　ＴＥＬ　03-3262-3231 ／ＦＡＸ　03-3262-6938
　　　　ＵＲＬ　http://www.yuzankaku.co.jp
　　　　e-mail　info@yuzankaku.co.jp
　　　　振　替：00130-5-1685
印刷・製本　株式会社ティーケー出版印刷

---

©Shunichi Yagiura 2017　　　　　　　　ISBN978-4-639-02478-1 C3021
Printed in Japan　　　　　　　　　　　　N.D.C.217　320p　28cm

## 雄山閣出版案内

---

# 九州縄文文化の研究
## ―九州からみた縄文文化の枠組み―

B5判　287頁
本体12,000円

### 水ノ江和同 著

九州縄文文化を俯瞰し、その地域的特性を多角的に追究。
九州から縄文文化全体の枠組みを考える。

### ■ 主 な 内 容 ■

序　章
第Ⅰ章　九州の縄文土器研究史
第Ⅱ章　九州縄文土器研究
第Ⅲ章　九州の縄文集落
第Ⅳ章　九州の縄文集落を構成するさまざまな遺構
　　第1節　墓／第2節　低湿地型貯蔵穴／第3節
　　落とし穴／第4節　集石と炉穴
第Ⅴ章　九州の縄文時代を特徴づける遺物
　　第1節　利器／第2節　呪術具／第3節　装身具
第Ⅵ章　九州縄文文化の諸問題
　　第1節　九州の押型文土器―九州における押型
　　文土器の地域性―／第2節　九州における縄文

時代早期末葉の評価―アカホヤ火山灰の考古学
的意義―／第3節　九州における縄文時代中期
と後期の境界問題―はたして阿高式は中期土器
か、後期土器か？―／第4節　西平式の実態―
西平式の型式設定は可能か？―／第5節　黒川
式の再検討―土器型式と放射性炭素年代―／第
6節　南島と縄文文化―南島は縄文文化の枠組
みに入るのか？―／第7節　縄文文化の枠組み
―縄文文化の境界と本質―
第Ⅶ章　九州の縄文文化
研究の軌跡―あとがきにかえて―

---

# 縄文社会における土器の移動と交流

### 水沢教子 著

B5判　299頁
本体14,000円

縄文社会の復元に向けたTCモデルの提唱―
縄文時代中期の中央高地を中心に、考古学的方法と自然科学的方法を駆使し、土器
型式・製作技術・胎土の分析から得られた厖大な情報を総合・理論化することによ
り、土器の製作と移動、人と集団の動態を解明する。

### ■ 主 な 内 容 ■

序　文〈阿子島　香〉
序　章
　第1節　本書の射程
　第2節　課題の設定とその追究方法
第1章　先史・古代社会の領域と交流に関する研究史
　第1節　土器型式から社会に迫る研究
　第2節　集落と領域の捉え方
　第3節　胎土分析と領域
第2章　中央高地縄文時代中期集落の構造と展開
　第1節　集落の立地
　第2節　集落の構造と特殊施設
　第3節　生業と食料
　第4節　小　結
第3章　中央高地の土器からみた人々の交流
　第1節　縄文時代中期前・中葉の様相
　第2節　縄文時代中期後葉の様相
第4章　胎土分析の方法とその展望
　第1節　ミドルレンジ研究としての胎土分析の位置づけ
　第2節　胎土分析の課題
　第3節　TCモデルの提唱

第5章　胎土分析の実践
　第1節　中央高地における縄文時代中期中葉熊久保遺跡出土土器
　　　　　の胎土分析
　第2節　中央高地における縄文時代中期中葉川原田遺跡出土土器
　　　　　の胎土分析
　第3節　縄文時代中期前葉から古代までの屋代遺跡群出土土器の
　　　　　通時的な胎土分析
　第4節　東北地方南部における縄文時代中期中後葉浅部貝塚出土
　　　　　土器の胎土分析
第6章　胎土分析による先史・古代社会の復元とその可能性
　第1節　土器づくりの流儀と単位
　第2節　土器の移動と土器情報の伝達過程
　第3節　土器づくりの単位
　第4節　縄文土器を有する社会における土器づくりの構造
　　　　　―縄文時代中期における土器の移動と交流―
終　章
　第1節　土器の製作と移動に関する現段階の所見
　第2節　序章で設定した課題への回答
　第3節　今後の課題
　第4節　結　語
　おわりに　―謝辞にかえて―